LA FAMILLE

DE

MADAME DE SÉVIGNÉ

EN PROVENCE

D'APRÈS DES DOCUMENTS INÉDITS

PAR

LE MARQUIS DE SAPORTA

OUVRAGE ACCOMPAGNÉ DE DEUX PORTRAITS

PARIS

LIBRAIRIE PLON

E. PLON, NOURRIT ET Cⁱᵉ, IMPRIMEURS-ÉDITEURS

RUE GARANCIÈRE, 10

1889

LA FAMILLE

DE

MADAME DE SÉVIGNÉ

EN PROVENCE

Cet ouvrage a été déposé au ministère de l'intérieur (section de la librairie) en janvier 1889.

PARIS. TYPOGRAPHIE DE E. PLON, NOURRIT ET Cⁱᵉ, RUE GARANCIÈRE, 8.

PORTRAIT DE MADAME DE SÉVIGNÉ
Peint par Mignard pour Mme de Grignan
Laissé par la Marquise de Simiane à la Marquise de Vence, sa fille
(Appartient à Mme la Comtesse de Luçay, née de Vence)
D'après une photographie de Ad. Braun

LA FAMILLE

DE

MADAME DE SÉVIGNÉ

EN PROVENCE

D'APRÈS DES DOCUMENTS INÉDITS

PAR

LE MARQUIS DE SAPORTA

OUVRAGE ACCOMPAGNÉ DE DEUX PORTRAITS

LABOR · OMNIA · VINCIT · IMPROBVS

PARIS

LIBRAIRIE PLON

E. PLON, NOURRIT ET Cⁱᵉ, IMPRIMEURS-ÉDITEURS

RUE GARANCIÈRE, 10

1889

Tous droits réservés

AVIS

L'idée de ce petit livre, dont une esquisse a paru, en janvier 1887, dans la *Revue des Deux Mondes,* ne me serait
jamais venue à l'esprit, s'il ne s'était offert, pour ainsi dire,
de lui-même, avec les documents qui motivent sa raison d'être.
— De ces documents épars et inédits, les premiers se sont
trouvés dans mes archives de famille; j'ai reçu le plus significatif de la main d'un parent, M. Paul de Faucher, qui en
avait apprécié le sens et saisi la portée. Je dois les autres à
des amis, en tête desquels il serait injuste de ne pas placer
M. Lucas de Montigny, dont je ne sépare pas son neveu,
M. G. Marcel [1], sans oublier M. Charles de Ribbe, l'économiste bien connu, M. Paul Arbaud, le comte Luc de Clapiers,
le baron de Meyronnet-Saint-Marc, M. de Berluc-Pérussis, le
marquis de Boisgelin, etc., qui tous ont accru le trésor des
pièces mises à ma disposition. Pour être complet, il me faudrait allonger beaucoup cette liste; mais j'aurai soin de mentionner, au courant de l'ouvrage, les noms de ceux qui m'ont
aidé de leur érudition ou renseigné de quelque manière.

---

[1] Préposé au département des cartes géographiques à la Bibliothèque nationale. — Les indications relatives aux émaux de Petitot, de la collection
du Louvre, me sont venues d'un artiste qui me tient de près, M. Auguste
de Pinelli, petit-fils du comte de Forbin, directeur des musées sous la Restauration et le règne de Louis-Philippe.

J'acquitte une pieuse dette de reconnaissance envers la mémoire de M. H. Forneron, l'historien des Guise, de Philippe II,
de l'Émigration, qui voulut bien, avec une obligeance parfaite, entreprendre à mon intention une série de recherches
dans les Archives de la Guerre et me procurer des extraits de
la correspondance ministérielle du comte de Grignan et des
généraux qui commandaient à Toulon, lors du siège de cette
ville, en 1707. Il m'eût été impossible sans lui de rendre
compte des opérations militaires de l'époque, d'après des documents originaux et contemporains.

Les curieuses lettres de l'abbé mondain de Bussy-Rabutin
à madame de Grignan sa cousine, celles de madame de
Simiane et de sa fille madame de Vence, celles de M. de Grignan ou de son secrétaire Anfossy, leurs ordres, missives et
dépêches; enfin, la plainte injurieuse adressée au chevalier de
Perrin, au sujet de la publication des lettres de madame de
Sévigné, nous introduisent, sinon auprès de la marquise elle-
même, du moins dans son entourage immédiat, parmi ceux qui
lui tenaient de plus près par le sang, l'affection ou la confiance, qui furent dépositaires de sa correspondance et se rési-
gnèrent tardivement à la laisser imprimer. — A demi Provençale par le mariage de sa fille, madame de Sévigné le
devint tout à fait dans les derniers temps de sa vie; avant de
mourir en Provence, elle se fixa à plusieurs reprises et pour
plusieurs années dans ce pays, gouverné par son gendre; elle
y présida aux mariages de ses petits-enfants et s'y trouva mê-
lée à toutes les affaires de sa fille. Aujourd'hui encore, c'est
en Provence qu'habitent la plupart de ses descendants.

C'est donc là qu'il était naturel de s'enquérir des traces de
son ancienne présence, de rechercher ce qui a pu rester de
ses souvenirs et de ses portraits, inséparables de ceux de tous
les siens, transmis dans le même héritage. En effet, c'est en
suivant cette filière, en interrogeant la tradition de famille,
résumée en dernière analyse par les Villeneuve-Vence, dont la
descendance masculine n'a fait défaut que de nos jours; en
ayant recours au représentant actuel de cette noble tige, par

sa mère la dernière dés Vence, au comte de Luçay, qu'il m'a été donné de retrouver, avec de précieux détails, le plus authentique et le moins connu cependant des portraits de la marquise de Sévigné, celui qu'avait peint Mignard et dont une reproduction figure en tête du présent volume.

L'absence d'autres portraits également historiques, et par-dessus tout de l'original par Mignard de celui de madame de Grignan, s'explique maintenant par les désastres de la Révolution. Ces désastres, parfois irréparables, ne donnent que plus de prix aux toiles d'abord égarées, que parviennent à recueillir des amateurs intelligents ; puis, à défaut des originaux perdus, aux copies du temps et aux répétitions qu'il était d'usage autrefois de distribuer à ceux qu'on voulait obliger. Il m'a été possible, en effet, d'assigner l'une ou l'autre de ces provenances à quelques-uns des portraits que j'ai observés. Celui de madame de Simiane et de sa petite-fille Julie de Vence, retrouvé par le père de mademoiselle Courcière, qui le possède actuellement, rentre dans la première catégorie, celle des originaux qu'une chance heureuse a permis de retirer du naufrage. Il me reste à affirmer l'intention que j'ai eue d'être avant tout sincère et véridique, et mon unique souhait, si je réussis à ne pas déplaire aux amis des vieilles gloires de la patrie française, serait de corriger plus tard ce que mes récits peuvent avoir retenu de défectueux.

LA FAMILLE

DE

MADAME DE SÉVIGNÉ

EN PROVENCE

EXPOSÉ PRÉLIMINAIRE

Les souvenirs historiques, en s'éloignant, tendent à
subir une transformation, pour ainsi dire, inévitable.
Ils font place, au bout d'un certain temps, à une formule
qui les résume, à un cadre restreint dans lequel l'effet
général survit presque seul, substitué aux contrastes,
aux traits successifs, à cette longue suite d'accidents et
d'alternatives, à travers lesquels se fondent les renom-
mées, jusqu'au moment où la postérité, instruite ou
désabusée, prononce enfin son jugement sans appel. —
Avant le Molière que nous admirons sans limites, il y a
eu un Molière très différent, au talent contesté, suspect
d'impiété et de mœurs douteuses, dont la tombe dut être
obtenue « par prière ». Le fabuliste par excellence fut
doublé d'un personnage équivoque, sorte de faux
bonhomme, férocement égoïste et ami des plaisirs faciles,

1

qui passait aux yeux de Tallemant des Réaux[1] pour un
original amusant, sujet à des distractions légendaires,
plutôt que pour un écrivain de génie. Plus tard, il est
vrai, on connut un La Fontaine s'exerçant à devenir
dévot, taciturne et ennuyé, comme l'ont été de nos jours
Chateaubriand et Lamartine, dans leur vieillesse. Le
dernier de ces écrivains traverse sous nos yeux une
crise, sans doute momentanée, qui n'en contraste pas
moins avec l'éclat et le bruit dont il fut si longtemps
entouré. Aucun génie n'entre de plain-pied dans sa
gloire, ou, s'il le fait, c'est au prix d'un retour par lequel
il expie ce triomphe prématuré. Il en fut ainsi de
Voltaire, et Victor Hugo, dont on s'est hâté de célébrer
l'apothéose, n'échappera pas à une règle presque sans
exception.

Ces sortes de vicissitudes varient du reste dans une
mesure impossible à déterminer. Flottantes comme
l'opinion, elles tiennent aux circonstances autant
qu'aux hommes, et, parmi les morts qui attendent
leur classement, les uns tombent rapidement avec l'en-
gouement qui les avait soutenus, tandis que d'autres
arrivent sans peine à obtenir le rang qu'ils doivent
conserver. D'autres encore, ballottés en tous sens,
demeurent longtemps controversés et luttent avant de

---

[1] Il suffit de rappeler ici les curieux passages du livre des *Historiettes* (édit. de 1854, par MM. de Monmerqué et Paulin Paris, t. II,
p. 368, et t. VII, p. 177) sur La Fontaine et sur Molière. Le premier, « un garçon de belles-lettres et qui fait des vers..... est encore
un grand resveur ». L'autre, « un garçon nommé Molière, après
avoir quitté les bancs de la Sorbonne pour suivre la Béjard..... a
fait des pièces où il y a de l'esprit. Ce n'est pas un merveilleux
acteur, si ce n'est pour le ridicule. Il n'y a que sa troupe qui joüe
ses pièces; elles sont comiques. » — Et voilà l'impression des contemporains prise sur le fait!

trouver leur place. Madame de Sévigné se place à égale
distance de ces extrémités du sort. Elle s'identifie, dans
notre pensée actuelle, avec la société et le règne de
Louis XIV ; nous ne la séparons ni des siens dont les
mobiles, les intérêts et les passions remplissent ses
lettres, ni des personnages qu'elle sut peindre ou qu'elle
mit en action. Sa renommée se confond avec celle des
hommes célèbres de son temps ; nous ne devons pas
oublier cependant qu'il fut loin d'en être toujours ainsi,
et que l'auréole de l'écrivain a été pour elle postérieure
de près d'un demi-siècle à l'influence restreinte, bien
que réelle et des plus légitimes, exercée de son vivant
par la femme d'esprit. A la fin du dix-septième siècle,
alors que madame de Sévigné terminait sa carrière au
château de Grignan, laissant son gendre cordon bleu,
son petit-fils établi richement, sa Pauline mariée selon
ses goûts, nul à coup sûr ne se serait avisé de prévoir
les événements sur le point de se dérouler : d'une part,
la ruine imminente d'une maison alors dans tout son
éclat, et, de l'autre, la gloire future de la charmante
épistolière. C'est cependant à la suite d'une sorte
d'éclipse, après la disparition successive de la plupart
de ceux qu'avait connus et aimés la vieille marquise, et
non sans contradiction ni scandale, qu'eut lieu la publication de ses lettres, et comment se fit-elle, sinon par
une fausse porte, à la suite d'éditions clandestines et
altérées, contre le gré de la famille, au milieu des
plaintes, des récriminations, des désaveux ? Et encore
si l'on s'en était tenu là, si l'officieux Perrin n'était pas
survenu pour arracher à madame de Simiane une com-
binaison qu'elle regretta presque aussitôt, que fût-il
advenu ? — Le recueil entier des lettres de madame de

Sévigné à sa fille et des réponses de celle-ci, déposé
entre les mains de madame de Simiane, aurait été
transmis à la famille de Vence, dont les archives
demeurées intactes jusqu'en 1844[1] furent à cette date
l'objet d'une vente publique. Aurait-on attendu jusque-
là avant de publier la correspondance de madame de
Sévigné? Ce n'est guère probable; mais tôt ou tard, la
publication se serait faite, non pas incomplète, ni mu-
tilée, et suivie de la destruction des originaux, mais avec
le respect qui lui aurait été dû. Il est vrai que le chevalier de Perrin aurait perdu une occasion unique de
passer du coup bel esprit et de parader dans les salons
de Paris; mais ce malheur, assurément très grand, n'eût
pas été sans compensation, et nous sommes excusables
de regretter égoïstement qu'il n'en ait pas été affligé.

La raison d'être de la fortune, bonne ou mauvaise,
attachée aux lettres de madame de Sévigné, des chances
qu'elles ont courues et du sort qu'elles subirent, se
trouve ainsi tout entière dans les circonstances, les passions et les incidents de la période, assez peu étudiée
jusqu'ici, qui s'étend de la mort de l'aïeule à celle de la
petite-fille, et qui comprend une quarantaine d'années
(1696-1737). C'est elle que nous allons interroger, en
insistant sur certains traits plus particulièrement caractéristiques. — Dans cette revue rapide, nous ne quitte-
rons guère la Provence. C'est là que vécurent, en effet,
les personnes qui, tenant de plus près à madame de

---

[1] Voir les *Rues d'Aix*, par Roux-Alphéran, II, p. 428; Aix, Au-
bin, 1848. — Cette vente, qui surprend l'auteur des *Rues d'Aix*,
s'explique par les désordres de la Révolution, à la suite de laquelle
les objets précieux et les papiers de famille des Vence, en partie
dispersés, passèrent à des mains étrangères qui n'en connurent pas
immédiatement la valeur.

Sévigné et aux Grignan, restèrent attachées à sa mémoire.
C'est là et non pas ailleurs que se déroula le petit drame
qui, d'acte en acte, conduit jusqu'au dénoûment final,
nous voulons dire jusqu'à l'édition de 1754, qui suit de
si peu la mort du chevalier de Perrin, de même que la
fin de madame de Simiane avait coïncidé plusieurs
années auparavant avec l'apparition des deux derniers
volumes de l'édition précédente.

Alors, seulement, la scène demeure vide par la disparition du dernier des personnages qui avaient joué un
rôle dans la pièce, pièce dont la bouffonnerie n'est pas
exclue, pas plus que les larmes, comme nous le verrons,
comique par bien des côtés, douloureuse à d'autres
égards, semée de ruines, d'angoisses, d'amertumes à
peine voilées par la force d'âme de certaines figures,
avant tout de celle de madame de Simiane, en qui une
sorte de grâce touchante, associée à la résignation et
non exempte de fermeté, rappelle parfois la fatalité
antique et fait songer à Antigone. — Ce n'est pas un
tableau assurément que nous essayerons de tracer, nous
n'y parviendrions pas, mais une simple esquisse, et,
même dans ces conditions plus que modestes, nous
aurions hésité à aborder une entreprise tellement étrangère au cercle habituel de nos études, si le hasard n'eût
mis à notre portée un certain nombre de documents
inédits, quelques-uns trop significatifs pour ne pas nous
engager à les faire connaître, tellement ils sont de
nature à éclairer la question qui vient d'être posée.

MADAME DE SIMIANE ET SA PETITE-FILLE JULIE DE VENCE

Reproduction du tableau original peint par Arnulphi
et appartenant à Mademoiselle Coursiere

D'après une photographie de M Heraud

CHAPITRE PREMIER

LES SOUVENIRS ET LES PORTRAITS.

Dans une étude perspicace et finement tracée, M. Paul Janet [1], après avoir ingénieusement reconstitué, d'après les répliques de la mère, les lettres perdues de madame de Grignan, esquisse d'une main sûre le portrait de celle-ci. Il lui semble que le genre d'esprit et le caractère de la fille, bien moins aimables que n'étaient ceux de la marquise, se dégagent clairement de l'examen qu'il vient de faire. Il reconnaît dans madame de Grignan une vraie grande dame, forte et fière, possédée au plus haut degré de l'amour des grandeurs et ayant fait à cet amour, dont la vanité est le petit côté, une foule de sacrifices, payés par elle très chèrement. « Elle partage avec son mari le souci des affaires et ressent aussi vivement, plus vivement que lui, les animosités dont il fut l'objet; enfin, elle ressent profondément aussi, et sans se plaindre, l'oubli et l'indifférence de la cour »; dans une circonstance au moins, cette indifférence se change en une blessure cruelle, puisque

---

[1] *Revue des Deux Mondes*, troisième période, t. LXV, p. 49; — les *Lettres de madame de Grignan,* par Paul Janet, n° du 1er septembre 1884.

madame de Grignan fut ou se crut atteinte par le ridicule.—M. Janet, dans un autre passage, dit encore d'elle :
« Femme de tête et d'adresse, connaissant les hommes,
ferme et suivie dans sa conduite » ; mais, ajoute-t-il,
« ayant peu de tendresse, si ce n'est par élan subit,
point de grâce, de l'esprit par saillies, mais une certaine
sécheresse ; peu de religion ; mais une philosophie
froide ; entraînée à des dépenses excessives par la passion de paraître et de briller ; en résumé, femme de
haut mérite, mais non égale à sa mère... » On ne
saurait mieux dire assurément, ni peindre d'une touche
plus délicate ! Ces jugements sont d'ailleurs en parfait
accord avec les souvenirs [1], restés vivants en Provence,
de la mère et de la fille.

A Aix particulièrement, une sorte de tradition orale-
ment transmise parlait naguère encore de la bonne
grâce parfaite de madame de Sévigné et du charme de
ses manières, comme servant de correctif à l'impression
produite par la dignité froide, l'attitude raide et la tournure hautaine de sa fille.

On redoutait l'esprit moqueur de madame de Grignan,
qui passait pour ne pas épargner les petits ridicules de la
société d'alors, dont les airs empruntés et les façons gau-
ches, en même temps que prétentieuses, lui arrachaient
des réflexions et des rires, colportés ensuite par ses dé-
tracteurs.

[1] Ces souvenirs viennent principalement du président de Saint-
Vincens, Alexandre-Jules-Antoine Fauris, dont la mère, Julie de
Vence, était petite-fille de madame de Simiane. La liaison du président de Saint-Vincens, mort le 15 novembre 1819, avec notre famille
maternelle nous a permis d'en recueillir l'écho. — Cf. *Notice sur
M. de Saint-Vincens*, par M. Marcellin de Fonscolombe, *Mém. de
l'Acad. d'Aix*, t. II, p. 3-38 ; A. Pontier, imprimeur ; Aix, 1823.

Madame de Sévigné, qui n'en pensait pas moins, plus
sûre d'elle-même, mesurait mieux ses paroles et adou-
cissait ces piqûres de l'amour-propre. Plus gaie, plus
vive, plus sympathique, elle gagnait en appel, et pour
le compte de sa fille, bien des procès perdus en première instance. Ce sont là des impressions dont il faut
tenir compte, sans vouloir en outrer le sens. — Trop
haut placée pour ne pas être adulée, trop maîtresse dans
son intérieur pour ne pas être redoutée, exerçant à
Grignan, et par goût, une hospitalité fastueuse, en contact par sa situation avec une hiérarchie de personnages
influents, qu'elle devait nécessairement ménager,
madame de Grignan avait des liaisons et des amitiés
assurément très nombreuses.

Il en reste un témoignage dans ses portraits dont on
a gardé pas mal de reproductions ou copies du temps,
qu'elle donnait en souvenir, comme son mari de son
côté faisait des siens [1], aux personnes qu'elle avait dis-

---

[1] Un portrait du comte de Grignan, ayant cette origine, se trouve
au château de la Verdière, chez M. le marquis de Forbin d'Oppède,
descendant en ligne directe de Henri de Forbin-Mainier, baron d'Oppède, premier président du parlement de Provence, dont la mort,
arrivée en 1671, excita les regrets de madame de Sévigné, et dont
les bonnes dispositions pour M. et madame de Grignan résultent des
termes d'une lettre du 28 novembre 1670 (*Madame de Sévigné au
comte de Grignan*, éd. Regnier, t. II, p. 19). — Son fils, Jean-Baptiste, marquis de Forbin d'Oppède, président au parlement, puis
ambassadeur au Portugal, avait épousé Marie-Charlotte Marin de la
Châtaigneraie, fille d'un intendant des finances et nièce du grand
Colbert; elle était sœur d'Arnoul Marin, premier président du parlement de Provence à partir de 1673, qui eut pour seconde femme
Marguerite de Forbin-Mainier, fille cadette de son prédécesseur.
— Le marquis d'Oppède et le premier président Marin, appelé plaisamment *cheval marin* par madame de Sévigné, étaient donc réunis
par un double lien de famille.

tinguées ou vis-à-vis desquelles elle contractait des obligations. Sauf la différence des temps, on serait tenté d'assimiler ces portraits et leurs réductions sur émail ou en miniatures aux photographies de nos jours, par l'usage qu'on en faisait. Plusieurs de ces portraits ont dû se perdre ou être détruits pendant la Révolution; d'autres ont quitté le pays; il en est d'ailleurs d'apocryphes parmi ceux que l'on fait voir, et l'une des causes d'erreur les plus fréquentes tient à la confusion commise, même dans les familles alliées par le sang à madame de Sévigné, lorsque l'on a rapporté à la mère, plus célèbre que sa fille, les portraits de celle-ci, sans parler de ceux dont l'attribution ne repose sur aucune donnée sérieuse.

Cette question de l'authenticité plus ou moins établie des portraits de madame de Sévigné, de sa fille et des personnes de sa famille, fut abordée, il y a près de quarante ans, par M. Feuillet de Conches[1]; le baron Walckenaer[2] la traita de son côté, et elle a été reprise incidemment par M. Gaston Boissier[3], dans une étude récente sur la marquise de Sévigné. Elle n'a pas été résolue malgré tout, ni même exposée dans ses éléments essentiels; c'est ce qui nous engage à y revenir avec la confiance que, sur certains points, nous réussirons à la faire avancer quelque peu, tout en appelant sur d'autres, encore douteux, l'attention qu'ils méritent de la part des critiques d'art et des érudits.

[1] *Revue des Deux Mondes*, dix-neuvième année, deuxième période, t. IV, p. 622.

[2] *Mémoires sur madame de Sévigné*, t. II, p. 512, et t. V, p. 453.

[3] *Madame de Sévigné*, par Gaston Boissier, de l'Académie française; Paris, Hachette, 1887.

Les portraits qu'il s'agit d'apprécier et de classer comprennent à la fois des peintures et des miniatures, émaux ou gravures. Il est visible tout d'abord que les miniatures, émaux et gravures reproduisent presque constamment des originaux peints, ayant servi de modèles, en sorte que c'est à ces derniers que l'on doit recourir en fin de compte, pour juger de la valeur des autres, qui ne reprennent leur importance relative qu'à défaut des modèles eux-mêmes, égarés ou perdus. Nous constaterons pourtant que les reproductions gravées et les miniatures servent aussi à indiquer et à reconnaître les originaux peints dont les premiers éditeurs ont fait usage non sans raison, mais que les graveurs employés par eux ont parfois imparfaitement rendus, ou même défigurés par négligence ou par manque d'habileté.

En ce qui concerne spécialement les émaux, on sait que Petitot travaillait lentement, qu'il mettait un temps fort long à exécuter ses œuvres, et toujours d'après des dessins ou des peintures; ce qui fait qu'on ne possède de lui à peu près rien de tout à fait original.

Il s'agit donc de rechercher avant tout les portraits peints, de provenance authentique, et c'est ainsi que M. Feuillet de Conches avait compris la question, bien qu'il ait cédé sur plus d'un point à des opinions préconçues et au désir de les faire prévaloir. — M. Feuillet de Conches a eu raison d'insister, comme aussi le baron Walckenaer, sur la parfaite authenticité du pastel de Nanteuil, peint d'après nature par un artiste des plus consciencieux, et gravé au burin par Nicolas Edelinck. C'est ce même pastel, appartenant aujourd'hui à M. le comte de Laubespin, qui figure dans l'album de l'édition Regnier, gravé par M. Ferdinand

Delannoye[1], et reparaît en tête du charmant volume de
M. Gaston Boissier. Celui-ci, d'autre part, tout en adoptant l'opinion de Feuillet de Conches, n'a pas tort de se
plaindre de l'inconvénient qu'a ce portrait de « représenter la marquise quand elle n'était plus jeune ». C'est,
dit-il, « une bonne figure large, animée, souriante, où
se reflètent la bonhomie et l'intelligence, mais ce n'est
pas tout à fait une jolie femme[2] ».

Il aurait fallu établir tout d'abord l'âge exact que
pouvait avoir la marquise, lorsque Nanteuil exécuta son
pastel, et c'est justement ce qui n'a pas été fait jusqu'ici.
C'est uniquement par appréciation et conjecture que
l'on a procédé. Les lettres sont absolument muettes à
cet égard; il n'y est question de Nanteuil qu'une seule
fois[3], et c'est à propos de M. de Calvo, gouverneur de
Maëstricht, dont l'artiste demandait au Roi de lui com-

---

[1] D'après un dessin de M. Auguste Sandoz. — Dans l'album de
portraits joint à l'édition des *OEuvres de madame de Sévigné*, publiée vers 1834 chez Dalibon, le même pastel a été gravé par Caron,
d'après un dessin de Devéria. Il avait été reproduit aussi par P. M.
Alix, en couleur, et lors de sa découverte chez M. Traullé, par le
graveur Delelorgue, dans les dimensions de l'original. Enfin, la plus
belle et la plus récente de ces reproductions, dont les détails ne
concordent pas toujours, a été exécutée par les soins de la Société
française de gravure; due au burin de M. Émile Rousseau, elle
date de 1874. Cependant M. de Laubespin, dans une note qu'il a
bien voulu nous adresser, assure que ni les copies au pastel ni les
gravures, pas même celle de Rousseau, n'ont encore réussi à rendre
le charme de l'original. En recevant ce précieux portrait du gendre
d'un riche amateur qui avait réuni des merveilles d'art après les
désastres de la fin du dernier siècle, M. de Laubespin n'a obtenu
sur l'œuvre elle-même aucun renseignement précis ni découvert de
signature, pas plus sur le devant que sur le carton de dessous, qui
dut être remplacé, vers 1868, par une couche de liège.

[2] *Madame de Sévigné*, p. 8.

[3] Édition Regnier, t. V, p. 55.

mander le portrait. Walckenaer[1], après avoir avancé
d'abord que le pastel de Nanteuil se rapportait à un âge
plus avancé que celui auquel répond le portrait gravé
par Chéreau pour l'édition de 1734, dit ensuite tout le
contraire, en affirmant que ce dernier portrait représente
madame de Sévigné âgée de quarante à quarante-cinq
ans, tandis que le pastel daterait de la régence d'Anne
d'Autriche, alors qu'elle n'aurait eu que trente et un
ans. M. Feuillet de Conches semble plus près de la
vérité, lorsqu'il admet que la marquise aurait posé pour
Nanteuil à l'âge d'environ trente-cinq à quarante ans,
et cette version a été jusqu'ici généralement adoptée.
Elle a été tenue pour authentique par M. E. Rousseau,
dont la gravure porte l'inscription indicative : *R. Nanteuil pinx.* 1666. Il est cependant avéré, et nous avons
eu recours, pour en être mieux assuré, au témoignage
de M. le comte de Laubespin, l'heureux possesseur du
célèbre pastel, que celui-ci n'avait jamais porté ni
marque ni signature, d'où l'on ait pu inférer la date à
laquelle il remonterait. — Raisonnons cependant sur les
circonstances qui seraient de nature à nous éclairer :
Robert Nanteuil était avant tout un graveur[2], ce qui ne
l'empêchait pas de peindre habilement des pastels
devenus célèbres, par le charme et la vérité avec lesquels il sut traduire la physionomie de ses modèles.
Mais ces pastels étaient dessinés surtout en vue de la
gravure, que Nanteuil exécutait ensuite d'après eux. Le

---

[1] Cf. *Mémoires sur madame de Sévigné*, t. II, p. 380, *Notes et
éclaircissements*, et p. 512, *sur différents portraits qu'on a gravés
de madame de Sévigné*.

[2] Le *Nouveau Dictionnaire historique* (5e édition, Caen, 1783) dit
de lui qu'il s'appliqua aussi au pastel, mais sans abandonner la gravure, qui était son talent principal.

pastel de madame de Sévigné, qui semble être demeuré
la propriété de l'artiste, fut effectivement gravé, non
pas lui, il est vrai, mais par Nicolas Edelinck, qui
aurait été son gendre[1]. Cette dernière circonstance
explique que Nicolas ait pris la place de son beau-père
dans l'œuvre qu'il avait entreprise; mais elle autorise
encore la présomption que le temps aura manqué à
Nanteuil, après qu'il eut terminé le pastel, pour le reproduire par le burin, avant sa mort, qui eut lieu en 1678[2].

On n'a pas songé jusqu'ici, à ce qu'il semble, à
s'aider de certains passages des lettres pour fixer approximativement l'âge que devait avoir madame de Sévigné
au moment où elle fut peinte par Nanteuil. Cet âge,
dans notre opinion, n'était pas moindre de quarante-
cinq ans. En effet, le détail le plus frappant du pastel,
celui qui accentue la physionomie de la marquise et
contribue le plus à la graver dans le souvenir de chacun,
c'est sa coiffure qui consiste en deux touffes de cheveux,
étalées et comme suspendues de chaque côté des tempes,
dégageant le cou et distribuées en grosses boucles,
dont les plus extérieures descendent seules, jusqu'à
frôler les épaules. Cette coiffure tant soit peu excentrique,
pour employer une expression de nos jours, ne se
retrouve ni dans les portraits de la jeunesse de madame
de Sévigné, ni dans ceux de sa fille qui coïncident pour-

[1] C'est de M. le comte de Laubespin que nous tenons cette particularité. Il ne faut pas confondre Nicolas Edelinck avec Gérard Edelinck, son père, un des plus éminents graveurs du dix-septième siècle,
mort en 1707 aux Gobelins, où il avait un logement, avec le titre
de graveur ordinaire du Roi.

[2] Né à Reims vers 1630, Nanteuil était dans la force de l'âge et
du talent en 1670 ou 1672; mais il mourut prématurément, n'ayant
pas même cinquante ans.

tant avec l'époque présumée où la marquise adopta cette
mode, sans doute temporairement. On peut dire qu'elle
est particulière au pastel de Nanteuil, dont elle a fait la
fortune et qu'elle ne reparaît que dans les seules reproductions sur émail ou par la gravure, qui relèvent de ce
même pastel.

Si l'on ouvre maintenant la correspondance de la
marquise avec sa fille, on voit qu'elle commence, en
mars 1671[1], à se préoccuper d'une nouvelle coiffure
dont elle se moque d'abord, dans ce qu'elle lui trouve
d'excessif, à propos de la duchesse de Nevers, qu'elle a
rencontrée « bretaudée » par la Martin comme un patron
de mode, les cheveux coupés sur la tête, frisés « naturellement » par cent papillotes qui lui font souffrir mort
et passion toute la nuit. Tout cela fait une petite tête
de chou ronde, et l'on ne peut rien imaginer de plus
ridicule. Les dames sensées pâment de rire, et elles en
sont à cette jolie coiffure que Montgobert[2] sait si bien ;
je veux dire, ajoute la marquise, « les boucles renversées ». Ce qu'elle blâme donc, c'est seulement de

[1] *Madame de Sévigné à madame de Grignan*. Paris, le 18 mars
1671, t. I, p. 102 de l'édition de 1734.

[2] Femme de chambre ou demoiselle d'atour de madame de Grignan. — Ce sont justement ces boucles renversées, artistement distribuées, que nous verrons figurer dans le portrait que nous attri-
buons plus loin à madame de Grignan, et qui la représente assise et
méditant au pied d'un rocher. — Mademoiselle de Montgobert était
une sorte de dame de compagnie ; elle correspondait avec madame
de Sévigné, qui dit d'elle : « Savez-vous comme écrit Montgobert?
Elle écrit comme nous; son commerce est fort agréable... Faites-la
écrire pour vous, ma très-chère, et reposez-vous en me parlant. »
(Lettre du 26 juin 1680.) — Pauline de Grignan l'appelait *Gogo*, et
Gogo l'avait prise dans sa chambre en disant fort plaisamment, après
beaucoup de raisons, que « la petite circonstance aussi d'être fille de
la maison l'avait entièrement déterminée à cette belle action ».

voir « outrer cette nouvelle mode jusqu'à la folie ». —
Dans une autre lettre, du 1er avril, elle revient sur les
coiffures « hurlu-brelu » ; il y en a qu'on voudrait souf-
fleter. Mais cette indignation même prouve que la nouvelle mode ne cessait de la préoccuper, et qu'elle voulait
tenir sa fille au courant d'un événement féminin dont la
ville et la cour étaient loin de se désintéresser. La Reine
elle-même finit par adopter la coiffure en question, et
l'important, c'est qu'il fallait, pour en venir là, se
résoudre à des exécutions, c'est-à-dire couper une partie
de ses cheveux pour les ramener par devant, en les
disposant en boucles étagées : d'ailleurs, la nouvelle
coiffure découvre la tête, et elle peut être dangereuse
pour les dents. Madame de Sévigné la décrit tout au
long dans une lettre à sa fille du 4 avril, de concert
avec madame de La Troche. C'est une consultation dans
les règles qui traduit naïvement les hésitations de la
mère et le combat livré chez elle entre la coquetterie
qui pousse à la nouveauté du jour et la crainte du sacrifice exigé par une mode peut-être passagère et qui n'est
pas sans inconvénient. — Voici quelques passages de
cette lettre curieuse :

« Paris, samedi 4 avril 1671.

« Je vous mandai, l'autre jour, la coiffure de madame de Nevers, et dans quel excès la Martin[1] avait
poussé cette mode ; mais il y a une certaine médiocrité[2]
qui m'a charmée et qu'il faut vous apprendre, afin que
vous ne vous amusiez plus à faire de petites boucles sur

[1] Coiffeuse de dames alors en vogue à Paris.
[2] C'est-à-dire une sorte de milieu.

vos oreilles, qui sont défrisées en un moment, qui vont
mal, et qui ne sont non plus à la mode présentement que
la coiffure de la reine Catherine de Médicis. Je vis hier la
duchesse de Sully et la comtesse de Guiche; leurs têtes
sont charmantes : je suis rendue, cette coiffure est faite
justement pour votre visage; vous serez comme un ange,
et cela est fait en un moment : tout ce qui me fait de la
peine, c'est que cette mode, qui laisse la tête découverte,
me fait craindre pour les dents. Voici ce que Trochanire[1],
qui vient de Saint-Germain, et moi nous allons vous faire
entendre, si nous pouvons[2]. — Imaginez-vous une tête
partagée à la paysanne jusqu'à deux doigts du bourrelet;
on coupe ces cheveux de chaque côté, d'étage en étage,
dont on fait de grosses boucles rondes et négligées qui ne
viennent point plus bas qu'un doigt au-dessous de l'oreille;
cela fait quelque chose de fort jeune et de fort joli, et
comme deux gros bouquets de cheveux de chaque côté. »

[1] Madame de La Troche.

[2] Ici, le chevalier de Perrin, dans son édition de 1734 (t. I,
p. 134), met en note que la coiffure décrite est la même qu'on voit
dans le portrait de madame de Sévigné, au frontispice de ce premier
volume. Mais Perrin se trompe évidemment, puisque le portrait
qu'il donne représente la marquise avec ces « cent boucles retombant derrière le cou », et ces petites boucles, appliquées sur le front
et contre les oreilles, qu'elle annonce comme devant être sacrifiées
aux exigences de la nouvelle mode. Le modèle d'après lequel Perrin fit graver son portrait, celui de Ferdinand, est antérieur au
temps où prévalut la coiffure décrite dans la lettre que nous citons,
et cette coiffure est bien plutôt celle qui figure dans le pastel de
Nanteuil. Mais il est possible et même probable que le chevalier,
après avoir songé à placer en tête de son édition le portrait gravé
par Edelinck, ait préféré ensuite et lui ait substitué au dernier moment la peinture que lui confia l'évêque de Luçon. Sa réflexion,
déjà imprimée, aurait été conservée après qu'il eut changé d'avis.
C'est là du moins ce qui semble probable, et du reste la note a été
supprimée dans la seconde édition de Perrin, celle de 1754.

On ne saurait décrire plus exactement la coiffure caractéristique que fait voir le pastel de Nanteuil, au moins comme effet général. Elle ajoute qu'il ne faut pas couper les cheveux trop court, parce qu'ils doivent friser « *naturellement* » ; le mot est souligné. Enfin, après avoir mis les rubans, comme à l'ordinaire [1], on place une grosse boucle entre le bourrelet et la coiffure, pour la laisser traîner quelquefois jusque sur la gorge. Cette boucle traînante est facile à observer effectivement dans une foule de portraits de femmes de l'époque. Madame de Sévigné dit encore à sa fille : Consultez votre paresse et vos dents ; mais ne m'empêchez pas de souhaiter de vous voir coiffée ici comme les autres. « Je vous vois, vous m'apparaissez, et cette coiffure est faite pour vous ; mais qu'elle est ridicule à certaines dames dont l'âge et la beauté ne conviennent pas ! » Madame de La Troche avoue que c'est elle qui vient de dicter la description ; elle craint le sacrifice des cheveux, et cependant elle cite l'exemple de la Reine et le goût même du Roi pour cette coiffure que madame de Montespan, sa sœur de Thianges et deux ou trois autres beautés ont hasardée les premières. Ce n'est pas tout, et dans un dernier passage, revenant sur sa première idée, madame de Sévigné conclut : « Après tout, nous ne vous conseillons point de faire couper vos beaux cheveux : et pour qui ? bon Dieu ! Cette mode durera peu, elle est mortelle pour les dents. Taponnez-vous seulement par grosses boucles, comme vous faisiez quelquefois, car les petites boucles rangées de Montgobert sont justement du temps du roi Guillemot [2]. »

[1] Ces rubans, entremêlés aux boucles de cheveux, figurent en effet dans la coiffure du portrait de Nanteuil.

[2] Cette assertion doit être retenue et entrer en ligne de compte

C'était donc une révolution dans l'art de disposer la chevelure, et comme la mode nouvelle persista, sauf des modifications partielles, madame de Sévigné, la première surprise passée, dut elle-même s'en accommoder, et elle adopta en effet une sorte de compromis. Ce qui disparut alors, ce furent les boucles tombant derrière les épaules et les petites boucles frisées et légères rabattues sur le front et appliquées le long des tempes. Pour apprécier cette « médiocrité », qui charmait si fort la marquise, et se rendre compte de la nature des changements survenus, on n'a qu'à consulter le portrait de madame de Sully, citée justement comme un modèle de bon goût : il fait partie de ceux que comprend l'album de l'édition de 1824 [1]. Ce sont de grosses boucles accumulées des deux côtés du visage, avec des tresses par derrière, mêlées de guirlandes de perles, et quelques boucles éparses, dont deux ramenées et traînantes jusque sur la gorge. Tout cela répond à la description de madame de Sévigné. — L'exagération se montre dans une très belle gouache, en notre possession, qui représentait, assurait-on, mademoiselle de Fontanges peinte en miniature sur un médaillon entouré d'une guirlande d'anémones. Mais cette gouache a été depuis reconnue comme figurant mademoiselle de Kérouel, la belle maîtresse de Charles II [2], par suite de sa conformité avec

dans l'appréciation des portraits de jeunes femmes ayant ces *petites boucles rangées*, et qu'on serait tenté d'attribuer à des personnes ayant fait leur entrée dans le monde après 1672, ou tout au moins après 1675.

[1] *Lettres de madame de Sévigné, de sa famille et de ses amis*, édition ornée de vingt-cinq portraits dessinés par Devéria; Paris, Dalibon, 1823-1824.

[2] Elle était en pleine faveur en 1672. Madame de Sévigné en

un portrait de cette favorite royale, gravé par Lloyd,
d'après Lesly. Ici, les cheveux bouclés sont relevés bien
au-dessus du front en deux touffes épaisses qui découvrent
le bas du visage, tandis que, d'un seul côté, une des
boucles de derrière badine légèrement sur l'épaule. Ce
sont bien les deux touffes du pastel de Nanteuil, modi-
fiées par la marquise qui garde encore la rangée des
petites boucles détachées et pendantes sur le devant du
front. Ainsi, le pastel de Nanteuil et la gravure d'Edelinck,
de même que l'un des émaux du Louvre, qui ne fait que
les reproduire, doivent être postérieurs au printemps de
1671. La marquise avait alors quarante-cinq ans accomplis; il se peut même qu'elle approchât de la cinquantaine, quand elle posa devant Nanteuil.

Une seule difficulté, que nous nous empressons de
mentionner, pourrait être invoquée comme s'opposant
à notre interprétation; elle tient à la forme et à la disposition du corsage, qui, loin de convenir avec la période
dans laquelle nous avons voulu nous placer, retrace
plutôt l'aspect qu'avait cette partie du vêtement dans les
années antérieures, et spécialement se retrouve, avec les
rosettes de rubans caractéristiques, dans un portrait
d'Anne d'Autriche gravé dans le même format que celui
de Nicolas Edelinck. Mais il est à remarquer que dans
ce portrait, Anne d'Autriche, en qualité de veuve, porte
le même bandeau, avancé en pointe sur le front, que
madame de Sévigné. Si ce corsage et les rosettes qui

parle dans une lettre à sa fille du 30 mars de cette année : « Ne
trouvez-vous point bon aussi de savoir que Kérouel, dont l'étoile
avait été devinée avant qu'elle partît, l'a suivie très fidèlement? Le
roi d'Angleterre l'a aimée; elle s'est trouvée avec une légère disposition à ne pas le haïr; enfin....., voilà qui est étrange. » (Édit. de
1734, t. I, p. 96 et 97.)

tiennent lieu des bijoux absents étaient considérés comme complétant le costume de veuve[1], alors que le bandeau remplacerait le voile des autres portraits, il en résulterait simplement qu'à l'exemple de la Reine mère, et conformément aux usages, madame de Sévigné aurait tenu à être représentée avec la même mise que dans les années qui suivirent immédiatement la mort de son mari.

Venons à des portraits plus jeunes. — Le plus jeune de tous, s'il avait eu quelque authenticité, aurait été un émail de Petitot, n° 40 de la collection du Louvre et l'un des deux qui figurent sous le nom de madame de Sévigné dans le recueil édité par Blaisot[2]. Cet émail gravé par Nargeot représente certainement une très jeune femme, remarquable par la finesse des traits, le charme de l'expression, et dans la fleur de sa première beauté. Madame de Sévigné était peut-être aussi jolie à vingt ans; nous doutons cependant que ce soit elle, et le visage attentivement considéré, en tenant compte de la fossette légère du menton, qui reparaît plus ou moins prononcée dans tous les portraits de madame de Grignan, indique cette dernière avec d'autant plus de vraisemblance que l'émail à elle attribué dans ce même recueil de Blaisot n'est certainement pas elle, mais sa belle-sœur, Jeanne-

[1] Les renseignements que nous avons obtenus de l'obligeance de M. de Laubespin confirment cette manière de voir : dans le pastel de Nanteuil, la robe est noire; les trois nœuds ou rosettes de rubans le sont également, « avec des tons gris foncé pour faire sentir le mouvement de ces nœuds, un sur l'épaule de chaque côté, un au milieu du corsage : ils retiennent les froncés d'un crêpe grisâtre ». C'est bien là un costume officiel de veuve.

[2] *Les émaux de Petitot du musée impérial du Louvre; portraits de personnages historiques et de femmes célèbres du siècle de Louis XIV, gravés au burin par M. Ceroni;* Paris, Blaisot, éditeur, 1862.

Marguerite de Bréhan de Mauron, ou plutôt le visage auquel ce nom a été appliqué, on ne sait trop pourquoi[1].

Nous arrivons ainsi et, en apparence, sans intermédiaire, mais à la condition de laisser momentanément de côté les peintures dont nous parlerons plus loin, au portrait gravé par Chéreau pour l'édition de 1734 du chevalier de Perrin. On sait qu'il fut reproduit au burin, d'après un tableau appartenant à l'évêque de Luçon, petit-fils de Bussy-Rabutin, et que celui-ci avait placé dans sa chambre, avec cette inscription sur le cadre : *Vive, agréable et sage.* La peinture existait encore en 1849 à Bussy[2], et représentait madame de Sévigné, âgée au plus de vingt-six ans, peu de temps après son veuvage. L'auteur du portrait, plus adroit que fidèle, si l'on en croit M. Feuillet de Conches, était Louis Ferdinand, peintre assez longtemps en vogue à la cour de Louis XIV. Il serait injuste, croyons-nous, de reprocher au chevalier de Perrin le choix qu'il fit de ce portrait. En s'y déterminant, il se conforma sans doute aux avis de madame de Simiane, dont il avait la confiance et qui lui avait remis les lettres qu'il allait publier. Il est difficile

---

[1] Il existe une singulière analogie, par les traits et surtout par la disposition de la chevelure, entre ce visage prétendu de la jeune marquise de Sévigné et le portrait si connu de Ninon de Lenclos, par Ferdinand, qui figure gravé en tête de ses lettres supposées au marquis de Sévigné (Amsterdam, François Joly, 1750). — Il suffit de dénoncer ce rapprochement pour faire aussitôt saisir l'impossibilité d'admettre que Jeanne-Marguerite de Mauron, nouvelle mariée en 1685, ait été coiffée exactement comme l'avait été Ninon, alors âgée de soixante-dix ans, au moment où Ferdinand la peignait, vingt-cinq ou trente ans auparavant.

[2] Selon le témoignage de M. Feuillet de Conches, dans son article sur les *Apocryphes de la peinture; Revue des Deux Mondes,* nouvelle période, t. IV, p. 622.

d'admettre que madame de Simiane, en correspondance
intime avec son cousin, ne connut pas le portrait possédé
par celui-ci, et il est même probable que ce fut à sa
considération que le prélat mondain, comte de Bussy,
le confia au chevalier pour le faire graver.

Quoi qu'il en soit, ce portrait avait sur celui de Nanteuil l'avantage de ne représenter madame de Sévigné
ni toute jeune et du vivant de son mari, ni déjà mûre et
épaissie de traits, mais plutôt telle qu'elle dut être à un
âge intermédiaire, alors que brillant de son plus vif
éclat, par l'esprit et par la beauté, elle avait excité l'admiration de ses amis et acquis le renom de manier
aussi bien la plume que la parole. — Le portrait était-
il parfaitement fidèle? Rendait-il le charme, vanté par
les contemporains, du visage de la marquise, charme
pénétrant, éclairé par une gaieté franche, pétillant de
malice, mais d'une malice sans fiel, tempérée par le bon
sens et un excellent cœur? C'est là une question difficile
à résoudre en présence d'une œuvre de seconde main,
comme celle d'un graveur qui, sans être malhabile, a pu
exprimer faiblement les traits et la physionomie de
l'original. Nous allons voir que c'est bien effectivement
ce qui a dû se passer, quelle qu'ait été par elle-même la
finesse du burin de Chéreau. D'ailleurs, Feuillet de
Conches, et il peut avoir eu raison, se défiait du talent
même du peintre, suspect à ses yeux de légèreté et
d'inexactitude. Le même auteur a fait de plus cette
remarque que le portrait de madame de Sévigné placé
en tête de la seconde édition de Perrin, celle de 1754,
différait de celui qui l'avait précédé, et qu'il tenait au
moins autant de madame de Grignan que de sa mère,
par la tête et le dessin tout entier. Et pourtant, ici

encore, nous le verrons bientôt, c'est au graveur seul
qu'il faut s'en prendre, et ce second portrait, tout aussi
bien que l'autre, représentait réellement madame de
Sévigné encore jeune, quoique déjà veuve, et il n'était
pas juste de s'en prendre à l'artiste, tandis que le graveur seul avait échoué dans sa tâche.

Mais pour résoudre, si c'est possible, une question
qui risquerait sans cela de rester à jamais obscure, lais-
sons maintenant les gravures en elles-mêmes, ou plutôt
ne les considérons que comme un moyen d'obtenir par
elles des indices révélateurs à l'égard des tableaux
qu'elles étaient destinées à reproduire, et ayons recours
à ces tableaux, mais seulement à ceux dont il est possible de justifier l'origine et d'établir l'authenticité. — En
fait de peintures, nous tenons pour le moment celle de
Nanteuil, souvent gravée et reproduite aussi par un des
émaux du Louvre, et celle de Ferdinand, qui représente
madame de Sévigné plus jeune, avec la chevelure pen-
dante, portant le voile noir de veuve, ramené sur le
devant de l'épaule. Quelle que puisse être la médiocrité
de cette dernière peinture et surtout de la gravure de
Chéreau, son attribution à la marquise n'a été, que nous
sachions, mise en doute par personne. Mais il existe,
nous nous hâtons de le dire, deux autres peintures tout
aussi ou même plus authentiques encore, qui doivent
attirer l'attention, bien que ni Feuillet de Conches ni
Walckenaer n'en aient fait mention dans leurs notices
respectives. — L'une appartient à M. le comte de
Luçay, propre descendant en ligne directe de madame de Sévigné, et n'est jamais sortie de la famille;
l'autre, qui provient de la collection du marquis de Saint-
Cloud, est aux mains de M. Eugène Ferral-Gustac, à

Paris. Ces deux tableaux, après avoir été publiquement exposés, ont été photographiés avec un grand talent par M. Ad. Braun, de manière à donner une idée parfaite des originaux. Parlons d'abord du premier, parce qu'il représente Marie de Rabutin-Chantal, jeune mariée, à peine âgée de vingt-deux ans, si l'on en croit l'inscription placée au bas du cadre (1648) et confirmée par les traits du visage.

La peinture sur bois [1], par Henri Beaubuin (1603-1677), représente une jeune femme figurée en buste, avec une garniture de vieux point sur le pourtour du corsage, à peine ouvert jusqu'à la naissance des épaules. Le cou porte un collier de perles; les cheveux retombent en boucles abondantes qui accompagnent le cou et traînent sur les épaules. Il faut remarquer ces cheveux traînants qui ne donnent pas encore lieu aux petites boucles renversées sur le front, les tempes et les oreilles, dont la mode viendra plus tard. Nous sommes ici en plein dans les coiffures de la fin de Louis XIII, qui continuent sous la Régence, mais qui tendent ensuite à se modifier graduellement; en sorte que d'abord pendants et flottants, les cheveux se relèvent peu à peu, puis forment des touffes et remontent toujours plus, pour aboutir enfin à ces chevelures du temps de la duchesse de Bourgogne et des premières années du dix-huitième siècle, tout à fait hautes, dégageant entièrement le visage, formant casque au-dessus du front et laissant de chaque côté, vers les tempes, une boucle appliquée en forme d'« accroche-cœur ». Cette dernière coiffure sera celle de madame de Simiane. Les touffes ou masses relevées sur les côtés du

---

[1] Hauteur 0^m,36, sur une largeur de 0^m,26.

visage serviront de coiffure lors de la maturité de madame de Sévigné et de la jeunesse de sa fille, et les petites boucles détachées datent de l'époque où madame de Grignan était encore jeune fille, ainsi que des premières années qui suivirent son mariage. Telle est en gros la marche de la mode; il est bon de l'avoir établie en passant, et de ne pas la perdre de vue dans l'appréciation des portraits dont nous passons la revue.

Dans celui de Beaubuin, le visage est régulier, d'un ovale déjà assez plein, le menton sans fossette et arrondi, la bouche un peu épaisse, le nez carré par le bout, un peu fort, mais droit et bien fait, les yeux charmants. La physionomie est ouverte, spirituelle, pleine de franchise, le regard clair et bon. Examinées à la loupe, les prunelles, et non pas les paupières, comme on dit toujours, sont bigarrées, c'est-à-dire plus foncées sur le bord que vers le milieu. L'ensemble, il est impossible de ne pas le remarquer, a quelque chose qui fait songer à Mona Lisa, le célèbre portrait de Vinci. Mais ce qui frappe le plus, en faisant abstraction du talent médiocre du graveur Chéreau et du peintre Ferdinand lui-même, c'est l'extrême rapport du visage que nous venons de décrire, rapport de traits, rapport d'ensemble et d'expression générale, avec le portrait placé par Perrin en tête de sa première édition, celle de 1734. Il n'y a pas moyen de s'y méprendre, l'identité est complète, et c'est bien la même personne. Voici maintenant les différences de détail que l'on remarque entre les deux peintures, et qui toutes tendent à démontrer l'antériorité de celle de Beaubuin vis-à-vis de celle de Ferdinand. Il n'y a pas trace, dans la première, du voile de veuve ramené sur le devant de l'épaule droite dans la gravure. Les petites

boucles détachées ne se montrent pas sur le front, qui
est entièrement découvert, les boucles qui pendent ne
commençant qu'au niveau de l'oreille. Enfin, la garniture du corsage diffère totalement de part et d'autre,
puisque dans le portrait de Beaubuin il est bordé par
une large dentelle, découpée en festons, avec une
rosette de rubans sur le milieu et au devant, tandis que
dans l'œuvre de Chéreau il est accompagné d'une draperie qui laisse voir un bijou orné de pierreries et perles
en pendeloques. Les deux portraits sont ainsi loin d'être
pareils; mais celui de Beaubuin est nécessairement plus
jeune, par l'absence de tout signe de veuvage, par les
détails du costume et de la coiffure aussi bien que par
les traits; on reconnaît cependant qu'il s'agit d'une seule
et même personne qui, dans l'intervalle d'une peinture
à l'autre, n'aurait pas ou n'aurait que très peu changé;
ainsi donc, voilà deux portraits de madame de Sévigné,
incontestables l'un et l'autre et bien plus jeunes que
celui de Nanteuil. La peinture de Beaubuin, en laissant
celle de Ferdinand, dont l'original ne nous est pas
connu, représente assurément un visage assez charmant, assez spirituel, assez harmonieux par les traits et
doué d'une expression assez pénétrante, pour justifier
la réputation de beauté qu'eut de son temps le modèle.
Ce n'est pas, si l'on veut, une beauté foudroyante, ni
tout à fait régulière et sans défaut; mais, ce qui vaut
mieux, elle semble faite pour plaire, pour attacher surtout ceux vers qui se tournaient ces yeux éclairés d'un
si doux regard, ce visage animé d'un si bon sourire.

Le troisième portrait et le plus important[1], puisqu'il

---

[1] C'est celui qui figure en tête du volume, fidèlement reproduit
d'après un cliché de M. Braun, retouché en présence de l'origi-

comble une lacune, mais dont il n'avait pas été question
jusqu'ici, on se demande pourquoi, est celui que possède le comte de Luçay et dont il existe une reproduction photographiée par Braun, qui permet de porter sur
l'œuvre un jugement sûr. Ce portrait n'a jamais quitté la
famille; c'est-à-dire qu'il a passé successivement de madame de Simiane à madame de Vence, sa fille aînée, et
de celle-ci aux Vence, toujours d'aîné en aîné, jusqu'à
la dernière descendante de la lignée masculine maintenant éteinte, Antoinette-Athénaïs-Clémentine Chantal de
Villeneuve-Vence[1], propre mère du comte de Luçay
actuel, qui tient d'elle ce portrait. Le cadre porte une
inscription ainsi libellée : « Portrait de madame de Sévigné, peint par Mignard pour madame de Grignan, laissé
par madame de Simiane à madame de Vence, sa fille,
appartient à la comtesse de Luçay, née Vence. »

Nous verrons plus loin l'objection qui pourrait être
opposée à l'attribution de cette peinture[2], objection qui,
d'ailleurs, est très loin d'être sans réplique. La noblesse
de l'attitude et le charme de l'expression réunis dénotent le grand artiste, dans cette œuvre, et nous savons à
n'en pouvoir guère douter que Pierre Mignard, alors
dans toute la force de son talent, dut peindre madame de
Sévigné, comme il peignit sa fille, et avec elle Ninon de
Lenclos, Lavallière, la duchesse de Ventadour, madame de La Fayette et la plupart des personnes de la

nal. Il nous a été donné de saisir et d'admirer le charme de la peinture elle-même.

[1] Née le 6 janvier 1807, de Clément-Louis-Hélion de Villeneuve,
marquis de Vence, et d'Aymardine d'Harcourt; elle avait été mariée,
le 1er juin 1830, à Napoléon-Joseph-Charles Legendre, comte de Luçay.

[2] Non pas à son attribution à madame de Sévigné, qui est incontestable, mais au peintre qui en serait l'auteur.

coterie de la marquise, ainsi que l'atteste Charles Blanc dans son *Histoire des peintres*[1]. Il est certain que les plus grandes dames se rendaient volontiers chez Mignard, et que madame de Sévigné fréquentait son atelier, comme l'atteste un passage bien connu de ses lettres : « J'ai été tantôt chez Mignard, pour voir le portrait de Louvigny : il est parlant ; mais je n'ai pas vu Mignard ; il peignait madame de Fontevrault, que j'ai regardée par le trou de la porte. L'abbé Têtu était auprès d'elle dans un charmant badinage. Les Villars étaient à ce trou avec moi. Nous étions plaisants[2]... » Dans un autre passage, après avoir parlé du portrait de sa fille par Mignard, qu'elle a fait admirer à M. d'Escars, elle ajoute ces mots significatifs : « Je voudrais que le mien fût un peu moins rustaud ; il ne me paraît propre à être regardé agréablement ni tendrement », qui marquent bien l'existence d'un portrait d'elle par le même artiste, peint en même temps ou plutôt un peu avant celui de sa fille.

Le portrait qu'a M. de Luçay est à mi-corps, avec un bras relevé à moitié pour faire un geste de la main droite, dont un doigt étendu montre la gauche[3]. La figure tournée à droite est vue de trois quarts. Les traits ont visiblement grossi ; le visage, plus large et plus carré que dans les portraits précédents, justifie à la rigueur ce terme de rustaud appliqué à l'air du portrait par la marquise. C'est bien l'aspect d'une femme mûre et forte ; mais, outre que le nez, la bouche, les yeux sont modelés

---

[1] *Histoire des peintres de toutes les écoles ; école française*, à l'article : *Pierre Mignard*.

[2] *Lettres de madame de Sévigné*, édition Monmerqué, t. X, p. 456.

[3] C'est-à-dire vers la gauche du personnage, qui est la droite du spectateur.

comme autrefois, la physionomie se trouve éclairée par l'intelligence, l'esprit et la gaieté. Les yeux sont animés et pétillants, l'expression sûre d'elle-même; enfin, c'est l'épanouissement un peu exubérant, mais plein de charme, d'une nature dont rien encore n'annonce le déclin.

La coiffure et le costume doivent être examinés avec soin : les boucles de la chevelure, déjà plus relevées, ne touchent plus ici les épaules et tendent à se rapprocher de l'arrangement en « touffes » du pastel de Nanteuil. Walckenaer en a fait la remarque en parlant du portrait de Lefebvre qui n'est autre que celui-ci; nous le verrons bientôt. « La coiffure », dit-il, « est presque semblable[1]. » Les boucles détachées sont ici abondantes; elles couvrent une partie du front, sur lequel elles retombent; c'est bien normalement la coiffure dite à la Sévigné. Le voile de veuve, comme dans le portrait de Ferdinand, est attaché derrière la tête et fait retour sur le devant du corsage, en passant au-dessous de l'épaule. Le cou est orné du collier de perles ordinaire. Le corsage serré et agrafé par devant est bordé par une étroite dentelle qui badine autour de la gorge et présente sur le devant et au milieu un ornement qui consiste en un nœud de ruban de couleur foncée, contre lequel se trouve appliqué un bijou en forme de croix terminé par des perles en pendeloques. Enfin, la manche droite, la seule qui soit en vue, descend jusqu'au coude en donnant lieu à des plis; elle-même est agrafée par un bijou assez semblable à celui du corsage et se termine par une garniture de dentelles,

---

[1] *Mémoires sur madame de Sévigné*, t. V, p. 453.

d'où sort le bras relevé, nu jusqu'au-dessous du coude.

C'est pourtant ce portrait, le plus ressemblant sans doute de tous ceux que nous connaissons, si l'on se place au temps où la marquise écrivit la plupart de ses lettres, c'est, disons-nous, ce portrait qui a dû, directement ou indirectement, servir de modèle à celui que plaça Perrin en tête de son édition de 1754 et qui fut gravé par Pelletier[1], avec l'indication *Lefebvre pinx.* — Il est facile de s'en assurer par la pose, par les détails de la coiffure et la disposition du voile de veuve, enfin par les accessoires du corsage, qui sont absolument pareils de part et d'autre. Il n'y a d'exception que pour le bras qui a été supprimé, par manque de place, dans la gravure; et il faut aussi tenir compte de la direction de la figure tournée en sens inverse de ce qu'elle est dans le tableau. Feuillet de Conches, qui trouve, non sans raison, que « la tête et le dessin entier tiennent moins de madame de Sévigné que de sa fille, à l'indifférence près, et que la désinvolture générale a quelque chose de flamboyant qui ne va ni à l'une ni à l'autre », se demande quel est ce Lefebvre, et, sans réfléchir à ce qui peut avoir tenu à la maladresse du graveur, il semble porté à rejeter entièrement ce portrait. Walckenaer[2], moins affirmatif, parle de ce Lefebvre comme ayant fait beaucoup de portraits de personnages illustres, souvent gravés, et n'exprime aucun doute sur l'attribution à ce peintre du modèle reproduit sous l'inspiration de Perrin, en 1754. Il y aurait moyen,

---

[1] Selon M. Feuillet de Conches, dans ses *Apocryphes de la peinture,* déjà cités, *Revue des Deux Mondes,* dix-neuvième année, — nouvelle période, t. IV, p. 624.

[2] *Mémoires* précités, t. V, p. 453.

selon nous, de concilier l'attribution à Mignard de
l'original possédé par M. de Luçay avec celle qui donne
à Lefebvre un portrait tout à fait semblable [1]. — Il est
fort probable effectivement que le chevalier de Perrin,
vers 1754, longtemps après la mort de madame de
Simiane, et éloigné de madame de Vence, à qui l'original de Mignard avait été transmis par sa mère, n'ait
disposé que d'une répétition ou d'une copie, et qu'il ait
fait graver cette répétition ou cette copie attribuée
à Lefebvre. De là peut-être l'insuffisance de la gravure
qui n'aurait été qu'une œuvre de troisième main. Dans
ce cas cependant le choix du modèle aurait été judicieux
et l'exécution seule défectueuse, non par la faute de
Perrin, qui du reste était mort au moment de la publication, mais parce qu'il n'aurait eu sous la main qu'une
copie médiocre, ou un graveur maladroit.

Nous ajouterons, pour être tout à fait complet, que
c'est, à ce qu'il semble, d'après ce dernier portrait ou à
son imitation qu'aurait été tracé celui dont nous avons
signalé l'existence au château de La Barben, près d'Aix,
chez M. le marquis de Forbin, qui le tient sans doute de
la branche des Forbin-Solliès, dont celle de La Barben

---

[1] L'explication toute naturelle nous a été fournie, conformément
à ce que nous pensions, par M. le comte de Luçay, qui vient de
constater l'existence d'un portrait de madame de Sévigny (*sic*)
peint par Lefèvre, en 1754, à Paris. Ce portrait, qui n'était sans
doute qu'une copie ou reproduction de celui de Mignard, faisait
partie de la galerie de tableaux du comte de Vence (Claude-
Alexandre de Villeneuve), célèbre amateur et cousin du gendre de
madame de Simiane. Il formait, en compagnie de plusieurs autres,
une sorte de galerie de famille et se trouve porté sur un catalogue
de la galerie du comte de Vence, imprimé en 1559. C'est ce portrait, et non l'original de Mignard, alors en Provence, que le chevalier de Perrin aura fait graver pour son édition de 1754.

hérita vers le milieu du siècle dernier. Madame de
Sévigné mentionne ses relations avec le marquis de
Forbin-Solliès, alors colonel du régiment de Provence[1].
Ce qui militerait en faveur de l'authenticité du portrait en
question, de forme ovale et médiocrement peint, c'est
que non seulement il reproduit par les détails du
costume et des cheveux la gravure de 1754, et par
conséquent l'original de M. de Luçay, mais il est encore
le pendant exact d'un portrait de madame de Grignan,
reconnaissable à sa physionomie et à sa pose habituelles,
bien qu'avec des cheveux et des yeux d'une couleur
plus foncée que n'étaient les siens. Ce portrait de
madame de Sévigné présente des traits forts et une sorte
de bouffissure des joues, enluminées par le rouge; la
chevelure est disposée en grosses boucles relevées à
peu près comme dans le portrait de madame de Sully et
dans celui de sa propre fille[2]; on dirait presque une
perruque.

En résumant ce qui précède, on constate qu'il existe
quatre portraits peints authentiques de madame de
Sévigné, qui sont par rang d'âge : 1° celui de Beaubuin,
le plus jeune de tous et antérieur à son veuvage;
2° celui de Ferdinand, gravé par Chéreau pour l'édition
de 1734, qui la représente jeune veuve; 3° celui du
comte de Luçay, peint sans doute par Mignard et gravé
pour l'édition de 1754, mais, à ce qu'il semble, d'après
une répétition; 4° enfin, le pastel de Nanteuil, gravé par

---

[1] *Édition Regnier*, t. III, p. 279. — La marquise de Forbin-
La Barben actuelle descend par les Vence de madame de Sévigné ;
elle est née de Villeneuve-Flayosc ; mais le portrait que nous mentionnons ici est venu par les Forbin.

[2] Celui de l'album de l'édition Regnier.

Nicolas Edelinck, et dont il existe de nombreures reproductions, ainsi qu'un émail au Louvre. Prenons maintenant les apocryphes, c'est-à-dire les portraits attribués
sans raison à madame de Sévigné ou peints de souvenir,
dont par conséquent il vaut mieux ne pas tenir compte.

Nous rangeons dans cette catégorie légendaire, malgré
ce qu'elle aurait eu de séduisant au premier abord,
l'existence au château de Grignan d'un portrait de
madame de Sévigné, qui, soustrait en 1793, lors de la
mise sous le séquestre et du pillage de l'ancien mobilier,
aurait été racheté à des paysans, puis rétabli à la place
qu'il occupait autrefois par le fait du propriétaire actuel,
M. Faure. Le portrait s'y trouve effectivement; il est
encore dans la grande salle du château, comme le mar-
quait en 1849 M. Feuillet de Conches, qui paraissait
admettre son authenticité [1]. Il a été depuis l'objet d'une
notice de M. de Payan-Dumoulin, accompagnée d'une
reproduction lithographiée très fidèle, et que M. Charles
de Payan, ancien capitaine de frégate, a bien voulu nous
communiquer avec une obligeance parfaite. Il est malheureusement impossible de reconnaître madame de
Sévigné dans la personne, distinguée à coup sûr, au cou
élancé, au visage allongé, au nez effilé, à la bouche
mince et aux yeux taillés en amandes, figurée par ce
portrait. Le corsage drapé en une sorte de péplum, la
tête ornée d'un diadème, portant une palme de la main
droite, elle est assise près d'un cippe que surmonte la
garde d'une épée. Elle rappelle plutôt à l'esprit l'image
d'une reine, comme serait Christine de Suède; mais
certainement, il n'y a rien là qui rappelle, même de

---

[1] *Les Apocryphes de la peinture*, t. IV précité de la *Revue des
Deux Mondes*, dix-neuvième année, p. 623.

loin, madame de Sévigné. Comment l'idée n'est-elle
venue à personne que Pauline de Simiane, en vendant
un château de famille, elle, si attachée aux moindres
souvenirs de ses parents, n'avait pu consentir à laisser
derrière elle le portrait de sa grand'mère, et un portrait
peint par Mignard! — Aussi, d'après des documents
qu'un érudit du pays, M. Devèz, a eus entre les mains
et dont il affirme la réalité, il n'en fut pas ainsi, et à la
vente du château, en 1732, tous les tableaux furent
emballés avec le linge, l'argenterie et les objets précieux
ayant appartenu à madame de Grignan ou à madame de
Sévigné. Les caisses contenant ces chères dépouilles
furent expédiées à Aix par les soins de M. Salamon,
homme de confiance de madame de Simiane, et celle-ci
accusa réception de l'envoi dans une lettre que M. Devèz
avait entre les mains, il y a une dizaine d'années. L'assertion de M. Devèz a reçu, d'autre part, une confirma-
mation éclatante par la découverte due à M. Gabriel
Marcel, à la Bibliothèque nationale [1], d'une pièce originale dont le texte figure intégralement dans l'appendice
qui termine notre ouvrage. C'est un acte passé entre la
marquise de Simiane et deux marchands de la ville d'Aix,
à la date du 16 décembre 1730, par lequel la marquise
distrait de la vente qu'elle vient de faire des effets mobiliers du château de Grignan, « sur lesquels elle a fait
option », c'est-à-dire qu'elle a gardés, dans sa portion,
« cent neuf livres du prix des portraits de la dame de

---

[1] Bibl. nat.; cab. des titres, pièces originales, vol. 2706; article
Simiane. — M. Gabriel Marcel, préposé au département des cartes
géographiques à la Bibliothèque nationale, a bien voulu nous auto-
riser à faire usage du document qu'il avait découvert et dont il nous
a révélé l'existence.

Sévigné, de messire Louis Adheymard, de la feue dame
comtesse de Grignan, de M. le comte de Grignan, de
M. le marquis de Grignan et de madame de Simiane ».
On reconnaît bien, dans cette énumération, les portraits
de famille que madame de Simiane avait eu soin de se
réserver à la vente du château de Grignan et dont le premier mentionné, celui de la dame de Sévigné, est sans
doute le même que possède actuellement M. le comte
de Luçay.

Il n'y a donc pas d'illusion à se faire, et si le maréchal
du Muy, ce qui n'est pas impossible, voulut à un moment
donné placer un portrait de madame de Sévigné dans le
château où elle dormait au fond d'une tombe non encore
violée, il commit une erreur involontaire, partagée par
M. Faure, lorsque celui-ci rechercha et réintégra ce
tableau, sur la foi d'une tradition incertaine. Ici donc,
l'attribution même ne repose sur rien de sérieux ; c'est
une apparence et un malentendu. Dans d'autres cas, et
c'est celui d'un portrait dessiné par Chasselas et gravé
d'après lui par Barthélemy Roger, au commencement de
ce siècle, on reconnaît une œuvre de pure imagination,
formée de traits combinés, non sans art, mais en dehors
de toute réalité. On doit en dire autant des deux portraits
de madame de Sévigné et de sa fille conservés à Nice par
un de leurs descendants : ce sont des portraits peints
de souvenir et longtemps après les personnages qu'ils
représentent. Drapée dans un costume de fantaisie, les
cheveux épars, retombants et bouclés, la bouche mignonne, les traits fins, à peine distincte de sa fille,
madame de Sévigné se trouve ici remplacée par une
douce image, qui flotte dans les nuages, sans avoir rien
de commun avec la vérité historique.

Nous suivrons, dans l'appréciation des portraits de
madame de Grignan, la méthode que nous avons appliquée à ceux de sa mère, c'est-à-dire que les miniatures
et les gravures contemporaines seront pour nous des
éléments de comparaison pour mieux saisir l'âge relatif
et la provenance des portraits peints, qu'elles reproduisent plus ou moins exactement. — Les détails concernant les portraits de madame de Grignan suffisent
pour démontrer qu'elle se fit peindre à plusieurs reprises. Il en est souvent question dans les lettres de sa
mère, et celle-ci va jusqu'à dire en 1688, en écrivant
de Paris : « Nous sommes entourés de vos portraits. »
Il en existait enfin des répétitions, puisque dans une
lettre de la marquise d'Uxelles au comte de La Garde.
de décembre 1690, elle parle des portraits qui décorent
l'appartement du chevalier de Grignan, ce qui lui
donne l'occasion d'admirer la beauté de madame de
Grignan, la bonne physionomie du marquis, et de con-
voiter une estampe de M. le comte [1]. Nous savons aussi
qu'elle se fit peindre par des artistes de Provence, et
nous possédons ainsi des renseignements susceptibles
de nous guider dans l'interprétation des tableaux eux-
mêmes. Ceux-ci sont assez nombreux ; nous parlons de
ceux dont l'authenticité n'est pas douteuse. Il reste
cependant des difficultés sur la nature et le classement
des divers portraits qui nous restent de madame de
Grignan ; et, pour les surmonter, nous nous attacherons
à tous les indices ou documents explicatifs, soit écrits,
soit fournis par les peintures mêmes, principalement
par les détails de la chevelure.

---

[1] *Édition Regnier*, t. IX, p. 603.

Nous savons que Pierre Mignard peignit madame de Grignan, et nous savons aussi que madame de Sévigné fit exécuter ce portrait pendant le séjour de sa fille à Paris, de février 1673 au 24 mai 1675. — Mais il existait d'elle des portraits bien avant cette date, avant même son mariage; nous l'apprenons par une lettre du duc de Saint-Aignan, mentionnant le beau portrait de la « jeune lionne », allusion à la fable du lion amoureux de La Fontaine, qu'il a admiré dans le cabinet de mademoiselle de Scudéry. Si l'émail du Louvre n° 40, attribué par erreur à madame de Sévigné, devait être restitué à sa fille, il reproduirait un des portraits de cette période. Il en existait certainement un de Ferdinand [1], qui avait dû le peindre en même temps que celui de la mère. Il en est fait mention dans une lettre écrite des Rochers, le 12 février 1690; elle souhaite un portrait de Pauline qui soit de la dimension de celui

[1] C'est celui que le chevalier de Perrin fit graver pour son édition de 1734 et qui figure en tête du cinquième volume de cette édition. — Par contre, en tête du cinquième volume de l'édition de 1754 (Paris, Dessaint et Saillant, rue Saint-Jean de Beauvais), appartenant à la bibliothèque Méjanes d'Aix, nous avons constaté la présence d'un portrait tout différent par la coiffure, le costume et les traits, qui ne saurait être celui de madame de Grignan, mais qui rappellerait plutôt l'air et la mise de madame de Simiane. L'indication *Mignard pinx.* — *M. Aubert Sc.*, accompagnant les écussons accolés aux armes des Grignan et des Sévigné, et, par-dessous, la légende : Françoise-Marguerite de Sévigné, comtesse de Grignan, marquent évidemment l'intention de donner le portrait de celle-ci. Nous ignorons entièrement la cause d'une semblable substitution, attribuable peut-être à la mort subite du chevalier de Perrin, survenue au moment où sa nouvelle édition était sur le point de paraître. Dans l'édition d'Amsterdam de 1756, qui répète généralement la précédente et comprend huit volumes, le portrait de madame de Grignan est donné en tête du sixième, tel que Perrin l'avait fait graver en 1737.

de Ferdinand. Celui-ci a quelque chose de tout à fait
juvénile, on a dit même parfois d'égrillard ; il a dû précéder celui de Mignard et même le mariage de madame
de Grignan. Comme la comtesse, à l'exemple de son
mari, distribua souvent son portrait, elle dut en faire
exécuter des répétitions et des copies plus ou moins
fidèles. C'est une de ces répétitions, donnée par madame
de Grignan, qui était restée jusqu'à nos jours aux mains
des descendants de Jacques Le Blanc, seigneur de
Valfère, trésorier général de Provence, dont il sera
question plus loin comme ayant rendu des services
d'argent au comte de Grignan. Ce portrait fut remis
vers 1843, par un des derniers représentants mâles de
Jacques Le Blanc, au marquis de Périer, qui, par sa mère
née Fauris de Saint-Vincens et arrière-petite-fille de
madame de Simiane, descendait de madame de Grignan.

En examinant attentivement ce portrait, très-fine-
ment peint, et qui certainement est plutôt une sorte de
variante qu'une simple copie, on voit que la figure est
très jeune et que, d'une façon générale, l'ensemble de
la pose et les détails essentiels, même les accessoires,
offrent les plus grands rapports avec la gravure placée
par Perrin en tête du cinquième volume de son édition
de 1734[1], sauf que dans cette gravure le corsage est
ouvert par devant et rattaché à l'aide d'une bride. Tout

[1] Les cinquième et sixième volumes servant de complément aux
quatre premiers, parurent chez Rollin fils, libraire à Paris, en 1738.
— Le nom du graveur est Petit. — C'est à propos de ce portrait,
à boucles déjà moins traînantes que dans d'autres peintures de la
même époque, que madame de Sévigné écrit à sa fille, le 1er avril
1672 : « Votre fille... caresse votre portrait et le flatte... J'admire
que vous vous coiffiez dès ce temps-là à la mode de celui-ci ; vos
doigts voulaient tout relever, tout boucler ; enfin c'était une prophétie. »

le reste est pareil : point de collier de perles, comme il
sied à une jeune fille : des pendants d'oreilles seulement.
Les petites boucles descendent sur le front et sur les
tempes; deux boucles traînantes sur une épaule, celle
vers laquelle la tête est inclinée, une seule sur l'autre.
Les yeux sont bleu foncé, les cheveux blonds, le nez
fin, presque droit, avec une inflexion légère, la bouche
mignarde, un peu sensuelle; une fossette à peine sensible se montre sur le menton délicatement modelé. Dans
ce portrait, le bijou de milieu du corsage est une pierre
de couleur d'où pendent trois grosses perles. La couleur
du corsage, visiblement recouvert d'un transparent, est
crème, un peu rosé ou fleur de pêcher. La draperie jetée
négligemment sur les bras est d'un vert foncé avec revers
rose vif d'un côté seulement. Une telle coïncidence jusque
dans les accessoires ne saurait être fortuite, et il est infiniment probable que le portrait dont parle Perrin,
qu'il avait porté à Paris pour le faire graver, et qu'il se
déclare prêt à renvoyer à madame de Simiane aussitôt
après l'impression des deux volumes terminée, était pareil à celui que nous venons de décrire ou n'en différait
que par des détails insignifiants. Ce portrait, attribué
généralement à Ferdinand, représente madame de Grignan dans la première fleur de sa beauté, et c'est sans
doute pour cette raison que madame de Simiane avait
tenu à ce qu'il fût reproduit.

Le portrait de Ferdinand, en ne s'attachant qu'à la
pose, ne s'écarte pas beaucoup de celui que peignit
Mignard, et dont la date approximative doit être fixée
à 1675; mais avant de recourir à ce grand artiste et
d'obtenir un chef-d'œuvre de celui qui n'en « veut plus
faire », madame de Grignan se fit peindre certainement

en Provence. Nous le savons par ce passage d'une lettre du 23 mars 1672 : « J'aime fort votre petite histoire du peintre, mais il faudrait, ce me semble, qu'il mourût[1]. » Et elle ajoute : « Vos cheveux frisés *naturellement* avec le fer, poudrés *naturellement* avec une livre de poudre, du rouge *naturel*, cela est plaisant; mais vous étiez belle comme un ange. » Et tout de suite : « Je suis toute réjouie que vous soyez en état de vous faire peindre et que vous conserviez, sous votre négligence, une beauté si merveilleuse. »

La note de Perrin, en nous apprenant que le peintre se nommait Fauchier, semble faire allusion à une mort presque subite. Il mourut effectivement, non pas le lendemain, puisque madame de Sévigné eut le temps de recevoir le récit de sa fille et d'y répondre, mais deux jours après cette réponse, le 25 mars, comme l'atteste le mortuaire des Cordeliers d'Aix, consulté par un de ses biographes[2]. Il n'était âgé que de vingt-neuf ans. Il existe sur Laurent Fauchier, portraitiste de mérite, émule de Mignard, une légende romanesque selon laquelle, violemment épris de son modèle et n'ayant pu retenir l'aveu de sa passion, il serait mort empoisonné, selon les uns, ou emporté par le chagrin, selon d'autres. La tradition provençale, appuyée par Roux-Alphéran[3], attribue l'anecdote à la Belle du Canet, Lucrèce de Forbin-Solliès, épouse de Henri de Rascas, seigneur du

[1] La note de Perrin est ainsi conçue : « C'était un excellent peintre provençal, qui se nommait *Fauchier*, et qui en faisant le portrait de madame de Grignan, peinte en Madeleine, fut pris d'une maladie si violente, qu'il en mourut. »

[2] *Notice sur Laurent Fauchier*, par J.-B. Porte; *Mém. de l'Acad. d'Aix*, t. VI, p. 171.

[3] *Les Rues d'Aix*, t. I, p. 59.

Canet, célèbre par sa beauté, et dont le duc de Vendôme
était éperdument amoureux ; mais on voit que madame
de Grignan se faisait honneur de l'aventure, puisque sa
mère lui écrit le 6 avril suivant que M. de Coulanges
est au désespoir de la mort du peintre, en ajoutant :
« Ne l'avais-je pas dit, qu'il mourrait ? Cela donne une
grande beauté au commencement de l'histoire ; mais
ce dénoûment est triste et fâcheux pour moi, qui pré-
tendais bien à cette Madeleine[1] *si bien frisée naturellement.* »

Il est possible et même vraisemblable, dans une certaine mesure, que le portrait entrepris pas Fauchier et
interrompu tragiquement par la mort de l'artiste, fût
celui dont nous voulons parler, et qui du moins appartient à la même période de la vie de madame de Grignan, celle où, étant déjà mariée et habitant la Provence, elle gardait encore les petites boucles détachées
et frisées avec art, appliquées sur le front et contre les
tempes, que Montgobert savait si bien[2]. — Et d'abord,

---

[1] Elle y prétendait tellement qu'elle avait écrit le 9 mars, de
Paris, où la maladie, puis la mort de sa tante l'obligea de prolonger
son séjour : « Je vous défends, ma chère enfant, de m'envoyer votre
portrait : si vous êtes belle, faites-vous peindre ; mais gardez-moi
cet aimable présent, pour quand j'arriverai ; je serais fâchée de le
laisser ici. »

[2] Désignées par madame de Sévigné sous le nom de « boucles
renversées ». — Nous n'ignorons pas que dans certaines maisons de
Provence, chez madame de Surian, née de Paul, à Marseille ; chez
M. Alexis de Fonvert, à Aix ; chez M. le marquis de Forbin d'Oppède, au château de Saint-Marcel, il existe un modèle de femme, à
la chevelure déroulée et flottante, retombant éparse sur les épaules
nues et les bras qui se croisent pour la retenir, et que cette peinture, dont il existe ainsi trois répétitions, est attribuée, non sans
raison, à Fauchier, dont elle a la touche fine et chaude. C'est cette
peinture dans laquelle on a cru reconnaître et pouvoir signaler,

quel est ce portrait? d'où vient-il? et comment madame
de Grignan s'y trouve-t-elle représentée? Inédit jusqu'à
ce jour, il appartenait, vers la fin du siècle dernier et
au commencement de celui-ci, à Sophie-Marie de Villeneuve-Flayosc, comtesse de Villegarde [1], fille de Joseph-
André-Ours, marquis de Villeneuve-Flayosc, et de Pauline de Villeneuve-Vence. Celle-ci était elle-même fille
aînée du marquis de Vence et de Madeleine-Sophie de Simiane, dont on nous a fait connaître des lettres inédites.
La comtesse de Villegarde était donc par sa mère petite-
fille de madame de Simiane et arrière-petite-fille de
madame de Grignan. C'est elle qui fit don du portrait
en question à son ami et allié le comte Reynardi du
Belvédère, grand-père paternel de la comtesse Edmond
de Chénérilles, qui possède actuellement cette peinture dans sa résidence d'Aix, après l'avoir rapportée de
Nice à la mort de son père, le dernier comte Reynardi.

La toile est carrée, haute d'environ un mètre sur une
largeur de quatre-vingts centimètres. Elle représente
une jeune femme de grandeur naturelle, peinte à mi-
corps, assise et adossée à un rocher ombragé, dans une
pose méditative, la joue droite appuyée contre sa main

---

dernièrement encore, madame de Grignan peinte en Madeleine.
Mais les traits du visage ont ici trop de disparate, et leur absence
de rapport avec ceux de madame de Grignan oppose, selon nous, au
rapprochement un obstacle invincible. Il est singulier de constater
que la figure pleine et le nez fort et carré par le bout ne seraient
pas sans analogie avec ceux de madame de Sévigné, mais sans ressemblance d'aucune sorte avec sa fille.

[1] Elle était née en 1752; elle est morte en 1829, à Nice, et
eut de son mariage avec le comte Augustin de Villegarde de
Calzamiglia deux filles : l'une, Honorine, mariée au comte Primo-
Félicien Marchetti de Montestrutto; l'autre, Julie, au comte Thomas
Calleri de Sala, dont il existe postérité.

relevée, le bras accoudé sur une pente gazonnée et parsemée de fleurs sauvages, violettes, narcisses, cyclamens.
On voit sur les côtés une cascade et, plus loin, une
échappée de vue que le personnage considère d'un air
rêveur et comme plongé dans ses réflexions. Le visage
est jeune, mais d'un ovale assez plein. La chevelure
s'échappe en boucles abondantes, rejetées en flots épars
de manière à dégager la ligne du cou et celle des
épaules, dont le contour arrondi est plein de fermeté.
De fines boucles frisées se détachent à l'ordinaire, mais
avec plus de régularité encore, du reste de la coiffure,
appliquées sur le devant du front et le long des tempes,
en ne laissant voir de l'oreille qu'une grosse perle ronde
en guise de pendant. Une guirlande de perles s'entre-
mêle aussi dans les cheveux, comme pour y fixer par
derrière un léger voile flottant, et le cou porte le collier
de perles traditionnel. La figure, délicatement traitée,
est surtout remarquable par l'harmonie et la régularité
des traits; les sourcils sont arqués et finement dessinés;
les yeux d'un bleu intense et le regard profond. Le
costume et les draperies sont à considérer. Ils se compo-
sent d'une robe de dessous, sorte de peignoir blanc à
plis nombreux, lâchement drapé autour des épaules,
dégagées du côté gauche, recouvertes de l'autre côté,
celui qui correspond au bras accoudé qui sort de la
manche nu jusqu'au-dessus du coude. L'autre manche,
large et flottante, est retenue dans le haut par un bijou
servant d'agrafe, et, plus bas, serrée vers le milieu par
un étroit ruban; cette manche, qui va en s'élargissant,
s'ouvre au-dessous du coude pour le passage du bras
gauche, qui laisse pendre négligemment une petite main
aristocratique et à demi entr'ouverte, aux doigts effilés.

Le peignoir ou déshabillé blanc est recouvert, au-
dessous de la gorge, par un corsage bleu, uni, long et
serré à la taille, qui s'atténue en pointe par devant et
se trouve accompagné, sur les côtés, par une demi-jupe
de la même nuance bleu céleste, ouverte par devant.
Au bas et à gauche, en regardant le tableau, on distingue
sur le fond l'inscription suivante :

Mme de Sévigni
au Rocher
Par MIGNARD

Cette inscription a été mise certainement après coup,
puisqu'en enlevant le vernis et les repeints, elle serait
partie, si l'on n'eût pas pris soin de la préserver. Elle est
donc tout au plus l'indice d'une tradition sans doute er-
ronée et témoigne seulement que, dans l'idée de celui
qui fit un jour réparer cette peinture, elle passait pour
représenter madame de Sévigné.

En réalité, rien dans ce visage ne rappelle la marquise. Au contraire, en le rapprochant de ceux de sa
fille, la ressemblance devient visible ; la coupe, le modelé des joues et du menton avec sa fossette, la ligne du
nez et le dessin de la bouche, enfin la forme et la couleur
des yeux sont pareils. On reconnaît madame de Grignan,
avec un galbe de visage moins juvénile et plus ferme
que dans le portrait de Ferdinand. L'inscription donne-
rait ainsi une fausse indication ; ce qui n'a rien de sur-
prenant, puisque de semblables méprises ont été déjà
commises. Ce n'est pas madame de Sévigné qu'il faudrait
lire, mais *Madame de Grignan au rocher.* Mais alors
que devrions-nous entendre par ces mots « au rocher »,
une allusion à la terre des Rochers ou toute autre chose ?

Voilà bien des difficultés à résoudre : et d'abord est-ce
là madame de Grignan? — L'ovale plus plein du visage,
la physionomie moins piquante, l'expression plus douce
et plus calme peuvent être invoqués à titre d'objection.
L'attitude est semblable à celle que Mignard a donnée à
madame de La Fayette, dans un portrait bien connu, où
elle est représentée sous une draperie, le visage appuyé
sur une main. Madame de Grignan a pu rechercher
cette pose qu'elle n'ignorait pas et se faire placer assise
et méditant au fond d'un bois. On a dit encore que ce
portrait n'était pas le sien, mais celui de Jeanne-Marguerite de Bréhan-Mauron, sa belle-sœur, la jeune marquise. Mais sans aller chercher si l'émail du Louvre,
gravé dans l'album de l'édition Regnier, d'après un
dessin de Sandoz, représente réellement la femme de
Charles de Sévigné, songe-t-on à l'impossibilité d'attribuer à une jeune mariée, en 1685 ou 1686, une disposition de chevelure qui était à la veille de disparaître
quinze ans auparavant, et dont le portrait en question
présente un modèle achevé par la perfection de cette
rangée de petites boucles renversées, auxquelles excellait Montgobert? Il y a là un anachronisme qu'il est
inutile de faire ressortir, tellement il s'impose. — Nous
avouons que de toutes les explications, la plus naturelle
nous semblerait encore de reconnaître dans ce tableau,
singulier assemblage de parties négligées et d'autres finement et habilement traitées, un portrait de madame de
Grignan, peinte en Madeleine, c'est-à-dire figurée avec
la pose conventionnelle attribuée à cette sainte, assise
et retirée au fond d'un bois, dans la solitude. Cette attitude, de même que le site agreste qui l'entoure et le
rocher contre lequel elle est assise, seraient pour nous

une allusion à la grotte de Rochecourbières[1], à ce site
sauvage où madame de Sévigné et sa fille allaient si
souvent se délasser, rêver, lieu aussi de rendez-vous et
de fêtes champêtres, où l'on conduisait les hôtes réunis
à Grignan. Il n'y aurait rien d'étrange à supposer que
ce portrait fut effectivement celui de Fauchier, interrompu par la mort de l'artiste, demeuré imparfait, il est
vrai, mais attestant par certains enduits qui trahissent
une main exercée le talent du peintre qui l'aurait entrepris. Nous donnons cette idée pour ce qu'elle vaut, à
titre de conjecture appuyée d'indices, sinon de preuves.
En tout cas, la peinture ne saurait être postérieure au
printemps de 1672, et madame de Grignan était allée en
Provence pour la première fois un an auparavant, à la
fin de février 1671. Quoi de plus naturel qu'elle ait
voulu se faire peindre à ce moment qui fut pour elle
comme l'inauguration d'une sorte de règne, débutant
par une entrée triomphale? Il est curieux à ce propos
de marquer un détail absolument conforme à ce que
montre le portrait que nous signalons, et que les lettres

---

[1] Grotte fort agréable, dit une note de Perrin de 1754, où l'on
allait se reposer dans les parties de promenade qu'on faisait à Grignan. — Elle est située à un quart de lieue de la ville, et la trace
des embellissements et des travaux exécutés par madame de Grignan
pour en faciliter l'accès se reconnaît encore. — Madame de Sévigné
revient souvent à Rochecourbières dans ses lettres à sa fille, qui allait
y manger, y donnait des fêtes champêtres, même des fêtes de nuit, et
s'y installait souvent pour y passer agréablement plusieurs heures.
« Vous m'écrivez de Rochecourbières; la jolie date! la jolie grotte!
que vous êtes aimable de vous y souvenir de moi et de m'y regretter! » — « Ah! que j'aimerais à souper à Rochecourbières! » —
« Dès que votre bise est passée, le chaud reprend le fil de son discours et Rochecourbières n'est pas interrompu. » — « Je ne sais
que Rochecourbières, la terrasse et la prairie. » — Il y a encore
d'autres passages.

inédites publiées par M. Capmas nous ont permis de
constater : c'est qu'au moment de sa venue en Provence,
madame de Grignan portait justement un costume bleu;
sa mère lui écrit : « Quels habits aviez-vous à Lyon, à
Arles, à Aix? Je ne vois que cet habit bleu. » Il y a donc
là toute une série d'indices combinés qui portent à
croire que ce portrait nous montrerait madame de Grignan, telle qu'elle était par les traits comme par la mise,
un peu après le moment où elle vint habiter la Provence
et avant l'époque où elle se fit peindre par Mignard.

La date du portrait de madame de Grignan par Mignard est aisée à fixer. Il a été exécuté pendant le séjour
qu'elle fit à Paris, auprès de sa mère, à partir de février 1674, et qui se prolongea jusqu'au 24 mai 1675[1].
C'est immédiatement après le départ de sa fille qu'elle
commence à parler de son beau portrait que chacun
admire tour à tour : Barillon vient le voir un des premiers et en parle « dignement[2] ». Et peu de jours
après : « Votre portrait est aimable, on a envie de
l'embrasser, tellement il sort de la toile[3]. » M. d'Escars
en est ravi; madame de Verneuil et la maréchale de
Castelnau l'admirent, et elle répète à sa fille : « On
l'aime tendrement, et il n'est pas si beau que vous[4]. »
Enfin, le nom de l'artiste est prononcé : « Votre portrait

[1] Nous savons également qu'elle en fit faire ou permit d'en faire
des reproductions, et le refus qu'elle fit de le prêter à madame de
Fontevrault, sœur de madame de Montespan, après l'avoir, dit-elle,
refusé à Mademoiselle; le soin qu'elle eut, en quittant Paris, au
9 septembre 1675, de l'enfermer dans une petite chambre,
pour éviter les demandes indiscrètes, prouve le prix qu'elle y
attachait.

[2] Lettre du 12 juin 1675. — *Éd. Regnier*, t. III, p. 478.

[3] Lettre du 19 juin 1675. — *Éd. Regnier*, ibid., p. 486.

[4] Ibid., t. IV, p. 19 et 48.

a servi à la conversation; il devient chef-d'œuvre à vue d'œil; je crois que c'est parce que Mignard n'en veut plus faire. » On le montre ensuite à Faucher, de l'hôtel d'Estrées, Faucher le Romain, c'est-à-dire le connaisseur, qui vient de Rome et qui y retourne. Il s'y entend à merveille, traite madame de Sévigné d'ignorante et fait ressortir non seulement la ressemblance, mais la bonté de la peinture : « Cette tête qui sort, cette gorge qui respire, cette taille qui s'avance : il fut une demi-heure comme un fou. » Il en est encore question l'année suivante à propos de quelqu'un qui apporte une robe de chambre, et qui pense tomber d'étonnement de la beauté et de la ressemblance du portrait : « Il est certain qu'il est encore embelli; sa toile s'est imbibée, il est dans sa perfection. »

Bien que l'original de Mignard, porté si haut par madame de Sévigné, n'ait été signalé nulle part[1], que nous sachions, ni directement et authentiquement reproduit, nous croyons que le portrait gravé dans l'album de l'édition Regnier, d'après un portrait du temps, non signé, conservé au château des Rochers et appartenant à M. le comte de Nétumières, n'est autre qu'une copie ou répétition de celui de Mignard, et qu'il peut servir à nous le faire connaître : la tête est légèrement penchée; le regard et l'expression ont quelque chose de pénétrant. Les petites boucles renversées ont complètement disparu; mais, selon cette nouvelle mode que madame de Grignan avait eu le don de « prophétiser », toute la chevelure est bouclée, de telle sorte

---

[1] D'après un renseignement que nous tenons de M. le comte de Luçay, ce portrait aurait été perdu dans le transport que l'on fit des

qu'un amas de boucles accumulées accompagne les
côtés du visage, et que les épaules dégagées ainsi que le
cou, se trouvent à peine frôlées par les deux boucles
les plus basses. Il existe des fleurs placées en ornement
dans les cheveux. Une guimpe relevée, sortant du corsage, entoure la gorge ; elle est bordée par une dentelle
festonnée et rattachée au corsage sur le devant par un
nœud de rubans, sur lequel retombe la dentelle et au-
dessous duquel se trouve agrafé un bijou composé de
pierres de couleur, d'où pend une grosse perle en
forme de poire. Le corsage est relevé par des plis, qui
partent du point où il est agrafé, et accompagné d'une
bordure à replis onduleux.

C'est ce même portrait dont madame de Sévigné, dans
l'impossibilité de s'en faire suivre, voulut avoir une
réduction en miniature, qu'elle portait partout avec
elle et sur elle. Il en est question dès le voyage qui la
mène en Bretagne, en septembre 1675, peu de jours
après sa conversation avec Faucher le Romain, la visite
de M. de Louvigny au portrait de sa fille et son apparition chez Mignard, en compagnie des Villars. Elle s'en
va à Orléans, puis à Tours, et descend la Loire jusqu'à
Nantes. C'est là, aux Sœurs de Sainte-Marie qui adorent
madame de Grignan, qu'elle montre le *petit ami*, c'est-
à-dire la miniature ; Perrin a soin de nous avertir du
sens attaché par elle à cette locution. Elle la porte toujours avec elle, car « sans cela, s'il allait tonner, que
deviendrait-elle ? » Elle la fait voir, aux Rochers, à la
duchesse de Tarente, et celle-ci, dit-elle, « fut trans-

objets précieux échappés aux désastres de la Révolution, emballés à
Vence et expédiés à Paris, par les soins de madame de Vence, vers
le commencement du siècle.

portée de votre petit portrait[1] ». Trois jours plus tard,
toujours aux Rochers, madame de Sévigné dit de madame de Tarente : « Elle vous trouve bien plus jolie
que le *petit ami*. » Ce *petit ami* qui ne la quittait pas,
nous pensons l'avoir retrouvé dans une miniature de
forme ovale, encadrée de diamants, avec monture ancienne, que possédait à Aix le dernier marquis de Périer,
dont la mère, née Fauris de Saint-Vincens, était arrière-
petite-fille de madame de Simiane. La parfaite authenticité de cette miniature[2] et la légitimité de son identifi-
cation avec le *petit ami* ne ressortent pas seulement de
sa provenance par le fait d'une transmission de famille[3],
mais aussi de son étroite conformité, par les détails des
cheveux et du costume, avec la peinture de Mignard,
telle du moins que le portrait de l'édition Regnier,
d'après le tableau conservé aux Rochers, nous la fait
connaître. La chevelure, très blonde dans la miniature,
est bouclée et distribuée de la même façon que dans le
tableau, sauf que les fleurs, servant de coiffure, se trouvent remplacées par une guirlande de perles. La boucle
d'oreille, absolument pareille de part et d'autre, se
compose d'une perle ronde d'où pend une perle en
poire. L'ornement de devant du corsage est un nœud de
rubans rouges qui se combine avec un nœud paille ou
crème, de la même nuance que la guimpe et qui semble

---

[1] Lettre du 13 octobre 1675.

[2] La miniature peinte sur vélin, et appliquée contre une plaque
d'ivoire, est ornée par derrière des initiales en cheveux de
Françoise-Marguerite de Sévigné, formant monogramme.

[3] Donnée à la marquise de Périer, née de Magallon, elle a été
laissée par celle-ci à sa nièce la marquise de Tressemane-Simiane,
de qui la tient le possesseur actuel, madame Gabriel de Montigny,
fille de la précédente.

lui être emprunté. Enfin, l'expression fine du regard et
la bouche très mignonne, les traits et la physionomie
tout entière reproduisent fidèlement ceux du modèle de
Mignard. La peinture du petit médaillon ne descend pas
cependant plus bas que les épaules et le haut du corsage.
Notre supposition que ce soit là le *petit ami,* transmis
de main en main, dans une seule et même descendance,
n'a donc rien que de parfaitement vraisemblable.

Nous avons déjà mentionné incidemment les portraits de M. de Grignan, reconnaissables à sa laideur
énergique, mais non dépourvue de caractère, avec une
expression de fermeté et de loyauté sympathiques. — Le
portrait de madame de Simiane par Largillière, souvent
gravé, rend très bien la physionomie finement spirituelle, pleine de franchise et de sensibilité de la petite-
fille de madame de Sévigné. Il existe d'elle, chez M. le
comte Ferdinand de Villeneuve, qui le tient de M. Roux-
Alphéran [1], son beau-père, un fusain mêlé de sanguine,
qui représente madame de Simiane avec une coiffure
moins haute que dans ce portrait de Largillière, des
perles entremêlées aux cheveux et des accroche-cœur
sur les tempes. L'inscription porte : *Dame Françoise-
Pauline de Castellane-Adhémar de Grignan, veuve de
M. le marquis de Simiane, premier gentilhomme de
M. le duc d'Orléans.*

Il aurait encore existé de madame de Simiane ou de
madame de Grignan un portrait peint par de Troy : il
est mentionné dans le catalogue des tableaux du cabinet
de M. le comte de Vence [2]. C'est lui peut-être que l'on

---

[1] Le consciencieux auteur des *Rues d'Aix.*

[2] Paris, veuve Gillau, rue Galande, 1750. — D'après une indication de M. le comte de Luçay.

voit au château d'Audour en Charolais, dont le possesseur
actuel a pu le tenir de l'une de ses aïeules : Marie-
Rossoline d'Arcy, comtesse de Damas, fille de Claudine-
Thérèse de Villeneuve-Vence, propre sœur de Claude-
Alexandre de Villeneuve, comte de Vence, amateur
célèbre, qui possédait une des grandes galeries du siècle
dernier. Dans la même galerie, madame de Vence était
représentée par Jean-Baptiste Vanloo, qui avait joint
mademoiselle de Vence à sa mère dans le même tableau.
Le rez-de-chaussée de l'ancien hôtel de madame de
Simiane, à Aix, renferme encore une répétition, sinon
l'original du portrait peint par Vanloo, et qui représente
madame de Vence apprenant à lire à l'une de ses filles,
appuyée contre ses genoux, et que l'on croit être la
future madame de Saint-Vincens. — Enfin, pour termi-
ner cette revue, nous devons signaler en dernier lieu, et
toujours à Aix, un autre portrait, appartenant à mademoiselle Courcière et dû au pinceau d'Arnulphi[1]. Selon
une tradition locale, ce portrait représenterait madame de Vence et sa fille, toujours celle qui épousa le
président de Saint-Vincens, âgée au plus de cinq à six
ans, et tenant un chardonneret sur son doigt. Nous avons
vu cette peinture, œuvre d'un habile artiste assurément,
mais le costume de veuve, le visage sérieux et relativement âgé, enveloppé d'un grand voile noir, enfin la physionomie, dénotent, dans le principal personnage,
madame de Simiane, la fille de celle-ci, madame de
Vence, étant morte avant son mari, le 3 mai 1769,

---

[1] Arnulphi (Claude), peintre de portraits, dont il reste à Aix
un assez grand nombre. Il était né en 1697 et avait étudié à Rome
sous Benedetto Lutti, dont il fut un des meilleurs élèves. (*Rues d'Aix*,
t. II, p. 535.)

et n'ayant par cela même jamais été veuve. Ce serait donc sa petite-fille, Julie de Vence, fort jolie et l'air espiègle, que madame de Simiane aurait près d'elle. L'analogie des traits, bien connus par le portrait de Largillière, justifie cette attribution, et nous reproduisons ici ce portrait comme un souvenir précieux de l'époque où la marquise de Simiane, déjà grand'mère, s'occupait justement de la publication des lettres de son aïeule, en même temps qu'elle concentrait les affections de son cœur sur sa fille, madame de Vence, et les enfants de celle-ci.

CHAPITRE II

LES SUITES DE LA RÉVOCATION. — M. DE GRIGNAN
ET LES MILICES DE PROVENCE.

Les dix ans qui précèdent la mort de madame de
Sévigné furent pour le comte de Grignan un temps
d'activité, qui mit à l'épreuve la trempe énergique,
quoique toujours contenue, de son caractère. C'est à
partir de 1685 que les événements auxquels il se trouva
mêlé, en qualité de gouverneur, se pressent et s'accumulent. Il semble pourtant qu'en dépit des difficultés
entraînées par les mesures qu'il dut prendre, M. de
Grignan n'ait jamais été inférieur à sa tâche. La révocation de l'édit de Nantes, accompagnée de troubles à
réprimer et amenant l'occupation de la principauté
d'Orange ; la saisie d'Avignon et du comtat Venaissin à
la suite des démêlés de Louis XIV avec le pape
Innocent XI ; enfin, des menaces de descente le long des
côtes et des tentatives d'invasion sur la frontière des
Alpes, conséquences de la coalition sortie de la ligue
d'Augsbourg ; bientôt après la révolution d'Angleterre
qui place Guillaume III sur le trône de son beau-père :
tel est, en quelques lignes, le résumé d'une période
très mouvementée, dans laquelle nous allons suivre M. de

Grignan, en nous attachant à l'histoire locale, c'est-à-dire aux seuls actes auxquels il fut associé ou qui lui furent personnels.

La saisie d'Avignon et du Comtat date de la fin de 1687, et ne prit fin qu'après l'avènement d'Alexandre VII; elle coïncide justement avec l'entrée à Orange des troupes françaises et la prise de possession de ce petit État, au nom du Roi et d'après ses ordres, par le comte de Grignan, en octobre 1685. Rien de plus contradictoire en apparence, comme mobile et comme but, que ces deux occupations; de même que rien n'était plus singulier, dans la seconde moitié et vers la fin du dix-septième siècle, que ces enclaves juxtaposées, l'une au Pape, l'autre au chef avéré du protestantisme, à l'ennemi direct du roi de France, maintenant avec ténacité, au sein des États de ce dernier, un foyer calviniste local, avec un parlement mi-parti, des ministres du saint Évangile et une population dévouée à son prince, grossie de tous les mécontents et fugitifs que la mesure de la Révocation y avait immédiatement attirés.

L'hostilité de Louis XIV vis-à-vis du Pape n'était pas moins patente, puisqu'il avait paru un instant ne pas reculer devant le schisme, et pourtant ce fils insoumis, bravant l'excommunication, entrait à Avignon en affectant tous les dehors d'un catholique fervent et au moment même où il venait de terrasser l'hérésie. Il y avait donc là une situation des plus complexes, que le caractère conciliant de M. de Grignan contribua à rendre moins aiguë, d'autant plus qu'il chercha par-dessus tout à ne pas faire souhaiter son départ, qu'on prévoyait dépendre de la vie plus ou moins longue du pape régnant, Innocent XI, son successeur devant, selon toute

vraisemblance, renouer avec Louis XIV. C'était en
réalité une mesure temporaire, toujours bien accueil-
lie en Provence, où une tradition constante des légistes
considérait l'aliénation d'Avignon par la reine Jeanne
comme un acte entaché de nullité. De plus, le comte
de Grignan, depuis longtemps gêné, quoiqu'il affectât
et par cela même qu'il affectait le faste d'un gouverneur
en pied, trouvait son compte dans l'événement, et
s'était fait allouer des appointements [1], qu'il devait
perdre forcément par le retrait des troupes françaises.
Aussi, madame de Sévigné ne manque pas de bénir
l'existence d'Innocent XI ; elle prodigue les vœux en
faveur de son pontificat, et lui souhaite des jours
sans fin, avec une naïveté d'expression qu'on a souvent relevée, tandis que sa fille suit les processions,
et multiplie les actes de piété extérieure pour se concilier la faveur publique, au risque même d'offenser les
principes de morale de sa mère, aux yeux de qui la
communion fréquente, surtout suggérée par l'ostenta-
tion officielle, apparaissait comme une sorte de sacrilège.

On sait les termes amers et les objurgations par
lesquels madame de Sévigné essaya d'arrêter les dépenses peu mesurées de son gendre. Le goût des bâtiments et le faste des réceptions ne cessèrent pas à la
mort d'Innocent XI, pleuré par la marquise, comme
emportant avec lui le Comtat au fond de sa tombe. Les
magnificences se déployèrent encore lors du passage du
duc de Chaulnes, qui allait à Rome traiter avec le nouveau pape de la reddition d'Avignon : aussi, que de

---

[1] M. de Grignan avait obtenu des États environ vingt mille livres
par an, c'est-à-dire une somme égale à celle que touchait annuellement le vice-légat.

cruels mécomptes quand la réalité nue vint se substituer
à tous ces rêves de grandeur[1] ! — Catholique autant et
plus que le Souverain Pontife, même en séquestrant les
États de celui-ci, Louis XIV soutint son rôle à Orange,
où le comte de Grignan ne fit que paraître en octobre 1685, évitant de s'expliquer sur les intentions du
Roi et précédant de très peu les dragons de Tessé, alors
colonel général de cette arme et qui attendait le signal
à Montélimar. Celui-ci, selon le témoignage du pasteur
Arnaud[2], agit et parla d'abord avec une modération
calculée ; puis il fit partir les réfugiés en leur distribuant
des passeports pour l'étranger. Alors seulement, chan-
geant subitement de ton, il jeta en prison une partie
des ministres et prohiba tout exercice du culte réformé
sous les peines les plus sévères. Il procéda ensuite à la
fermeture et à la démolition des temples ; enfin, il em-
ploya les dragons, logés de préférence chez les hérétiques, à les terrifier, sans épargner ni les consuls, ni les
magistrats du parlement local, ni les personnes de
marque. Agissant de concert avec l'évêque nouvellement rentré, il essaya même la persuasion et les contro-
verses avec certains ministres influents, tels que
Chambrun[3] odieusement persécuté, et qui finit par

---

[1] L'archevêque d'Avignon était alors Alexandre Montecatini,
qui siégea du 15 octobre 1686 au 6 octobre 1689. Le vice-légat
était Balthazar Cenci, qui exerça ses fonctions du 12 décembre 1685
au 31 juillet 1691 ; il fut pourvu plus tard de l'archevêché de
Larisse et ensuite de celui de Fermo, enfin créé cardinal par Innocent XII. L'occupation française alla du 30 septembre 1687 au
1er novembre 1689.

[2] *Histoire des protestants de Provence, du Comtat et de la
principauté d'Orange*, t. II, p. 316 et suiv.

[3] Il passa à l'étranger et finit par mourir en Angleterre en 1689,
pourvu d'un canonicat à Windsor.

s'échapper. Il arracha pourtant de guerre lasse à la
foule protestante une sorte d'abjuration en masse, très
mitigée dans les termes, dont l'autorité et l'évêque se
contentèrent faute de mieux. Ces mesures suivirent de
près [1], ne l'oublions pas, la révocation de l'édit de
Nantes; elles appartiennent à une période de l'édit
pendant laquelle on crut, à force de menaces, et en
affectant de la fermeté, venir à bout du protestantisme
et pouvoir annoncer au Roi que sa volonté avait suffi
pour triompher des derniers scrupules de sectaires
jaloux de ne pas lui désobéir. En outre, Orange n'était
pas sans importance; il semblait destiné à servir de
trait d'union entre le Languedoc et les Alpes, entre les
Vaudois des hautes vallées et les Camisards de la région
cévenole, région dont il était dès lors facile de prévoir
la résistance, et d'où effectivement devaient venir les
difficultés les plus insurmontables. A Orange, la question,
avant d'être ainsi abordée par la violence pure, avait
déjà passé par bien des phases. — Souveraineté véritable, État séparé avec ses libertés locales auxquelles
tous les habitants étaient attachés sans distinction de
culte, Orange avait été le théâtre de luttes acharnées,
et, sous l'autorité intermittente des lieutenants du prince,
les protestants d'abord vainqueurs et proscrivant le culte
opposé, chassant l'évêque, fermant les églises, avaient
été surpris, puis massacrés à leur tour [2]. Plus tard, sous
Philippe-Guillaume, en 1607, il s'établit une sorte
d'accord ou de compromis destiné à tenir la balance
entre les deux religions, mais souvent violé ou faussé

[1] D'un mois au plus.
[2] A deux reprises, en 1563 et 1571. — Philippe-Guillaume
était catholique, quoique fils de Guillaume le Taciturne.

par un antagonisme sans cesse renaissant, et que le
culte professé par les Nassau, le rôle politique de
Guillaume, enfin la foule des réfugiés accourus de tous
côtés pour fuir les persécutions, tendaient à rendre défa-
vorable aux catholiques. Louis XIV avait déjà saisi la
principauté et l'avait restituée à Guillaume d'Orange,
lors de la paix de Nimègue; il la lui reprenait maintenant, mais cette fois à l'issue de nombreux incidents
relatifs soit aux murailles, relevées par les consuls
malgré la défense du Roi, soit à des prétentions mises
en avant par le prince de Condé, au nom du duc de
Longueville, soit enfin à des querelles locales entre les
catholiques et l'administration protestante du pays.
Celle-ci, en effet, se défendait pied à pied contre les
premiers, de jour en jour plus exigeants, bien que,
chose singulière, ils n'eussent pourtant pas la pensée
de renoncer à l'indépendance de cet État minuscule.
Lors de l'occupation de 1673, quand on voulut procéder
à la démolition du château, les catholiques eux-mêmes
refusèrent de s'y employer, et il fallut faire venir des
ouvriers du dehors pour accomplir l'œuvre, que la
masse énorme de pierres à enlever rendait difficile.
C'est qu'en effet le côté politique, dans les mouvements
même les plus acharnés de l'époque, tenait une place
relative, dont il faut toujours tenir compte pour juger
des événements et surtout des mobiles des personnages
d'alors. Louis XIV, tout le premier, donna l'exemple de
cet esprit de conduite, lorsqu'en prévision de la succession d'Espagne et revenant sur des actes en apparence
définitifs, il rendit une dernière fois à Guillaume III et
par lui aux protestants qu'il venait d'abattre, la principauté d'Orange. Ce ne fut pas un des épisodes les moins

curieux de ces alternatives au moyen desquelles le roi
de France, entre plusieurs buts, s'efforçait d'atteindre,
avant tout, celui qui, à un moment donné, lui paraissait
le plus accessible.

Parvenu à son apogée, il s'était cru assez de puissance
pour briser toutes les résistances, celle du Pape aussi
bien que celle de Guillaume d'Orange cherchant à coa-
liser l'Europe contre la domination française, établie
sur le Pô comme sur le Rhin, à Casal et à Luxembourg,
disposant encore de l'Angleterre, avec l'espérance de
contenir le Piémont et l'Allemagne. Dans ces conditions,
Louis XIV n'avait pas hésité à tenter l'écrasement du
protestantisme, en ramenant la France à l'unité religieuse. Il ne fut pas arrêté par l'inconséquence qu'il y
avait à frapper l'hérésie sur les lieux mêmes où il
bravait l'excommunication. Après la restitution d'Avignon, la conduite du Roi redevenait logique, il est
vrai; mais sa force était atteinte par la révolution d'Angleterre et bientôt après par la coalition qui se formait,
sans parler du duc de Savoie, disposé à se tourner
contre lui. Le moment avait donc été mal choisi
pour une entreprise dont les conséquences les plus
immédiates se traduisirent par des flots de sang inutilement répandus, un désastre économique et de
dangereuses complications vis-à-vis de l'étranger. Il
serait injuste pourtant, au point de vue historique,
d'apprécier la mesure en tenant compte seulement des
idées de tolérance qui ont fini par prévaloir. Louis XIV
eût acquis à coup sûr une gloire immortelle en préservant
la liberté de conscience, établie en France depuis près
d'un siècle, en la considérant comme une supériorité
acquise à notre nation sur toutes les autres; mais, sauf

en Hollande, et non sans quelque restriction, où existait-
elle alors? Les historiens anglais qu'a le plus révoltés
l'acte du roi de France et qui affectent de gémir sur le
sort des réformés français, mentionnent sans étonnement ni blâme les lois édictées par eux contre les
catholiques, lois oppressives, souvent atroces, entraînant la confiscation, ayant la mort pour sanction. Non
seulement les actes du culte les plus ordinaires étaient
interdits aux catholiques anglais, et les délateurs de ces
actes récompensés; mais exclus de toutes les charges
civiles ou militaires, ces mêmes catholiques ne pouvaient approcher de Londres, d'où ils restèrent légale-
ment bannis pendant le règne des Stuarts; et, sans
compter les crimes imaginaires, les conspirations supposées, les faux aveux arrachés à force de torture, qui
entraînèrent le plus souvent d'affreux supplices, les
moindres tentatives d'adoucissement étaient dénoncées
à chaque instant. Il n'y avait donc là, ni ailleurs, de
tolérance admise pour aucune des opinions qui n'avaient
pas en leur faveur la sanction de la majorité, et Louis XIV
ne fit que suivre l'exemple que les États grands ou petits,
lorsqu'ils embrassèrent la réforme, n'avaient pas manqué de donner, en adoptant le principe que la religion
de chaque pays dépendait exclusivement du souverain
de ce pays, prince ou corps politique, entre les mains
duquel était le pouvoir et qui pouvait en user pour
soumettre l'exercice du culte à des règlements obliga-
toires pour tous les citoyens.

L'erreur de Louis XIV, une fois qu'il abolissait l'acte
de son aïeul, fut de ne pas prévoir les conséquences
possibles de sa décision. Dès qu'il ne se bornait plus à
des règlements de police, à des restrictions suffisantes

pour assurer au culte national une protection spéciale;
dès qu'il allait jusqu'à interdire toute réunion à la fraction dissidente, il devait au moins asseoir ses prescrip-
tions sur des prévisions assez certaines pour ne pas
aboutir à des mécomptes, et se fixer d'avance les limites
qu'il ne devrait pas franchir. Mais, ici même, on se
tromperait encore en l'accusant de ne pas avoir consulté
les tendances de l'esprit public. L'opinion générale n'é-
tait pas faite pour diriger le Roi, mais pour le pousser
plutôt. Les protestants n'étaient qu'une exception, une
faible minorité jalousée ou tenue en suspicion selon les
lieux; leur aisance même et leur esprit d'ordre un peu
étroit les dénonçaient à la foule. Paris professait alors un
catholicisme aussi exalté que l'ont été de nos jours ses
tendances révolutionnaires. Comme l'a fort bien observé
M. de Luçay, l'historien des *Secrétaires d'État,* au
lieu de venir du centre, « l'impulsion partit plutôt de la
circonférence, en sorte que l'on peut dire que, dans
cette époque de centralisation, la révocation de l'édit de
Nantes est une de ces rares affaires ou même la seule
qui n'ait pas suivi la direction exclusive des chefs du
gouvernement, qu'elle leur a souvent échappé et qu'en
plus d'une circonstance ils ont subi l'action de leurs
propres agents. — Ce n'était pas de Paris ou de Versailles que le courant descendait aux provinces, c'est
du fond des provinces que le flot montait à Paris. »
Dans cette affaire, en réalité, ainsi qu'il est arrivé pour
tant d'autres entreprises, où les passions humaines, une
fois mises en jeu, trompent les prévisions et échappent
à l'analyse, les calculs faits d'avance, bien que fondés
sur des apparences probables, se trouvèrent déjoués. On
n'avait prévu ni le départ de la classe aisée et indus-

trieuse, qui, dans l'Ouest, comme dans le Midi, émigra
en masse, ni la fuite des officiers et des soldats qui
allèrent grossir les rangs de l'étranger, ni enfin l'importance de l'insurrection cévenole. Louis XIV, tout le premier, et la suite le fit bien voir, aurait reculé devant ces
résultats funestes, puisqu'il n'hésita pas, lorsqu'il les
vit se produire, à tâcher de les arrêter. Dès octobre 1686,
il fait défense aux gouverneurs et intendants de forcer
les nouveaux convertis à fréquenter les églises, et il
leur est même prescrit de fermer les yeux sur les refus de
l'extrême-onction. D'autres tempéraments, entre autres
la remise d'une partie des revenus, puis la restitution
conditionnelle des biens confisqués, enfin une certaine
tolérance tacite attestent ces dispositions. — De leur
côté, les étrangers coalisés, tout en n'ayant pas l'idée
d'imposer au roi de France un traitement envers les
dissidents auquel n'avaient pas droit ceux de leurs
propres États, comptaient pourtant sur un soulèvement
plus général des protestants de France, surtout de ceux
qui touchaient aux frontières; mais là encore la déception fut complète. Les populations du Dauphiné, provoquées à la révolte par des manifestes, agirent en sens
contraire de ce qu'on avait présumé et se levèrent pour
repousser l'envahisseur.

En Provence, principalement dans la partie haute, et
plus bas sur la rive droite de la Durance, où des colons
vaudois avaient été introduits vers la fin du moyen âge,
on comptait approximativement sept à huit mille protestants, très inégalement distribués. L'enclave la plus
reculée vers les Alpes était celle de La Charce [1], dans le

---

[1] Paroisse dépendant du comté de Forcalquier, située à sept
lieues de Gap. — C'était, au point de vue féodal, une seigneurie de

voisinage de Gap, où les protestants restés en nombre exercèrent leur culte sans empêchement jusqu'à la révocation. Une autre enclave, celle de Lemps[1], avait été le théâtre de luttes violentes entre les partisans des deux religions, qui avaient abouti en 1663 à la démolition du temple. Plusieurs villes de la région des basses Alpes, telles que Manosque, Riez, Forcalquier, comprenaient une faible minorité de protestants : soixante à Forcalquier ou onze familles, cent cinquante à Manosque, trente-quatre à Riez; mais Digne ne comptait plus que quatre familles de réformés, et Sisteron, Seynes, qui avaient été des centres de résistance du temps des guerres de religion, n'en avaient plus une seule; et beaucoup de villages ne possédaient, en fait de protestants, qu'une ou deux familles, ou même des individus isolés. Le pasteur Arnaud n'attribue à Aix que cent habitants réformés, moins de trois cents à Marseille, dont plusieurs n'étaient que des étrangers suisses ou hollandais naturalisés, enfin vingt-cinq à Arles. Dans la partie orientale du pays qui est devenue le département du Var, l'agglomération la plus forte résidait au Luc, siège du consistoire et où avait été fondé un collège. Solliès-Pont et quelques autres villages comptaient aussi un certain nombre de familles protestantes; mais il n'y en avait, pour ainsi dire, plus à Toulon, à Draguignan, à Grasse ni à Antibes. Là, aucune résistance ne pouvait se produire, de la part d'individus dispersés, et tout se réduisit à des actes d'intimidation, de bannissement, à

quelque importance, dont une branche des La Tour-du-Pin porte encore aujourd'hui le nom. (Note communiquée avec d'autres renseignements par M. de Berluc-Pérussis.)

[1] Enclave provençale dans le Dauphiné.

des conversions plus ou moins volontaires. Les dragons furent pourtant employés vis-à-vis des protestants de Marseille pour les amener à une soumission apparente, et le comte de Grignan dispersa le régiment dans tous les lieux de Provence qui comprenaient des réformés, avec l'intention de les placer entre une conversion au moins extérieure et la fuite à l'étranger.

La seule contrée qui demanda un certain déploiement de forces, parce que l'élément protestant y était prépondérant, et que M. de Grignan nommait pour cela la région des nouveaux convertis, était celle située au nord de la Durance, entre cette rivière et celle du Calavon. Ce petit pays, adossé à la chaîne du Léberon, dans l'intervalle qui sépare Apt de Pertuis, borné à l'ouest par Cavaillon, à l'est par Manosque, renferme une série de bourgs ou villages, de nos jours encore en majorité protestants. L'origine de la population était vaudoise : cultivateurs industrieux, remarquables par leur esprit d'ordre et leur aptitude aux affaires, les habitants de ces vallées ont toujours donné le spectacle de familles unies, nombreuses, souvent aisées, parfois opulentes. Animés à la lutte par leur contact journalier avec une minorité catholique des plus ardentes, soutenus dans leur foi par les souvenirs sanglants de l'expédition du baron d'Oppède, ils présentèrent immédiatement à l'entreprise officielle des obstacles qui ne furent que très imparfaitement surmontés. — Mérindol comptait neuf cents habitants réformés; Lourmarin, mille; Cabrières, six cents, et autant à la Motte et à Peypin d'Aigues. Lauris, Cadenet et, sur la rive opposée, la Roque d'Antheron renfermaient chacun une centaine au moins de réformés. Des détachements

de dragons furent envoyés dans la plupart de ces locali-
lités, de même qu'à Sénas, aux Baux et ailleurs. Le but
était d'arracher une apparence au moins de conversion,
sous la menace d'avoir à subir, en cas de résistance, des
rigueurs allant jusqu'au bannissement et à la confiscation des biens. La grande majorité des protestants de
Provence prit effectivement le parti de se soumettre
et d'embrasser ostensiblement le catholicisme, ainsi que
l'affirme le pasteur Arnaud[1]; d'autres, dont le nombre
est évalué à un cinquième du total, soit environ quinze
cents, aimèrent mieux prendre la fuite, et passèrent
soit en Suisse, à travers les montagnes du Dauphiné,
soit dans le Palatinat, où deux cents allèrent s'établir
sous la conduite d'un pasteur d'Eyguière. Cette émigration, à laquelle le Roi voulut s'opposer, donna lieu à de
nouvelles mesures de précaution de la part des gouvernants, à des épisodes de toutes sortes, tragiques ou tou-
chants, par suite de la division établie à l'intérieur de
certaines familles, les uns ayant consenti à abjurer et à
rester, tandis que les autres quittaient le pays, entraînant après eux des enfants ou des femmes. Les confis-
cations suivirent : des enfants furent arrachés à leurs
parents pour être placés dans des collèges ou dans des
couvents. Le comte de Grignan, peu enclin par caractère à outrer les ordres reçus de la cour, avoue cependant avoir mis à portée « des nouveaux convertis »,
surtout dans les localités où ils sont nombreux, des gens
de confiance destinés à observer leur conduite et à s'informer de leurs propos. Les réunions secrètes et nocturnes ou assemblées religieuses du désert furent du

---

[1] *Histoire des protestants de Provence*, t. I, p. 480.

reste fort rares en Provence même. Préoccupés de leur
isolement, les protestants s'y tinrent à l'écart, et ils dis-
parurent même entièrement de certaines petites villes,
telles que Manosque, Sisteron, le Luc, Antibes, qui, à
partir de cette époque, n'en comptèrent plus aucun.

Ce fut à cette œuvre de compression et de surveillance
que furent immédiatement employées les milices nouvellement convoquées. Instituées en vue d'une coalition
imminente, destinées à tenir place du ban et de l'arrière-
ban, dont l'insuffisance complète venait d'être reconnue,
et à constituer une réserve ou armée territoriale, les
milices ou mieux le corps des milices avait été créé par
un édit de Louis XIV du 9 décembre 1688; il avait été
organisé sous l'impulsion et la direction de Louvois. La
première levée fut de vingt-cinq mille hommes seulement, et la Provence dut fournir un régiment de vingt
compagnies, dont le commandement fut donné au marquis de Bacons. La correspondance ministérielle du
comte de Grignan[1] témoigne de son activité dans le
sens d'une prompte convocation des milices, avec l'intention d'en faire immédiatement usage pour la répression des troubles qui pourraient survenir, soit dans le
Comtat, dont il s'agissait alors de désarmer les habitants,
soit vers les cantons excentriques de la Provence, en
contact avec le Dauphiné ou la principauté d'Orange.

[1] Les pièces que nous citons, ou auxquelles nous nous référons,
sont extraites du *Recueil des lettres, mémoires et états originaux
écrits à M. de Louvois concernant la levée des milices, la convocation de l'arrière-ban, les nouveaux convertis et autres matières
du dedans du royaume*, vol. 903 et 904 de la série du Dépôt de la
guerre. — Nous sommes redevable de ces documents et de ceux
relatifs au siège de Toulon à l'historien des Guise, de Philippe II
et de l'Émigration, M. H. Forneron.

En dehors de la nouveauté de l'institution de nature à
exciter les plaintes des intéressés, Grignan avait à lutter
contre le mécontentement des communautés qui devaient
prendre à leur charge les frais d'habillement, de chaus-
sure et d'armement, proportionnellement au nombre
d'hommes fournis par elles, et aussi contre l'opinion des
militaires de profession qui, dès l'origine, dépréciaient
systématiquement les milices, affectant de dire qu'on ne
parviendrait pas à en tirer parti. M. de Grignan ne pro-
fessa jamais ce mépris, et le côté pratique de la mesure,
qui, d'ailleurs, ne faisait que reprendre, en la régulari-
sant, une organisation existant en Provence de temps
immémorial, ne lui avait pas échappé. — Dès le
6 mars 1689, il informe Louvois par une lettre autographe [1] qu'il vient de faire les commissions des officiers
des dix compagnies de milices que la Provence met sur
pied ; il les a avertis en même temps de se trouver à
Aix « pour y recevoir leurs commissions et les ordres et
instructions nécessaires ». Il ajoute : « Je les ai trouvés
icy. Chacun d'eux partira demain pour son département,
et l'on faira en sorte que les cinq cens hommes de
milice soient en estat de marcher le vingtième de ce
mois, comme S. M. l'ordonne. » On voit qu'au lieu
des vingt compagnies réglementaires, on s'était contenté
au début d'en mettre sur pied la moitié. Plus tard et
surtout en face de l'invasion, les cadres seront élargis
et le nombre des hommes appelés proportionné aux
besoins croissants de la défense. C'est avant la fin de
mars qu'une seconde lettre de M. de Grignan [2] fait

---

[1] Archives de la Guerre, vol. 903.

[2] Archives de la Guerre, vol. 903. Lettre autographe du comte
de Grignan à Louvois, d'Aix, le 23 mars 1689.

savoir à Louvois que le régiment des milices est décidément prêt à marcher : « Monsieur, j'ay reçu l'ordonnance de Sa Majesté pour empescher les assemblées des nouveaux convertis. Je la fais incessamment publier dans l'estendue de ma charge, et je suivray exactement ce que j'y vois estre de l'intention de Sa Majesté. Je fairay aussy avec la mesme exactitude ce qui m'est prescrit par la lettre dont vous m'avez honoré, qui estoit jointe à la dernière ordonnance. Et comme parmy les prisonniers que j'avois envoyez à Sisteron, il y a quatre hommes qui avoient assisté à l'assemblée faite à La Charce, je les fairay conduire aux galères, suivant ladite ordonnance, et on achèvera le procès des trois femmes qui faisoient les prophétesses.

« J'ay recu aujourd'huy les ordres pour faire assembler le régiment de milice de Provence dont M. le marquis de Bacons a le commandement, et j'envoie diligemment tous ceux qui sont nécessaires, pour faire aller à Salon les compagnies dudit régiment. Elles commenceront d'y arriver dans deux jours, mais il y en aura qui auront une route un peu longue. On n'y perdra pas un moment de temps. Je suis, avec un attachement très respectueux, Monsieur, votre très humble et très obéissant serviteur, GRIGNAN [1]. »

Dans la première lettre, celle du 6 mars, M. de Grignan, en annonçant le rendez-vous donné par lui aux officiers des milices, convoqués « en cette ville d'Aix, lorsque j'y reviendrois », faisait allusion à l'affaire qui venait justement de l'entraîner en plein hiver dans la haute Provence, pour y punir les nouveaux convertis

---

[1] A Aix, le 23 mars 1689.

de la Charce. Nous avons déjà parlé de cette vallée
alpestre, enclave provençale à quelques lieues de Gap ;
ici, les Vaudois, en communication avec leurs coreligion-
naires, avaient tenu une assemblée, et un capitaine des
nouvelles levées, le sieur de Poissac, avait été surpris
remplaçant les anciens catholiques de sa compagnie
pour la remplir de nouveaux convertis et passer ensuite
à l'ennemi. Il y avait là des circonstances et des indices
contrastant avec ce qui avait lieu dans le reste de la
Provence : plus d'exaltation et moins de soumission
apparente; la présence des prophètes et des prophétesses
se trouve signalée et appelle la répression. Nous voilà
donc en face d'un phénomène des plus curieux, qui se
manifesta alors chez les protestants, aussi bien dans les
Cévennes que sur les Alpes, c'est-à-dire chez des montagnards simples et animés par la persécution. L'auteur
d'un livre contemporain des faits que nous racontons,
Le fanatisme renouvelé [1], attribue à un vieux calviniste
dauphinois, du nom de Guillaume de Serre, l'invention
des pratiques du prophétisme, qui n'auraient été ainsi
que des jongleries apprises, dans une sorte d'école, à
des jeunes filles et à des garçons exercés avec art au
rôle d'inspirés, habiles à combiner leurs gestes, à
prendre des attitudes convenues et à débiter des paroles
tirées de l'Apocalypse. Ces apprentis prophètes se
seraient ensuite dispersés dans les pays protestants, se
disant chargés d'une mission divine et poussant au sou-

[1] *Le fanatisme renouvelé, ou Histoire des sacrilèges, des incendies, des meurtres et autres attentats que les calvinistes révoltés
ont commis dans les Cévennes, et des châtiments qu'on en a faits*,
par le R. P. L'Ouvreleuil, prêtre de la doctrine chrétienne ;
Avignon, chez Joseph-Charles Chastanier, imprimeur et libraire,
proche le collège des Révérends Pères Jésuites ; 1704.

lèvement les populations étonnées et séduites. Il semble
difficile pourtant d'admettre une pareille explication en
présence d'une foule de témoignages d'un phénomène
assurément singulier, mais peu éloigné de ceux que
l'hypnotisme, cette névrose mal définie, a le pouvoir
de produire.

Les premiers symptômes de ces troubles mystiques se
montrèrent dans le haut Dauphiné, par conséquent chez
les Vaudois, secte plus ancienne que le calvinisme, dont
les rites cachés et les réunions mystérieuses ont pu être
de nature à favoriser ces sortes de déviations maladives,
d'ordre psychique, dont les convulsionnaires de Saint-
Médard et les adeptes de Mesmer devaient plus tard offrir
de nouveau le spectacle. Le pasteur Arnaud, qui traite
de « maladie étrange » l'illuminisme des réformés du
haut Dauphiné, et constate son absence de la principauté d'Orange, raconte pourtant, d'après le récit d'un
témoin oculaire réfugié à Londres en 1707, les extases
accompagnées du chant des psaumes et d'exhortations
pieuses d'une jeune paysanne qui, cédant à une impulsion
irrésistible, chantait et priait, prononçant des discours
bien au-dessus de sa condition, plongée à certaines
heures dans un sommeil profond. Il est question dans
tous les rapports du temps de ces prophètes et prophétesses, qui non seulement exhortaient les fidèles et
les poussaient à la résistance, mais partageaient leurs
dangers et tombaient en martyrs dans les combats.

Il est presque inutile d'ajouter que la vallée de la
Charce fut occupée, les prédicants et quatre hommes
parmi ceux qui avaient été faits prisonniers, convaincus
d'avoir assisté à l'assemblée, conduits aux galères selon
l'ordonnance, tandis qu'on achevait d'instruire « le

procès des trois femmes qui faisoient les prophétesses ».
Une lettre du 2 mars parle « de la ruine », c'est-à-dire
de la dévastation de la Charce par les troupes. Il est
impossible de ne pas trouver odieuses de pareilles
exécutions, dépassant le but que l'on voulait atteindre.
La menace de l'invasion était la seule excuse à invoquer :
elle était alors imminente, et tandis que les populations
montagnardes des Cévennes, du Vivarais et des hautes
vallées alpines s'exaltaient à la lecture du livre de Jurieu
sur la chute prochaine de la grande Babylone, s'agitaient
à l'appel des ministres proscrits, des émissaires venus
de Genève, des voyants extatiques de l'un et l'autre
sexe, le duc de Savoie, qui avait d'abord persécuté lui-
même et désarmé les Vaudois de ses domaines, connus
sous le nom de Barbets, ne songeait qu'à se réunir à la
coalition et à marcher contre la France, comptant sur
l'explosion de tant d'éléments inflammables, soutenant
sans scrupule et par pur intérêt politique, par delà la
frontière, ceux qu'il tenait la veille pour des ennemis,
dans ses propres États. Telle était la situation, et au
moment où Louvois, prenant l'initiative, incendiait le
Palatinat, sur le Rhin, la rupture avec le duc de Savoie
se consommait brusquement sur les Alpes. Il faut du
reste convenir que si Louis XIV s'était heurté par la
Révocation à des résistances qui n'étaient pas dans ses
prévisions, les coalisés furent déçus de leur espoir en ne
rencontrant ni l'appui ni les défections sur lesquels ils
comptaient dans leur attaque, de la part des réformés
de la frontière des Alpes.

La France avait alors dans Pignerol une base d'opération qui lui permettait de prendre l'offensive, en
gardant un appui en cas de revers; elle était libre de

ses mouvements sur la frontière italienne, et d'ailleurs, la Savoie constituait un gage, à portée de la main, dont il était toujours possible de s'assurer. Catinat, envoyé sur les Alpes, eut d'abord à refouler les Vaudois ou Barbets, maîtres de certaines vallées et que le duc de Savoie, sur le point de faire défection, favorisait sous main. Ce prince avait d'abord feint de vouloir les désarmer, mais sous la menace de Catinat de procéder lui-même à l'opération, si elle tardait trop, les Barbets avaient pris l'initiative, en forçant le passage du mont Cenis. Ils avaient ensuite occupé la vallée de Saint-Martin et harcelé Pignerol; enfin, ils gardaient la position presque inaccessible des Quatre-Dents, que Catinat demeuré seul finit par emporter d'assaut. Il marche alors sur Turin, où le duc vient de se déclarer, en mettant en liberté les Barbets retenus prisonniers et les prenant sous sa protection, tandis qu'il arrête l'ambassadeur et tous les Français.

La lutte s'accentuait aussitôt : Catinat s'était emparé de Nice en 1691, et de là il était entré en Piémont, en s'avançant jusqu'à Coni; mais ayant échoué devant cette place, il avait dû rétrograder. Refoulé vers les Alpes, après cet échec, par le duc de Savoie, qui a reçu des renforts, il repasse en Dauphiné, puis revient en Savoie, où il prend Montmélian, et, ayant affaire à un ennemi supérieur, il se borne en 1692 à couvrir Pignerol et Suse. Le duc, par un mouvement contraire, et à la tête de soixante mille hommes, tente l'invasion, qui doit aboutir, si elle est heureuse, au soulèvement général des réformés. Dans ce but, qu'il croit tenir et qui va pourtant lui échapper, il pénètre en Dauphiné par les cols du Var, de Mirabeau, de l'Argentière; guidé par les

Barbets à travers les passages, ayant avec lui le duc de
Leinster, Schomberg, et un corps de quatre mille
réfugiés ou Vaudois, il est précédé d'une proclamation
de Guillaume d'Orange, qui provoque les Français à la
révolte. L'invasion débouche par la vallée du Queiras et
la haute Durance. Embrun est assiégé le 5 août et se
rend faute de munitions, le 19. Gap est occupé et
incendié; mais c'est là le terme des succès du duc, qui
tombe malade. Les nouveaux convertis, contenus par les
milices, n'ont pas remué. Les populations du Dauphiné
harcèlent l'étranger et secondent Catinat; enfin, le duc,
menacé sur ses derrières, bat en retraite; il quitte
Embrun le 16 septembre 1692 pour rentrer en Piémont.
L'année suivante, il évacue même Barcelonnette, et la
bataille de la Marsaille l'oblige à négocier la paix.

Ce court exposé va faire comprendre les mouvements
défensifs et les actes militaires du comte de Grignan en
face d'une agression menaçante. L'invasion de la Provence
était attendue non seulement du côté des Alpes, mais par
la mer, où la flotte ennemie, commandée par l'amiral
Russell et postée à Barcelone, semblait prête à tenter une
descente sur quelque point de la côte. Madame de Sévigné, qui venait faire justement son avant-dernier séjour
en Provence, à son arrivée sur les bords du Rhône, en
1692, trouve son gendre revenu d'une petite expédition.
Au mois de juillet, elle écrit à M. de Coulanges qu'il est
vers Nice, avec un gros de troupes, prêt à repousser
la flotte, si elle se présente. Ce moment correspond
avec l'annonce du siège, puis de la prise d'Embrun.

Il s'agissait alors d'organiser plus fortement les
milices. Les cinq cents hommes de la première levée
n'étaient qu'un noyau, une organisation destinée à

s'étendre, en subvenant aux nécessités de la situation
créée par l'état de guerre. Au fond, rien qui ressemblât
mieux à notre garde nationale, réunie dans chaque
localité, s'exerçant à part, soumise à une mobilisation
éventuelle, armée par les municipalités, sauf que les
officiers et sous-officiers restaient à la désignation de
l'autorité. Cette autorité, à qui incombaient le commandement, le contrôle du matériel, le soin des exercices,
la répression des abus, la poursuite même des déserteurs,
était tout entière aux mains du lieutenant gouverneur.
Le comte de Grignan, l'homme du devoir strictement
et résolument accompli, ne pouvait être présent partout ni entrer lui-même dans le détail des opérations
qu'il ordonnait. Il ne s'agissait plus, en effet, de réunir
les milices en corps de régiment, d'un effectif très
faible, sous le commandement d'un colonel, pour être
passé en revue, mais d'obtenir sur tous les points du
territoire des compagnies exercées, susceptibles d'être
utilisées à un moment donné par l'intermédiaire d'un
chef placé à leur tête dans chaque circonscription ou
département en temps de paix, chargé de les mettre en
mouvement en temps de guerre ou lorsque la nécessité
s'en faisait sentir. Le pays fut ainsi divisé, au point de
vue des milices « de nouvelle levée », en un certain
nombre de départements, comprenant chacun une ou
plusieurs vigueries[1], et à la tête de chacun M. de Grignan
mit un officier expérimenté, ayant sa confiance, investi
par une commission renouvelable de la direction de ce
qui touchait aux milices, avec des instructions générales
très précises sur la mission qu'il avait à remplir. Nous

[1] Circonscription territoriale correspondant au « district », intermédiaire pour l'importance entre le canton et l'arrondissement.

ne connaissons ni le nombre ni l'importance relative
des « départements » ainsi créés à partir de 1692 ; nous
ignorons même si ces départements embrassaient tout le
pays ou bien s'ils eurent quelque chose de temporaire
et de relatif aux circonstances, à mesure qu'elles se
présentaient ; il est certain toutefois que le comte de
Grignan recourut à plusieurs personnes et varia les missions, autant qu'il changea de départements ceux qui
eurent sa confiance ; de telle sorte que ces emplois gardaient ce caractère d'être bornés aux temps et aux lieux
en vue desquels ils étaient établis par le gouverneur.

Pour ce qui est de l'esprit dans lequel cette organisation avait été conçue, les instructions rédigées à Aix
par M. de Grignan le 5 juin 1693 et signées de sa main,
le font suffisamment connaître [1]. Elles sont relatives à la
nouvelle levée faite cette année, à raison de deux
hommes par feu : c'est « par de fortes considérations et
l'expérience des autres années » que M. de Grignan a
décidé qu'il « estoit encore nécessaire que dans chasque
viguerie il y eust un homme de confiance envoyé de ma
part pour travailler », de concert avec les consuls,
« à cette levée ». Il n'y a donc là aucune innovation,
mais simplement répétition de ce qui avait été fait avec
succès précédemment. Une ordonnance venait d'être
envoyée dans toutes les villes et lieux de Provence
pour prévenir et charger les consuls de s'employer
« avec toute la diligence possible à choisir des hommes
capables de bien servir, et de fournir à chacun d'eux

---

[1] Nous tenons cette pièce curieuse et inédite, que l'on peut lire
aux pièces justificatives, de l'obligeance de M. Paul Arbaud, biblio-
phile érudit et possesseur de nombreux documents relatifs à la
Provence.

une espée et un fusil ou mousquet, en bon estat, pour
estre lesdits hommes prez à marcher au premier
ordre », dit-il, « que j'en donneray, soubs les officiers
qui seront par moy nommés pour les commander ».

Le « feu », qui servait de base proportionnelle au
recrutement des milices, répondait en Provence non à
la population, mais à un élément cadastral, en vue de la
répartition de l'impôt. — L'« affouagement » ou division
par feux du territoire de la Provence variait selon la
richesse présumée, le déclin ou le progrès en matière
imposable de chaque communauté. Beaucoup de celles-ci
ne formaient qu'une fraction de feu, d'autres, diminuées
d'importance, comptaient un nombre de feux toujours
moindre, d'un recensement à l'autre. A la fin du
dix-septième siècle, l'affouagement général de la Provence, sans les terres adjacentes, c'est-à-dire sans
Marseille ni Arles et leur territoire, portait à 3,216 le
nombre des feux, ce qui indique une levée d'environ
6,500 miliciens en 1693 [1] et un total de 10 à 12,000
hommes au plus pour le pays entier. L'aisance était
donc consultée plutôt que le nombre absolu, comme
base de recrutement, et le choix des hommes, au lieu
de dépendre uniquement du sort, était laissé à la discrétion des consuls et de l'envoyé du gouverneur qui devaient agir de concert à cet égard, comme pour tout le
reste.

Les instructions de M. de Grignan témoignent de sa

[1] D'après l'*État de la Provence*, par l'abbé R. D. B. (Paris,
1693). L'affouagement tiré du procès-verbal dressé en conformité
des arrêts du conseil, enregistré aux archives d'Aix le 20 mai 1666,
aurait été de 3,315 feux, y compris les terres adjacentes, c'est-à-
dire Arles et son territoire, Grignan et Salon, mais à l'exclusion de
Marseille

sollicitude vis-à-vis des classes laborieuses, des paysans surtout. Il recommande de les épargner le plus possible et voudrait que les miliciens fussent choisis de préférence parmi les fils de bourgeois, surtout parmi les oisifs, dont le départ ne porterait tort à aucun intérêt sérieux. Ses propres paroles méritent d'être citées, tellement elles sont conformes à l'esprit de droiture qui dirigeait ses actes : « Il faut », disait-il, « que dans ce choix il ne soit fait aulcune injustice à personne, qu'on n'y suive aucun mouvement de haine, d'amitié ni d'autre intérest, et qu'on ayt uniquement en veüe le bien du service. Il est arrivé que le plus souvent les consuls se sont attachés à choisir des paysans et laboureurs ; cependant, c'est sur ceux-là que le choix doibt le moins tomber, soit parce qu'ils sont nécessaires pour le travail de la campagne et surtout en ceste saison, soit parce qu'ils sont moins adroits que les autres à manier les armes. — Il y a un certain estat de bourgeois, de jeunes gens fils de bourgeois, de marchands ou artisans qui passent leur journée à ne rien faire, ou très peu, dans les places à se promener, ou dans les cabarets, au jeu et à la chasse, qui, n'ayant point de famille à faire subsister par leur travail, peuvent estre tirés des lieux d'où ils sont, sans que leur absence nuise à personne, qui peuvent mesme estre aydés de quelque petite chose de chez eux, pour joindre à leur paye... » Ils seront d'ailleurs mieux vêtus et chaussés que les simples paysans et plus vite instruits au maniement du fusil ; ce sont assurément ceux-là qu'il faut enrôler de préférence ; mais aussi ce sont ceux qui trouvent le plus d'appui auprès des consuls par les influences dont ils disposent, « et il faut une particulière attention à empescher sur cela les effets

de la connivence des consuls ». Viennent encore d'autres
recommandations et avis, entre autres l'emploi des
moyens propres à relever le courage et à agir sur l'esprit
des miliciens, et cela de deux manières : aux uns, faire
sentir « qu'il leur seroit honteux de rester tousjours chez
eux pandant que tant d'honnestes gens sont à la guerre » ;
sans négliger à l'occasion et à l'égard de quelques-uns,
« pour les engager insensiblement à faire volontiers ce
qu'on pourroit leur faire faire par force », à titre d'argument persuasif, « qu'il pourroit peut estre bien arriver que les millices ne seroient pas obligées de marcher ». L'exercice assidu et journalier doit être prescrit,
et l'envoyé du gouverneur y assistera ; il devra parcourir
tous les lieux de son département et rendre compte de
ses tournées en adressant à Aix ses rapports. Les compagnies doivent être bien armées ; mais c'est là le plus
difficile. Il y a peu d'armes, et dans l'impossibilité de faire
autrement, les particuliers devront fournir celles qu'ils
possèdent, conformément à des ordres de l'autre année,
et ces armes seront remises en état, si elles sont défec-
tueuses. Les désertions, les délits de ceux qui s'absen-
tent des exercices seront punis par des garnisaires
établis dans les familles. Les hommes valides, en dehors
même de ceux dont on aura fait choix, ne sont pas
dispensés des assemblées ni des exercices. Enfin, la
conclusion est celle-ci : « Sur toutes choses de concilier
tousjours le soulagement du peuple avec l'exécution des
ordres dont vous estes chargé, l'un n'estant pas moins
important que l'autre. »

Les rouages de la société d'alors et le mécanisme qui
la faisait mouvoir ne sont pas moins visibles dans ce
document que les tendances mêmes et la trempe d'esprit

du comte de Grignan, et les agents auxquels il se confiait pour l'exécution de ses ordres devaient aussi se modeler sur son exemple. Au nombre des personnes à qui il confia successivement plusieurs des départements que mentionnent les Instructions, pour en commander les milices, nos archives de famille mettent en évidence et au premier rang un brave officier, capitaine depuis 1679 aux dragons de Languedoc, connu sous le nom de Châteauneuf-Saporte, qui fut envoyé par M. de Grignan commander en son nom sur les points les plus menacés, d'après des ordres ou commissions lui donnant plein pouvoir sur les milices, et vis-à-vis des consuls et des communautés, comme représentant du lieutenant gouverneur. M. de Châteauneuf-Saporte[1] reçoit ainsi, le 6 août 1692, à Brignoles, des ordres complétés à Aix le 6 septembre suivant « pour la garde nécessaire dans

---

[1] Le nom est Saporta, dont la terminaison était francisée selon l'usage du temps. Il appartenait à une famille espagnole d'origine, dont le chef, passé en France et établi à Marseille dans la seconde moitié du quinzième siècle, y mourut à l'âge de cent six ans, après avoir été premier médecin de Charles VIII. — Pierre-Joseph de Saporta, seigneur de Châteauneuf-les-Moustiers et de Beaurepos, né le 25 octobre 1656, capitaine au régiment des dragons de Langue-doc par commission du 11 janvier 1679, épousa, le 18 décembre 1681, Vérane de Raimond et mourut à Apt en 1736; il était fils de François-Abel de Saporta, qui avait servi dans les mousquetaires, et de Jeanne de Gérard de Beaurepos, et petit-fils d'Étienne de Saporta, président au siège présidial de Montpellier, et de Françoise de Gévaudan. Cet Étienne était lui-même petit-fils d'Antoine Saporta, chancelier de l'université de Montpellier, qui fut ami de Rabelais, pendant le séjour de celui-ci à Montpellier en 1531. — Pierre-Joseph de Saporta avait deux frères, tous deux officiers de mérite et chevaliers de Saint-Louis, Jean-Hippolyte et Charles-Louis; il sera plus loin question du premier. Sa sœur, Françoise de Saporta, s'était mariée, en 1682, à Philippe de Berton des Balbes, marquis de Crillon.

la ville et le comté de Sault, dans divers lieux de la viguerie d'Apt et en divers passages de Provence en Dauphiné, comme aussi pour veiller sur la conduite des nouveaux convertis de ces quartiers-là, le tout suivant les instructions qu'il a reçues de nous [1] ». Les appointements fort modestes, à raison de cent livres par mois, sont assignés à tour de rôle et de mois en mois sur les diverses communautés et payables par les consuls de ces communautés, à commencer par celles du comté de Sault et par Mérindol, pour les mois suivants. On voit encore que les lettres adressées au comte de Grignan devront être transmises par messagers exprès aux consuls d'Apt, qui les feront parvenir par la même voie au directeur des lettres à Aix. C'est par corvées que les habitants de la petite ville de Sault furent employés, en septembre, au creusement des fossés, garnis ensuite de palissades. Sault commande, au pied du Ventoux, d'importants défilés, ouvrant un double accès vers le bas Dauphiné et la Provence intérieure ; et la mise en défense de ce point était une précaution vis-à-vis du duc de Savoie, alors à Embrun. Au 20 septembre, nouvel avis du secrétaire de M. de Grignan; celui-ci vient d'apprendre la retraite précipitée du duc, et il juge la présence de M. de Châteauneuf-Saporte plus nécessaire sur la côte que vers la frontière. Il le prie donc d'établir au quartier où il est, c'est-à-dire à Sault, « le meilleur ordre qu'il se pourra », et de se rendre incessamment à Aix pour y recevoir une autre destination. Quatre jours après, il est effectivement envoyé pour commander

[1] Le rôle des communautés comprises dans la circonscription de Sault est ainsi établi : « Rolle des Communautés qui fourniront des hommes avec armes, pour la garde de Sault, en cas de besoin,

à Cannes et dans l'étendue du golfe de la Napoule, avec injonction à tous officiers, consuls et habitants de reconnaître son autorité. Les chevaux de poste sont mis en réquisition ; il faut se hâter, car on dénonce l'apparition de la flotte ennemie. Ce n'était pourtant qu'une alerte, puisque, dès le 27 septembre, M. de Grignan écrit d'Aix à M. de Saporta à peine installé : « Vous pouvez, Monsieur, revenir icy, à moins que, lorsque vous recevrez cette lettre, la flotte ennemie eût encore paru sur nos costes, ce qui, suivant toutes les apparences, n'arrivera pas... »

C'était la fin de la campagne, et le journal de Dangeau nous apprend effectivement qu'à cette même date, don Pedro Corbet, commandant les vaisseaux d'Espagne, stationnés à Gênes, sur le refus des Génois de fournir des quartiers d'hiver pour vingt mille hommes et de déclarer la guerre à la France, avait dû finalement se retirer. Il nous apprend aussi que le comte d'Estrées, avec l'escadre française, était arrivé aux îles d'Hyères, et enfin que le Roi avait accordé 12,000 livres de gratification au comte de Grignan, « qui avait très bien servi cette année ». M. de Saporta garda le commandement de la Napoule peut-être jusqu'en 1695, époque où nous savons, par une lettre de madame de Sévigné à M. de Coulanges, que M. de Grignan était allé faire en juin une tournée vers les côtes ; mais il est au moins certain qu'il l'exerça dans l'été de 1693, à la date où les instructions analysées plus haut venaient d'être rédigées.

suivant les ordres du sieur de Chateauneuf de Saporta, Goult, — Saint-Saturnin, — Roussillon, — Gordes, — Lieoux, — Simiane, — Saint-Christol, faict à Aix le 6e septembre 1692 : Grignan, par Monseigneur, Anfossy. »

Le 21 juin 1693, en effet, une lettre du comte de Grignan avertit M. de Saporta, alors à Antibes, qu'il part d'Aix le jour même pour se rendre à Digne, où le duc de Vendôme, gouverneur titulaire, vient de lui donner rendez-vous, et, quelques jours après, le 30 juin, il lui fait savoir de Digne qu'il a envoyé des ordres à Antibes pour en tirer des canons et des munitions qui doivent être portés à Colmars, Guillaume et Entrevaux; et il le charge de faciliter la marche du convoi, en faisant trouver des voitures et des bêtes de trait dans les lieux de son département et plus loin, s'il est nécessaire. Le duc de Vendôme était donc alors venu dans son gouvernement, et il présidait avec son lieutenant à l'armement de la frontière, opération qui coïncidait tout juste avec le début d'une campagne heureuse de Catinat, qui, entré en Piémont, força enfin le duc de Savoie à accepter la paix et à s'allier même avec Louis XIV, en donnant sa fille en mariage au duc de Bourgogne.

Les pourparlers qui aboutirent à cette paix furent l'occasion d'alternatives diverses, et une lettre du Roi à Catinat, en date du 28 mai 1694, fait clairement connaître la situation militaire pendant cette période et ce que l'on redoutait de la flotte anglaise. Dans cette lettre, très circonstanciée et dont les termes furent immédiatement communiqués à M. de Grignan, Louis XIV avertissait Catinat de la mise à la mer d'une flotte de quarante vaisseaux de guerre et de plusieurs frégates et galiotes à bombes, sous les ordres de l'amiral Russell, portant un corps de débarquement de six à huit mille hommes, d'autres disent douze mille, avec un régiment de cavalerie et un autre de dragons, commandés par le général

anglais Talmash [1]. Cette flotte semble destinée à la
Méditerranée ; du moins, elle est sortie de la Manche
et a pris le large dans la direction du sud. Il est vrai,
écrit Louis XIV, « qu'elle n'a point été découverte
d'aucune des côtes, et que je n'en ai eu jusqu'à présent
aucun avis » par les bâtiments légers que l'on envoie
ordinairement des ports, « pour prendre langue des
ennemis ; je ne saurais asseoir aucun jugement certain
sur le véritable dessein qu'ils peuvent avoir... J'ai
tâché d'y pourvoir autant que la prudence me l'a inspiré
et que les autres affaires que j'ai ailleurs sur les bras
ont pu me le permettre » ; mais si l'expédition passe
dans la Méditerranée, elle ne saurait avoir pour objectif
que la Catalogne, pour y fortifier les Espagnols et les
mettre en état de résister au duc de Noailles, ou bien
Nice et Villefranche, en agissant de concert avec le duc
de Savoie et soutenant l'attaque de ce prince, au moyen
d'un débarquement de troupes sur la côte de Provence.
— Si l'entreprise regarde la Catalogne, il n'y a, d'après
Louis XIV, qu'à renoncer momentanément au succès
dont il avait été raisonnable de « se flatter à cause de la
grande faiblesse des Espagnols et du délabrement
extrême de leurs affaires » ; mais si l'expédition vise le
comté de Nice et que les alliés s'y soient engagés, sachant
combien elle tient au cœur au duc de Savoie... « il faut
tout mettre en usage pour tâcher de faire échouer ce

---

[1] Le nom est écrit Talmich ; Talmash, général de l'infanterie
anglaise et irlandaise, fut tué bientôt après dans une tentative de
débarquement de la flotte anglaise, dont la descente à Camaret,
devant Brest, fut repoussée, avec une perte de quatre à cinq cents
hommes, par les milices du pays appuyées des compagnies de la
marine, sous les ordres de M. de Langeron. (Voy. *édit. Regnier,* t. X,
p. 162, note 11.)

dessein, sans se relâcher en rien des soins qu'il faut
absolument prendre du maintien et de la conservation
de Pignerol ». Ici, Louis XIV entre dans le détail des
mesures les plus propres à atteindre le but souhaité,
c'est-à-dire d'empêcher le duc de Savoie de communiquer avec la flotte anglaise. Il faut d'abord pourvoir
abondamment les deux places, et ruiner ensuite les
principaux chemins qui y conduisent, de Coni par le col
de Tende et Saorgio ou par Lentosque, de telle sorte
que si les hommes à la rigueur y puissent passer, les
routes soient du moins impraticables aux mulets chargés
et aux traîneaux. Ce moyen a été employé avec succès
par l'ennemi, l'année précédente, près de Pignerol.
Mais, ajoute le Roi, « il serait encore à propos de faire
examiner si on ne pourrait pas poster dans quelque
détroit, des plus serrés de la montagne, du côté de
Saorgio, de Sospello ou aux environs, le plus près du
grand chemin qu'il serait possible, un corps d'infanterie
qui, sans risque d'être coupé, pût disputer le passage
et empêcher l'ennemi d'investir les deux places[1] ». Ce
n'est pas tout : « Voyez en même temps si une partie de
la cavalerie qui est à vos ordres sur le Rhône, ne pourrait point être employée utilement, ou pour empêcher
les troupes ennemies qui viendraient de Piémont, de
déboucher de la montagne et de se séparer autour de
Nice, ou pour s'opposer au débarquement de celles qui
seraient venues par mer; ledit corps de cavalerie pourrait aussi servir ou pour disputer le passage du Var, au
cas que le duc de Savoie voulût entrer en Provence, ou
pour empêcher les Anglais de mettre pied à terre du

---

[1] Visiblement Nice et Villefranche.

côté d'Antibes et pour rassurer le pays au cas qu'on ne
pût s'opposer à leur débarquement. Je sais combien il
est difficile de faire subsister un corps de cavalerie en
Provence ; mais si vous croyez qu'il fût utile et même
nécessaire d'y en avoir un, il faudrait bien faire un
effort... » Et d'ailleurs, le séjour de ce corps ne serait
pas bien long, « puisqu'en peu de temps le dessein des
ennemis échouerait ou réussirait... » Et enfin, pour ter-
miner d'une façon rassurante sur le projet présumé et
hypothétique des coalisés, à propos duquel le Roi n'a
d'ailleurs aucune notion certaine, puisqu'il ne sait pas
même s'il ne regarde pas ses côtes « du ponant », ce
qui, d'après le petit nombre des troupes embarquées, lui
semble pourtant peu probable[1], il conclut : « Je doute
d'ailleurs que, quand même ils auraient des vues à
l'égard de Nice, ils pussent les mettre à exécution
devant ma flotte et mes galères ; cependant, je ne laisse
pas de vous donner, par avance, part de ce que je pense,
afin que vous en fassiez l'usage que vous jugerez le plus
convenable au bien de mon service et à la conjoncture
présente, et j'aurai soin de vous tenir régulièrement
informé du progrès de la route que tiendra la flotte
ennemie, particulièrement si elle tourne du côté du
détroit. »

Ce qui précède montre avec quelle application, quelle
recherche du détail des choses, et pourtant quelle

---

[1] C'est pourtant ce qui eut lieu, puisque la descente s'effectua
près de Brest ; le sens droit de Louis XIV l'empêchait de croire que
les Anglais pussent tenter l'exécution d'une entreprise aussi importante que celle d'une attaque de nos côtes de l'ouest avec un corps
de débarquement aussi peu considérable. Il voyait juste, comme
l'échec complet des Anglais le démontra peu de jours après. —
L'affaire de Camaret est du 18 juin 1694.

exacte appréciation des éléments d'une question,
Louis XIV, en rapports constants avec ses généraux, leur
suggérait des plans, sans leur rien imposer cependant,
attentif à leurs moindres mouvements, et s'efforçant de
les suivre et de les diriger. — Catinat, en envoyant
copie de cette lettre au comte de Grignan, avait eu soin
d'en écrire une, datée de Fénestrelle le 5 juin 1694, qui
donne son appréciation personnelle des éventualités sur
lesquelles le Roi venait d'attirer son attention : Catinat
a reçu avis, de son côté, du départ de la flotte anglaise
et de l'embarquement de treize bataillons avec chevaux
de frise et autres engins propres à une descente et à un
bombardement, par le gouverneur de Gravelines, M. de
La Tournelle. Il ne sait rien de plus sur la véritable
destination de la flotte; mais dans l'hypothèse d'un
projet de descente en Provence, il demande à M. de
Grignan « d'aller sous quelque prétexte du côté d'Antibes, où vous pourriez donner rendez-vous à M. le chevalier de la Fare... vous verriez les choses dont il a
besoin pour les approvisionnements et vous prendriez
toutes les mesures qui vous sont possibles avec
M. Le Bret... » C'est l'intendant de Provence ; en attendant, Catinat envoie des ordres à M. Dusson pour faire
passer à Nice des bataillons, et effectivement M. Dusson
écrit le 8 juin du camp de Tournoux[1] qu'il met en
marche le régiment de Vendôme et celui du Nivernais.
On avait alors en Provence deux régiments de cavalerie,
celui de Soffreville et un de dragons; c'est à M. Le Bret
à prendre des mesures pour les faire subsister, dans le
cas où cette cavalerie serait portée vers le Var ou dans

[1] Localité située dans la haute vallée de l'Ubaye, arrondissement
de Barcelonnette.

le comté de Nice. Dans ce voyage, M. de Grignan pourra voir Antibes et, « sans jeter l'alarme dans le pays, avoir une idée générale de ce qu'il faudrait faire pour la sûreté de la côte ». Mais Catinat ajoute : « La flotte des ennemis n'étant que de quarante vaisseaux, avec les vaisseaux d'Espagne, et ceux qui sont restés du naufrage auprès de Cadix, ils auraient, ce me semble, bien de la peine à former un dessein fixe et de durée, devant la flotte du Roi. Vous aurez vu dans sa lettre que c'est le sentiment de Sa Majesté. » Enfin, il termine par l'annonce d'un grand avantage remporté par le maréchal de Noailles en Catalogne, où les ennemis ont perdu plus de six mille hommes tant tués que prisonniers, événement de nature à bouleverser les plans que les coalisés auraient formés sur la Méditerranée.

On a vu par une note ci-dessus que la descente de la flotte anglaise s'était effectuée devant Brest et qu'elle avait misérablement échoué. — Ainsi, pour résumer l'ensemble des événements qui précèdent, et auxquels M. de Grignan fut activement mêlé, en dépit d'un effort considérable, après avoir vainement excité les Barbets et fait marcher des corps entiers de réfugiés, malgré l'incendie de Gap, la dévastation du haut Dauphiné, peut-être par l'effet même de ces mesures, les coalisés, selon l'expression de Dangeau, « eurent la consolation de voir que, pendant leur séjour en Dauphiné, pas un religionnaire n'a branlé ». Pourtant le feu couvait toujours, et les inquiétudes perçaient de temps à autre, au moindre indice de mouvement chez les réformés. C'est ce qu'apprend une lettre curieuse du comte de Grignan, écrite de Marseille le 21 août 1695 à M. de Saporta, en même temps qu'un nouvel ordre envoyait celui-ci

« commander en divers lieux de Provence et de la principauté d'Orange ». Cette lettre annonce qu'il y aurait
eu, « dans quelques vallées de Dauphiné, des assemblées de nouveaux convertis, et M. Delor, prévost, a eu
ordre d'arrester les coupables, parmy lesquels on
a mesme trouvé un officier des troupes du Roy ».
M. Delor est autorisé à poursuivre les fugitifs jusqu'en
Provence, et le prévôt de ce dernier pays, M. du Lauran,
va envoyer des archers sur la frontière, du côté de
Grignan, pour concourir à la répression. Mais dans une
occasion « comme celle-cy, qui peut estre importante »,
ajoute M. de Grignan, « j'ay crû devoir vous prier de
vous y employer avec vostre zèle ordinaire pour le service de Sa Majesté et avec l'amitié que vous avez pour
moy. Il faudra commencer par vous rendre à Grignan,
où les archers commandés arriveront incessamment ; se
concerter avec le prévôt et mettre les archers en mouvement. Mais il faudra en même temps vous informer si dans quelques endroits de Provence il n'auroit
point aussy esté fait quelqu'assemblée de nouveaux
convertis, ou si de nouveaux convertis de Provence ne
seroient point allés à celles de Dauphiné ; mandez-moy,
s'il vous plaît, en même temps, tout ce que vous aurez
appris de particulier de ces assemblées… » Il adressera
ses lettres à Grignan, et M. de Saporta enverra les
siennes à Marseille. Enfin, M. le marquis de Buous[1],
qui commandait à Apt, devait avoir connaissance en

---

[1] Louis de Pontevez, marquis de Buous, baron de Saint-Martin, etc.
Il était fils de Marguerite de Castellane-Adhémar et cousin germain
du comte de Grignan ; il avait été premier consul d'Aix en 1661.
Il en est souvent question dans la correspondance de madame de
Sévigné.

secret de cette dépêche, et c'est à lui qu'il faudra
s'adresser dans l'occasion, s'il arrivait qu'on eût besoin
de recourir à son autorité.

Le séjour de M. de Grignan à Marseille, si peu de
temps avant le mariage de sa fille Pauline, tenait à la
nécessité de combiner avec le maréchal de Tourville
les mesures à prendre pour le cas où l'amiral Russell
aurait tenté un débarquement. Ce séjour est mentionné
par madame de Sévigné, alors à Grignan, qu'elle ne
devait plus quitter : à la date du 20 septembre, elle
attend son gendre, qui ne peut tarder à revenir, dit-elle,
la mer étant devenue libre. On touchait alors à la fin de
la guerre qui précéda celle de la succession d'Espagne,
et la paix de Ryswick, signée le 20 septembre 1697,
allait rendre au prince d'Orange, maintenant Guillaume III,
sa principauté et y restaurer momentanément le protestantisme que nous venons d'y voir si rigoureusement
poursuivi. Selon le pasteur Arnaud[1], ce fut le 14 novembre qu'un conseil politique, institué par le roi
d'Angleterre, en reprit possession en son nom. Le
consulat fut alors partagé de nouveau entre les deux
religions; le parlement local eut vingt-six conseillers,
également mi-parti. Le collège avec ses régents et le
corps des pasteurs durent être entretenus comme par le
passé au moyen de sommes prélevées sur les revenus
ecclésiastiques. Ce fut donc une révolution totale, bien
que passagère, et qui, sans doute, excita la surprise des
contemporains. Les pasteurs retenus prisonniers au
château de Pierre-Encise, près de Lyon, et mis immédiatement en liberté sans conditions, descendirent le

[1] *Histoire des protestants de Provence, du comtat Venaissin et
de la principauté d'Orange*, t. II, p. 339 et suiv.

Rhône et furent reçus en triomphe par leurs adhérents :
les Allemands et les Suisses, même des catholiques, les
retinrent à Lyon pour les féliciter, et après leur débarquement au port de Balthazar, à une lieue d'Orange,
c'est au milieu des transports de joie et aux cris répétés
de « Vive le Roi et nos chers pasteurs! » qu'ils furent
accueillis, puis, du Rhône à Orange, ce furent une haie
continuelle de monde, des accès et des démonstrations,
auxquels s'associèrent, si l'on en croit leur récit, un
certain nombre de catholiques; enfin, des prêches
eurent lieu immédiatement, avec discours pathétiques
accompagnés de larmes d'attendrissement et suivis d'une
abjuration générale des prétendus convertis; la bénédiction des pasteurs étant demandée et reçue à genoux.
Ajoutons à ce tableau cette seule réflexion que le Roi
ainsi acclamé était celui d'Angleterre, si impopulaire en
France que, sur la fausse nouvelle de sa mort, Paris
s'était précipité sur les places, pris d'un accès de délire
enthousiaste, analogue à celui que ferait naître de nos
jours l'annonce d'une victoire sur les Prussiens. François
de Lange-Montmirail, sieur de Lubières, muni des
pouvoirs de Guillaume, avait prêté sa maison au culte
réformé, en attendant que l'on rouvrit les temples.
Arrivé à Orange [1], il reçut le serment de fidélité du
conseil communal, tandis que l'évêque catholique
d'Orange, d'Hobeilb, lançait des mandements contre les
partisans du nouvel ordre de choses, et que Louis XIV,
de son côté, prohibait à ses sujets de s'établir à Orange
et même d'y entretenir des relations commerciales,
sans une permission expresse des autorités françaises,

[1] Il y était au commencement de 1698.

et sous les peines les plus sévères. L'intendant de Bâville s'opposa par tous les moyens aux communications que les protestants du Languedoc cherchèrent à établir, d'une rive à l'autre du Rhône, avec ceux d'Orange, jusqu'à rejeter ceux-là dans les îles du fleuve et à les y cerner, au moyen de troupes chargées de la surveillance. Les Dauphinois réfugiés et les Provençaux ne furent pas moins brutalement écartés, et ceux qui furent convaincus, saisis et envoyés aux galères. Un état de choses aussi violent ne pouvait avoir qu'une courte durée : la politique seule, à l'approche imminente de la mort du roi d'Espagne et de sa riche succession dévolue au duc d'Anjou, disposait à la patience Louis XIV, qui espérait, en revanche, comme d'ailleurs il y parvint en effet, obtenir de Guillaume III la reconnaissance de son petit-fils. Ce n'était donc là qu'un épisode accidentel au milieu de passions inexorables, prêtes à s'entre-choquer. On comprend à quel point, en face d'une situation pareille, ceux qui détenaient l'autorité, quels que fussent d'ailleurs leurs mobiles et leur inclination, se préoccupaient des moindres incidents et en redoutaient les suites. — Une lutte sourde et renaissant d'elle-même, en quête d'un champ de bataille, n'attendant qu'un signal pour devenir ouverte, existait virtuellement entre les protestants opprimés et les catholiques persécuteurs, mais que leurs rivaux, s'ils l'eussent pu, auraient également poursuivis.

L'insurrection des Cévennes, regardée comme imminente, troublait les esprits, et l'on pensait, du côté des gouvernants, écarter, à force de rigueurs et d'activité, un calice amer auquel il fallut bien tremper les lèvres. Il est vrai que la Provence ne prit aucune part à cette horrible guerre ; les dissidents y étaient trop disséminés. Ils ne faisaient corps à peu près nulle part, et l'agglomération des bords de la Durance était elle-même trop faible, trop isolée, pour ne pas être aisément contenue. Ainsi submergés, au milieu des populations catholiques, les réformés provençaux ne tentèrent même pas de remuer.

CHAPITRE III

L'ordre suivi dans cette étude nous ramène au château de Grignan, où madame de Sévigné se trouvait en 1690 et où elle vint faire un dernier séjour à partir de mai 1694. On sait la magnificence de cette demeure et l'existence fastueuse qu'y menaient les Grignan, sous la double impulsion des goûts de grandeur propres à la comtesse et de la générosité inhérente au caractère du lieutenant gouverneur.

Celui-ci, sans être gouverneur en titre, affectait les dehors et recherchait les prérogatives de la charge dont il assumait du reste les obligations. Qualifié de « monseigneur », jaloux des honneurs de son rang, il ne reculait devant aucun luxe, obtenant la faveur de toutes les classes par son affabilité et tenant un état de maison bien au-dessus de ses ressources, qui n'allaient pas au delà de celles d'un riche particulier. Madame de Grignan, enivrée de l'encens qu'on lui prodiguait dans les réceptions officielles, emportée par un penchant irrésistible vers les satisfactions de la vanité, n'était pas faite pour l'arrêter ni régler sa marche dans une voie qui menait droit à la ruine. Ce rôle convenait mieux à la mère; mais madame de Sévigné, femme de tête et de calcul, bien que sensible elle-même aux jouissances de l'amour-propre, était peu écoutée sur le chapitre des retranchements. Elle se laissait éblouir par l'éclat de ces réceptions de Grignan, où « étant seuls on se trouvait encore plus de cent » ; les descriptions auxquelles elle se complaît sur la beauté de la distribution intérieure et la délicatesse de la table le font bien voir.

Les constructions, les aménagements et embellissements continuels prenaient beaucoup d'argent. Il fallait bien le puiser quelque part. M. de Grignan tenait une compagnie des gardes, honneur auquel il n'aurait eu strictement droit que s'il eût été gouverneur en pied, et il avait choisi pour capitaine de ses gardes un fort bon gentilhomme, Jean de Ripert d'Alauzier, d'abord brillant officier de cavalerie. L'entretien de ces gardes était fort coûteux, et l'on avait eu soin de demander pour eux aux États une somme annuelle de 15,000 livres, réduite au tiers par le vote des communautés et obtenue à grand'peine, avec d'autant plus de raison qu'il s'agissait d'une dépense n'ayant rien d'obligatoire. Il y avait encore des musiciens et des comédiens attitrés, sans compter les commensaux et les parasites. Il est vrai que M. de Grignan faisait de son château sa demeure principale; point d'hôtel particulier à Aix[1] ni à Marseille; mais en beaucoup d'endroits, des installations provisoires et des déplacements qui devaient entraîner des frais consi-

---

[1] D'après l'auteur des *Rues d'Aix*, le comte et la comtesse de Grignan faisaient leur résidence dans un quartier de l'ancien palais des comtes de Provence, depuis démoli, et dont l'emplacement est aujourd'hui occupé par le palais de justice et les prisons. Le parlement siégeait dans une autre partie du même édifice, qui était plus curieux par son antiquité que réellement grandiose.

dérables, à raison même de la nécessité d'élever le pro-
visoire à la hauteur du personnage, d'accord en tout cela
avec sa femme, tenant tous deux à ne jamais marcher
sans entourage et à avoir les mains constamment ouvertes. Cette libéralité, qui n'évite aucune des obligations
onéreuses de la charge exercée, se montre dans une
lettre écrite d'Aix, le 26 juillet 1684, d'après l'ordre de
M. de Grignan et par son secrétaire Anfossy aux consuls
de la Ciotat. Elle témoigne de l'étonnement de monseigneur le comte, lorsqu'il a vu, par le mémoire de son
maître d'hôtel, la dépense faite par la communauté à son
passage à la Ciotat, « parce que », dit-il, « ces choses
ne sont pas du goust de Monseigneur, mais fort opposées
à son intention et à l'usage de sa maison ». Il exige
donc, par le retour du courrier, « un mémoire au vrai
de la dépense faite pour sa table, son écurie et autres »,
ensuite duquel les consuls recevront ce qu'ils auront
fourni. Cet exemple, fort généreux à coup sûr, ne
devait pas être imité par tous les hauts fonctionnaires de
l'époque. Tout à l'éloge de M. de Grignan, il dénote
pourtant ses tendances, et explique la profondeur du
gouffre où s'engloutit finalement la fortune de sa maison. Ce ne furent pas les gratifications fort maigres,
accordées de temps à autre par le Roi, on pourrait dire
arrachées à force d'instances, ni même les appointements temporaires de gouverneur du Comtat qui purent
conjurer sa ruine. C'étaient là plutôt des ressources
accidentelles, ajoutées à d'autres expédients tout à fait
onéreux, qui permettaient seulement d'ajourner une
liquidation de jour en jour plus menaçante. On peut
avancer en fait que, dans le cours des années où nous
nous plaçons et qui vont de la Révocation à la mort de

madame de Sévigné, c'est à l'aide des expédients seuls
que la situation financière du comte de Grignan a pu se
soutenir, tout en gardant quelque air d'apparente pro-
spérité. On vivait au jour le jour, appelant de ses
vœux quelque événement favorable qui détournât la catastrophe; et le mariage du jeune marquis, auquel nous
touchons, ne fut lui-même qu'un de ces expédients
tenus en réserve au dernier moment, et le seul qui eût
effectivement la chance d'aboutir à quelque résultat.

M. Gaston Boissier, dans sa notice[1], dit que ce qui
renversa tout chez M. de Grignan, ce fut la banqueroute
du trésorier de Provence. Ce coup de massue aurait con-
sommé sa ruine; lui-même en fait l'aveu dans une lettre
désespérée, écrite en 1690 à Pontchartrain, alors con-
trôleur des finances. Dans cette lettre, non seulement il
accuse l'extrême désordre de ses affaires, mais il voudrait obtenir la création en sa faveur d'une charge de
lieutenant de Roi, au-dessous de celle de lieutenant
général en Provence qu'il occupe, charge dont il aurait
eu la disposition; c'est-à-dire dont il aurait touché le prix.
Enfin, ce qu'il demande, c'est un prompt secours dans
la circonstance pressante où l'a placé la banqueroute
du trésorier des États, Blanc, qui lui avait avancé trois
années du revenu de sa charge et continuait à lui prêter.
Il demeure ainsi « sans aucune subsistance », tandis que
les créanciers se payeront sur le courant de ses appointements. Quel était ce trésorier Blanc? Il est d'autant
plus curieux de le savoir, que les choses ne s'étaient pas
passées exactement comme le donneraient à penser la
lettre et les plaintes de M. de Grignan.

[1] *Madame de Sévigné*, par G. Boissier, de l'Académie française,
p. 141. Paris, Hachette, 1887.

Il s'agissait moins d'une catastrophe imprévue que d'une chute malheureusement fréquente par la force même des choses. Si le trésorier des États avait été dans la nécessité de déposer son bilan et de résigner sa charge, obligeant la province à entrer en arrangement avec le syndicat des créanciers, c'est que, facile et magnifique, il avait cherché à contenter les communautés, en les pressurant le moins possible, et les personnages influents, en leur ouvrant un large crédit. Il s'était trouvé par cela même aux prises avec les difficultés de gestion, en face desquelles son prédécesseur, Maurel de Pontevez, avait échoué, et qui entraînèrent après lui la perte de Creyssel, son successeur. C'est qu'en réalité, le titulaire de la charge de trésorier des États, tenu d'avancer les sommes perçues par le gouvernement central, sauf recours contre les communautés, qui ne s'exécutaient qu'à la dernière extrémité, se trouvait dans une situation des plus périlleuses. Il n'aurait pu s'en tirer qu'à force d'ordre et d'économie, et les mœurs du temps, sans doute d'accord ici avec les penchants du personnage, lui imposaient au contraire des allures plutôt fastueuses.

Le général Blanc, ainsi désigné dans le langage ordinaire, s'intitulait : Jacques Le Blanc, seigneur de Valfère, Boisvert et Castillon, trésorier général en Provence et trésorier des États ; il était né en 1634 d'André Blanc et d'Anne Moricaud, et représentait une individualité en mesure de se frayer un chemin par le monde. Il était riche par son père et la famille de son père, qui, venu du comté de Nice, au commencement du siècle, et presque aussitôt naturalisé, avait fondé à Aix une maison de commerce, de concert avec ses deux frères, Esprit et

Charles Blanc. Charles devint la tige des seigneurs de
Ventabren, conseillers au parlement de Provence;
André, aîné de Charles, avait eu d'Anne Moricaud dix-
sept enfants, dont Jacques fut le quatorzième. Ses portraits attestent qu'il était doué d'une attitude et d'une
figure imposantes, et son visage remarquablement beau
rappelle celui de Louis XIV par l'expression et les
traits. Rien en lui ne dénote le financier. Dans un de
ses portraits, peinture chaude sur cuivre, attribuée à
Mignard, il est superbement drapé; deux autres portraits, dont l'un, dû à Cellony [1], est une œuvre très fine,
le représentent en cuirasse, avec une fierté de pose et
une assurance du regard qui accusent le gentilhomme.
En effet, à peine trésorier des États, par une convention
avec la province, commençant au 1er janvier 1676 [2], il
ne manqua pas d'établir, par une enquête officielle
appuyée de nombreux témoignages, son extraction d'une

[1] Joseph Cellony, à qui le portrait doit être attribué, était, dès
1692, selon l'auteur des Rues d'Aix (t. I, p. 86), le peintre en
portrait le plus distingué qu'il y eût à Aix. Il était fils de Pierre et
de Delphine Tassy, et mourut à Aix, sa ville natale, le 18 janvier 1731,
à l'âge de soixante-huit ans. Son fils, Joseph-André Cellony, né à
Aix en 1696, et son petit-fils Joseph furent également des peintres
de mérite.

[2] La convention est du 20 décembre 1673 et passée en conséquence d'une cession consentie en faveur de Jacques Le Blanc par la
veuve du trésorier précédent, Pierre Maurel de Pontevez, mort en
août 1672; sa veuve, par acte du 29 septembre suivant, avait remis
son droit à Me Jacques Blanc, cession agréée par l'assemblée de
Lambesc en janvier 1673. Celle-ci avait ensuite déclaré que ledit sieur
« a fait l'exercice de ladite charge avec grande satisfaction pour tous
ceux qui ont eu affaire à lui. C'est pourquoi l'assemblée, dans la
connaissance qu'elle a de sa personne et de sa probité, et par les
bons rapports qui ont été faits par les sieurs députés de communautés, qui ont éprouvé la douceur dont il a usé en l'exaction des
deniers de la province, qui ne pourraient être en meilleures mains

famille d'ancienne noblesse [1]. En même temps, il signait
un second bail avec les États, en décembre 1679, pour
sept nouvelles années commençant au 1er janvier 1683.
Ce second bail exprime encore la satisfaction de la
manière avec laquelle le trésorier a exercé ses fonctions
vis-à-vis des communautés et des particuliers, et le désir
de l'assemblée de s'assurer un trésorier « qui en use si
honnêtement ». Jacques Le Blanc en usait sans doute
très honnêtement et très largement vis-à-vis des contri-
buables, mais imprudemment et légèrement à l'encontre
de ses intérêts. En attendant, il était en faveur auprès
des Grignan et très avant dans l'amitié de la comtesse,
puisque celle-ci lui fit don de son portrait, reproduction
probable de celui de Ferdinand. Ce portrait, resté entre
les mains des descendants du trésorier général, est celui
dont nous avons fait mention comme ayant été remis,
en 1843, au marquis de Périer; actuellement il appartient à madame de Montigny.

Tout marchait bien jusque-là, du moins en apparence.
Les inquiétudes percent dans un troisième bail du
19 décembre 1687 [2], conclu pour sept années commençant au 1er janvier 1690, pour prendre fin avec le mois
de décembre 1696. Ce troisième bail, qui resta lettre
morte, stipulait, à la demande du trésorier, la survivance

ni avec plus de sûreté, a délibéré de lui passer contrat pour sept
ans, sous le cautionnement du sieur lieutenant Blanc et du S. Esprit
Blanc ses frères. » Esprit et Louis Le Blanc, qui cautionnaient leur
frère Jacques, étaient aînés de celui-ci; Esprit, né le 27 janvier
1615, mourut sans enfants; mais Louis, seigneur de Mondespins et
lieutenant civil au siège général de la sénéchaussée d'Aix, fut l'auteur
d'une branche particulière, qui entra au Parlement et s'éteignit
après deux générations.

[1] Cette enquête est de 1679.
[2] Notaire Boutard, à Aix.

de sa charge en faveur du sieur de Valfère son fils aîné,
les deux frères Esprit et Louis renouvelant leur cautionnement en faveur du père et du fils. On voit poindre,
dans ce troisième bail, les difficultés financières sous
lesquelles Jacques Le Blanc devait succomber. Il y est
dit, en effet, que ledit sieur trésorier a exercé jusqu'à
présent sa charge avec la satisfaction que les particuliers
et communautés pouvaient souhaiter; « mais parce que
ces communautés se trouvent en de grands restes vis-à-
vis de lui, pour les impositions de la province, le trésorier
demande une augmentation de gages, pour l'aider à
faire face au déficit de payements desdites impositions».
Les gages de Jacques Le Blanc furent effectivement
portés de 6,500 à 7,500 livres. C'était là un faible
avantage qui n'empêcha pas la chute financière du trésorier et de son fils. Il s'ensuivit une liquidation longue
et onéreuse pour ceux qui eurent à y prendre part, et
l'assesseur Buisson, chargé d'en rendre compte à l'assemblée des États de 1690, parle d'un emprunt de 300,000
livres autorisé l'année précédente. Il mentionne dans
son rapport la délibération prise par les procureurs du
pays pour obliger les communautés et chefs de vigueries à
faire rentrer les deniers dont ils répondent, ainsi que la
convention passée par les syndics de la faillite de
l'ancien trésorier, afin d'arrêter en commun les droits
respectifs des créanciers de celui-ci et de la province[1].

Jacques Le Blanc perdit à cette liquidation sa terre de
Valfère, et les créanciers durent saisir et vendre jusqu'à
ses meubles et ses portraits, restés depuis dans la
branche des Le Blanc, seigneurs de Ventabren. La

---

[1] Nous devons une bonne partie de ces détails à l'obligeance de
notre ami M. de Berluc-Pérussis.

famille, bien qu'amoindrie, n'en conserva pas moins sa
place dans le monde d'alors. Les fils de Jacques furent
tous militaires, à l'exception du dernier, Jean-Baptiste-
Prosper Le Blanc de Castillon, qui entra dans la robe,
devint assesseur d'Aix et procureur du pays, en 1711 et
1742, puis syndic de robe de la noblesse pendant dix-
huit ans. C'est lui qui fut père du procureur général au
Parlement de Provence, Jean-François-André Le Blanc
de Castillon, magistrat célèbre par son éloquence judi-
ciaire, adversaire des Jésuites et membre de l'assemblée
des notables en 1787 et 1788. C'est de lui que le président Dupaty a dit, dans ses *Lettres sur l'Italie,* qu'il
était le seul homme qu'il n'eût pas trouvé inférieur à sa
réputation. Il mourut à Brignoles, sous le Consulat,
simple juge de paix. — Le fils aîné de Jacques Le Blanc,
qui avait obtenu un moment la survivance de la charge
de trésorier, fut tué à la bataille de la Boyne, à la tête
d'une compagnie de dragons qu'il commandait. Il avait
un frère, François-Hyacinthe, lieutenant-colonel des
dragons du régiment de milord Clark. Rien de tout cela
ne justifie le terme d' « année des grandes infamies »,
que madame de Sévigné applique par trois fois à
1690[1]. Le comte de Grignan ne fut en réalité dépouillé
de rien par la ruine de Jacques Le Blanc; il ne perdit
qu'un trésorier complaisant et ne fut pas même forcé de
restituer sur le coup ce qu'il avait perçu abusivement;
mais comme il le dit lui-même, les créanciers de la

---

[1] Voy. *Lettres inédites* de madame de Sévigné, par Ch. Capmas,
t. II, aux pages 421 (lettre 156, note 5), 458 (lettre 158, note 34),
et 471 (lettre 161, note 10). La phrase de la marquise s'applique
peut-être uniquement au procédé du ministre dont la réponse dila-
toire et embarrassée laissa M. de Grignan aux prises avec ses créanciers, sans lui fournir aucun moyen de sortir d'embarras.

faillite se payèrent sur ses appointements, dont ils sai-
sirent le courant jusqu'à concurrence de ce qu'il avait
touché. Pour un homme aussi haut placé et après l'échec
de la tentative faite auprès de Pontchartrain pour
obtenir du Roi un secours, c'était le dernier choc qui
abat l'arbre presque déraciné, et, à partir de ce moment,
en effet, le mariage du jeune marquis devint la seule
ressource à laquelle il fût encore loisible d'avoir recours.

Aussi ce mariage tient-il dès lors une place de plus en
plus large dans les préoccupations de famille, reflétées par
la correspondance. M. Frédéric Masson, dans son livre
le Marquis de Grignan, a trop insisté sur les alternatives
et les préliminaires par lesquels passa la question, avant
d'aboutir à une alliance basée sur l'intérêt seulement,
pour que nous ayons la pensée d'y revenir. Si nous touchons à certains détails, c'est parce qu'ils nous paraîtront
inédits ou de nature à faire envisager sous un jour
nouveau les incidents auxquels ils peuvent se rattacher.

Il existait alors à Bollène, à portée des Grignan et
dans leur clientèle, c'est-à-dire protégée par eux, avec
un mutuel échange d'affection et de dévouement, une
famille d'anciens gentilshommes, originaire du bas Dauphiné, celle des Rippert ou Ripert d'Alauzier[1], trop

---

[1] Depuis quelques années, l'usage d'écrire Ripert au lieu de
Rippert a fini par prévaloir. Quant au nom d'Alauzier, l'ignorance
de sa véritable origine, provenant d'un village de Savoie, l'a souvent
transformé en celui de « de Lauzier » : voilà pourquoi madame de
Sévigné, parlant du gouverneur de Nîmes, mort d'apoplexie,
l'appelle «le pauvre Lauzier ou Lausier ». Dangeau dit de même.
— La famille de Ripert d'Alauzier existe encore à Bollène et à
Carpentras. On voit dans sa galerie, à Bollène, de beaux portraits
de tous les Ripert cités par madame de Sévigné, notamment ceux du
bon doyen, du gouverneur de Nîmes et du capitaine des gardes. La
famille possède en outre une très belle toile de madame de Grignan,

intimes avec les Adhémar, dont ils avaient été vassaux
très anciennement, pour ne pas se trouver mêlés aux
divers actes de leur vie domestique. On les retrouve à
chaque instant dans la correspondance de la marquise,
tantôt sous le nom de Rippert, tantôt sous celui de
Lauzier ou Lozier. Ils étaient plusieurs frères, braves
militaires : les frères de Rippert, Louis, lieutenant-
colonel du régiment de Grignan cavalerie, et Gabriel,
son cadet, firent merveille au siège de Maëstricht. Louis
mourut jeune à Wesel, au moment où il venait d'être
nommé brigadier de cavalerie. Gabriel et un autre
frère du nom de François furent tous deux lieutenants-
colonels, tandis que Balthasar, appelé M. d'Alauzier,
était nommé, en 1688, gouverneur des forts de Nimes,
Alais et Saint-Hippolyte, destinés à contenir les protestants. Enfin, Jean, autre frère aîné du précédent et
que nous avons déjà signalé, était capitaine des gardes
de M. de Grignan. Le comte tenait beaucoup à sa compagnie des gardes, dont le capitaine, M. de Rippert, le
suivait partout, marchant à ses côtés, vivant à sa table
et laissant au lieutenant le commandement effectif. M. de
Rippert fut envoyé plus d'une fois à Paris, chargé d'une
mission ou de communications auprès de la marquise ;
il alla même une fois en Bretagne et jusqu'aux Rochers.
Madame de Sévigné traite toujours Rippert en ami de
son gendre et de sa fille. Elle demande à celle-ci de
l'amener avec elle, et lorsqu'il se marie à Bollène

attribuée à Mignard et donnée jadis par la comtesse à M. de Ripert,
et deux beaux portraits de M. et de madame de Saint-Amans, père
et mère de la jeune marquise de Grignan. Le chef de la famille, le
marquis de Ripert d'Alauzier, est mort âgé de quatre-vingt-cinq ans
en août 1887, à son château de Saint-Romans, laissant trois fils
dont deux ont postérité. (*Note communiquée par M. de Faucher.*)

(28 mars 1677), tous les Grignan jusqu'au petit marquis, à peine âgé de six ans, signent au contrat. La mort
tragique de Balthazar d'Alauzier, frappé d'apoplexie en
décembre 1689, au moment où il s'avançait sur le pont
Saint-Esprit pour saluer le duc de Noailles, fit une
impression profonde sur madame de Sévigné, et cette
mort lui inspira une page des plus éloquentes. La nouvelle lui arrache des cris de douleur que son fils,
accouru près d'elle, ne peut retenir à son tour; elle a
« beaucoup à répondre sur l'histoire tragique et sur-
prenante du pauvre Lauzier », et sa pensée se reporte
sur la douleur de ses frères, particulièrement du
doyen. Ce doyen du chapitre de Grignan, composé de
seize chanoines à la nomination du comte, avait remplacé dans cette dignité, qui pouvait conduire à l'épi-
scopat, un frère aîné mort prématurément en 1671. Il
était devenu l'ami, le commensal, le confident des
Grignan et de la marquise. L'inclination de celle-ci
pour le doyen ressort d'une foule d'endroits de ses
lettres; elle insiste sur le caractère que doit avoir sa
douleur, que la piété même de celui qui l'éprouve et sa
foi ne sauraient empêcher d'être poignante. Mais, dit-
elle, « il serait bien plus à plaindre s'il était au-dessus
de la crainte du jugement... », et « je soupire encore
avec M. le doyen ». Le 4 janvier 1690, en songeant à ce
qui s'est passé à l'église, où l'on enterrait alors à visage
découvert et où le corps avait paru laisser couler du
sang, elle s'exprime ainsi : « Pendant que nous sommes
sur des objets de tristesse, je vous dirai que les grosses
larmes me sont tombées des yeux, en me représentant
le spectacle de ce pauvre doyen pénétré de douleur, le
cœur saisi, disant la messe pour ce frère que voilà dans

l'église, tout vif encore, mais tout mort dans ce cercueil
qui saigne de tous les côtés : ah! mon Dieu! quelle
idée!... Voilà donc ce sang, hélas! qui ne demande pas
justice, mais une grande miséricorde... » Ce sont là
certes des paroles émues, sorties du cœur et faites pour
donner l'idée d'une profondeur de pensée et d'une force
d'expression que la plume de madame de Sévigné a
rarement atteintes. On sait qu'elle vint en Provence, pour
ne plus la quitter, au commencement de l'été de 1694.
C'est alors, à l'approche de son départ, qu'elle écrivait
de Paris à sa fille : « Quand je sens quelque tristesse, en
regardant votre appartement ou en rentrant dans ma
chambre, quand je suis blessée de ne plus voir cette
aimable femme qui remplit tout, qui éclaire tout... que
j'aime si naturellement, je chasse cette première pensée,
et la seconde est de sentir une véritable douceur de
penser que je m'en vais la trouver, que je ne fais plus
rien que dans cette vue. Voilà, ma bonne, l'état où je
suis. » On touchait alors à la conclusion du mariage du
jeune marquis avec la fille du financier Arnaud de Saint-
Amans, Anne-Marguerite, « belle, modeste, raisonnable
au dernier point », dit l'auteur de l'*Essai historique
sur les Adhémar*[1], mais embellie avant tout par les
quatre cent mille francs qu'elle apportait en dot. Arnaud
de Saint-Amans, que nous écrivons ainsi pour nous conformer à l'orthographe adoptée par l'historien du *Marquis de Grignan*, M. Frédéric Masson, et suivie dans le
contrat de mariage[2] transcrit par l'auteur, était, comme

---

[1] *Essai historique sur les Adhémar et sur madame de Sévigné*,
par l'abbé Nadal, p. 158; Valence, 1858.

[2] Il est en date du 1er janvier 1695, notaire Salamon à Grignan;
il figure intégralement dans le *Marquis de Grignan*, par M. Frédéric Masson, p. 188.

on disait alors, dans la ferme. Il avait tenu d'abord à
Marseille la commission des vivres et avait été ensuite
trésorier des États du Languedoc; il était maintenant,
depuis 1687, fermier général des domaines et récemment anobli par la charge de secrétaire du Roi, que son
père Guillaume avait acquise en 1680. La mère de
mademoiselle de Saint-Amans se nommait Anne Racine
ou de Racine, selon l'usage très répandu au siècle précédent et encore suivi au dix-septième siècle de donner
la particule aux filles des familles bourgeoises, aucune
prétention n'étant alors attachée à l'usage de cette particule. Il ne paraît pas certain, d'après M. F. Masson,
mais il n'est pas impossible non plus qu'elle se rattachât
à la famille du poète Jean Racine, dans laquelle le pré-
nom d'Anne était assez commun. Les Arnaud étaient de
Montpellier, et l'on sait que le célèbre tragique avait des
attenances de parenté dans le Languedoc, où il avait
même séjourné quelques années, au temps de sa jeunesse.

Le bon doyen, messire Joseph de Rippert d'Alauzier,
figure au premier rang des témoins soit au contrat, soit
dans l'acte de célébration. Les détails dans lesquels
entre l'auteur du *Marquis de Grignan*, à propos des
embarras d'argent auxquels on aurait voulu faire face,
tout en subissant les combinaisons habilement conçues
à l'aide desquelles le financier s'efforça de sauvegarder
les intérêts de sa fille et la restitution éventuelle de sa
dot, sont à la fois tristes et curieux. Nous y renvoyons le
lecteur désireux de connaître les épisodes de la lutte qui
accompagnait nécessairement de pareils mariages, lutte
entre la noblesse épuisée et besoigneuse, trafiquant de
l'honneur qu'elle faisait à des bourgeois en acceptant
leur alliance, et la finance calculant les profits de cet

honneur et cherchant à se le procurer au prix des
moindres sacrifices. C'est l'éternelle histoire de la vanité
humaine à laquelle l'intérêt impose des digues plus ou
moins solidement construites, selon que sa voix est plus
ou moins écoutée. M. de Saint-Amans semble avoir été
de ceux à qui le calcul ne fait pas défaut, même lorsqu'ils cèdent à la vanité, ou mieux encore qui apportent
du calcul jusque dans les affaires dont la vanité est le
mobile principal.

Assurément perdue au milieu d'un monde nouveau
pour elle, accablée à chaque heure de la grandeur des
Adhémar, obligée, malgré sa douceur native, de se débattre contre une belle-mère peu tendre et naturellement
dominatrice, la jeune marquise dut subir des froisse-
ments, peut-être des humiliations qui lui rendirent
bientôt insupportable le séjour de Grignan. Il n'est pas
inutile d'ajouter qu'à la suite de certains démêlés et, il
semble, avec le plein assentiment du jeune marquis,
M. de Saint-Amans, qui possédait à Paris une belle maison, montée sur un assez grand train, retira chez lui le
jeune ménage, plus tôt qu'il n'avait été d'abord convenu.
Faut-il aller plus loin que ces tiraillements, dont les
dernières lettres de madame de Sévigné gardent des
traces, et supposer, d'après l'appréciation des circonstances mêmes du mariage et le ton avec lequel madame de Sévigné refuse de répondre aux indiscrètes
questions de M. de Coulanges, que l'on touche à je ne
sais quel mystère d'alcôve, « peut-être à l'un de ces
drames intimes », dit M. Frédéric Masson, « que les contemporains ne font que pressentir et que la postérité
ignore »? Tout cela, parce qu'il n'y aurait pas eu de
bénédiction du lit, cérémonie très peu usitée dans le

midi de la France, ni aucune de ces jovialités gauloises
du réveillon, de ces plaisanteries du lendemain, admises
alors dans toutes les noces du nord de la France, mais
parfaitement étrangères aux mœurs méridionales. C'est
assurément ce contraste, tout à l'honneur du pays où
elle se trouve, que madame de Sévigné fait spirituellement valoir dans sa réponse, et le ton même qu'elle
emploie marque ses préférences vis-à-vis des usages
du Midi comparés à ceux de Bretagne, de Bourgogne
ou d'ailleurs. C'est pour cela qu'elle s'écrie, non pas
pour esquiver la confidence, mais en insistant plutôt
sur l'explication qu'elle donne [1] : « Hélas! mon cher
cousin, que vous êtes grossier! J'ai été charmée de l'air
et de la modestie de cette soirée; je l'ai mandé à madame de Coulanges : on mène la mariée dans son appartement, on porte sa toilette, son linge, ses cornettes;
elle se décoiffe, on la déshabille, elle se met au lit;
nous ne savons qui va ni qui vient dans cette chambre;
chacun va se coucher; on se lève le lendemain, on ne
va point chez les mariés; ils se lèvent de leur côté, ils
s'habillent; on ne leur fait point de sottes questions :
« Êtes-vous mon gendre? êtes-vous ma belle-fille? » Ils
sont ce qu'ils sont; on ne propose aucune sorte de
déjeuner; chacun fait et mange ce qu'il veut; il n'y a
point de mauvaise contenance, point d'embarras, point
de méchantes plaisanteries; et voilà ce que je n'avais
jamais vu, et ce que je trouve la plus honnête et la plus
jolie chose du monde. » Aucun mystère pénible, à coup
sûr, ne se cache sous de telles paroles : la sobriété et la
retenue des Provençaux ont toujours été proverbiales.

[1] *Édit. Regnier*, t. X, p. 237. — N° 403, de madame de Sévigné à Coulanges; Grignan, le 3 février 1695.

Madame de Sévigné, qui assiste pour la première fois à
un mariage dans le Midi, se trouve agréablement surprise
et trace un tableau parfaitement vrai de ce qui avait lieu
et de ce qui se passe encore à l'occasion des noces. Là,
effectivement, sous le plus humble toit, comme dans le
monde le plus élevé, il n'y a jamais eu de ces coutumes
naïves ou gaillardes, alors si répandues en France. De
nos jours encore[1], la mariée villageoise, confiée uniquement à son mari, se retire avec lui de bonne heure.
Elle agit de point en point et l'on se comporte vis-à-vis
d'elle conformément à ce que raconte madame de Sévigné. Celle-ci, en s'écriant : « Hélas ! que vous êtes grossier ! » rend exactement sa pensée, et, en s'excusant de
ne pouvoir satisfaire la curiosité de son cousin, elle fait
naturellement ressortir le côté honnête et le bon naturel
des mœurs provençales.

Dans une lettre à son fils, du 20 septembre 1695, à
propos des démêlés d'argent entre sa fille et les Saint-
Amans, dont il avait percé quelque chose dans le public,
la marquise cherche à les réduire à des malentendus que
de simples explications ont fait aisément disparaître.
Les tiraillements n'eurent pas moins lieu, et ils aboutirent, comme nous l'avons dit, à une séparation des
deux ménages. Qui sait même si les propos peu mesurés
de madame de Grignan, que résume la fameuse phrase :
« Il faut du fumier dans les meilleures terres », n'auront
pas été pour quelque chose dans l'attitude maussade,

[1] Dans le livre bien connu et très consciencieux intitulé : *Aix
ancien et moderne*, par Porte (Aix, Mouret, 1833), au chapitre III,
Mœurs, p. 119, il est dit, à l'article relatif aux mariages :
« Avant que la nuit arrive, les époux disparaissent ordinairement,
pour éviter les plaisanteries dont ils ne manqueraient pas d'être
l'objet. »

l'aigreur et les exigences du financier? Il est au moins
certain que la petite marquise avait quitté Grignan avec
son père le 1ᵉʳ septembre 1695, à la veille même du
mariage de Pauline, la petite-fille chérie de madame de
Sévigné, qui fut célébré le 29 novembre suivant. La
charmante, l'adorable Pauline épousa ce jour-là, cédant
à une inclination partagée, Louis de Simiane, marquis
d'Esparron, premier gentilhomme du duc d'Orléans,
plus tard régent, lieutenant des gendarmes écossais de
la garde du Roi. L'archevêque d'Arles, Jean-Baptiste
Adhémar, son oncle, célébra le mariage dans la chapelle du château, assisté de notre ami le doyen. Mais ce
fut là la fin des joies de famille. Peu de mois s'écou-
lèrent, en effet, entre le mariage de Pauline, qui fut
s'établir à Valréas, chez son mari, et la mort de madame de Sévigné, qui eut lieu à Grignan le 17 avril
1696. Le bon doyen d'Alauzier assista la marquise dans
sa dernière maladie, pendant laquelle elle se montra si
forte, envisageant, comme l'atteste son gendre, dans
une lettre au président de Moulceau[1], dès les premiers
jours, « la mort avec une fermeté étonnante » ; et il
ajoute : « Cette femme si tendre et si faible pour tout ce
qu'elle aimait, n'a trouvé que du courage et de la religion, quand elle a cru devoir ne songer qu'à elle. » Ce
fut encore le doyen à qui revint le soin de convoquer le
chapitre pour les funérailles et d'y présider. L'historien
des Adhémar[2] dit qu'elles eurent lieu avec beaucoup de
pompe, et que le corps, revêtu d'une robe blanche et

---

[1] Le comte de Grignan au président de Moulceau, le 28 mai
1696.

[2] *Essai historique sur les Adhémar et madame de Sévigné*, par
l'abbé Nadal, p. 163.

déposé dans un cercueil de plomb, fut porté procession-
nellement dans le caveau de famille, où il reposa jusqu'en 1793, époque de spoliation et de vandalisme qui
réalisa à la fois la démolition partielle du château et la
violation des sépultures.

On peut dire que cette mort inaugura pour les Grignan, déjà atteints dans leur fortune, une ère d'événements funestes et de malheurs successifs. La comtesse,
accusée parfois de froideur et même d'abandon vis-à-vis
de sa mère, a dépeint trop éloquemment sa douleur[1] et
l'immensité de la perte qu'elle venait de faire, pour ne
pas nous persuader de la sincérité de ses regrets : cette
perte douloureuse, dit-elle, est « un objet que mon
esprit ne perd pas de vue et... si vivement gravé dans
mon cœur, que rien ne peut ni l'augmenter ni le dimi-
nuer ». Et plus loin : « Une perte si complète et si irré-
parable ne porte pas à chercher des consolations ailleurs
que dans l'amertume des larmes et des gémissements.
Je n'ai point la force de lever les yeux assez haut pour
trouver le lieu d'où doit venir le secours[2]. Je ne puis
encore tourner mes regards qu'autour de moi, et je n'y
vois plus cette personne qui m'a comblée de biens, qui
n'a eu d'attention qu'à me donner tous les jours de

[1] Dans une lettre au président de Moulceau, écrite le 28 avril
1696, peu de jours après la mort de madame de Sévigné. — *Édit.
Regnier,* t. X, p. 386.

[2] C'est une allusion évidente au premier verset du psaume cxx,
qui se chante aux vêpres des morts. Les paroles de madame de Grignan sont une traduction presque littérale du latin : *Levavi oculos
meos in montes, unde veniet auxilium mihi. — Auxilium meum a
Domino...* Il y a donc là l'expression voulue d'un sentiment
chrétien qui témoigne en même temps de l'érudition et des
préoccupations religieuses de madame de Grignan, dans un pareil
moment.

nouvelles marques de son tendre attachement, avec l'a-
grément de la société. » Est-il possible de rencontrer des
expressions plus fortes, pour rendre ce que l'on éprouve
en pareil cas, et comment ne pas ajouter foi à une afflic-
tion si énergiquement rendue ?

Madame de Grignan fit encore un voyage à Paris
avant la fin de l'année; elle alla à Versailles, où elle vit
la duchesse de Bourgogne, et par un froid terrible. Ce
fut pendant ce séjour que, voulant féliciter Madame,
duchesse d'Orléans, retenue à Saint-Cloud par une
chute, d'en avoir été quitte pour un mal sans gravité,
elle reçut de la princesse une réplique si peu polie et
débitée avec tant de vivacité, qu'elle dut se retirer
incontinent, de peur d'être chassée sans pitié. Elle eut
sans doute des compensations à cette aventure mise sur
le compte de l'humeur de Madame, aigrie par la souf-
france : elle loue à ce moment un air sage et noble,
assuré et modeste, chez sa belle-fille, qui a fort réussi à
la cour. Elle ne quitta Paris pour retourner en Provence, avec M. de Grignan, qu'en septembre 1699.

Deux circonstances se présentèrent alors pour elle,
toutes deux faites pour flatter son penchant pour les
grandeurs. Ce fut le dernier reflet d'une splendeur sur
le point de s'éclipser et un adieu de la fortune prête à
s'éloigner. Mais adieu ou reflet ne laissèrent pas que
d'être coûteux : c'était toujours le revers de la même
médaille. Ce fut d'abord l'ambassade du marquis de
Grignan, mandé à Nancy pour complimenter le duc de
Lorraine, rétabli dans ses États par le traité de Ryswick,
à l'occasion de la mort de son jeune fils; mission purement honorifique, il est vrai, mais qui pouvait paraître
un début brillant et conduire à d'autres emplois plus

élevés... à Rome, écrit M. de Coulanges, qui en revenait,
en félicitant la mère [1]. Mais la grande affaire de madame de Grignan était alors de recevoir et de fêter en
Provence les frères du nouveau roi d'Espagne, les ducs
de Bourgogne et de Berry, qui revenaient d'accompagner
Philippe V jusqu'à la frontière de ses États. Les princes
français séjournèrent successivement à Tarascon, à Aix,
à Marseille et à Toulon, au milieu d'un concours de
peuple et accueillis par des fêtes magnifiques.

A ce moment, en effet, peut-être unique dans l'histoire de France, l'orgueil national vibrait partout [2], à

[1] Lettre de Coulanges à madame de Grignan, du 19 avril 1700.

[2] Les chansons populaires, répandues à profusion, et dont nous
avons consulté un recueil du temps, existant à Aix dans la bibliothèque
de M. Mouravit, en sont un témoignage irrécusable. Imprimées sur
feuilles volantes, ces chansons n'ont pas toutes une intention politique ;
mais celles qui touchent à la politique font voir comment la masse
populaire d'alors, loin de se désintéresser des événements, prenait
sa part de tous ceux qui se produisaient, en s'unissant de cœur aux actes
du Roi, se réjouissant de ses succès et de l'honneur qu'en retirait le
pays. — Ce sont d'abord les « *Particularités de tout ce qui s'est
passé à la Mort de Très-haut et Très-puissant Prince Charles II,
Roy d'Espagne, décédé le premier novembre* 1700 ».
Charles II, dans une sorte de complainte, médiocrement rimée,
est censé faire lui-même ses adieux à sa Cour, à sa femme et à tous
les princes, ses parents. Il s'adresse ainsi, et non sans malice, à
l'Empereur :

> Adieu, puissant Empereur
> Et l'illustre Impératrice,
> Priez pour moy le Sauveur,
> Adieu la Maison d'Autriche.

Puis au roi de France :

> Bien particulièrement,
> Avec amour et tendresse,
> Mes adieux à Louis le Grand.
> Qu'il prie pour moy sans cesse.

> A Monseigneur le Dauphin,
> Bon Prince très magnanime,

Paris comme dans les provinces voisines des Pyrénées,
à l'unisson de celui du souverain et du père, aux yeux
de qui l'avènement de son petit-fils au trône d'Espagne
était un couronnement de ses desseins, poursuivis avec
une habileté et une persévérance sanctionnées enfin par
le résultat. Les sacrifices consentis à la paix de Ryswick

> Adieu mon très cher cousin,
> Pour vous j'ai beaucoup d'estime.

La teneur du testament n'était pas encore connue, mais seulement pressentie. — Vient ensuite : « *L'heureux départ, la route
et le nom des lieux où doit loger et s'éjourner Sa Majesté Catholique et Messieurs ses deux frères et toute la noble Cour, qui le
vont accompagner jusqu'à Iron, Frontière d'Espagne*, sur l'air :
Prends bien garde à toy, grande ville de Mons. » L'itinéraire est
complet, quoique en vers légèrement boiteux ; il n'omet aucun des
lieux que le nouveau roi et son escorte doivent traverser ; on y
remarque cette strophe :

> Il monte en carrosse
> Ce puissant monarque,
> La larme à l'œil
> En quittant son père-grand,
> D'un adieu sensible,
> Il donne des marques
> A son noble père
> Et à tous ses parents.

Et la suivante :

> De Iron il prend la route
> Où Messieurs d'Espagne
> Luy feront la Cour.
>
> C'est là où ce puissant
> Monarque d'Espagne
> A Messieurs ses frères
> Fera ses adieux
> Et aussi à tous ceux
> Qui les accompagnent.
> En se quittant
> Ils ont tous les larmes aux yeux.

Les chansons reprennent à l'arrivée de l'ambassadeur envoyé
par Philippe V, et l'on a : « Les particularités de l'entrée de Son
Excellence Dom Joseph Fernandez de Velasco et Tobar, Amirante

et dont Louis XIV avait pris l'initiative se trouvaient
ainsi justifiés. La France et l'Espagne, unies sur un terrain favorable aux deux nations, se tendaient loyalement
la main; elles semblaient devenir maîtresses des destinées de l'Europe, et le règne se terminait dans une ère

de Castille et Ambassadeur extraordinaire d'Espagne en France. —
Qui se fait ce jourd'hui 13 mars 1701. »

> Dom Castille est arrivé,
> Dans Paris fait son entrée,
> En pompe et magnificence,
> Pour voir le grand Roy de France,
> Bon, bon, bon, bon,
> De par Philippe de Bourbon.
>
> . . . .
>
> A Versailles on l'a conduit,
> Trouver notre Roy Loüis,
> Témoignant sa bienveillance
> Au grand Monarque de France
> Bon, etc.
> De par Philippe de Bourbon.

Et la terminaison :

> Prions pour le Roy Loüis,
> Pour le Roy d'Espagne aussi.
> Par une amitié très bonne
> Dieu maintienne leurs couronnes,
> Bon, etc.
> Aux deux Rois nobles Bourbon.

Mais ces sentiments éclatent surtout dans une chanson qui se
rapporte à l' « Entrée magnifique de Monseigneur le Nonce de
nostre Saint Père le Pape » le dimanche 2 avril 1702 ; elle se termine ainsi :

> Invincible Monarque
> Auguste et Conquérant,
> Vous n'avez que des marques
> D'un Roy juste et très grand,
> Dieu vous fait toujours prospérer,
> Car il vous favorise,
> Et même il vous fait honorer
> Du Chef de son Eglise.
>
> Ce divin Roy de gloire
> Auquel tout est soumis,

de grandeur sereine que rien ne pouvait plus ébranler. Ces calculs, certains en apparence, dont se flattaient les esprits et qui suscitaient un enthousiasme universel, furent bientôt démentis. Le déclin et les malheurs vinrent frapper le vieux monarque, en même temps que le vieux gouverneur; l'un et l'autre pourtant surent se raidir contre l'adversité et rester jusqu'à la fin supérieurs à la mauvaise fortune.

Mais, à cette heure, on aurait traité d'insensé celui qui eût évoqué de pareilles images. Toute à la joie et à l'orgueil de son rôle, madame de Grignan reçoit de toutes parts les compliments de ses amis; puis, elle s'informe de ce qu'elle doit faire. M. de Coulanges l'assure qu'elle va avoir bien des affaires en accueillant les princes, mais qu'elle n'en sera pas du tout embarrassée. Il a voulu savoir de quelle manière elle doit être habillée pour recevoir une telle compagnie : il lui faut, comme au souper du Roi, un grand habit et une coiffure noire; et il revient plus tard [1] sur ce qu'elle a fait aux princes « les honneurs du pays, avec une telle magnificence et une telle profusion, que l'on en parle encore tous les jours ». Il y eut, en effet, des collations somptueuses servies à Marseille et à Aix, et, dans cette seconde ville, une joute ou combat d'oranges à laquelle les princes assistèrent du haut

> Vous donne la Victoire
> Sur tous vos ennemis,
> Conservant toujours en santé
> Vostre sacrée personne,
> Et maintienne en postérité
> Toujours votre couronne.

Il fallut les désastres et les misères des années suivantes pour changer ces élans en critiques et en récriminations.

[1] Dans une lettre du 4 avril 1702.

d'un balcon [1]. Ils furent défrayés de tout pendant leur
séjour, et le plus souvent aux dépens des Grignan, qui
achevèrent de se ruiner sans autres profits que des compliments. De là, quand il fallut payer tant d'honneur
demeuré stérile, une déception qui semble percer dans
une lettre postérieure de madame de Grignan [2] écrite à
l'occasion d'une visite du roi d'Espagne, qui traversa la
Provence, en novembre 1702, à son retour de l'armée
d'Italie, et s'arrêta à Marseille. Une lettre sans signature
écrite d'Arles à madame de Grignan par un parent bel
esprit [3], et dont l'original est sous nos yeux, donne la
note du moment. On y voit qu'à la date du 5 novembre,
conformément d'ailleurs aux indications du journal de
Dangeau [4], le roi d'Espagne, qui avait dû quitter Milan
le 2 et Gênes le 15, était impatiemment attendu en Provence, sans que l'on fût encore fixé sur la direction que
prendrait Sa Majesté Catholique : « Je serois bien fasché
cependant », dit le correspondant de la comtesse, en la
félicitant de ce que sa présence à Marseille n'avait pas

----

[1] Voy. *Les Rues d'Aix,* par Roux-Alphéran, t. II, p. 190. Le
balcon était celui de l'hôtel de La Roque, actuellement de Forbin,
orné pour la circonstance d'un dais de velours cramoisi. Les chefs des
deux troupes furent le chevalier de Saint-Marc et Louis de Duranti-
Lacalade ; ils reçurent chacun une épée d'or, et les combattants
deux cents louis d'or de gratification.

[2] Madame de Grignan à madame de Coulanges, à Marseille, le
5 février 1703.

[3] Probablement un ecclésiastique attaché à l'archevêque d'Arles,
François de Mailly, successeur de Jean-Baptiste Adhémar de Grignan, frère du comte de Grignan, mort en 1697.

[4] S. M. C. doit être partie de Milan le 2 ; le Roi compte se trouver le 7 à Gênes, d'où il ne repartira que le 15. Il espère arriver
aux côtes de Provence le 18 et se rendre à Aix le 23 ou le 24, où
il trouvera des équipages. (Dangeau, *Journal,* dimanche 5 novembre,
à Marly, t. IX, p. 34)

été jugée nécessaire, « que M. de Grignan se crut obligé
d'aller galoper à Antibe en ce tems cy. J'ay pris la liberté
de luy conseiller avant touttes choses de se conserver;
pour nous, nous n'avons qu'à attendre. Vous sçavés bien
ce que c'est qu'*aspettar e non venir;* mais moy, Madame, avec cette vilaine âme que vous me reprochés, je
trouve qu'*aspettar* et *venir* est encore pis; vous ne reconnoissés guères votre sang, Madame, à ces sentimens
ignobles, mais solides. » — L'éclat des grandeurs humaines est loin d'éblouir cet abbé philosophe, qui entretient madame de Grignan de ses lectures : il fait ses
délices de l'Arioste, de Télémaque et de Virgile. Dans
une autre lettre [1], il la blâme de vouloir se jeter dans les
mathématiques, parce que « cela n'est bon qu'aux esprits
qui ne sont pas justes et qui n'ont ny grâces ny agrémens
à perdre ». Il associe, en fait de lecture, aux Mémoires
d'Olivier de La Marche et à une Ancienne Vie de
M. d'Épernon, un abrégé de la Discipline de l'Église;
enfin, la lecture de la Quintinie lui suggère cette réflexion, qu'il est plaisant « que, dans le mesme siècle,
on ait fait des machines des animaux et en mesme tems
des arbres, quasi des personnes ». — La gloire nais-
sante de Villars, qui venait d'obtenir le bâton de maréchal après Friedlingen, le 21 octobre 1702, ne le séduit
pas plus que l'arrivée prochaine de Philippe V, et il n'est
pas indifférent de voir la façon dont il juge, mieux encore
dont il drape celui qui, sitôt après, devait sauver la
France, le futur vainqueur de Denain : « Je ne laisse pas
d'être charmé de la gloire de M. de Vilars (*sic*) à qui le

---

[1] Ces deux lettres, que leur possesseur, le comte Luc de Clapiers,
a bien voulu nous faire connaître, sont reproduites *in extenso* dans
l'Appendice, à la fin du volume.

Roy escrit de sa main : à mon cousin le maréchal de Vilars, général de mon armée en Allemagne. Quel cousin entre nous, Madame! Nôtre maitre en a dont nous ne nous vanterions pas. Vous et M. le chevalier eussiés vous dit que ce seroit là le premier maréchal qu'on feroit. Je ne puis vous pardonner l'application que vous luy faittes du venir, voir et vaincre de César, car je connois le romain, et celuy cy n'a pas un trait qui luy ressemble de la teste aux pieds. Il faudroit adorer la fortune, si nous n'étions pas chrétiens; elle est aussy bien que l'opinion la reine du monde. Vous m'avés fait aviser, Madame, d'escrire à mon amie de qui il a appris à vaincre, mais en des genres tout différens; car la valeur qui ne luy est pas contestée à la guerre ne lui est point accordée auprès des dames et encore moins le succés; l'un est, comme vous sçavés, la preuve de l'autre[1]. » — Et l'épître se termine par de piquants détails sur les démêlés de messieurs des Missions, intriguant à Rome contre

[1] Sa dernière phrase renferme une allusion des moins déguisées au rôle attribué à la maréchale de Villars pour obtenir l'avancement rapide de son mari. — On sait l'acharnement de Saint-Simon à dénigrer et à ridiculiser le duc de Villars. — Le maréchal de Tessé, dont le comte de Rambuteau vient de publier la correspondance (*Lettres du maréchal de Tessé*, publiées par le comte de Rambuteau, Paris, Calmann-Lévy, 1888, p. 321), porte sur Villars, peut-être uniquement par jalousie, un jugement tout aussi injuste. Il va jusqu'à dire, à propos de Villeroy : « Je le mets, dans mon opinion, infiniment au-dessus du maréchal de Villars; mais la maréchale plaît à beaucoup d'hommes, dont les femmes plaisent à beaucoup d'autres... » (Lettre du 26 juillet 1710.) — Et voilà ce que se disaient les contemporains ! La méthode est connue : elle consiste à chercher l'explication des grands événements dans de petites causes, à attacher une importance extrême aux anecdotes; ce qui n'empêche pas l'anecdote de tenir sa place dans la vérité des choses et de pouvoir la revendiquer.

le Père de la Chaise et essayant de noircir celui-ci dans
une lettre aux évêques de France, supposés mécontents
des lenteurs apportées par le Saint-Siège à l'œuvre de la
conversion des huguenots : « Je crois que messieurs des
Missions n'auront pas l'avantage dans ce petit commerce
de lettres... j'aurai l'honneur de vous montrer tout. »

Madame de Grignan, philosophe et cartésienne, même
mathématicienne à ses heures, mais moins portée que
son parent d'Arles à se désintéresser des rêves de l'ambition, songeait peut-être alors aux avantages que cette
visite du roi d'Espagne pouvait lui procurer. Et effectivement, après la réception qui eut lieu à Marseille, le
bruit courut que le monarque avait fait don à M. de
Grignan de son portrait enrichi de diamants. Là, comme
toujours, la déception était venue avec la réalité, et ce
n'est pas sans amertume ni sans ironie qu'un peu plus
tard, madame de Grignan écrivait à madame de Coulanges[1] : « Les grâces de Sa Majesté Catholique sont d'une
autre nature et d'un plus grand prix, parce qu'elles sont
moins communes. Il a permis que M. de Grignan eût
l'honneur de le loger et de le défrayer dans son séjour à
Marseille : ce sont des honneurs singuliers qui se mettent parmi les titres des maisons, et voilà les sortes de
grâces qui viennent jusqu'à nous. » On ne saurait avoir
un dépit plus spirituellement rendu, tout en retenant les
satisfactions de vanité, dont il était difficile à madame de
Grignan de se désintéresser, malgré tout.

Le jeune marquis de Grignan, en qui se résumait alors
l'espoir de la race, d'abord colonel, puis maistre de camp
d'un régiment de cavalerie, avait été nommé brigadier

---

[1] Lettre du 5 février 1703, *Édit. Regnier*, t. X, p. 475.

en 1702. L'avenir s'ouvrait sans doute fort beau devant lui, bien qu'il n'eût pas d'enfants de son mariage et en dépit des difficultés de jour en jour plus inexorables avec lesquelles sa famille était forcée de se débattre. En 1704, il commandait une brigade de cavalerie dans l'armée de Villeroy, et il se distingua à la funeste bataille d'Hochstedt. C'est dans la retraite désastreuse qui suivit cette défaite que le marquis de Grignan mourut, le 10 octobre 1704, à Thionville, où sa femme, accourue pour le soigner, put au moins lui fermer les yeux. La pauvre mère fut littéralement écrasée. On a gardé deux lettres de Fléchier, l'une au comte de Grignan, l'autre à la comtesse, écrites à la même date du 15 novembre, et dans lesquelles l'évêque de Nîmes essaye de leur prodiguer des consolations. Une seule réponse de madame de Grignan est venue jusqu'à nous [1] : elle est brève et parle simplement de son état déplorable et fait pour inspirer la compassion. Elle se plaint de ne pas trouver en elle le secours que les seules réflexions chrétiennes peuvent apporter, et c'est tout. On sait qu'elle mourut peu de mois après, de la petite vérole, à Mazargues, près de Marseille, le 16 août 1705. Son médecin, Chambon, en présence d'une constitution épuisée, avait refusé de la saigner; ce que fit pourtant un autre médecin du nom de Raymond, accouru vers la mourante accompagné de deux de ses confrères, qui partagèrent son avis. Elle expira presque aussitôt, et les médecins divisés s'accusèrent mutuellement d'être cause de sa mort. D'après nos idées actuelles, il semble, en effet, qu'une saignée soit mortelle en pareil cas; mais alors on n'y regardait

[1] Madame de Grignan à la comtesse de Guitaud, Marseille, 20 février 1705.

pas de si près, et chacun suivait obstinément son sys-
tème : Chambon en administrant des gouttes de sa com-
position, Raymond en saignant à tout prix un malade
agonisant, et que la perte d'un fils unique tuait plus
sûrement que la petite vérole elle-même.

Le comte de Grignan survivait dans l'isolement, toujours debout, énergique et actif jusqu'à la fin. Il restait
en face de Pauline de Simiane[1]. Malgré tant de blessures, il continuait la lutte, et le lieutenant gouverneur,
dernier de sa race, quoi qu'on ait voulu dire[2], apporta
aux devoirs de sa charge la même activité, le même
esprit de justice et de fermeté, que rien ne décourage et
qui ne s'arrêtent devant aucun obstacle.

---

[1] Le comte de Grignan avait pourtant une autre fille d'un premier
mariage, mademoiselle d'Alayrac, qui avait épousé, contre son gré
et celui de sa belle-mère, le marquis de Vibraye; elle survécut à
son père après avoir eu avec lui des discussions d'intérêts. Son fils,
Paul-Maximilien Hurault de Vibraye, selon le témoignage de M. F.
Masson (*Le marquis de Grignan*, p. 304), porta quelque temps le
titre de comte de Grignan, qui passa avec la terre de Grignan dans
la famille de Félix du Muy.

[2] Les Adhémar et après eux les Castellane-Adhémar, légitimes
successeurs des premiers, possédaient Grignan et en portaient le
nom, comme barons, puis comtes de ce fief; mais leur nom n'était
pas Grignan, ce qui a donné lieu à une confusion entre les Adhémar
et une autre maison provençale du nom de Grignan, elle-même
éteinte récemment, dont il est fait mention dans une note à la lettre
1503, t. X, p. 509, de l'édition Regnier.

CHAPITRE IV

L'INSURRECTION DES CÉVENNES, L'INVASION AUSTRO-PIÉMONTAISE ET LE SIÈGE DE TOULON.

L'affaire principale des dernières années de M. de Grignan, celle qui atteste le mieux ses qualités essentielles, demeurées intactes jusque dans un âge très avancé, qui l'associe, au terme de sa carrière, à l'une des belles pages de notre histoire nationale, c'est, à coup sûr, la part qu'il prit, en 1707, à la défense de Toulon, assiégé par les Austro-Piémontais, aidés d'une flotte anglaise. Non seulement cette flotte devait appuyer les opérations de l'armée de terre et forcer l'entrée du port de Toulon, mais elle était encore destinée à débarquer, vers le bas Rhône, des armes, des munitions et des hommes pour rallumer la guerre religieuse, à peine étouffée par Villars.

L'insurrection du massif central des Cévennes, après avoir longtemps couvé chez des montagnards simples et passionnés pour leur croyance jusqu'à l'extase, avait trouvé un aliment dans les cruautés mêmes au moyen desquelles l'intendant Basville[1] avait cru la contenir et

[1] Nicolas de Lamoignon, sieur de Bâville, cinquième fils du premier président de Lamoignon, intendant de Languedoc.

l'écraser. Surexcitant les haines contraires des catholiques, il les avait armés et réunis en imprimant à la lutte,
devenue implacable, tous les caractères d'une guerre
civile. A la suppression et au massacre des assemblées
nocturnes, au supplice des prédicants et des voyants,
dont beaucoup n'étaient que des enfants exaltés ou des
filles mystiques, les protestants avaient répondu par la
destruction des églises et des presbytères, par l'extermi-
nation des prêtres et des collecteurs de dîmes. Ils avaient
mis à leur tête, comme le firent plus tard les Vendéens,
des chefs aussi jeunes que pleins d'énergie, dont les deux
principaux, Rolland et Cavalier, se firent estimer de
Villars lui-même par leur courage indomptable, uni à
de vrais talents militaires. Cette guerre, toute de sur-
prises, d'escarmouches, de marches et de contremarches,
qui échappait aux règles de la stratégie ordinaire, était
dans toute sa force en 1703. Elle s'étendait alors de
Mende à la mer et pouvait être secourue de ce côté. Les
Camisards refusèrent l'amnistie qu'on leur offrait, et le
maréchal de Montrevel, exaspéré, se mit à dévaster le
pays, frappant d'amendes des paroisses entières, abattant
les fours et les moulins pour affamer les populations,
projetant l'entière destruction des Camisards; mais, en
transformant cette guerre en une lutte inexorable, il ne
réussit qu'à la rendre infiniment dangereuse. Il accula
les chefs du mouvement à la nécessité de périr, si, par
mer ou du côté des Alpes, quelque ennemi de Louis XIV
ne leur tendait la main. C'était bien la pensée de la plupart d'entre eux, surtout de Rolland, le plus énergique,
et de Cavalier, qui, encore très jeune et jusque-là inconnu,
s'était révélé tout d'un coup avec les qualités d'un homme
de guerre, et là était effectivement le danger. A l'an-

nonce de la nomination de Villars, envoyé en 1704 pour
commander en Languedoc, avec la mission de mettre à
tout prix un terme à l'insurrection, Montrevel, loin de
s'arrêter, avait redoublé d'effort. Au 20 février, après
avoir voulu obliger les Cévenols à se retirer dans les
gros bourgs et les villes [1], il en avait tué six cents dans
une seule expédition, pour n'avoir pas obéi à ses ordres.
Malgré tout, du Vivarais à la plaine de Nîmes, les Camisards en armes, dispersés par petites troupes quand il le
fallait, réunis d'autres fois pour tenter des coups de main
ou livrer même des batailles; enfin, agissant à la façon
des Vendéens et obtenant les mêmes résultats que ceux-
ci, infligeaient à leurs adversaires des pertes continuelles,
tout en souffrant eux-mêmes beaucoup.

Deux actions également meurtrières signalèrent les
derniers efforts du maréchal de Montrevel, sur le point
de résigner son commandement et de partir pour la Gas-
cogne. Dans la première, qui eut lieu au-dessus d'Alais,
vers Saint-Cézaire, Cavalier, que l'on avait cru surprendre
dans un vallon, où sa troupe attendait rangée en bon
ordre et protégée par un ravin, non seulement soutint
le choc des dragons et des soldats de marine, mais leur
fit perdre cinq à six cents hommes et profita de son avantage pour courir ensuite tout le pays, jusqu'aux portes
de Nîmes. Montrevel prit, il est vrai, sa revanche dans la
seconde affaire, où, après avoir feint de quitter le pays,
il réussit à cerner Cavalier et sa troupe. Il tua plus de
trois cents Camisards, sans compter les prisonniers qui
furent presque tous exécutés sans merci, et pourtant
Cavalier avait su exciter, même dans sa défaite, l'admi-

---

[1] *Mémoires de Villars*, t. I, p. 133.

ration de ses ennemis. Se comportant comme un grand
général, après avoir réussi à s'échapper d'une poursuite
acharnée et sauvé une partie des siens, il n'avait pas
tardé à reparaître en force, en attirant à lui de nouvelles
recrues. Il y avait dans ce chef non seulement du dévouement réel à la cause qu'il défendait, mais une ambition le poussant à se croire appelé à de grandes choses,
et puis le fanatisme des populations soulevées lui fournissait un appui qui ne lui fit jamais défaut. Les femmes
avaient leur rôle dans cette insurrection : les voyantes,
les extatiques, se multipliaient; on relevait parmi les
morts quantité de femmes habillées en hommes et se
battant comme eux. D'autres suivaient les Camisards,
leur servaient de guides ou dénonçaient les moindres
mouvements de l'ennemi. Jusque dans Nîmes, les protestants conservaient des intelligences; ils en tiraient des
vivres et en conservaient des amas sur plusieurs points
des hautes Cévennes. Fusillés sans merci, ils fusillaient
à leur tour ou brûlaient les maisons des vieux catholiques. Enfin, c'était une de ces luttes à mort, où chacun
des adversaires poursuit l'anéantissement de l'autre.

C'est au milieu de ces horreurs que Villars vint prendre le commandement, en avril 1704. Louis XIV, qui
l'avait choisi pour en finir, si c'était possible, avec cette
atroce guerre, n'avait pas été poussé à la révocation par
zèle catholique, ni bigoterie d'un libertin sur le retour,
comme on l'a avancé tant de fois. Tout absolu, tout déterminé qu'il fût à faire prévaloir ses volontés et à briser
les résistances, il y avait en lui un sentiment profond des
nécessités politiques qui le retint souvent au moment de
franchir certaines limites et l'empêcha de poursuivre des
plans chimériques. Ses entreprises furent généralement

combinées en vue d'un but déterminé, et, s'il crut pouvoir abattre la Hollande et, plus tard, rétablir Jacques II
sur son trône, il ne s'obstina pas dans l'un ou l'autre de
ces projets, dès qu'il se fut heurté à des obstacles trop
forts. La Révocation ne fut, de sa part, ni une persécution voulue, ni un acte passionné; mais, partageant
l'opinion générale, qui regardait alors l'unité religieuse [1]
comme la base nécessaire d'un État bien organisé, croyant
à la possibilité de vaincre les dernières résistances d'une
minorité submergée, pour ainsi dire, par le flot catholique du reste de la nation, il s'était engagé trop loin
pour reculer utilement, en se donnant à lui-même un
démenti dont ses ennemis, qui étaient aussi ceux de la
France, n'eussent pas manqué de triompher. Pourtant,
il comprenait que, dans le haut Languedoc, il ne s'agissait plus de souffrances partielles, mais d'une plaie vive
et saignante à cicatriser à tout prix, mais autrement
surtout qu'à l'aide des affreux moyens appliqués jusqu'alors. C'est bien ainsi que le comprenait Villars,
envoyé sur les lieux avec pleins pouvoirs. Ce grand
homme de guerre, esprit fin et délié, capable de souplesse autant que de décision, expose dans ses Mémoires [2]
que, sans renoncer aux avantages matériels que Mon-

---

[1] Le principe, opposé à la liberté de conscience, que chaque État
devait avoir sa religion et n'en tolérer aucune autre, sans une
absolue nécessité, était alors universellement reconnu et pratiqué.
La petite république de Genève, sous la protection des rois de
France, n'aurait pas supporté un instant la pensée que le culte
catholique pût être établi dans ses murs. Loin de là, c'était chez
elle, comme dans une sorte de Rome protestante, que les ministres
venaient s'instruire et prendre leurs grades de théologie, avant
d'exercer en France leurs fonctions.

[2] *Mémoires du duc de Villars*, t. II, p. 153, Amsterdam, 1735 ;
le troisième volume est attribué à l'abbé de Margon.

trevel venait d'obtenir, il s'engagea dans une conduite entièrement opposée. Il continua à poursuivre les Camisards, en divisant ses troupes par détachements qui battaient le pays sans relâche, ne laissant aux révoltés, qui n'eurent d'autres ressources que de s'éparpiller euxmêmes, ni trêve ni repos; mais il ouvrait en même temps des pourparlers, promettant le pardon ou des saufconduits à ceux qui, convaincus de l'inutilité de la lutte, consentiraient à se rendre. Cavalier, plus accessible que les autres à l'ambition de devenir un personnage, céda le premier. Pour mieux le flatter, à une première entrevue avec le marquis de Lalande, organisée non sans un certain apparat, on en fit succéder une autre avec le maréchal de Villars, qui, dans la pensée de celui-ci, devait être décisive et entraîner la soumission complète des insurgés, sans autres conditions qu'une amnistie promise au nom du Roi, des sauf-conduits pour ceux qui voudraient se retirer à Genève; enfin, le grade de colonel pour Cavalier, qui serait envoyé soit en Espagne, soit sur la frontière d'Allemagne, et recevrait des brevets en blanc portant nomination des officiers du régiment dont il aurait le commandement.

Ce fut à Calvisson, petite ville entre Nîmes et Sommière, que Cavalier, avec l'assentiment du maréchal, établit son camp et réunit sa troupe, grossie des partisans dispersés qu'il avait pu y attirer de tout le pays, pour y attendre la confirmation, demandée au Roi, des arrangements convenus. On était à la fin de mai, et en moins de trois mois Villars pensait avoir terminé la rébellion. Il avait abattu partout les gibets et les échafauds, et le Roi venait de tout ratifier. Mais ce camp de Calvisson, grossi de tout ce que le pays renfermait encore de protes-

tants déclarés, avec les prophètes, les voyantes, retentis-
sant du chant des psaumes et de la parole enflammée des
prédicants, n'était pas fait pour apaiser des passions qui
ne demandaient qu'à faire explosion. Cavalier ne fut
suivi que par la minorité de ses adhérents. Ravanel,
son principal lieutenant, entraîna tout le reste. On avait
cru d'abord à l'ouverture des temples, à l'exercice public
du culte réformé : rien de tout cela n'était accordé, pas
même la liberté immédiate des prisonniers. Cavalier,
resté fidèle à ses promesses, chercha vainement à persuader Roland de l'inutilité d'une lutte prolongée ; rien
n'y put faire, et la guerre de partisans, désormais
obscure, sans issue pour les Camisards, continua jusqu'au
moment où, surpris dans un rendez-vous avec une jeune
fille qu'il aimait[1], au château de Castelnau, Roland pé-
rit misérablement, saisi dans une tentative de fuite[2].

Les hésitations, incessamment renouvelées, des principaux chefs, dans cette dernière période de la guerre
des Camisards, venaient surtout de l'espérance qu'ils
avaient conçue d'être secourus et ravitaillés par une
flotte anglaise, mouillée aux îles d'Hyères. Plusieurs
frégates, escortant trois tartanes chargées de munitions,
en étaient déjà parties, expédiées de Villefranche, près
de Nice, pour aller atterrir à Aygues-Mortes et se mettre
en communication avec les rebelles. Ceux-ci descendirent en foule des montagnes, profitant de l'approche des

---

[1] Elle était fille d'un gentilhomme huguenot des Cévennes et se
nommait Cornely.

[2] Le corps de Roland, porté à Nîmes après sa mort, devint l'objet d'une procédure faite à sa mémoire. Il fut, en vertu d'un arrêt,
traîné sur la claie, puis brûlé sur un bûcher, en même temps que
cinq de ses compagnons étaient roués vifs.

moissons, et, se mêlant aux travailleurs de la plaine, ils
s'efforcèrent d'aller au-devant de leurs alliés et de faciliter le débarquement des secours à eux destinés. Mais
ils avaient été prévenus par Villars; la côte se trouva
garnie de troupes, les milices partout sur pied; les
faux moissonneurs furent examinés et arrêtés, le vent
avait dispersé les frégates et jeté les tartanes à la côte;
enfin, des religionnaires avaient été pris sur ces tartanes.
Parmi ces prisonniers, se trouvaient des officiers, dont
l'un était de Nîmes et s'appelait Martin; un autre, Bre-
ton et du nom de Goulaine, était commissionné par le
duc de Savoie et la reine d'Angleterre. Ils furent remis
par Grignan au maréchal de Villars et, par celui-ci, à
des juges qui les firent exécuter [1]. Ravanel, redouté par
son énergie; un prophète du nom de Moïse et d'autres
prédicants; enfin, un sous-officier énergique, surnommé
Catinat, et un autre, appelé Turenne, furent les derniers qui, après avoir accepté l'amnistie, reçurent des
passeports pour Genève au mois de septembre. C'était
la terminaison de la révolte.

Pendant ce temps, Cavalier, avec son brevet de colonel,
accompagné d'une centaine de ses compagnons les plus
dévoués, avait été interné à Valabrègues, puis envoyé à
Lyon, avec une escorte de dragons, à la fin de juin, et
de là dirigé sur Mâcon, en destination de New-Brisach.
Cavalier, soumis en apparence, parut un moment à Versailles, avant de rejoindre le corps qu'il était autorisé à
organiser, avec le libre exercice du culte réformé, à

---

[1] La descente devait avoir lieu sous le commandement d'un soi-
disant marquis de Guiscard, que l'auteur des *Mémoires de Villars*
considère comme n'étant autre qu'un abbé défroqué, jeté par des
désordres privés dans la cause des huguenots.

l'exemple des régiments étrangers à la solde de la France. Les vues de la cour changèrent, et peut-être le désastre d'Hochstedt[1], qu'on apprit en France vers la fin de l'été, ne fut-il pas étranger à ce revirement; quoi qu'il en soit, Cavalier fut autorisé tacitement à passer à Genève avec les siens; mais il y parut gênant, ou lui-même, se croyant destiné à un grand rôle, ne s'accommoda-t-il pas de l'inaction que lui imposait le séjour dans une ville neutre, bien que calviniste. Il se jeta donc en Piémont, dans le val d'Aoste, parmi les Barbets, et passa de là en Catalogne, où il se battit pour le compte des Anglais et fut blessé à la bataille d'Almanza[2] en avril 1707. Sa vie aventureuse était loin de son terme, et il revint d'Espagne presque aussitôt pour faire partie de l'armée austro-piémontaise destinée à envahir la Provence, avec le dessein de percer à travers ce pays et de reparaître dans les Cévennes, où l'agitation n'était encore qu'imparfaitement apaisée.

Berwick avait remplacé Villars en Languedoc à la fin de 1704; mais, dès 1705, par suite du dépit des alliés de n'avoir pas secouru à temps les Camisards et par le fait aussi des excitations renouvelées des réfugiés de Genève, il y eut des tentatives de complot qui allèrent jusqu'à vouloir séduire les catholiques eux-mêmes par des promesses de liberté religieuse et d'abolition d'impôts. On projeta d'enlever Basville, de saisir Berwick,

---

[1] La bataille d'Hochsted ou Hochstedt fut livrée le 13 août 1704.

[2] La bataille d'Almanza, qui raffermit le trône de Philippe V, fut gagnée par le maréchal de Berwick le 25 avril 1707. Le combat s'engagea à trois heures du soir ; l'armée de l'archiduc y perdit plus de treize mille hommes, dont six mille morts et un grand nombre de prisonniers, parmi lesquels plusieurs généraux.

les évêques et les gouverneurs, en se flattant du secours
d'une flotte anglo-batave, qui aurait occupé Cette. Mais
la conspiration, promptement découverte, n'aboutit qu'à
de nouveaux supplices. La flotte ne parut pas, ou dut
reprendre le large; et si nous mentionnons ici ces incidents, c'est pour expliquer ce qui va suivre et la présence de Cavalier, à peine remis de sa blessure à la tête,
dans l'état-major de l'armée qui passa le Var en 1707
et marcha sur Toulon.

Le duc de Savoie avait fait, en 1703, une défection
audacieuse et en apparence, au début, toute à son détri-
ment. Il avait joué gros jeu, en tout cas, dans sa rupture
avec Louis XIV, sans autre motif avouable que la seule
ambition. Il en fut d'abord puni par l'occupation de la
Savoie, par celle de Nice, dont la citadelle, après une
longue résistance, se rendit au maréchal de Berwick[1];
enfin, par la perte de la plus grande partie de ses États.
Les premiers succès du duc de Vendôme en Lombardie
sur le prince Eugène, obligé de se retirer dans le Tren-
tin, et l'investissement de Turin, le 13 mai, par La
Feuillade, accompagné du duc d'Orléans, présageaient
de nouveaux avantages, lorsque la défaite de l'armée
française, dont les lignes furent percées par le prince
Eugène, suivie d'une retraite précipitée sur Pignerol,
vint tout compromettre.

Le comte de Médavy, qui commandait un corps détaché en Lombardie, s'y maintenait à force de bravoure,
mais sans espoir d'être secouru; tandis que le marquis
de la Floride, officier espagnol assiégé dans le château
de Milan, repoussait courageusement tous les assauts,

---

[1] Le 4 janvier 1706.

résolu de tenir avec la garnison franco-espagnole jusqu'à la dernière extrémité. Mais Louis XIV, avec beaucoup de sens, préféra retirer ses troupes de l'Italie centrale à l'aide d'une capitulation qu'il négocia, en mars
1707, avec le prince Eugène et par l'entremise de M. de
Saint-Pater, lieutenant général à Milan, chargé des
pleins pouvoirs du Roi. Le château de Milan fut ainsi
rendu et les dernières troupes rapatriées. Il est vrai
qu'on sacrifiait par cette mesure le royaume de Naples,
abandonné aux ennemis, libres de l'envahir; mais la
France, dans un moment de détresse, eut la ressource
d'un corps éprouvé, dont elle reprit la disposition et dont
l'utilité immédiate ne fut que trop vite attestée.

A ce moment, en effet, au printemps de 1707, après
l'entière évacuation de l'Italie, le chemin s'ouvrait à
l'invasion austro-piémontaise, et elle devint imminente
par la concentration des forces alliées vers les cols qui
donnent passage du Piémont dans le comté de Nice,
encore occupé par les Français, mais que ceux-ci éva-
cuèrent aussitôt, ramenés sur le Var, lui-même à peine
défendu. La résistance, impossible au premier abord,
dépendait uniquement d'une rapide réunion de toutes
les forces disponibles, employées sans faiblesse ni
précipitation, en usant avec énergie des moyens
propres à entraver la marche de l'ennemi, jusqu'au moment où l'on se trouverait en mesure de le faire reculer. On lui imposerait alors une retraite rendue désastreuse à raison des efforts mêmes qu'il aurait faits pour
déborder en pays ouvert, en forçant les premiers défilés.
Très heureusement, en effet, pour notre pays, avant de
déboucher dans la vallée du Rhône, et le Var une fois
passé, les deux routes qui, à partir de l'Estérel, par Fré-

jus et Toulon, ou Draguignan et Brignoles, aboutissent,
d'un côté, à Marseille, de l'autre à Aix, sont également
difficiles à suivre pour une armée. Elles présentent des
obstacles à surmonter à travers un pays relativement
pauvre, semé d'accidents, sans compter le danger d'être
coupé ou harcelé par des détachements descendus de
la haute Provence. Mais ici même, l'une des deux routes,
celle qui suit la vallée de l'Argens et laisse Brignoles de
côté pour aboutir à Cuers, puis à Toulon, était la seule
praticable, non seulement par la nécessité de ne pas
s'écarter du littoral en restant en contact avec la flotte
de ravitaillement, mais aussi parce qu'en négligeant Toulon, on restait à la merci des forces françaises qui ne
manqueraient pas de s'appuyer sur cette place, où la résistance allait évidemment se concentrer et qui devien-
drait aussitôt une base d'opération formidable pour tout
ennemi commettant l'imprudence de s'avancer jusqu'à
Aix, en laissant derrière soi Toulon protégé par la marine et communiquant avec Marseille. Au contraire,
Toulon pris, c'était la marine française écrasée dans la
Méditerranée et une place forte à la discrétion du duc
de Savoie et des Anglais, où l'une ou l'autre de ces puissances, une fois installée, ne serait peut-être jamais
sortie. C'est là ce que comprit immédiatement le comte
de Grignan, et ce fut beaucoup qu'il saisît le point dangereux, au milieu de la confusion et de l'effarement, soit
des chefs, soit des populations, soit de Paris et des ministres qui, loin des lieux menacés et assaillis d'avis
contradictoires, crurent d'abord tout perdu.

Cette résolution calme de M. de Grignan, reconnue
par tous ceux qui l'approchaient alors et par le concert
unanime des historiens, est attribuée à la trempe même

de son esprit, mélange de finesse, d'activité et de dis-
cernement des points essentiels. Ses contemporains en
furent frappés, et dans une étude moderne sur le siège
de Toulon[1], à laquelle nous emprunterons bien des détails, M. de Lalonde insiste avec raison sur ces qualités
précieuses de M. de Grignan, militaire peu renommé,
dit-il, « mais administrateur d'une rare habileté, poussant la prévoyance au delà de tout ce qu'on peut imaginer. Consacrant à la conservation du pays confié à son
gouvernement sa pensée de tous les jours, l'occupation
de tous ses instants, il avait établi une correspondance
secrète avec l'Italie du Nord et surveillait ce qui se passait au quartier général des alliés. »   C'est lui qui fut le
premier renseigné sur leurs vrais projets et en avertit les
ministres, expédiant courrier sur courrier jusqu'à les
faire rire, eux qui se croyaient instruits, des paniques de
ce « bon vieux Grignan ». Grignan, malgré tout, loin
de se rebuter, ne cessait dans sa correspondance d'insister sur le danger dont « la Provence et la ville de Toulon étaient menacées », selon lui. Il ne se laissa pas
abuser, comme on le fut assez longtemps à Versailles,
par les fausses démonstrations des alliés dont les colonnes
s'étaient présentées au val d'Aoste comme si c'eût été
leur véritable objectif et qu'il fût nécessaire de couvrir
Lyon ou la Franche-Comté. Ils réussirent ainsi à immo-
biliser dans le haut Dauphiné la plus grande partie des
forces françaises, tandis que M. de Grignan répétait sans
cesse que c'était la Provence qu'il fallait secourir et
suppliait le maréchal de Tessé, qui venait de prendre le

---

[1] *Histoire du siège de Toulon, par le duc de Savoie, écrite sur
notes, pièces et documents de 1707*, par Ch. Laindet de La Londe,
in-8°, Toulon, Canquoin, 1834.

commandement de l'armée du Dauphiné, d'accourir et
d'ouvrir les yeux du gouvernement. — Mais déjà il n'y
avait plus moyen de s'y tromper, le projet du duc de
Savoie s'étalait au grand jour, son armée s'était ébranlée
et se précipitait vers le Var. On était au commencement
de juillet, et maintenant qu'à Versailles la situation se
montrait dans toute sa réalité, le trouble s'emparait des
esprits; on se demandait avec anxiété ce qui allait se
passer, et d'abord que faire? Toulon, avec des fortifications négligées, sans munitions et presque sans soldats,
résisterait-il? Tessé, même en précipitant sa marche,
arriverait-il à temps, et Toulon occupé, peut-être perdu
pour jamais, n'était-ce pas le commerce français anéanti,
sa puissance navale réduite à rien, un établissement
anglais ou piémontais implanté au cœur du pays? Que
pouvait-on faire, maintenant que l'on n'avait pas cru le
comte de Grignan, alors qu'il en était temps encore!

Catinat, consulté un des premiers, consigna ses idées
dans un mémoire qui existe au dépôt de la guerre[1] : il
écrit à Pontchartrain (ou peut-être à Chamillart?) que
l'ennemi va envahir la Provence. Tout fait présumer
qu'il viendra par les côtes, Marseille et Toulon sont sans
défense; il va tout brûler. Rien ne peut échapper, pas
même les vaisseaux marchands. Les deux villes peuvent
être incendiées; l'unique pensée que l'on doit avoir,
c'est de les défendre : « C'est un fort grand malheur
qu'on ait si peu de temps et tant de choses à faire. Toulon n'a qu'une seule enceinte avec un seul chemin
couvert, presque ruiné et sans aucune palissade. Il n'y
a presque point de troupes en Provence, et il faut du

---

[1] *Archives de la Guerre*, vol. 2041.

temps pour y faire venir celles qui sont le plus à portée.
On ne s'est pas décidé à les faire venir, parce que l'on a
craint pour Grenoble et Lyon. » — Catinat met ici le
doigt sur Toulon, et c'est de sa part un trait de génie !
« Laissez Lyon », dit-il, « jetez en Provence tout ce que
l'on a de troupes » ; il faut mettre des mortiers à Sainte-
Marguerite[1], pour rendre impossible aux navires
ennemis l'entrée et le séjour dans la rade. Il faut tout
précipiter pour fortifier Toulon, « faire entrer dans la
place partie des milices du pays », enfin sauver Marseille. « Si cette ville est pillée, son commerce ira à
Gênes et Livourne, sans jamais plus retourner à Marseille,
comme on l'a vu successivement quitter Bruges et Anvers
pour s'aller établir à Amsterdam, parce qu'il suit beaucoup plus la liberté, le nombre et l'opulence des négociants que la situation des lieux. » Ces idées de Catinat,
si nettes, si précises, si conformes en même temps à
celles du vieux Grignan, furent enfin comprises et exécutées. Tessé s'y prêta de son mieux, et le mois de juillet
fut employé fiévreusement à réaliser le plan tracé par
Catinat; il n'était que temps.

Autorisé par le Roi, laissé libre par le ministre d'agir
comme il le jugerait convenable pour le salut de Toulon,
M. de Grignan accourut immédiatement sur les lieux,
sans ressources apparentes et pourtant ne désespérant de
rien; redoublant de zèle à mesure que l'approche de
l'ennemi semblait devoir lui enlever les dernières
chances.

C'est alors qu'il fit publier à son de trompe la proclamation suivante, dont nous empruntons la teneur au

---

[1] Château fortifié situé à l'entrée de la grande rade à Toulon.

livre de M. de La Londe, et qui est de nature à faire
voir comment on entendait alors les devoirs du patrio-
tisme :

« *Le comte de Grignan à Messieurs de la noblesse,
bourgeois et manants de la ville de Toulon.*

« Demain, l'armée des alliés, commandée par Monseigneur de Savoie, aura passé le Var, demain l'ennemi
sera en Provence et marchera sur votre ville. Il est du
devoir de tous de coopérer à la défense commune.

« Nous convoquons le ban et l'arrière-ban. MM. de la
noblesse se rendront auprès de notre personne avec
leurs équipages.

« MM. les bourgeois formeront une compagnie laquelle
nous chargeons des gardes intérieures de la ville.

« Nous commandons tous autres habitants, quels
qu'ils soient, de se porter partout où il nous plaira les
appeler.

« A tout ce que dessus, les exhortons, au nom du
Roi, qui compte sur le zèle et le courage de ses fidèles
sujets de Provence[1].

« Fait à Toulon, le 3 juillet 1707.

« GRIGNAN. »

Ce mandement ne resta pas sans écho ; le marquis de
Castellane-Esparron, premier consul d'Aix et procureur
du pays en cette qualité, l'appuya de son autorité ; il
réquisitionna deux mille hommes de la banlieue pour
aider les travailleurs de la ville, la plupart de bonne

---

[1] Extrait des notes du chevalier Bernard, officier d'ordonnance du
comte de Grignan. (Manuscrit de 1707.) — De La Londe, *Siège de
Toulon*, p. 16.

volonté, auxquels se joignirent les matelots des équipages
et les ouvriers de l'arsenal ; les fossés furent creusés ; les
retranchements et les remparts s'élevèrent comme par
enchantement ; les redoutes et les lignes défensives,
promptement ébauchées, dessinèrent leur contour.
L'historien de La Londe, qui a puisé les détails de son
livre dans les notes du chevalier Bernard, attaché à la
personne du comte de Grignan, dépeint celui-ci pré-
sidant lui-même à ces travaux, vivant en plein air au
milieu des ouvriers, les excitant, prêchant d'exemple,
infatigable sous ses cheveux blancs, ne s'écartant presque
jamais de ce qu'il considérait comme un poste d'honneur, jusqu'à y donner ses audiences et à y recevoir le
lieutenant général de Saint-Pater, lorsque celui-ci
arriva pour prendre possession du commandement de la
place. Il y aurait presque de la pose dans cette affectation,
si nous ne connaissions M. de Grignan comme très
simple de manières ; le but à atteindre pressait d'ailleurs
tellement que tout est permis en pareille circonstance,
et l'exagération voulue est un moyen qu'il ne messied
pas d'employer, quand il le faut.

Il est vrai que tout restait à faire au commencement
de juillet, et l'attitude prise par M. de Grignan est
pleinement justifiée par les premiers rapports adressés à
Versailles : ceux de M. de Lozière d'Astiers et de M. de
Chalmazel, le premier envoyé d'Antibes, comme chef du
génie, le second, commandant de la place. Lozière
d'Astiers écrit le 3 juillet : « J'arrivay hier au matin ;
l'après dinnée, je montay à cheval avec M. le marquis
de Langeron et M. Niquet[1] pour visiter la hauteur de

---

[1] Il était directeur des fortifications, et Lozière d'Astiers sous-
directeur.

Sainte-Catherine... La place de Toulon ne doit pas estre regardée comme place de guerre, estant très mauvaise, imparfaite et commandée de partout; pour mettre ladite place en estat de défense, il faudroit un an avec mille ouvriers par jours. » Et le marquis de Chamazel le 5 juillet : « Tel est le mauvais estat des fortifications de cette place qu'on ne peut vous exprimer aussi mauvaises qu'elles sont. »

Le maréchal de Tessé lui-même, arrivé pourtant lorsque les travaux étaient déjà en pleine activité, ne tient pas un autre langage; le 10 juillet au soir, il écrit de Toulon : « J'ay le couteau dans le cœur de voir une place de l'importance de celle-cy dans le désordre et l'abandon où je la trouve. Le tout ne vaut rien, et il y a des parties quasy insultables (*sic*), au moins insoutenables, et si c'est le projet des ennemis de l'attaquer, il faut des miracles pour la sauver, car les secours que le Roy destine n'arriveront pas à temps[1]. » Mais peut-être se complaît-il, par un calcul facile à comprendre, à déprécier au delà de toute mesure les éléments de résistance dont il dispose. Il se plaindra ainsi jusqu'au dernier moment où, les chances de succès lui paraissant assurées, il passera subitement du désespoir à la confiance.

L'indispensable était d'agir sans attendre l'arrivée des têtes de colonnes de l'ennemi, dont les progrès constants se dessinaient de jour en jour avec une sorte de régularité qui permettait fort heureusement de calculer à un jour près le temps qu'il devait mettre avant de paraître devant Toulon. Le duc de Savoie et le prince Eugène,

---

[1] *Archives de la Guerre*, lettre autographe.

avec trente mille hommes d'infanterie et six mille
chevaux, appuyés par une flotte anglaise de quarante-
sept vaisseaux, sous le commandement de l'amiral
Showel, avec des galiotes et des approvisionnements de
toutes sortes, amenant Cavalier dans leur état-major,
avaient traversé Nice le 9 juillet, et, le 11, ils forçaient
le Var en dépit d'un semblant de défense que leur avait
opposé le marquis de Sailly, à la tête de sept bataillons [1]
et de quelques milliers d'hommes incomplétement
armés; mais celui-ci, n'ayant pour se couvrir que des
retranchements imparfaits, s'était replié sans brûler
une amorce, et, après avoir jeté deux bataillons dans
Antibes, il répandait des bruits alarmants, comme pour
justifier sa retraite. De là contre lui des défiances qui
semblaient fondées, plus tard des récriminations, des
plaintes qui allèrent jusqu'à demander qu'il fût privé
de son commandement. Il n'avait pu ni s'accorder avec
M. de Grignan, ni s'attirer la sympathie des Provençaux. Il soutenait pourtant, dans une lettre à Chamillart[2], qu'il avait arrêté l'ennemi pendant quatre
jours et qu'il avait sauvé les sept bataillons et les dragons de Languedoc, en les ramenant devant Toulon.

[1] D'après M. de La Londe, il aurait disposé, en dehors des sept
bataillons de deux régiments de cavalerie, d'un de dragons et des
milices de Grasse et de Saint-Paul, sous les ordres de MM. de Gri-
maldi et Chrestien.

[2] *Sailly à Chamillart*, du camp devant Toulon, le 19 août 1707.
Arch. de la Guerre, vol. 2042. — D'après M. de Visé (*Histoire du
siège de Toulon*, 1707), M. de Sailly serait arrivé à Toulon le 23, avec
les sept bataillons qu'il commandait, après les avoir sauvés par une
très « habile manœuvre, en faisant des coupures, et en jetant des
pierres dans les chemins, qui arrestèrent les ennemis pendant
plus de dix-huit heures, ce qui leur fut très préjudiciable ». —T. I,
p. 313-314.

C'était fort possible, mais il ne disait rien des milices
qu'il avait peut-être sacrifiées dans son mouvement.

Après le passage du Var, les ennemis partagés en
deux colonnes, l'une de six mille grenadiers ayant à sa
tête le prince d'Anhalt, se tenant près de la mer, l'autre
de huit mille hommes, avec le prince Eugène, à la hauteur du Broc, avaient campé le premier jour à Saint-
Laurent, de là marché sur Biot, puis sur Cannes, en
dépassant Antibes. Cette marche fut signalée par des
incendies, des déprédations de toute nature et d'énormes
contributions, procédés sur lesquels ceux des Prussiens
en 1870 semblent avoir été modelés, perdant ainsi leur
originalité. Les Austro-Piémontais, dans cette marche,
n'éprouvèrent de résistance que de la part du commandant des îles Sainte-Marguerite, M. de La Mothe-Guérin,
qui, malgré une très faible garnison et bravant la flotte,
ouvrit le feu sur l'ennemi campé à Cagnes, sous le canon
de ces îles, et leur infligea des pertes sensibles, que les
généraux alliés essayèrent de conjurer en proclamant
défense aux habitants du lieu d'avoir aucun commerce
avec la garnison de l'île, moyennant promesse de
décharger de tout impôt ceux qui suivraient cet ordre,
furieux qu'ils furent d'ailleurs de l'inaction de la flotte[1].
Cette action avait eu lieu le 15; la flotte anglaise était
alors au mouillage des îles d'Hyères. Biot avait été
absolument pillé, Cannes brûlée, ainsi que dix-sept
villages, et le baron de Mouans, coupable d'avoir voulu
se défendre, dans son château triangulaire qui existe
encore, s'était trouvé abandonné, ainsi que sa femme, à
toutes les brutalités dont les troupes de Hesse étaient

[1] De La Londe, *Relat. du siège de Toulon*, par M. Devez, novembre 1707.

coutumières. L'intervention seule d'officiers hollandais
les avait sauvés de la mort. Enfin, le 16, l'ennemi est à la
veille d'entrer à Fréjus, où l'évêque, le futur ministre
et cardinal Fleury, tient bon ; mais il voit tout perdu : il
reste pour maintenir bon courage et observer ce qui se
passe [1].

Qu'avait-on fait à Toulon dans l'intervalle, d'abord
sur l'initiative seule du comte de Grignan, puis de concert avec le maréchal de Tessé, venu le 10 juillet de sa
personne, et sous l'impulsion du chef du génie, de
Lozière d'Astiers, arrivé d'Antibes dès le 3? Ici, heureusement, les volontés avaient été unanimes, et pour
se rendre compte des travaux entrepris, il suffit d'un
coup d'œil jeté sur la situation de la place elle-même.
— La force de Toulon, comme port de guerre, est dans
sa rade, ouverte à l'est entre le cap Cépet, qui termine
la presqu'île de ce nom, et le cap Brun ; elle est divisée
en deux bassins, formant la grande et la petite rade,
celle-ci au nord de l'autre, plus intérieure, parfaitement
sûre, fermée par un étroit goulet entre l'Aiguillète et la
Grosse-Tour, et constituant un abri complet pour les
bâtiments qui y sont mouillés. La petite rade, entourée
d'une série de collines fortifiées, se prolonge à l'est et
au nord-est en une baie sinueuse, qui constitue le port
même de Toulon, et dans laquelle les bassins de con-
struction ou darses, l'arsenal et le mouillage des bâtiments de guerre se trouvent situés ou creusés. La ville,
assise sur ce port, c'est-à-dire au nord-est de la petite
rade, se trouve resserrée entre les quais et la montagne
de Faron, rocher nu et abrupt, à peu près inaccessible,

[1] *Lettre de l'évêque de Fréjus, Arch. de la Guerre,* vol. 2041.

10

sauf un de ses mamelons, couronné actuellement d'un
fort, alors d'une redoute, et nommé la Croix de Faron.
Le mamelon de la Croix-Faron, comme on disait,
domine, à l'est de Toulon, la route d'Italie, par où les
ennemis devaient venir, et cette route passe par le bourg
de La Valette, avant d'atteindre la ville; mais avant
Toulon et à mi-chemin entre La Valette et cette place,
elle passe encore au pied d'une colline, celle de la chapelle de Sainte-Catherine, qui maintenant est fortifiée,
mais qui, en 1707, ne l'était qu'à peine, et où les Austro-
Piémontais devaient établir leur camp, comme sur une
position dominante, leur donnant accès vers les autres
positions qu'il leur fallait prendre avant d'investir
Toulon. En effet, c'est l'espace relativement étroit, servant de passage entre Faron et la ville, qu'il leur était
nécessaire de franchir et aux Français de défendre à tout
prix, et sans la possession duquel l'investissement
devenait impossible. Là s'élevait, en arrière de Sainte-
Catherine, la colline de Sainte-Anne, qui fut entourée de
retranchements et transformée en un camp protégé par
deux lignes d'enceinte, « fortifiées par des redans et
poussées en s'élargissant jusqu'à la montagne de
Faron[1] ».

Les gorges d'Ollioules, défilé célèbre, donnant accès
à la route de Marseille et qu'il était important de garder,
furent couvertes par une redoute. Au delà de Sainte-Anne,
en contre-bas et contre le flanc nord-ouest de Faron,
s'étendent le plateau et le vallon de Dardenne, celui-ci
riche en sources qui alimentent les fontaines et font
mouvoir les moulins de Toulon. Il était possible d'y

---

[1] M. Niquet traça le camp en présence de M. de Grignan (de La
Londe, *Siège de Toulon*, p. 19).

arriver en contournant Faron par le nord, au moyen du
vallon de Favières; mais l'attaque était dans cette
direction plus chanceuse, et l'assaillant trouvait à sa
gauche le principal camp retranché, assis à l'ouest de
Toulon, coupant la route de France et adossé à la hauteur de Malbousquet, elle-même dominée par le fort de
ce nom. Ce camp s'accoudait à droite sur la rade, vers
Castignau, et, à gauche, il allait jusqu'au plateau de
Dardenne; il était garni de canons et palissadé. A Toulon
même, dans l'espace de quinze jours, on dut réparer
l'enceinte, rétablir et continuer le chemin couvert. Il
fallut se préoccuper aussi de la partie comprise, au sud
de la ville, entre la Grosse-Tour qui marque l'entrée de
la petite rade et le cap Brun, partie qui court le long de
la grande rade pour aller aboutir au château de Sainte-
Marguerite. Dans l'espace triangulaire qui de ce dernier
point s'étend jusqu'à La Valette et de La Valette au nord
jusqu'à la route d'Italie, s'élèvent les hauteurs cou-
ronnées depuis par le fort Lamalgue, alors très imparfaitement suppléé par le fort Saint-Louis, qui battait
l'entrée de la grande rade. C'est là que se portera le
plus grand effort de l'ennemi, avec d'autant plus de
raison que les opérations de la flotte pouvaient, de ce
côté, se combiner avec celles de l'armée de terre,
seconder les batteries et accroître les effets du bombardement. Il y aurait eu danger cependant à établir sur ce
point les principales forces de la résistance, puisqu'il
fallait avant tout s'opposer à l'investissement de la place.
Aussi se contenta-t-on de quelques redoutes; en même
temps, pour ne rien négliger, on rasa en avant des remparts tout un grand faubourg, ainsi que le couvent des
Frères de la Merci, les bastides et même les clôtures en

avant de ce faubourg[1]. Tout était fait ou en voie d'exécution; mais il fallait maintenant des soldats et, par
conséquent, faire venir en hâte l'armée du Dauphiné et
toutes les milices, gardes-côtes, forces quelconques de
terre ou de mer, qu'il était possible d'avoir sous la
main; enfin, trouver de l'argent, des armes et des
munitions de guerre. C'est à cela que le comte de Grignan
et le maréchal de Tessé vont s'employer, s'appuyant
l'un sur l'autre; mais celui-ci pour en avoir pleinement
la gloire, le premier en vue de l'honneur d'avoir fait
son devoir, seul mobile qui le fasse agir.

Plusieurs mesures pressantes et d'ordre général
dépendaient exclusivement de l'initiative de M. de Grignan. Il ne manqua pas d'y recourir aussitôt le danger
connu, sans précipitation ni découragement vis-à-vis de
certains mécomptes selon lui inévitables. En un mot, il
usa des ressources dont il disposait, mais il prit garde
de s'en exagérer la valeur.

Dès l'origine, il s'était concerté avec l'intendant de la
province, Cardin Le Bret, qui le premier et en vertu
d'un arrangement récent venait de joindre aux fonctions
d'intendant la dignité de premier président du Parlement; et, comme l'argent faisait défaut, que la Provence
était à peu près abandonnée à elle-même, les caisses de
l'État étant épuisées à cette époque malheureuse, M. de
Grignan n'hésita pas, pour s'en procurer, à donner
l'exemple en envoyant sa vaisselle à la Monnaie, non
seulement la sienne, mais celle de sa femme[2]. Cardin Le
Bret fit comme lui[3], et les offres d'argent, les sacrifices

---

[1] Voy. de La Londe, *Siège de Toulon*, p. 18.
[2] *Siège de Toulon*, p. 25.
[3] L'*Histoire du siège de Toulon,* par de Visé (Paris, 1707), ex-

patriotiques affluèrent de tous côtés, en linge, denrées, vêtements. Il s'établit une sorte d'émulation entre le commerce de Marseille, le Parlement d'Aix, la ville d'Arles; et la caisse de la province put subvenir aux dépenses les plus urgentes.

C'est le moment de dire un mot de la Garde-Côte et des compagnies établies sous le commandement supérieur des capitaines généraux gardes-côtes. L'organisation de la Garde-Côte en Provence remontait aux derniers mois de l'année précédente; elle était probablement à peine achevée, sinon à l'état d'ébauche, lors de l'invasion. Nous le savons par la teneur d'une circulaire datée d'Orange, le 1er novembre 1706 et adressée, par le comte de Grignan à toutes les communautés soumises à la Garde-Côte. Les exemplaires de cette circulaire ne diffèrent entre eux que par le nom seul de la ville, du village ou lieu auxquels ils furent séparément envoyés. — Le littoral avait été, au point de vue de la Garde-Côte, partagé en départements : celui de Toulon, comprenant la Ciotat et s'étendant depuis le cap de l'Aigle jusqu'au cap Sainte-Marguerite, avait pour capitaine général M. de Bandeville; le département de Fréjus allait de l'embouchure de l'Argens à celle de la Siagne[1], et le marquis de Trans[2] en était le capitaine général. Les

plique comment Le Bret réussit, en se procurant des billets à ordre de trois mille livres consentis par les principaux négociants de Marseille, et dont il garantit le payement à l'échéance, à obtenir un crédit suffisant pour trouver immédiatement une somme de quatre à cinq cent mille livres espèces, « sans les avoir exigées ni tyrées du peuple », remarque l'historien.

[1] La circulaire écrit *Ciagne*.

[2] Pierre-Jean de Villeneuve, marquis de Trans, comte de Tourrètes, seigneur de La Napoule, fils de Pierre de Villeneuve, comte

capitaines recevaient des honneurs proportionnés à
l'importance de leur charge, qui était considérable et
leur faisait prendre rang immédiatement après les officiers généraux. Ils avaient été invités en novembre 1706
à commencer leurs fonctions en établissant le contrôle
de tous les habitants capables de porter les armes, et les
communautés avaient dû se concerter avec chacun
d'eux pour désigner les hommes propres au maniement
des armes, former les compagnies et nommer les officiers, enfin leur faire faire l'exercice « sans trop fatiguer les habitants et sans les détourner de leur travail ».
Les communautés avaient été en même temps averties
de ne pas perdre de vue la nécessité de l'avancement et
de la perfection « d'un establissement ordonné pour la
seureté des Costes où vous estes, qui est un nouvel
effect de la prévoyance du Roy et de sa bonté pour ses
sujets, et qui ne vous assujétit pas à des dépenses, en
général ny en particulier, si ce n'est en tant qu'il faudra
suppléer, peu à peu, aux armes qui pourront manquer,
suivant ce qui sera cy après réglé, et par les moyens les
moins onéreux ». — Les compagnies de la Garde-Côte,
ainsi constituées, furent immédiatement convoquées et
marchèrent sous leurs capitaines généraux; mais il
semble que le temps ait manqué pour obtenir d'elles au
delà d'un certain effort partiel, tenant encore du provi-
soire. Elles étaient alors d'une institution trop récente,

---

de Tourrètes, seigneur de La Napoule, premier marquis de Trans
de sa branche, et de Marie-Françoise de Bitaut. Il avait été trois
ans page du Roi de la Grande-Écurie; il épousa, en 1711, Marie-
Thérèse de Barthélemy Sainte-Croix et mourut le 17 février 1730,
laissant pour fils unique Louis de Villeneuve-Tourrètes, marquis de
Trans.

trop imparfaitement armées et exercées, pour donner tout le secours qu'on avait l'idée d'en tirer [1]. On eut en elles cependant un élément de défense qui put être utilisé dans une certaine mesure.

Un des premiers soins du comte de Grignan avait été la convocation des milices; elles affluèrent aussitôt, et l'embarras vint plutôt de l'obligation de régler leur emploi, de les organiser et d'en tirer parti, que de la pénurie des hommes, dont on ne savait que faire. D'ailleurs, beaucoup de ceux-ci, après s'être présentés, se hâtaient de déserter, sous prétexte du manque d'ordres, et se plaignant de n'être ni armés, ni incorporés. Les opinions contradictoires, le plus souvent hostiles, à l'égard des milices et de l'esprit même des populations, se font jour dans la correspondance avec le ministère. Les chefs militaires s'en font les échos complaisants et n'hésitent pas à déprécier les milices, allant jusqu'à condamner l'institution.

Le marquis de Chalmazel, commandant de la place, écrivant le 20 juillet que tout manque à Toulon, ajoute : « Je n'ay jamais veu une nation si rebelle [2] que le peuple de ce pays-cy; on a beau leur commander, ils n'obéissent pas; quand il vient des paysans, au bout de deux jours ils désertent, comme aussi tous ceux qui

---

[1] M. de Saint-Pater mandait à Tessé, le 24 juillet, « que faute de pouvoir payer les milices de Gardes-Costes qui s'étaient assemblées à Toulon, elles se sont dissipées ». Ce n'était là pourtant qu'une exagération, et la suite montre que l'on put tirer partie des gardes-côtes.

[2] Remarque vraie d'une façon générale dans l'appréciation des Provençaux, très portés dans toutes les classes à ne pas accepter de direction, à reconnaître difficilement une supériorité, et à raisonner sur les ordres qu'ils reçoivent des chefs.

sont commandés pour la milice, lesquels viennent sans
armes ; il ne paroit pas qu'ils ayent bonne volonté de se
vouloir défendre. » — M. de Marcilly, retenu à Sisteron
par le maréchal de Tessé et chargé par lui d'assembler
le plus de milices possible, afin d'assurer la communication d'Aix à Toulon, s'exclame dans une lettre à
Chamillart du 22 juillet : « Tous ces gens-là viennent
sans armes, et nous n'en avons plus à leur donner. On
ne doit faire aucun fond sur ces sortes de milices, qui
ne paroissent d'ailleurs avoir aucune bonne volonté de
se deffendre » (*sic*). Tessé lui-même, dans une lettre à
Chamillart[1] du 26 juillet et au moment d'entamer la
lutte, insiste sur l'illusion où l'on est à Paris, en comptant sur les milices du pays et sur la noblesse même :
« C'est une erreur, les milices ont esté assemblées et
disparoissent ; elles ne sont point armées ni payées, et la
noblesse n'a ni cheval ni mule. Tout fuit ou se soumet, et
M. de Savoye donne ses ordres, se fait prester serment,
se fait fournir des vivres et met la partie de Provence
où il est mieux en règle pour son service qu'un intendant du Roy ne le feroit... Ils ne sont point infidèles
dans le cœur, mais ils se soumettent et donnent leurs
greniers pour ne point donner d'argent. » Deux jours
plus tard, il revient sur la même pensée : « Encore une
fois ne comptez ni sur les milices, ni sur le peuple. » Et
en post-scriptum autographe : « Je vois que vous
comptez sur les peuples et les milices, il n'est question
de l'un ni de l'autre ; ils n'ont ni armes ni poudre, et
leur meilleure volonté est impuissante[2]. »

---

[1] *Archives de la Guerre*, vol. 2041.

[2] Dans une note sur une lettre de M. de Laval, de la main de
Tessé, on lit : « Il y a quelques villes qui ont fait des feux de joye à

M. de Grignan, sans compter plus que de raison sur les
milices, avait eu dès l'abord une idée plus juste et surtout plus pratique au sujet de leur emploi : les distribuer le plus utilement possible et ne pas leur demander
plus qu'on était en droit d'en attendre; ce fut là son
principe. Il remarque, le 15 juillet[1], que les milices de
plusieurs vigueries de la frontière ne doivent pas en être
ôtées; celles des côtes y sont nécessaires; celles des
vigueries voisines du Rhône le sont de même, et celles
de quelques vigueries contiguës à la Durance doivent y
rester, à cause « que c'est la contrée des nouveaux
convertis de Provence ». Nous verrons effectivement plus
loin les mesures particulières qui furent prises pour la
surveillance de cette région peuplée d'anciens Vaudois,
chez qui les troubles religieux du seizième siècle et
l'exécution sanglante de Mérindol avaient laissé des
germes de soulèvement et de représailles. Il ne fallait
pas songer davantage à faire sortir de Marseille, sorte
d'enclave distincte du reste de la Provence, les quatre
mille hommes de milices, « des mieux armés et des
plus beaux du monde[2] », que le comte de Broglie

l'occasion de l'arrivée des troupes ennemies, sur une ordonnance de
M. de Savoye, qui supprime le papier timbré et fit donner le sel à
deux liards. » Ce sont là sans doute des faits colportés ou exagérés,
peut-être encore provoqués par l'envahisseur, qu'il faut pourtant
mentionner à titre de renseignement historique.

[1] Lettre écrite de Marseille, *Archives de la Guerre*, vol. 2041.

[2] L'auteur contemporain du *Siège de Toulon*, M. de Visé (t. I,
p. 164), porte à près de dix mille le nombre des habitants de Marseille qui avaient pris les armes. « Ils étaient séparés en compagnies
de vingt-cinq hommes chacune, commandées par les marchands les
plus aguerris. On avait aussi formé quatre compagnies de mousquetaires, composées de jeunes gens de famille dont le nombre montait
à quatre cents, commandés par M. de Forville, gouverneur de la
ville... enfin plus de six mille paysans armés aux environs. »

venait d'y passer en revue, supposant avec raison qu'il serait difficile de les tirer de leur pays pour les mener à Toulon. Mais ce que l'on pouvait faire, ce que conseille et ordonne M. de Grignan, c'est d'envoyer à Toulon et d'y concentrer toutes les milices des pays environnants, d'y faire marcher celles des lieux sujets au service de la Garde-Côte, celles enfin de beaucoup d'autres endroits, et, une fois rendues, de les incorporer dans les bataillons actifs, en les encadrant. On a ainsi l'avantage de choisir les hommes les plus solides et d'augmenter par de bons éléments les bataillons les plus faibles. « C'est encore », ajoute M. de Grignan, « le meilleur usage qu'on en puisse faire présentement. Elles ont peu d'armes. L'arsenal de Toulon ne peut pas en fournir, et les communautés sont hors d'état de faire des dépenses au delà de celles auxquelles je les ay engagées. » Au 20 juillet, il en arrive encore, et le recrutement des bataillons une fois terminé, il faudra bien renvoyer tous ceux des miliciens qui, devenus inutiles, devraient être nourris sans profit pour personne.

Une lettre de M. de Grignan [1], écrite d'Aix le 28 juillet, rend compte de l'emploi des milices depuis leur convocation : il les avait envoyées pour défendre les lignes du Var « au nombre de cinq à six mille hommes, comme travailleurs à des retranchements qu'ils firent de près de deux lieues; ensuite, elles furent en partie mises sous les armes ». M. de Sailly dut abandonner ce poste, faute de forces suffisantes pour le défendre; il n'avait que sept bataillons, il en aurait fallu trente. Il

[1] *Archives de la Guerre*, vol. 2041.

part avec les troupes; « on ne pouvoit pas s'attendre à
ce que les milices fissent autre chose que ce qu'elles
voyoient faire aux troupes ». Grignan les envoie à Toulon: « La désertion, causée en partie par le peu de subsistance qu'elles y trouvoient, n'a pas empesché qu'il n'y
ait plus de trois mille hommes » ; mais ils n'avaient pas
d'armes. Les communes avaient refusé d'en acheter, et
« mesme depuis les mouvements de faux saunage, il
n'estoit pas trop a propos qu'il y en eust beaucoup ».
Malgré tout, selon Grignan, les milices constituent une
garde qui n'est pas sans importance sur les bords du
Rhône, sur la Durance et le Verdon, quand ce ne serait
que pour exercer une sorte de police; « ils amènent
tous les jours des maradeurs et quelques housards ». Ce
dernier trait rappelle involontairement à l'esprit les
uhlans de la dernière guerre. Le comte de Grignan
insiste dans une autre lettre sur le même point. La défense du Verdon, affluent de la Durance, qui commande
toute la haute Provence, avait été confiée au chevalier de
Mianne, qui, après avoir cherché à organiser quatre
régiments de milices, n'avait pu réunir sous ses ordres
que 1,200 hommes, employés surtout à la garde des
ponts établis sur cette rivière.

Quant à la ligne de la Durance, nous venons de voir
son importance, soit pour le passage de l'armée attendue, soit à raison des villages protestants situés sur sa
rive droite, au pied du Léberon, soit enfin pour le cas à
prévoir d'une retraite; et aussi par la nécessité de la
surveillance à exercer sur l'archevêque d'Avignon et le
vice-légat, suspects d'hostilité et d'entente avec les
ennemis, menées curieuses, puisque le Pape, ou du moins
son représentant, aurait secondé les desseins d'un chef

protestant et aidé au soulèvement des hérétiques! Nous
reviendrons sur ces préoccupations inattendues et cependant réelles, dont il fallait bien tenir compte. Aux
termes d'un ordre daté d'Aix le 30 juillet, la garde de
la Durance, de Pertuis à Barbentane, avec le commandement des milices le long et à portée de cette rivière,
sur l'une et l'autre rive, avec pouvoir de désigner les
officiers, fut confiée par le comte de Grignan au chevalier
de Saporte [1], dont il avait éprouvé le zèle et l'activité.
Le maire, consuls et communautés devaient obéir à ce
qu'il ordonnerait. Cette nomination fut annoncée au
chevalier par une lettre datée de la veille, dans laquelle
M. de Grignan, faisant part de l'envoi de son ordre,
prie le nouveau commandant de lui donner de ses nouvelles, à mesure qu'il aura fait « les establissements »
et donné les ordres nécessaires. Il compte sur son zèle
« pour le service du Roy en cette occasion », et il
ajoute : « Je ne laisse pas de penser que vostre amitié
pour moy y entrera pour quelque chose. »

L'armée qui devait défendre Toulon et pour cela
devancer les alliés devant Toulon était encore cantonnée
tout entière dans le haut Dauphiné. Le maréchal de
Tessé était venu de sa personne inspecter la place, sans
discontinuer de presser le départ de son armée. Il avait
sous lui, pour lieutenants généraux, le marquis de Goëbriant [2], le comte de Dillon, commandant chacun une
division, le comte de Médavy, à la tête du corps capitulé

---

[1] Pierre-Joseph de Saporta, dont il a été question à propos de
l'organisation des milices. Le texte de l'ordre figure aux pièces
justificatives.

[2] M. de La Londe écrit Goesbriant, et le maréchal de Tessé Goës-
briand.

de Lombardie; c'était un total de dix-huit mille hommes
en trois divisions. Le marquis de Bezons était major
général de l'armée, le comte d'Aubeterre commandait
la cavalerie, le comte d'Hautefort les dragons, ainsi que
les marquis de Vérac et de la Villegagnon. Enfin, l'intendance était aux mains de M. d'Angervilliers. Parmi les
maréchaux de camp, il faut nommer Caraccioli, puis le
comte de Villars, chef d'escadre et fils du duc de Villars;
parmi les brigadiers, le comte de Broglie, le comte de
Tessé, fils du maréchal, le marquis de Guerchois et le
marquis de Chalmazel, que nous avons déjà cité comme
commandant la place, dont le marquis de Saint-Pater
était gouverneur, tandis que le marquis de Langeron
commandait la marine.

L'historien du siège de Toulon suppose, d'après les
récriminations ordinaires des intéressés qui s'en prenaient à la Cour et aux ministres, accusant leur lenteur
et l'absence d'ordres précis, que le maréchal aurait
assumé sur lui la résolution de faire marcher une première division, celle du marquis de Goëbriant; mais
une lettre du 21 juillet au matin montre bien qu'il
agit de concert avec Chamillart[1], et celui-ci partage
son impatience de faire arriver et de concentrer à
Toulon les corps dont dispose le maréchal. « Nous fai-
sons », dit-il, « les derniers efforts pour que M. de Goë-
briand entre à Toulon; l'infanterie fait des marches
incroyables, et M. de Savoie en fait qui passent l'imagination[2]. Nous sommes dans la crise de l'événement. » Et

---

[1] Tessé à Chamillart, *Archives de la Guerre,* vol. 2041.

[2] C'était la crainte qu'il en fût réellement ainsi qui faisait parler
Tessé, puisque en définitive l'armée alliée, après avoir passé le Var,
le 11 juillet, presque sans résistance, n'arriva devant Toulon que

il ajoute : « Il s'en faut bien qu'en faisant le possible on
fasse le nécessaire. Si le jour, dont la chaleur est exces-
sive, duroit quarante heures, il ne suffiroit pas avec la
nuit à suppléer à tout ce que l'on essaye de surmonter. »
La route que suivaient ces premières troupes avait été
tracée, à partir de Riez, où elles devaient se rendre, par
Brignoles, Cuers et Solliès; mais cette route offrait
l'inconvénient de pouvoir être barrée par l'ennemi arrivant à Cuers avant elles, ce qui effectivement aurait eu
lieu, s'il ne s'était attardé entre Fréjus et Cuers, alors
que rien ne s'opposait à sa marche. Mais la nécessité
de combiner les mouvements de l'armée de terre avec
ceux de la flotte avait été cause de cette lenteur dont se
plaignait le prince Eugène, tandis que le duc de Savoie,
cédant à des considérations personnelles, peut-être à la
vanité seule de jouer au souverain, s'efforçait d'attirer à
lui, par des promesses d'allègement et d'abolition d'impôts, ceux qu'il considérait déjà comme ses futurs sujets[1].
Le comte de Grignan proposa au comte de Broglie,
envoyé pour assurer les communications entre Toulon

---

le 26 ; elle mit donc quinze jours à franchir une distance de cent
cinquante kilomètres au plus.

[1] Ce prince affectait vis-à-vis des populations et des députations
des paroles d'indulgence et des promesses de ménagement, démen-
ties le plus souvent par la conduite de ses troupes, qui pillèrent et
saccagèrent sans merci Saint-Laurent sous ses yeux, sans qu'il cher-
chât à arrêter le désordre. Il essaya même d'attirer à lui la noblesse
en insistant sur de prétendus souhaits de changement de régime;
mais il n'obtint en échange de ses insinuations, de la part des gentilshommes interrogés par lui, que des protestations de fidélité vis-à-
vis du Roi et de la France, dont il feignit alors d'être ravi. Les tentatives du duc de Savoie sont traduites par un dialogue curieux
rapporté tout au long dans l'*Histoire du siège de Toulon* par Visé
(t. I, p. 282 et suiv.), et tenu dans une conférence particulière que
le prince voulut avoir avec le baron de Châteauneuf.

et la haute Provence, de substituer à la direction par
Barjols, Brignoles et Cuers, ou même à la route plus
sûre, mais plus détournée, par Saint-Maximin, Saint-
Zacharie, le Beausset et Ollioules, proposée par M. de
Broglie, celle moins connue, plus montueuse, mais
plus directe, qui, après Riez et Tavernes, mène droit à
Toulon en passant par la Roque-Brussanne et la char-
treuse de Montrieux, pour aboutir à Solliès, en avant de
Cuers et à portée même de Toulon. Le maréchal de
Tessé avait appris à Valensoles, près de Riez, ce changement, et, après l'avoir approuvé, il s'était hâté de
donner rendez-vous au chevalier Bernard, au village de
Tavernes, dans la nuit du 20 au 21 juillet[1]. L'armée
des alliés était alors dans les bois de Vidauban; elle
devrait être au Luc le 23; elle approchait, mais il était
encore temps de passer, et M. de Grignan, sans s'arrêter
aux cris d'alarme du marquis de Sailly, avait eu soin
d'éclairer leur marche à l'aide d'un service d'estafettes
habilement disposées; il avait su jour par jour où ils
étaient, de façon à être certain de les prévenir, fût-ce
d'une seule journée.

En effet, le 22, à trois heures après midi, l'avant-
garde du corps de Goësbriant fit son apparition : c'était
le marquis de Nisas, colonel du régiment de Thiérache,
à la tête de sept compagnies de grenadiers. Les autres
bataillons suivent; ils appartiennent aux régiments de
Brie, Ile-de-France, Bugey, Boissieux et Thiérache. Le
reste de l'armée ne tardera pas à venir, et tout est sauvé.
Les remparts, le chemin couvert, le camp de Sainte-

---

[1] *Extrait des notes du chevalier Bernard, officier d'ordonnance
du comte de Grignan,* d'après de La Londe, *Siège de Toulon,*
p. 30.

Anne, sont désormais à l'abri d'un coup de main, et la situation est assurée. La population le comprend ; elle se porte en masse au-devant des troupes qui défilent au son des fifres, au bruit des tambours. Elle les acclame, et accourt jusqu'à La Valette. Grignan partage cette joie ; il est à cheval, parcourant les lignes, et vient se placer à la porte Saint-Lazare pour y recevoir Goësbriant, qui marche avec sa division, au pas de charge, enseignes déployées. Ce sont des scènes d'attendrissement et d'enthousiasme, des cris sans fin de : Vive la France ! Du moins, c'est le tableau tracé par l'auteur du *Siège de Toulon*[1]. Les treize derniers bataillons, avec le régiment de dragons, sont arrivés le 25.

Il y a encore quatre bataillons d'infanterie de marine et deux de terre, en tout quarante bataillons. Tessé est venu les inspecter : il laisse MM. de Goësbriant et de Dillon à la tête du camp et donne la défense du chemin couvert à M. de Catryeux ; il emprunte des vivres à la marine, « du cochon salé et des légumes » pour nourrir l'armée. De là, le maréchal court à Marseille : le reste de l'armée sera réuni et cantonné d'Aubagne au Beausset, entre Marseille et Toulon. Quant à lui, il va presser la marche. Il est à Aix le 26, il s'y concerte encore avec M. de Grignan. Celui-ci n'est pas inactif, le moindre renfort est utilisé par lui. Il a reçu, la veille, la compagnie des mineurs de Francard « fort fatiguée... ». Et alors, écrit-il, « je la fis d'abord mettre dans des chaises roulantes pour aller toute la nuit, et elle est arrivée hier à Toulon, où elle estoit bien nécessaire et où elle pourra estre aidée par ces ouvriers dits *perrei-*

---

[1] De La Londe, *Siège de Toulon*, p. 32.

rons que j'y avois envoyés... L'armée des ennemis dé-
campa du Luc le 22... M. de Savoye estoit encore le 24
à Pignans. On assure que, le 13 de ce mois, Cavalier vit
M. de Savoye[1]. »

La situation n'était plus désespérée, mais il restait
bien des préoccupations d'ordres très divers, soit militaires, soit politiques. Une difficulté que l'on venait à
peine de surmonter résultait du mauvais vouloir du
comte de Médavy, commandant du corps capitulé de
Lombardie. Son mécontentement avait éclaté dès l'origine, et, après des lenteurs calculées, il ne s'était décidé
que tard et avec peine à quitter Grenoble. Sous prétexte
de maladie, il s'était mis en marche le 22 seulement
pour se ranger sous les ordres de Tessé. Jaloux, en réalité, du comte de Grignan, qui, en qualité de gouverneur, aurait pu prétendre au commandement, il se refusait à l'avoir pour chef et à se soumettre à ce qu'on
nommait alors le roulement, c'est-à-dire le droit réservé
à l'ancienneté, à égalité de grade. En prévision de cette
éventualité, Médavy avait écrit, le 16, de Grenoble à
Pontchartrain, pour se plaindre de l'insuffisance des généraux français : « Je vous répéterai encore une fois que,
tant que le Roy aura de la complaisance dans son service, ses affaires iront toujours mal. » Mais Pontchartrain
réplique aussitôt sur un ton fort dur : « Je ne saurois
croire que la complaisance pour M. de Grignan ait fait
aucun tort au service du Roy ; il est plein de bonne
volonté, et personne n'est plus capable que lui de profi-

---

[1] *Archives de la Guerre*, vol. 2041. — L'infanterie ennemie
arriva le 25 à Cuers, et la cavalerie ce même jour à Solliès, petite
ville ou bourgade dont on exigea seize mille livres de contribution.
(*Histoire du siège de Toulon*, 1707, p. 321-322.)

ter des conseils qu'on lui aura donnés. » Et, là-dessus,
il rappelle à Médavy ses propres erreurs. Aigri, cherchant des prétextes pour ne pas partir, il ne s'y décide,
en laissant au marquis de Besons la garde du Rhône, de
Genève à Lyon, que lorsqu'il est mis expressément à la
disposition du maréchal. Il sera rendu le 5 août seulement au camp de Roquevaire [1], d'où il sera envoyé à
Seillons pour défendre et barrer la route par où l'ennemi aurait pu, en se dérobant, pousser une pointe vers
Saint-Maximin et de là jusqu'à Aix.

Une lettre de Tessé au Roi, écrite d'Aix le 26 juillet,
rend compte de ce qu'était, à cette date, la situation militaire : « Nos troupes ont fait une diligence incroyable,
et si quelque chose peut sauver Toulon et nostre marine,
c'est d'avoir prevenu vos ennemis dont la teste paraissoit à Cuers hier matin quand j'achevois de visiter le
camp retranché. J'en partis assez tard, car les hommes,
Sire, quelque zélés qu'ils sont pour vostre service, ne
sont pas sans humeur [2], sans caprices, sans difficultés et

---

[1] Petite ville, à vingt kilomètres de Marseille, à une petite distance d'Aubagne, et sur la route d'Aix à Toulon.

[2] On reconnaît dans les phrases de Tessé le courtisan qui se fait
valoir, non sans une nuance de liberté et de familiarité, qui marque
bien le ton alors en usage dans la correspondance directe avec le
souverain, que l'on mettait au courant de ses affaires, en lui rendant
compte de ses propres impressions. — Les lettres du maréchal de
Tessé, adressées en grande partie à la duchesse de Bourgogne et té-
moignant de sa faveur auprès de cette princesse, laissent voir en lui
un homme de cour et d'esprit, cherchant à plaire en amusant, cul-
tivant l'anecdote, ménageur en politique, habile à manœuvrer de
manière à se faire valoir aux dépens des autres. Ayant l'affection
d'une future reine de France dont l'influence sur son mari était
bien connue, c'est par elle qu'il crut parvenir à tout. Il essaya même
de renouer avec le duc de Savoie pour le ramener à la France, et
les soupçons dont il fut l'objet d'avoir agi avec une mollesse calculée

sans bien d'autres choses qui ne doivent pas estre connues de V. M. et qui font bien perdre du temps à ceux
que vous préposez pour l'exécution de vos ordres. Tout
cela, Sire, et d'autres fantaisies de subordination m'ont
fait prendre le parti de risquer à ne pouvoir ressortir
de Toulon, et enfin j'ai terminé et j'ai eu la joie de laisser Toulon dans une union bien nécessaire à vostre service. Outre le marquis de Goëbriant qui s'accommode
par merveille avec M. de Saint-Pater, j'y ai encore laissé
M. de Dillon, désiré de toute l'infanterie et mesme de
la marine, et qui s'accorde bien avec Goëbriant; de sorte,
Sire, qu'outre M. de Saint-Pater dans la ville, dont j'ai
réglé la garnison aux quatre bataillons des vaisseaux,
aux gardes marins et aux deux bataillons de Flandre, et
préposé le sieur de Cadrieu [1], excellent brigadier, pour
commander et soutenir le chemin couvert, il restera au
camp deux lieutenants généraux (Goëbriant et Dillon) et
trois maréchaux de camp, qui sont M. le comte de Mont-
soreau, de Caraccioli, qui est homme ferme, et le
comte de Villars. M. de Sépeuille [2], le jour que j'étois à
Toulon, ayant tombé du haut d'un rocher et s'estant tué,
il en arrivera peut estre autant à M. Le Guerchois, qui a
bien voulu se charger de la conservation des crestes de

dans la poursuite de ce prince, lors de sa retraite, pourraient bien
ne pas être dénués de fondement. (Voir les *Lettres du maréchal de
Tessé*, publiées par le comte de Rambuteau, *passim*.)

[1] M. de Cadrieux. Il commandait l'infanterie de la place. Ce nom
est également écrit Catrieux.

[2] Dans le livre de Visé, précité (t. I, p. 328), il est nommé le
comte de Sepville. Il y est dit qu' « estant monté sur la montagne
qui est derrière la bastide de Clapier, dans la pensée qu'il découvri-
roit de là plus aisément les ennemis », il tomba du haut d'un rocher,
et mourut dans le moment même.

la montagne... En un mot, Sire, si quarante bataillons
retranchés ou dans la place, plus de mille cinq cents officiers de la meilleure volonté du monde et un camp
appuyé de ramparts où il y a du canon et de quoi le servir autant quasy que de palissades; si cela, Sire, ne peut
sauver une ville dont le chemin couvert est achevé et
qui a des vivres pour deux mois; si cela, encore une
fois, ne peut sauver vostre marine, il ne faut plus aller
à la guerre ni croire que ce que l'on a cru jusqu'à présent possible le soit encore... Que si Votre Majesté me
donnoit des forces, avant un mois je m'approcherois haut
la main de l'ennemi; en attendant, je vais un peu voir
ce que l'on peut pour la conservation de Marseille, pour
l'establissement d'un ou de deux ponts que je vais essayer
de faire sur la Durance et assembler la petite armée qui
me reste[1]. » Ces fières paroles contrastent avec l'abatte-
ment des premiers jours; elles présagent le succès et
l'escomptent, pour ainsi dire, après l'avoir proclamé
presque chimérique deux semaines auparavant. Tessé
semble vouloir ramener tout à lui, et, dans cette lettre,
le nom du comte de Grignan n'est pas même prononcé.
Sans lui, pourtant, aurait-il eu le droit d'affirmer ainsi
l'éventualité d'un heureux dénouement? Il n'est pas
moins explicite avec Chamillart, auquel il écrit le même
jour, mais il se montre plus réservé; il entre aussi dans
plus de détails, toujours avec l'intention de mettre en
vue sa personnalité; il dit au ministre que les ennemis
ont sur pied plus de quinze mille chevaux, malgré la
sécheresse. Nous avons cité plus haut les passages de
cette lettre où il se plaint des milices, accuse la noblesse

[1] *Archives de la Guerre*, vol. 2041.

d'inertie et les populations de lâcheté; il va jusqu'à
exprimer la crainte de troubles à Marseille : « Tout d'un
coup peut-elle mesme se révolter... Dès que j'aurai
donné un coup d'esperon à Marseille, je me rapproche-
rai du Verdon, de mes ponts et de ce qui me reste d'armée. J'aurais quasi aussi grand besoin de dormir que
d'autres choses. » Et il ajoute en *post-scriptum* autographe : « J'entends bien que l'on dira — mais si M. de
Tessé eust marché aux ennemis, il leur eût disputé le
pays, et moi je dis qu'eux placés devant Toulon, la marine estoit perdue pour six générations, et que Toulon
attaqué ne duroit pas huit jours et que ce projet est
d'Angleterre, et que, si ils prennent Toulon, ils s'y esta-
bliront et le garderont, et que Marseille et Antibes tom-
beroient le quart d'heure après... Tout cecy est si sérieux, qu'il n'y a quasy que ce qui se passe icy qui le
soit; ainsi, Monsieur, force bataillons et que la teste ne
vous tourne pas, la mienne est bien échauffée. Ne comptez point sur les secours des peuples[1]. » Le maréchal
est en plein dans le vrai; il entrevoit le fantôme d'un
Gibraltar français, il saisit le joint et veut s'y tenir; mais
que serait-il advenu si, dès l'origine, M. de Grignan ne
l'eût pas saisi également, avec autant de justesse et une
aussi louable activité ?

Il y avait encore d'autres préoccupations que celles
du siège, et celles-là d'un ordre purement politique,
auxquelles il fallait bien aviser. Elles se rattachaient à
la présence de Cavalier dans l'état-major du duc de
Savoie et aux desseins que cette présence faisait présumer. Le bruit courait que la première entrevue du duc

avec ce personnage avait eu lieu le 13[1]. Le prince de
Monaco confirmait, de son côté, cette présence de Cavalier, venu à Menton pour se concerter avec les ennemis. Enfin, l'évêque de Fréjus écrit d'Aix à Chamillart,
le 27 juillet[2], qu'il est sorti de Fréjus après le départ
des ennemis; le voilà à Aix, et il peut parler de ce qu'il
a vu : Cavalier est venu joindre M. de Savoie, de Barcelone, où il s'était jeté, « n'estant pas encore guéri d'un
coup de sabre qu'il reçut à Almanza ». En effet, après
sa sortie de Genève, c'était en qualité de colonel d'un
régiment de Vaudois et de réfugiés français, organisé
par lui en Piémont, qu'il avait passé d'abord en Hollande, où Miremont et Heinsius l'avaient appelé; ensuite
en Angleterre, où la reine Anne l'avait parfaitement

[1] Voir plus haut l'extrait d'une lettre de M. de Grignan, du 25
juillet.

[2] Fleury à Chamillart, *Archives de la Guerre*, vol. 2044. —
Fleury avait quitté Fréjus le 24 juillet, sous la protection d'une
escorte que lui avait fournie le duc de Savoie et avec l'assentiment
de ce prince, qui pendant son séjour affecta vis-à-vis du prélat une
très grande politesse. Il l'admit à sa table et lui céda la place d'honneur. L'historien du *Siège de Toulon*, de Visé (p. 302 et suiv. du
tome I), entre dans des détails circonstanciés à propos de ces relations,
empreintes de réserve et de courtoisie des deux parts. Il remarque
que les envoyés de l'Empire, de l'archiduc, de l'Angleterre et de
la Hollande, ainsi que les personnes de distinction, admis à la table
du duc de Savoie en même temps que l'évêque, lui firent tous beaucoup d'honnêtetés. Le prince séjourna à Fréjus pendant trois jours,
du 18 au 21 juillet. Il y entendit la messe à la cathédrale, avec un
certain appareil, concerté pour ne blesser aucune convenance. Il eut
avec Fleury de longues conversations, « l'entretenant souvent des
heures entières »; mais, ajoute l'auteur, il ne dit pas un mot à
l'évêque sur les affaires présentes dont il pût être blessé, et lui
parla toujours du Roi avec un très grand respect. Le prince Eugène
et le prince de Hesse en usèrent de même. Il n'est pas question de
Cavalier dans ce récit contemporain des événements.

accueilli; de là en Espagne, pour s'y battre à la tête de
ses compatriotes camisards, exilés comme lui. Ces réfugiés étaient enflammés contre leurs compatriotes catholiques d'une telle rage, que les deux troupes se heurtè-
rent en s'attaquant à la baïonnette sans se faire quartier,
mais en s'entr'égorgeant de manière à se détruire presque entièrement. C'est, du moins, ce qu'atteste l'auteur
d'une notice récente et populaire sur Jean Cavalier[1].
Mais après Almanza, victoire qui raffermit le trône de
Philippe V et dont la date (25 avril) devance à peine de
trois mois celle de l'invasion austro-piémontaise, Cavalier, au lieu de se retirer en Angleterre comme le dit
son biographe, s'était hâté d'accourir avec les débris de
son corps, transporté par la flotte anglaise; et cette hâte,
la distinction même du traitement qu'il recevait du duc
de Savoie, affectant de le considérer comme un homme
de qualité, lui fils d'un petit métayer des environs d'Alais,
simple berger à Vézénobre dans son enfance; tout, en
un mot, était une preuve assurée du rôle qu'on lui des-
tinait dans le plan adopté par les alliés. Le duc de Savoie
n'ignorait pas que le chef cévenol, caractère énergique,
âme fortement trempée, joignait à de vrais talents militaires des aspirations de parti, des rêves d'ambition et
un attrait pour la gloriole qu'il fallait satisfaire, dès qu'on
voulait se servir de l'homme.

C'est ce qu'avait parfaitement saisi, de son côté, le
futur cardinal de Fleury, lorsqu'il ajoutait dans sa lettre :
« Il logeait, à Fréjus, chez un homme qui ne manque
pas de sens et qui m'en avertit; je luy dis de luy faire

---

[1] *Petite Bibliothèque universelle.* — *Jean Cavalier, le héros des
Cévennes*, par Jules Rouquette, Paris, 34, rue de la Montagne-
Sainte-Geneviève; in-18; p. 158.

bonne chère, de le louer beaucoup parce que je sçay
qu'il est fort vain, de faire mesme semblant de craindre
ses projets pour le faire parler... Voicy ce qu'il en put
tirer... Belcastel a une patente de général de la princesse Anne et doit commander tout le débarquement; il
y a sur la flotte les débris de son régiment et de celuy
de Cavalier, qui furent détruits à Almanza,... armes,
poudres, marins anglais. On se saisira de la Camargue.
Ainsi campés entre la mer, le Rhône et la Durance, il
ne sera pas facile de les débusquer... ils nous ont ruinés
pour deux ans et ont bruslé deux villages, sous prétexte
que les habitants avaient déserté. » On voit que les théo-
ries prussiennes sur le traitement appliqué aux maisons
abandonnées par leurs propriétaires, ne datent pas d'hier,
et que nos ennemis de 1870 n'ont pas eu à leur endroit
le mérite de l'invention.

Ainsi, le siège de Toulon n'est lui-même qu'un prologue. C'est toute une expédition projetée et calculée en
vue d'un soulèvement des protestants du Midi. Une fois
à cheval et établis sur le bas Rhône, les Anglais tendront
la main aux « nouveaux convertis » de l'une et l'autre
rive; ceux de la Durance, ceux d'Orange et de la haute
Provence, armés et secourus, répondront à l'appel aussi
bien que ceux du Gard et des Cévennes que Cavalier
s'apprête à soulever de nouveau. Tessé répète la même
chose, et, le 28 juillet, il écrit d'Aix cette lettre signifi-
cative [1], où il expose à la fois toutes ses craintes : « Je
suis arrivé après minuit de Marseille, où j'ai essayé de
régler ce que j'ai pu; mais comment faire, Monsieur,
avec des gens qui n'ont jamais eu d'autre idée que celle

---

[1] *Archives de la Guerre*, vol. 2041

du repos et de l'indépendance, et jamais aucune vüe de
guerre... Si l'ennemi s'en approche, tout sera perdu...
Il n'y a pour le service nulle subordination... Le
chasteau d'If, qui, par sa situation, devroit estre impre-
nable, n'avoit ni eau ni provision... » Un millier de cavaliers « fera soulever le peuple de toutes nations, obli-
gera les bons sujets à se retirer dans les chasteaux et
tirera des millions dudit Marseille qui, pour n'estre pas
saccagé, se soumettra à tout ce que l'ennemi voudra ».
Après l'expression de ces plaintes sur le sort de Marseille, inévitable en effet dans le cas encore malheureusement possible, quoique déjà moins probable, où Toulon
eût été emporté ou même seulement bloqué, le maréchal
de Tessé poursuit ainsi : « M. de Savoye fait manger Cavalier avec lui. Il a des vaisseaux anglais chargés d'avoine
pour ses mille cinq cents chevaux. Toute l'Europe, toute
la Réforme se porte sur ce point. La flotte a douze mille
fusils que Cavalier destine à ses frères de Nismes. Avignon est également contre nous, aussi bien que les protestants ; l'archevéque est Piémontais, le vice-légat est
gouverné par son maistre de chambre, créature de la
maison d'Autriche ; Avignon peut faciliter le passage de
Cavalier en Languedoc. » On voit d'ici la singulière com-
plication et l'excès auquel pouvait aboutir cette conjura-
tion de haine contre l'ambition personnelle de Louis XIV,
inséparable alors, il faut le dire, de la grandeur française, la nation ne distinguant pas la sienne de celle du
prince. M. de Grignan n'avait pas eu tort de tant tenir
à la garde de la Durance, non seulement comme ligne
de retraite en cas de malheur, mais encore comme bar-
rière à opposer au mauvais vouloir des gens d'Avignon
et à l'insurrection possible des protestants sur les der-

rières de l'armée; enfin contre la coalition, à la rigueur possible, des deux intérêts en apparence irréconciliables de la Réforme et du pouvoir pontifical. Tout cela devait pourtant être prévu; non seulement prévu, mais, s'il le fallait, combattu, et le maréchal de Tessé, sur ce point comme sur celui de la défense de Toulon, marchait d'accord avec M. de Grignan, ainsi que le montre la suite de sa lettre, où il affirme la nécessité de se saisir d'Avignon, restitué au Pape douze ans auparavant, lors de l'avènement d'Innocent XII. Dans ce cas, il faudrait donner l'ordre d'en prendre possession à « Grignan, homme accrédité et le plus agréable qu'aucun autre, par mille raisons, aux peuples et à la noblesse dudit Avignon ». Mais cet éloge et cet empressement ne cachent-ils pas la pensée d'éloigner, sinon un rival, du moins un émule sur le point de partager sa gloire et en face d'un triomphe sur lequel, à moins d'accidents peu vraisemblables, il semble que l'on se trouve en droit de compter? Et il ajoute, en *post-scriptum* autographe, son éternel refrain: « Je vois que vous comptez sur les peuples et les milices, il n'est question de l'un ni de l'autre; ils n'ont ni armes ni poudre, et leur meilleure volonté est impuissante. » On a vu pourtant que les miliciens, sinon les milices, avaient déjà servi au recrutement des bataillons de guerre, et que celles des vigueries voisines de la Durance avaient un rôle déterminé à remplir, appuyées surtout qu'elles étaient par l'arrière-garde des derniers renforts attendus du Dauphiné.

Le Roi partage, à l'égard d'Avignon, l'avis de Tessé; il lui écrit le 1er août 1707 [1] : « ...Je demande au comte

---

[1] Louis XIV à Tessé : *Archives de la Guerre*, vol. 2042.

de Grignan de concerter avec vous les moyens de le
mettre en possession de la ville d'Avignon. J'en connois
la conséquence et je ne vois rien à ménager sur cela
que la manière de persuader le vice-légat. J'étois déjà
informé des mauvais discours de l'archevêque et des
relations qu'il entretient avec le duc de Savoye, dont il
est né sujet. Il faudra prendre des mesures pour l'envoyer dans son pays, lorsque mes troupes seront entrées
dans Avignon. » C'est donc surtout de l'archevêque,
comme Piémontais de naissance, que se méfiait Louis XIV,
et s'il consentait à l'occupation de la capitale du Comtat,
il voulait qu'elle fût réglée de concert avec le vice-légat,
et de façon à ménager l'amour-propre du Saint-Père.
Pourtant les vues, quel qu'en fût le mobile secret, du
maréchal de Tessé, ne furent pas exécutées ; il changea
d'avis au dernier moment. En effet, M. de Grignan
avertit Chamillart le 8 août [1] qu'il n'est pas question
d'occuper Avignon pour le moment. On se contenta
d'établir trois ponts à Mirabeau sur la Durance, et un
autre sur le petit Rhône, celui-ci pour communiquer de
la Camargue en Languedoc, en prévision de la descente
de Cavalier. Enfin, Aubagne, tête de ligne de la route de
Toulon dans la banlieue de Marseille, point de communication important à l'est et vers l'intérieur du pays,
par Saint-Maximin et Brignoles, dans une direction,
vers Aix, alors capitale, dans l'autre, position centrale
s'il en fut, fut choisi pour l'établissement d'un camp,
où tout ce qui restait de troupes en marche se trouva
concentré, pour être ensuite dirigé là où s'engagerait
l'action décisive.

[1] Grignan à Chamillart, le 8 août 1707; *Archives de la Guerre,*
vol. 2042.

CHAPITRE V

LA LEVÉE DU SIÈGE DE TOULON. — LES DERNIÈRES
ANNÉES DU COMTE DE GRIGNAN.

Retournons à Toulon, capable maintenant de tenir
devant les premières attaques, en attendant que le
moment fût venu de reprendre l'offensive. Nous avons
parlé des murs, des bâtiments rasés, des édifices même
démolis sans pitié, pour enlever tout obstacle au jeu
des canons. Ces mesures rigoureuses n'allèrent pas sans
soulever des plaintes. Elles parurent injustes ou vexa-
toires et ne contribuèrent pas peu à exciter des mécon-
tentements dans le monde des ouvriers et les familles de
marins, taxés de tendances républicaines par la correspondance ministérielle. Les arbres avaient été abattus
au dehors, dans l'espace qui sépare Toulon de La Valette.
A l'intérieur, les secours contre l'incendie, les escouades
d'ouvriers chargés de les éteindre, les barriques
pleines d'eau distribuées autour des maisons, enfin les
draps, la charpie, les linges à pansement aux mains des
femmes, attestaient le zèle bruyant, mais dévoué, de la
population toulonnaise.

Le duc de Savoie avait cru fermement pouvoir gagner
une avance de six jours sur l'armée française venant du

Dauphiné[1]. Il était à Pignans, en arrière de Cuers, lorsqu'il apprit l'arrivée des premiers bataillons français, et refusa d'abord d'y ajouter foi. Il se demandait par quelle route, celle de Solliès étant inconnue à ses éclaireurs, ils avaient pu passer. Dès lors, il voulut tenir conseil : M. de La Londe y fait siéger seize princes de divers États d'Allemagne, quatre ministres accrédités par les puissances alliées, l'amiral anglais, enfin des généraux de l'Empire et le premier de tous, le prince Eugène, aux yeux de qui le succès se trouve déjà compromis et qui conseille la retraite. Cet avis, appuyé par les princes de Hesse et de Wurtemberg, combattu par le duc de Saxe-Gotha, est repoussé par le duc de Savoie comme indigne de lui. Il avait écrit de sa main à la reine Anne qu'il « s'emparerait de Toulon ou périrait en l'assiégeant ». Il prenait sur lui de poursuivre l'entreprise et d'en assumer la responsabilité. « Nous sommes venus », disait-il, « pour faire quelque chose. Pleinement informés de ce qui se passe, nous savons la guerre ; notre savoir et notre fortune nous serviront de guides. » Ces mots tranchèrent la question, en décidant la marche en avant : la flotte, avertie par le signal convenu, quitta le mouillage des îles d'Hyères et vint s'arrêter à l'embouchure du Gapeau, fleuve minuscule qui vient de Solliès ; elle s'approcha le plus qu'elle put du rivage et débarqua le matériel de siège.

Décidé à faire le siège de Toulon, après avoir reconnu l'impossibilité de l'emporter par un coup de main, le duc de Savoie, présomptueux et tenace, mais résolu et non dépourvu de sens pratique, s'occupa d'asseoir soli-

---

[1] *Siège de Toulon*, par M. de La Londe, p. 33.

dement son armée, dont les lignes, faisant front à la
place, s'étendaient du nord au sud, appuyées à droite
sur le village de La Valette, à gauche sur la mer, un
peu en arrière du cap Brun, contre le château de Sainte-
Marguerite. Il fit couvrir son camp par un retranchement
et fortifia surtout l'extrémité du côté de la mer, pour
assurer les communications avec la flotte [1]. Les troupes
s'établirent dans la plaine de Brunet [2], la cavalerie sous
les oliviers, l'infanterie dans les vignes dont le pays
entier se trouvait alors complanté, par rangées nommées
« oulières », dans le langage méridional. Nous avons
vu que la hauteur de la Croix-de-Faron [3] avait été occupée presque sans coup férir. L'effort de l'ennemi, dès
le 29 juillet, se porta vers Sainte-Catherine, position
avancée qu'il lui fallait emporter tout d'abord. Entre
Faron et Sainte-Catherine, toujours sur le front du
camp Saint-Anne, était placée, sur le monticule de
l'Artigues, une batterie que les Austro-Piémontais firent
attaquer par le prince de Saxe-Gotha et le général
Zinjungen, venant de Faron avec trois mille hommes,
tandis que les divisions du comte de Conningsek et du
baron de Rebender abordaient de front Sainte-Catherine.
Le comte de Broglie, qui commandait la batterie de
l'Artigues, réussit d'abord à s'y maintenir; il ne l'aban-
donna que le lendemain et sur les ordres de Goëbriant.
La défense de Sainte-Catherine avait été confiée à M. de
Guerchois, secondé par le comte de Villars, chef d'escadre,

---

[1] *Siège de Toulon*, par M. de La Londe, p. 53.
[2] Le duc de Savoie logea de sa personne chez M. de La Valette,
et le prince Eugène chez un bourgeois du nom de Beaudevin.
(*Histoire du siège de Toulon*, par Visé, t. I, p. 329.)
[3] Le peu de gens qui occupaient ce poste l'abandonnèrent de peur
d'être coupés.

fils du duc, et par le brigadier de Tessé, fils du maréchal.

Les deux divisions furent d'abord repoussées ; mais elles revinrent presque aussitôt, appuyées par quatre mille grenadiers aux ordres du prince de Wurtemberg, et cette seconde attaque, soutenue non sans peine jusqu'à la fin de cette première journée, reprise le lendemain avec trois mille hommes de plus, combinée avec une descente de la flotte suivie d'un commencement de succès pour les alliés, rejetés enfin à la mer par M. de Pontac, capitaine de vaisseau, cette attaque aboutit en dernier lieu, malgré le courage et la ténacité de Guerchois, à le faire céder devant un assaut convergent du prince de Hesse, du comte de Larocque et du marquis de Salles, lieutenants généraux piémontais, abordant de concert et par trois points différents le plateau et la chapelle. Le nombre seul et la nécessité de ne pas engager toutes les forces françaises pour la conservation d'une position importante, mais non décisive, puisque le camp Saint-Anne et l'enceinte même de Toulon demeuraient intacts, entraînèrent ce pas en arrière qui ne se fit pas d'ailleurs sans une résistance désespérée et des pertes cruelles du côté des alliés, entre autres le prince de Hesse grièvement blessé. Pourtant on affecta de taxer d'échec et de reculade l'évacuation de Sainte-Catherine. Il semblait qu'après tant d'efforts on dût y rester, et l'intrépide marquis de Guerchois, chargé de la défense des postes avancés et qui s'était déjà replié de celui de Faron, se trouva l'objet de récriminations injustes, comme s'il eût faibli et pris sur lui de quitter la partie. Le comte de Vauvray[1], intendant des mers du

----

[1] Écrit aussi *Vaurré*.

Levant, qui commandait l'artillerie, écrit le 30, de Toulon : « Les ennemis ont fait une batterie sur une hauteur qui commande Sainte-Catherine ; nous en voilà chassés après avoir eu dans un combat d'artillerie deux canons crevés et par suite plus de quarante tués ou blessés. L'ennemi va s'y établir ; nos troupes n'ont fait aucune résistance, malgré les efforts de M. de Polastron, colonel. » Tessé lui-même[1], rendant compte au Roi de ce qui vient de se passer, ajoute : « Cette perte du plateau de Sainte-Catherine, sous le feu de quatre petits canons de montagne, est bien terrible, et cela sans action, car c'est une terreur panique... Le Guerchois est et a toujours passé pour très brave homme, je suis son serviteur et son ami : mais la Croix-Faron perdue sous ses ordres sans tirer un coup de fusil, et le plateau de Sainte-Catherine abandonné encore sans perte, sont deux choses très tristes. Cependant le voilà mis aux arrests au veu et au sceu d'une grosse garnison. Je suis pénétré d'une douleur indicible... mais la perte de cet important plateau de Sainte-Catherine, qui devoit couster au moins quatre mille hommes aux ennemis, est bien cruelle, et cela par une frayeur sans principe. » Il joint à sa lettre celle de Goëbriant : on y lit qu'une petite batterie de quatre petits canons de montagne a jeté la terreur sur le plateau de Sainte-Catherine ; les deux compagnies de Sanzey, qui étaient au plus haut du plateau, ont disparu ; « Polastron en prévient Le Guerchois, lequel, sans faire reconnoistre ny estre attaqué, a envoyé ordre aux troupes de se retirer ; M. de Caraccioli, maréchal de camp de jour, et M. de Creil qui estoit de piquet ont voulu arrester

[1] Tessé au Roi, le 31 juillet ; *Archives de la Guerre*, vol. 2041. — Origin. autogr.

les troupes et faire ferme ; mais M. Le Guerchois a dit
qu'il en avoit l'ordre, ce qui n'est pas vray... cela va
resserrer infiniment la ville et le camp... J'ay un vray
chagrin de cette affaire qui est honteuse et de mauvais
augure. » Et Goëbriant, de son côté, le 30 juillet : « On
a laissé six pièces de canon ; M. de Polastron voulait
tenir avec treize hommes. » Le maréchal ajoute à ce qui
précède une lettre de son fils, qui gardait Sainte-Catherine et avait été relevé par Le Guerchois : « C'est pour la
seconde fois que M. Le Guerchois a le mesme sort... les
deux compagnies des grenadiers de Sanzé mériteroient
bien d'estre branchées. » Le comte de Dillon manifeste
la même indignation ; — et pourtant rien de tout cela
n'était exact, et ne devait même laisser des traces.
M. Le Guerchois avait sagement agi en ne résistant pas
trop longtemps, au risque d'engager l'armée entière à
la défense d'une position dont la perte, disputée avec
acharnement, n'entraînait par le fait aucun résultat. Il
n'avait fait qu'obéir aux instructions mêmes de Goëbriant.
Le maréchal de Tessé, lorsqu'il s'était fait l'écho de plaintes
inspirées ou par la jalousie ou par un de ces égarements
d'opinion auxquels cèdent facilement les Français, peut-
être tenant à la rivalité des armées de terre et de mer,
ici en contact journalier, n'était pas sur les lieux. Il
surveillait à Aubagne l'arrivée et la concentration des
réserves attendues. Aussi il revint bientôt de son premier jugement, et le brave Le Guerchois fut parfaitement
disculpé de ses deux échecs, à la Croix-Faron et à
Sainte-Catherine. Il fut reconnu que la seconde de ces
positions n'était pas tenable, puisque le maréchal de
Tessé, avec l'armée entière, après le grand succès qu'il
allait obtenir et le refoulement de l'ennemi dans ses

lignes, crut nécessaire de l'évacuer, comme étant commandée par le camp piémontais.

Le Guerchois avait donc bien agi, et cependant, tout acheté chèrement que fût le succès, c'en était un pour le duc de Savoie. Peut-être dans son intérêt aurait-il fallu qu'il risquât le tout pour le tout et qu'après avoir enlevé Sainte-Catherine, il se heurtât au camp de Saint-Anne, mettant à profit l'ébranlement momentané de l'armée française pour forcer le passage avant l'arrivée des derniers renforts que le maréchal réunissait à Aubagne ; mais le duc de Savoie était méthodique ; il tenait à poursuivre un siège régulier et travaillait à monter et à perfectionner ses batteries, dont il attendait un effet décisif. C'est là que ses calculs furent heureusement déjoués ! En attendant, pour ne pas rester inactif, il imagina de tourner le nord de Faron, en portant ses troupes dans le vallon de Favières, pour déboucher ensuite à Dardenne par la gorge de Saint-Antoine. De cette façon il abordait le camp Saint-Anne en le prenant à revers, tout en continuant l'attaque de front. L'expédition ainsi comprise fut confiée au prince Eugène ; mais le comte de Grignan, dit M. de La Londe [1], en prévoyance du mouvement, avait muni le front d'attaque, dans la nouvelle direction, de tranchées profondes défendues par trois mille hommes, vers Saint-Antoine, et l'opération échoua ou se réduisit du moins à d'inutiles ravages exercés dans la campagne et sur les moulins. Dès lors, il ne fut plus question pour le duc que de s'établir solidement à Sainte-Catherine, en vue du siège, en élevant, de la chapelle au ruisseau de l'Egoutier et de

[1] *Siège de Toulon*, p. 57.

là jusqu'à Lamalgue, une ligne armée de quatre batteries de gros calibre, de manière à battre à gauche le
fort Saint-Louis, situé au bord de la mer, en avant du
corps de la place. C'était entreprendre contre Toulon
les mêmes travaux retranchés et palissadés qu'on avait
construits un mois auparavant en vue de le défendre, et
la situation entre l'attaque et la défense tendait ainsi à
s'égaliser à l'avantage des Français, dont toutes les
ressources n'étaient pas encore réunies, tandis que
celles des alliés avaient atteint ou allaient atteindre
leur « maximum » de puissance et d'intensité.

Les assiégés étaient loin, du reste, d'être demeurés
inactifs. Non seulement on avait perfectionné et garni
de munitions les batteries, miné les chemins couverts et
les places d'armes, palissadé la pointe des batteries;
mais des vaisseaux de ligne, avantageusement placés,
battaient la plaine et les abords de la ville. C'était le
Saint-Philippe de quatre-vingts canons, embossé à
Missiessi, au pied de Malbousquet, battant la dépression
entre cette hauteur et la ville, jusqu'à la gorge Saint-
Antoine. Plus loin, c'était le *Tonnant,* dont les feux
portaient sur la plaine, entre Sainte-Marguerite et Lamalgue. Puis, ce furent des terrassements avec des
batteries dressées en avant du bastion des Minimes, vers
la partie sud des remparts, exposés aux feux des batteries
nouvelles et surtout de la batterie royale, armée de
treize pièces de canon. C'était un dessein arrêté maintenant, chez le duc de Savoie, de réduire la ville, en la
couvrant de feux, en l'accablant de projectiles. Il marchait vers ce but en multipliant les batteries et pressant
la flotte anglaise d'agir concurremment. Ce plan ne pouvait être déjoué maintenant que si l'armée française

savait elle-même profiter du temps écoulé, pour reprendre une offensive vigoureuse et rompre ce demi-cercle de fer dont chaque jour augmentait la force. C'est bien ce que comprit Tessé et ce qu'il exécuta dès qu'il se sentit assez fort pour essayer l'entreprise.

Il y avait, le 1er août, vingt-cinq bataillons et cinq mille cavaliers campés à Aubagne et venus du Dauphiné sur l'ordre de Tessé. Ils tiraient leur subsistance d'Aix et de Marseille, Aubagne communiquant à la fois avec ces deux villes. Ce camp était par lui-même une menace forçant les alliés à ne pas se séparer et s'opposant à l'investissement de Toulon. Le maréchal en détache d'abord Médavy avec six bataillons et toute la cavalerie, vers Saint-Maximin, non seulement pour fermer cette issue par laquelle les Austro-Piémontais auraient pu être tentés de se frayer un passage, mais encore pour leur couper les subsistances, les harceler, et effectivement le comte de Médavy, ne s'arrêtant pas à Saint-Maximin, territoire peu propice à la cavalerie par son manque de fourrage, s'était bientôt avancé jusqu'à Seillons, près de Brignoles, et non loin de Tourves, où, dit-il[1], « j'ay trouvé M. de Saint-Amour avec six ou sept cents chevaux à Tourves qui faisoit trembler et contribuer tout ce pays-ci. Cependant, à mon approche, tous les paysans ont pris les armes et ont tiré sur les Allemands. » Il fait arrêter le gouverneur de Brignoles, accusé de conni- vence avec l'ennemi.

Le 5 août, le camp principal est à Roquevaire, à quelques kilomètres en avant d'Aubagne. Enfin, le maréchal lève le 10 août son camp d'Aubagne et se rend

[1] Médavy à Chamillart, le 12 août 1707 ; *Archives de la Guerre*, vol. 2042.

à Toulon avec seize bataillons. Le comte de Grignan l'accompagne et ne le quittera plus; il sera de toutes les affaires, non en commandant, ni en qualité de lieutenant général, pas même à la tête d'une division, mais en simple volontaire, donnant l'exemple, n'entraînant aucune compétition, effaçant en un mot le gouverneur de Provence derrière le soldat qui fait son devoir. Il écrit à Chamillart, le 3, de Toulon[1], et sa lettre nous apprend l'exacte situation des choses à l'arrivée de Tessé et à la veille de l'action : « Les ennemis occupent toujours les hauteurs au-dessus de Sainte-Catherine et de Dardennes; ils n'ont pas encore débarqué leur artillerie. On dit que le prince de Hesse a eu le bras cassé. » Vauvré, de son côté, annonçait, à la date du 4 août[2] : « On a fait cette nuit un détachement de six compagnies de grenadiers du camp et de deux de la place qui a esté à la chapelle de Sainte-Catherine en inquiéter les travailleurs. Nous y avons eu un lieutenant de Forez[3] et trois soldats tués. » En prévision d'un siège tourné en blocus, on avait cherché vers cette époque ou un peu avant[4] à faire sortir de Toulon les bouches inutiles, tous ceux qui, ne pouvant rien pour la défense, augmentaient le désordre, femmes et enfants, bourgeois et

---

[1] Grignan à Chamillart, le 3 août 1707; *Archives de la Guerre*, vol. 1042.

[2] Vauvré à Chamillart; *Archives de la Guerre*, vol. 2042.

[3] Régiment dont il y avait un seul bataillon en ligne.

[4] Le livre de M. de Visé donne l'extrait d'une lettre écrite le 27 de Toulon et qui annonce qu'à cette date M. de Saint-Pater avait ordonné de dépaver les rues et de faire sortir tous les mendiants, ainsi que les personnes réfugiées à Toulon, depuis la menace de siège, à peine contre ceux qui les logeraient d'une amende de trente livres.

ouvriers, réfugiés des champs, dont l'accumulation diminuait les chances de lutte contre la famine. La mesure était d'autant plus justifiée que l'intendance s'était efforcée d'emmagasiner des vivres pour l'entretien de l'armée. On comptait à Toulon, au commencement d'août, onze mille quintaux de biscuit, beaucoup de chair salée et farines, des bœufs que M. d'Angervilliers venait d'y faire entrer, enfin quatre mille quintaux de foins qu'il avait fait descendre de Villeneuve-lez-Avignon. D'après une note conservée aux Archives[1], la masse que l'on voulut éloigner était une sorte de petite bourgeoisie « composée pour la plupart de race de matelots et de bandits (*sic*); il pouvait y avoir soixante mille femmes ou enfants dont on aurait voulu estre débarrassé, ne faisant que se lamenter; d'ailleurs il y régnait un esprit républicain par la singularité des opinions ». Il y a là un aveu à enregistrer, précieux à retenir dans son exagération même, et bien que la tendance actuelle des populations du Var soient loin d'être en désaccord avec une appréciation qui remonte à cent quatre-vingts ans en arrière, il est juste pourtant de tenir compte de l'effet produit presque constamment sur les hommes du Nord par l'effervescence naturelle aux populations du Midi si facilement excitables, si disposées à pousser leurs opinions jusqu'au paroxysme. Heureusement, à côté de ce tumulte, la gaieté française, qu'un rien ranime et à laquelle la race locale revient d'elle-même, pour peu que l'espérance la touche de ses ailes, n'était pas absente de cette armée que l'ardeur dévorait, qui tendait au but envié et ne demandait qu'un signal pour se précipiter.

[1] *Archives de la Guerre*, vol. 2042.

Officiers et soldats, beaucoup moins séparés les uns des autres qu'on ne veut bien le dire, animés du même esprit, à l'intérieur de ces camps, sur les plates-formes et les esplanades d'où l'on suivait des yeux, à travers les nuits sereines, la clarté des feux ennemis, s'égayaient ensemble. Tandis que les uns marchaient à l'ennemi pour le surprendre et le culbuter, les autres dansaient au son joyeux du tambourin ; car c'est bien lui, le tambourin de Provence, dont le jeune Tessé parle en écrivant à son père le 4 août cette lettre de Toulon que le maréchal transmet au ministre[1], et que nous ne pouvons nous empêcher de reproduire : « Je suis bien aise, mon cher père, que vous trouviez mon style gaillard, ma personne l'est fort. Je rassemble tous les soirs la bonne compagnie de notre armée ; il nous est arrivé un surcroît de joie, c'est un tambour de basque qui nous fait danser au son de son flageolet[2] et qui répand la gaieté dans les piquets de l'armée. Nous l'avons mené d'un bout de la ligne à l'autre et fait danser nos soldats. L'on ne sçauroit leur inspirer trop de joie. Six compagnies de grenadiers, soutenus de quatre piquets, ont attaqué cette nuit le travail des ennemis qu'ils ont culbuté aussi bien que ceux qui les soutenaient[3]... »

[1] Tessé le fils à son père le maréchal ; *Archives de la Guerre*, vol. 2042.

[2] Il est impossible de méconnaître le tambourin et le galoubet.

[3] Il s'agit de la même affaire rapportée précédemment par Vauvré. — Parmi les déserteurs qui se rendaient journellement à Toulon, il se trouvait beaucoup de Français faits prisonniers à la bataille d'Hochstet ou à celle de Turin, et enrôlés de force dans les troupes de l'Empereur ou dans celles du duc de Savoie. On conçoit leur empressement à rejoindre leurs compatriotes. Un état qui parut le 12 portait leur nombre à quatre mille cinq cents.

Tout le travail des assiégeants consistait alors, sous la direction du généralissime, à augmenter le nombre et la force des batteries, à perfectionner et consolider les ouvrages soit à Sainte-Catherine, soit à Lamalgue. Sur ce dernier point, les nouvelles batteries avaient pour but de réduire le fort Saint-Louis dont l'amiral Showel alléguait la présence pour se tenir éloigné de la côte. L'amiral Showel refusait avec obstination, mais non sans raison, de se rapprocher tant que ce fort n'aurait pas été abattu. Les deux vaisseaux *le Saint-Philippe* et *le Tonnant,* amarrés maintenant l'un près de l'autre, combinaient leurs feux avec ceux des pièces de remparts, ne cessant pas de tirer sur les assaillants et de gêner ou d'interrompre leurs travaux, tandis que de Saint-Mandrier et d'autres points de la côte les boulets rouges tenaient en respect la flotte alliée. Cependant, malgré tous les efforts de la place, les lignes du duc de Savoie, méthodiquement fortifiées, démasquant de jour en jour de nouvelles batteries, gagnaient en force, en étendue, en sûreté. Leurs cheminements marchaient, et la batterie royale, démontée trois fois, n'en avait pas moins été rétablie chaque fois; et l'on était forcé, pour les atteindre, tellement ils se trouvaient à l'abri, de tirer au ricochet, des lignes françaises. La tranchée était ouverte depuis le 7, et douze cents travailleurs ennemis étaient employés aux retranchements tant de la montagne de Sainte-Marguerite que de celle de Lamalgue. — Il faut donc en finir ou renoncer à vaincre, et le moment de reprendre l'offensive est venu. On songe à l'action d'autant plus sérieusement que le fort Saint-Louis désemparé et battu en brèche peut à peine tenir. Il est renforcé d'une compagnie de grenadiers que leur

envoie Tessé avec ordre de tenir jusqu'à l'assaut. La
flotte française, dès que ce fort aura succombé, sera
bombardée sans obstacle, ainsi que Toulon lui-même.
D'ailleurs, c'est bien l'instant des grandes résolutions :
le 14 août, à Versailles, le maréchal de Berwick, le
vainqueur d'Almanza, vient d'être mandé; il a l'ordre du
Roi de se rendre en poste en Provence. Il servira avec
Tessé sous Mgr le duc de Bourgogne. Louis XIV a senti
la menace d'un péril national. L'héritier présomptif de
la couronne, s'il faut défendre le sol du pays, ira le
disputer en personne. Le Roi écrit à Tessé le 14 août[1] :
« J'ay résolu d'envoyer le duc de Bourgogne; il partira
avec le duc de Berry dans la fin de ce mois... J'ay
mandé au maréchal de Berwick de se rendre en Provence pour servir avec vous sous ses ordres. Il ne doit
quitter le duc d'Orléans que pour le temps que durera
l'expédition de Provence, il retournera le joindre
aussitôt que le duc de Bourgogne aura pris la résolution
de s'en revenir. J'ay été bien aise de donner lieu au duc
de Bourgogne[2] de se faire connoître à la tête d'une
armée qui est destinée pour rétablir mon autorité dans
le dedans de mon royaume. »

[1] *Archives de la Guerre,* vol. 2042.

[2] Le duc de Bourgogne aurait donc combattu directement son
beau-père. Louis XIV n'était sans doute pas fâché de mettre en relief
la conduite immorale du souverain piémontais, qui sans autre motif
que la convoitise envahissait le pays où son gendre et sa fille devaient
porter la couronne. — La courtoisie la plus chevaleresque étant alors
d'usage entre les combattants, le maréchal de Tessé, après avoir fait
son possible pour procurer au prince Eugène un surtout de table,
promit de le lui faire tenir à Turin dans un mois, et il eut soin en
attendant d'envoyer tous les jours quatre charges de glace à La
Valette pour l'usage des généraux ennemis. (*Siège de Toulon,* par
Visé, t. I, p. 498.)

Ce grand effort, dirigé par le successeur éventuel au trône de France, devint heureusement inutile. Le lendemain du jour où le Roi écrivait ces lignes si empreintes du sentiment profond de sa responsabilité, le 15 août, les dispositions arrêtées par le maréchal s'exécutent, et nous n'aurions qu'à lui emprunter le récit de la journée, tel qu'il le transmit au Roi dès le 16, si le livre de M. de La Londe ne nous eût fourni quelques détails qui le complètent fort heureusement. D'après les relevés officiels, l'auteur du *Siège* évalue à quatorze mille hommes de toutes armes les forces disponibles, distribuées par le maréchal en trois colonnes, marchant à l'attaque de Sainte-Catherine, soutenus en seconde ligne par dix bataillons appuyés à droite sur la ville, à gauche contre la montagne de Faron. Dillon et Le Guerchois commandent une colonne d'élite, formée des brigades du Lyonnais et de La Fare, avec le jeune Villars et d'autres, destinée à une diversion ou expédition de nuit. C'est elle qui doit reprendre la Croix-Faron. L'intrépide troupe, guidée par un bourgeois de Toulon nommé Léraud qui lui sert de guide à travers l'obscurité, marche toute la nuit, gravissant le roc décharné huit heures durant et par des chemins de chèvre. Elle réussit dans son entreprise aussi aventureuse que matériellement difficile, et après avoir débusqué l'ennemi, donne à la pointe du jour le signal convenu : trois fusées volantes annonçant l'occupation du sommet. D'un autre côté, le comte de Cătrieux tentait à la même heure, dans une autre direction, une diversion différente. Il partait en mer pour opérer une reconnaissance des hauteurs de Lamalgue, afin de détourner sur ce point l'attention de l'ennemi qu'on allait, aux pre-

mières lueurs du jour, assaillir sur sa position de
Sainte-Catherine.

A l'aube, le marquis de Goëbriant s'ébranle avec dix-
huit bataillons, quatre à gauche avec Tessé le fils, qui
marche entre les vignes et les oliviers, le coude appuyé
sur Faron reconquis, huit au milieu avec le comte de
Monsoreau et le comte de Broglie pour brigadiers, six
sur la droite commandés par MM. de Caraccioli et Des-
touches. Les six bataillons de droite étaient des troupes
de la marine, soutenues par dix compagnies de grenadiers. Caraccioli, à leur tête, attaqua les ennemis
retranchés dans leur parallèle, couverts par des murs;
il ne les mit en fuite qu'après une lutte des plus vives,
de plus d'une heure, et après les avoir tournés. La
résistance fut encore plus vive au pont de l'Eygoutier, où
le prince de Saxe-Gotha préféra mourir plutôt que de
reculer. Au centre, Goëbriant avec le maréchal de camp
Monsoreau, les brigades de Bourgogne et de Mirabeau[1],
et le comte de Broglie conduisant treize compagnies de
grenadiers, marcha droit au centre du plateau. M. de
Metz, colonel du Vexin, prit d'assaut la chapelle de
Sainte-Catherine, dont il délogea le général de Zinjungen.
Celui-ci essaya, en se retirant, de tenir plus loin avec

[1] Le propre grand-père de l'orateur, Jean-Antoine de Riquetti,
marquis de Mirabeau, brigadier des armées du Roi, dit Mirabeau au
collier d'argent, à cause d'une blessure reçue en Italie, et qui l'obli-
geait à porter un collier d'argent. — Il était alors à peine remis de
cette affreuse blessure; il dut pourtant prendre part à la défense de
Toulon, à la tête d'une brigade. Il était colonel d'un régiment d'infanterie de son nom, dont les deux bataillons faisaient partie de
l'armée de Tessé. Il épousa, par contrat du 17 avril de l'année suivante, 1708, Françoise de Castellane, fille de Jean-François de Castellane, baron d'Avanson.

treize mille hommes ; mais un nouvel effort du comte de
Broglie l'en chassa en le culbutant, et alors l'affaire
devint générale. Ce fut une lutte corps à corps qui aurait
eu ses dangers, si l'artillerie française, augmentée de
six pièces fournies par la marine, n'était venue jeter
l'ennemi dans un tel désordre, qu'un dernier assaut,
conduit à travers une brèche ouverte dans les retranchements par Broglie et Caraccioli, emporta tout ce qui se
défendait encore, sans que les chefs, ni le duc en personne, pussent ramener les fuyards au combat.

Les bataillons allemands avaient été « troussés », et
leur camp emporté ; leurs tentes et leurs bagages pris.
Quelques détachements, saisis à l'improviste, se sauvent
en chemise. Le plateau et la chapelle sont enlevés, le
duc de Saxe-Gotha tué et le duc de Wurtemberg
grièvement blessé. On reconquit en même temps Dardennes et la poudrière. « Le colonel des cuirassiers,
Pfatterkorn, très estimé et qui fut celui qui tua Vau-
becourt, y a été certainement tué[1]. » Ce sont là les
détails transmis par Tessé en personne. C'était un beau
succès, une victoire complète dont les suites ne tarderont
pas à se développer. L'armée française perdait douze
cents hommes ; mais les alliés avaient eu près de quatre
mille morts, sans compter l'effet moral. Des capitaines
de vaisseau (Duquesne, — Mosnier, — Chaulieu, —
Beaussier, — de Court de Bruyère), mêlés aux brigadiers, déployèrent pendant la lutte, à la tête des
marins sous leurs ordres, un sang-froid et un courage
admirables. Nous allons voir les rivalités entre les deux
professions se faire jour ; mais il n'y avait ici d'autre

[1] Note autographe en marge, de la main de Tessé.

rivalité que celle de la valeur, et il est certain que cette
émulation mise en jeu conduisit aux plus heureux
résultats.

De l'avis de tous les contemporains, le vieux Grignan,
celui dont la finesse d'esprit et la prévoyance, mise en
éveil, avaient déjoué dès l'origine le dessein des alliés,
donna un spectacle et un exemple d'intrépidité que son
âge de soixante-dix-huit ans rendait surprenants. Bravant
la fatigue comme le danger, allant au feu comme un
jeune homme, suivant partout le maréchal de Tessé, il
avait assisté à toutes les affaires, et, dans la dernière, il
était resté à cheval un jour entier. Félicité par tous,
mêlé à la foule des bourgeois et des soldats, qui lui
serraient les mains sur le champ même de bataille, il
adressa au maréchal, qui s'approchait de lui, ces belles
paroles : « Monsieur le maréchal, nous dirons au Roi
que nous avons vu les Toulonnais face à face avec les
ennemis, faire bonne contenance et se battre en braves
gens [1]. »

Le lendemain, 16 août, il écrivait à Chamillart [2] :
« Le maréchal de Tessé a soutenu lui-même l'exécution,
s'estant trouvé partout dès le commencement jusqu'à la
fin avec une activité qu'un volontaire comme moi [3] avoit
bien de la peine à suivre. J'ay trouvé une grande satisfaction à en estre le témoin et à voir avec quel ordre,
quel courage et quel succès, MM. les officiers généraux
et autres se sont comportés... » On a pu croire que

---

[1] *Siège de Toulon*, par M. de La Londe, p. 68; extrait des *Notes
du chevalier Bernard* (manuscrit de 1707).

[2] Grignan à Chamillart, le 16 août 1707; *Archives de la Guerre*,
vol. 2042.

[3] Presque octogénaire, il ne faut pas l'oublier.

cette tournure était une façon indirecte et ingénieuse de
se faire valoir. Mais le comte de Grignan n'avait pas
besoin d'un pareil détour pour renseigner le ministre
sur ses actes. Celui-ci savait bien son âge, et un vieillard
aussi jeune de cœur, aussi solide de corps, avait bien le
droit de se vanter de ses prouesses, tout en prononçant
l'éloge des autres. D'ailleurs, le caractère droit et simple
de M. de Grignan ne cherchait pas la mise en scène, et
sa femme, qui courait d'elle-même, plus que lui, après
les grandeurs, n'était plus là pour lui en faire savourer
l'enivrement.

Après la grande affaire du 15, la levée du siège était
presque inévitable. Le duc de Savoie, qui avait tant de
peine à renoncer à ses rêves de souveraineté sur la Provence, qui avait tout fait jusque-là pour séduire les
paysans et s'attirer le peuple des villes par des promesses
de dégrèvements, ne put encore s'y résigner. Il essaya
du bombardement, que les batteries encore intactes des
hauteurs de Lamalgue, et la réduction imminente du
fort Saint-Louis, en favorisant l'approche de la flotte
anglaise, rendaient encore possible, bien que le résultat en
fût des plus incertains. Se venger sur des murs, incendier
des maisons, tuer des habitants inoffensifs, fut toujours
le refuge de ceux qui, ne pouvant forcer l'entrée d'une
place, ont le déboire de l'assiéger vainement. Ce que les
Allemands firent à Paris et à Strasbourg, lors de la dernière guerre, malgré la certitude d'arriver à leurs fins
par le blocus, le duc de Savoie voulut l'essayer sur un
port et vis-à-vis d'une place non investie, contre une
ville dont les remparts s'obstinaient à tenir bon et une
garnison renforcée, dont un succès récent décuplait le
courage. Toulon fut donc bombardé, à partir du 16 août,

et le 18, d'après Tessé[1], on avait jeté dans la place une
centaine de bombes ; elles avaient écrasé quelques maisons
et mis le feu à plusieurs autres..., « mais les ennemis
n'ont encore remis le nez à aucun des postes qui furent
emportés dans l'action du 15 ». Le château de Sainte-
Marguerite, pressé par deux mille hommes et privé
d'eau, avait fini par se rendre, et la garnison du fort
Saint-Louis, après une défense désespérée, l'évacua
pour se retirer à la Grosse-Tour, qui commandait l'entrée de la petite rade. Dès lors, l'amiral Showell,
n'ayant plus de prétexte pour se tenir à l'écart, vint
débarquer ce qu'il avait encore de matériel ; il semblait
que le vrai siège allât commencer ; on établit des mortiers derrière le ruisseau de l'Eygoutier : le bombardement ne cessa pas jusqu'au 21, jour où les six galiotes à
bombes, mouillées au pied du fort Saint-Louis, vinrent
y prendre part. Les quarante vaisseaux de la flotte
anglaise, embossés à l'entrée de la grande rade, ouvri-
rent également le feu. Il semblait que la ville dût être
écrasée sous un pareil déluge de projectiles. Elle résista
pourtant, et un capitaine de vaisseau, Court de Bruyère,
parvint même à établir à Lamalgue une batterie de
trente-six canons dont le feu portait directement sur les
galiotes à bombes. Le combat pouvait recommencer
sans désavantage de la part des Français. Menacé cette
fois d'un désastre immense, le duc de Savoie retrouva
sa prudence et commença à préparer, puis à presser le
départ, tandis que les galiotes et la flotte elle-même
reprenaient le mouillage des îles d'Hyères : le duc de
Savoie levait décidément le siège. Quel que fût le mobile

---

[1] Tessé à Chamillart, le 18 août 1707; *Archives de la Guerre*, vol.
2042.

de sa détermination, le bombardement ne paraissait avoir été entrepris que pour masquer le départ et couvrir la retraite. L'armée alliée se mettait en marche sur cinq colonnes pour regagner le Var, qu'elle repassait non sans hâte le 26 août, après avoir quitté Toulon le 22[1].

Dès le 21, Chalmazel écrivait à Chamillart : « Les ennemis commencent à embarquer leurs équipages et artillerie. Ils ont retiré les six mortiers qui ont fait tant de mal; ils ont beaucoup endommagé cette ville, surtout du costé des Minimes, où il y a eu quantité de maisons abattues et beaucoup qui avoient pris feu. » Et le 22, le maréchal écrivait au Roi pour l'informer de la levée du siège : « Je ne perds pas un moment, Sire, pour informer V. M. de la levée du siège. » Il envoie son fils à Versailles pour en porter lui-même la nouvelle; il expédie en même temps M. de Montgeorges pour défendre Antibes, avec le chevalier d'Hautefort et ses dragons, et il ajoute : « Ce fripon de Cavalier estoit encore hier au camp des ennemis, et je n'ai point de nouvelle ni qu'il s'embarque, ni qu'il doive s'embarquer. » Sur les cinquante-cinq vaisseaux qui étaient dans le port, on n'en a perdu que deux par le bombardement des galiotes, au dernier moment : le *Fortuné*, de cinquante canons, auquel une bombe dans la saintebarbe a mis feu, et qui a communiqué l'incendie au *Diamant* et au *Sage,* de cinquante canons; le *Diamant*

---

[1] La rapidité même de cette retraite devint un obstacle à la poursuite, qui ne put être que partielle. L'auteur de l'*Histoire du siège de Toulon* dit que Tessé prit avec lui les grenadiers et carabiniers, la brigade de Lyonnais et deux régiments de dragons, et qu'avec ces troupes il serra de près les ennemis, sans avoir été en mesure d'engager une action générale.

seul a pu être sauvé. Le Roi a encore perdu la frégate *la Méduse,* un brûlot *l'Aigle volant* et un ponton. La *Galatée* a été aussi coulée, mais on la relèvera. On voit par une lettre du 27 août, de Tessé à Chamillart[1], écrite du camp de Draguignan, que les ennemis étaient poursuivis, mais non entamés, ni débordés. Le marquis de Montgeorges a pénétré dans Antibes ; la cavalerie, sous les ordres des comtes de Caylus et de Foucancourt et du marquis de Vérac, marche sur leurs derrières. Les dragons vont atteindre Grasse. Le drame touche à sa fin ; mais les détails viennent de tous les côtés. La joie fait oublier les récriminations et les plaintes ; mais d'autres se font jour au milieu même du succès, et les rivalités percent, tandis que l'on songe aux récompenses attendues à la suite d'un si grand effort.

Les papiers saisis dans la retraite font découvrir des germes de mésintelligence entre les régiments allemands et piémontais. L'arrivée de Tessé devant Toulon, connue le 23 juillet, avait commencé la démoralisation, que la journée du 15 août porta à son comble. Les blessés et les fatigués une fois mis sur la flotte, la marche des alliés s'en trouva allégée. Pourtant ils eurent toujours, en queue ou sur les flancs, à soutenir des attaques. Les gens du pays, divisés par petites troupes, avec des gentilshommes à leur tête, ont escarmouché partout, formant une chaîne d'embuscades. Ces attaques n'ont cessé ni jour ni nuit pendant la traversée de l'Esterel ; six à sept mille miliciens, dispersés dans les bois leur ont tué bien du monde, non sans représailles de la part des alliés. Ceux-ci ont commis de véritables horreurs ;

---

[1] *Archives de la Guerre,* vol. 2042.

mais c'est surtout des Allemands que l'on raconte des
atrocités. — Grasse a subi les exigences de l'ennemi ;
elle a payé, outre 36,000 livres, plus de cent mille
rations de pain ; malgré bien des compromissions de la
part des maires et échevins, la plupart des bastides
furent brûlées et les habitants en partie massacrés. Mais
les plus grandes horreurs ont eu lieu au bourg de Cannes,
pillé à fond, en partie brûlé, et le Cannet entièrement.
Biot et dix-sept villages de la sénéchaussée sont entièrement ruinés ; enfin, à Vallauris, aujourd'hui formé de
villas groupées au milieu des bois, au-dessus du golfe
Juan, ce qu'on a fait passe l'imagination. Après le passage des princes allemands, le général des troupes de
Hesse fit réunir les habitants dans l'église et les invita
à y porter leurs effets. Puis les soldats y entrèrent sabre
en main, massacrant tout ce qui s'y trouvait, jusqu'aux
enfants. Ils tuèrent ainsi plus de cent personnes, vio-
lèrent les femmes, et ne sachant comment finir, ils se
divertirent à crever les yeux, à couper les bras et les
jambes[1]. Il est vrai, disait-on, que les paysans leur ont
aussi fait subir des pertes, et l'on évaluait à douze mille
hommes, sans compter les déserteurs, le nombre de ceux
qui leur avaient été enlevés de Toulon au Var. Les
Allemands, et parmi eux les Hessois, étaient les principaux auteurs de ces désordres ; les Anglais et les Hollandais avaient au contraire empêché beaucoup de mal. On
voit par ce qui précède que la même race, obéissant
aux mêmes instincts, n'a fait que reprendre sur notre
sol, après un siècle et demi, des traditions et des procédés
dont elle était coutumière.

[1] Gourdon, président du Sénat de Nice, à Chamillart, le 17 septembre 1707 ; *Archives de la Guerre*, vol. 2043.

Le ton du maréchal, adouci par la victoire, a bien changé vis-à-vis des Provençaux; il ne les juge plus aussi rigoureusement[1] : « J'ay esté informé que des esprits inquiets et qui veulent dans des paysans et dans des villages une perfection de courage et d'esprit qu'ils ne peuvent avoir, ont mal à propos rendu compte à V. M. du peu de fidélité des Provençaux. C'est une vision toute pure, et jamais peuples n'ont esté ny plus fidèles ni plus soumis. » C'est ce que le comte de Grignan n'avait cessé de dire dès l'origine; mais les jugements auxquels fait allusion Tessé, sans se souvenir de ses propres paroles, s'appliquent surtout à une lettre écrite par du Verger, gouverneur d'Antibes, à Chamillart[2], et qui avait été cause peut-être de son remplacement. Il y disait textuellement : « Je ne puis assez vous représenter, Monseigneur, avec quelle confiance les peuples de Cannes et ceux de Grasse sont allés au-devant de M. le duc de Savoye, jusques à Saint-Laurent, lui prester serment de fidélité, au moyen de quoi et de ses douces parolles ils ont attendu le passage de cette armée avec plus de tranquillité qu'ils n'auroient fait un bataillon des troupes du Roy, marchant par étapes. Il est vrai que Cannes a été un peu puny de cette confiance par les troupes de Hesse qui ont passé les dernières et l'ont pillé; mais ils ne méritent pas moins le châtiment aussi bien que ceux de Grasse par le commerce continuel qu'ils ont par mer avec l'ennemi. » Trop de zèle évidemment et se déclarant à contre-saison, au moment où

---

[1] Tessé au Roi, le 1er septembre 1707; *Archives de la Guerre,* vol. 2042.

[2] Du Verger à Chamillart, le 8 août 1707; *Archives de la Guerre* vol. 2042.

chacun se félicite du départ des alliés, et il était alors
malséant d'évoquer, en les exagérant, de fâcheux souvenirs et d'importunes images.

D'ailleurs, le maréchal de Tessé, parfait courtisan, se
trouvait lui-même aux prises avec un incident qui avait
failli déjouer ses calculs, en lui enlevant, grâce à une
sorte de subterfuge, la prérogative la plus précieuse de
ses fonctions de commandant. Il s'était hâté, après
avoir fourni à son fils l'occasion de faire briller sa
valeur, de l'expédier à Versailles avec la mission de
porter au Roi la nouvelle de la journée du 15; mais le
marquis de Langeron, qui commandait la flotte et per-
sonnifiait la marine, avait voulu de son côté prévenir
le premier de la levée du siège. Il avait mandé M. de
Beaucaire, un de ses officiers, et celui-ci aurait imman-
quablement devancé le fils du maréchal sans un retard
involontaire amené par une chute qu'il fit en route. Le
maréchal, blessé d'un pareil procédé, se plaignit au Roi,
qui obligea Langeron à lui faire des excuses. Celui-ci
écrit donc à Tessé[1] : « Monseigneur... je suis ravy que
M. de Beaucaire[2] soit tombé et que M. votre fils l'ait
passé, ne voulant jamais manquer à votre égard à ce
que mon inclination et mon devoir m'engagent... »
L'ironie perce à travers les mots; aussi le maréchal ne
peut s'empêcher de marquer son dépit en écrivant à
Chamillart[3], le 4 septembre, ces mots significatifs :
« M. le maréchal de Grammont disoit communément

---

[1] *Archives de la Guerre,* vol. 2043.

[2] Il était capitaine de vaisseau, détaché auprès du commandant
de la marine dans l'arsenal.

[3] Dans un post-scriptum autographe; *Archives de la Guerre,* vol.
2043.

que l'animal de tous qui ressembloit le plus à l'homme,
c'estoit le Suisse, et moy je dis que le marin à terre ne
ressemble à rien, car à commencer par la valeur jusques
aux moindres choses, tenez les toujours à la mer et
jamais à terre, ils ne pensent point comme les autres...
Est gens (*sic*). » Ce qui signifie sans doute que les marins
sont une race à part, et qu'il vaut mieux ne pas avoir
affaire à eux, en ce qui ne concerne pas exclusivement
leur métier. Ce trait qui résume par une boutade une
série de difficultés et de tiraillements dans les rapports
de Tessé avec la marine de Toulon s'explique par la
raideur de caractère observée parfois chez les gens de
mer; il s'explique encore par la déconvenue à laquelle
venait d'être exposé le courtisan qui, chez le maréchal,
doublait l'homme de guerre; mais à force de viser au
but, il semble qu'il l'ait manqué en le dépassant, et
qu'en voulant frapper fort il ait fini par ne rien atteindre.

Aussitôt après que les forces alliées eurent repassé le
Var et rendu la Provence à elle-même, un des premiers
soins du comte de Grignan avait été de s'adresser au
ministre, afin d'en obtenir des récompenses, en offrant
de se concerter avec Tessé à propos de ceux qui méri-
taient d'être signalés au Roi et sur la nature des distinctions à distribuer. Une lettre du comte de Grignan à
Chamillart, écrite de Marseille le 5 septembre[1], met en
première ligne les procureurs du pays qui, d'après la
constitution alors en vigueur, n'étaient autres que les
consuls d'Aix, ordinairement annuels, à moins de circonstances exceptionnelles comme celles qu'on venait
de traverser. Selon M. de Grignan : « ...Les procureurs

---

[1] *Archives de la Guerre,* vol. 2043.

du pays, qui sont les consuls d'Aix, ont signalé leur zèle et leur fidélité dans la conjoncture présente ; rien ne peut égaler l'attention qu'ils ont eue à pourvoir notre armée de toutes les choses nécessaires qui ont esté de leur ministère... Surtout le marquis de Castellane[1], qui est à leur teste, s'est distingué et n'a point quitté M. le maréchal de Tessé ; le sieur de Saint-Hippolite[2], son collègue, a esté avec M. de Médavy. » Le comte de Grignan demande qu'ils soient continués dans leurs fonctions pour l'année prochaine, en qualité de procureurs du pays, ce qui n'est pas sans exemple ; et il accompagne sa demande d'une note à l'appui, en faveur de la continuation des quatre dignitaires :

Le marquis de Castellane-Esparron, maire, premier consul d'Aix, procureur du pays.

Le sieur Audibert[3], avocat, assesseur d'Aix, procureur du pays.

Le sieur d'Albert Saint-Hippolite, gentilhomme, second consul d'Aix.

---

[1] Charles de Castellane, marquis d'Esparron, seigneur de Saint-Julien et de Biosc, élu premier consul d'Aix, procureur du pays en 1707, marié à Madeleine de Suffren, fille de Jean-Baptiste de Suffren, marquis de Saint-Tropez, baron de La Mole, et de Geneviève de Castellane-Saint-Juers. Il eut pour fils Joseph-Jean-Baptiste de Castellane, marquis d'Esparron, major de cavalerie en 1743, brigadier en mai 1744, maréchal de camp le 1er janvier 1748, qui épousa Julie de Simiane, seconde fille de Louis, marquis de Simiane-Esparron, et de Pauline Adhémar de Monteil, par conséquent petite-fille du comte de Grignan et sœur de madame de Vence. Il n'eut de ce mariage que deux filles mortes sans postérité.

[2] Jean d'Albert, seigneur de Saint-Hyppolite ; il avait épousé, en 1678, Anne d'Albert-Sainte-Croix, sa cousine, dont il eut postérité.

[3] Pierre Audibert, avocat au Parlement d'Aix ; il obtint des lettres d'anoblissement enregistrées le 7 février 1710.

Le sieur Bonfilhon, bourgeois, troisième consul d'Aix.

Le Roi les continua effectivement dans leur charge par une lettre que l'on peut lire dans l'*Histoire du siège de Toulon*, par Visé, et dans celle de M. de La Londe[1]. Cette lettre, en date du 15 septembre 1707, de Fontainebleau, maintient les maire et les consuls d'Aix pendant une année dans leurs fonctions, avec la même autorité, rang, prééminence et droits dont ils ont joui, depuis qu'ils sont revêtus de leurs charges, le tout pour cette fois seulement et sans tirer à conséquence pour l'avenir. Par une autre lettre insérée aux mêmes recueils et adressée directement au premier consul de Castellane-Esparron, Louis XIV lui fait savoir ses intentions particulières à son égard et sa satisfaction de le continuer pendant l'année prochaine dans sa charge. Enfin une lettre de Chamillart au comte de Grignan annonce que le Roi, pour témoigner aux consuls de Toulon sa satisfaction du zèle qu'ils ont montré, accorde la noblesse au sieur Flamenq, premier consul, et une marque de sa satisfaction, avec assurance qu'il se ressouviendra de leurs services, aux deux autres consuls Ferand et Marin, ainsi qu'au maire et consul d'Hyères, Arène.

Ces récompenses d'ordre municipal ne furent pas les seules. Le 8 octobre 1707, Grignan et Tessé, après s'être concertés, proposent des récompenses pour un certain nombre de Provençaux qui s'étaient particulièrement distingués. Ces demandes furent consignées dans un mémoire que le comte de Grignan apostilla, après

[1] *Histoire du siège de Toulon*, Paris, 1707; t. II, p. 310; et *Histoire du siège de Toulon par le duc de Savoie*, par Ch. Laindet de La Londe, p. 133.

l'avoir fait dresser, et que le maréchal transmit à Chamillart[1], en y joignant ses propres apostilles. — Les noms proposés étaient les suivants :

Bernard, capitaine réformé de cavalerie, à Hyères.

Du Vernègues[2], chevalier de Malte, ci-devant capitaine au régiment de cavalerie du Roi.

De Mérindol, capitaine-lieutenant du régiment de Grignan.

Riousse[3], juge de Cannes.

De Chastroux.

On reconnaît ici le chevalier Bernard, attaché comme officier d'ordonnance à la personne de M. de Grignan, et dont les notes sur les événements qu'il venait de traverser ont été mises à profit un siècle plus tard par M. de Lalonde. Riousse semble représenter seul l'ordre civil ou la robe, comme on disait alors. Il avait sans doute montré du courage au milieu des scènes de désordre dont la petite ville de Cannes avait été le théâtre. Enfin, le mémoire, apostillé par le gouverneur et le maréchal, concluait ainsi : « Les sieurs chevalier de Saporte, capitaine de grenadiers au régiment des Vosges; baron d'Hugues, comte de Vintimille, marquis d'Oribeau et comte de Sabran-Canjeurs, méritent une lettre qui mar-

---

[1] La note et la lettre d'envoi de Tessé à Chamillart, *sur des personnes à récompenser*, sont cotées sous les numéros 177 et 178 du vol. 2043 des *Archives de la Guerre*, et la réponse de Chamillart à M. de Grignan est cotée 232 au vol. 2043.

[2] Probablement l'un des deux fils, chevaliers de Malte, de François de Damian, deuxième du nom, seigneur du Vernègues, et de Lucrèce d'Agoult-d'Olières.

[3] Le nom est peut-être mal écrit. On trouve un Jean de Rioufe, de la ville de Cannes, subdélégué, de l'intendance de Provence au département de Grasse, qui obtint des lettres d'anoblissement au mois d'avril 1708, et qui pourrait bien être le même personnage.

que la satisfaction que le Roi a de leurs services[1]. »

Voici la réponse qui fut faite le 8 novembre par Chamillart à M. de Grignan, à propos de ces demandes[2] :

« Monsieur, j'ay rendu compte au Roy du mémoire
que vous m'avez adressé qui concerne les grâces que
l'on pourroit faire à quelques particuliers qui se sont le
plus distingués en Provence et que vous avez employés
à différents usages pour son service. Sa Majesté a accordé
au sieur Duvernègue, cy devant capitaine de son régiment de cavalerie, une gratification de six cents livres
pour l'indemniser de la dépense qu'il a faite à Orange et
à Avignon, où vous l'aviez envoyé à l'occasion du passage des troupes par les terres du Pape, et une autre de
quatre cents livres au sieur de Mérindol, cy devant capitaine-lieutenant de la maîtrise de camp du régiment de
Grignan que vous dites avoir employé utilement en différents endroits de ce pays-là. Elle a aussi accordé une
pareille gratification de quatre cents livres au sieur de
Chastroux, pour plusieurs voyages qu'il a faits par vos
ordres sous différents prétextes dans tous les endroits
de la Provence où il y a de nouveaux convertis, même
en Dauphiné et Languedoc, et une autre de trois cents
livres au sieur de Lamalle Saint-Cézary, commandant de
Saint-Laurent.

---

[1] La lettre de Tessé à Chamillart jointe à cette note porte le
numéro 177 du vol. 2043 des *Archives de la Guerre*. Elle est datée
du camp de Balboté, 8 octobre 1707, et ainsi conçue : « Vous trouverez ci-joint, Monsieur, une espèce de Mémoire que M. de Grignan
m'a envoyé avec quelques apostilles de luy, auxquelles j'ay joint les
miennes; ce mémoire regarde quelques personnes qui se sont particulièrement distinguées. »

[2] Chamillart à Grignan, le 8 novembre 1707, pièce notée 232 au
vol. 2043 des *Archives de la Guerre*.

« A l'égard de M. le baron d'Hugues, du chevalier de
Saporte, des comtes de Vintimille et de Sabran et du
marquis d'Oribeau[1], le Roi m'a ordonné de leur écrire
à chacun en particulier pour leur marquer la satisfaction que Sa Majesté a des servises qu'ils luy ont rendus.
J'ay adressé, il y a quelque temps, ces lettres au maréchal de Tessé, qui m'a mandé depuis qu'il les leur avoit
fait tenir. »

Il y avait ainsi deux catégories de récompenses : l'une
consistant en gratifications variant de trois cents à six
cents livres, accordées surtout à d'anciens militaires qui
avaient repris du service à l'occasion de la guerre d'invasion et rempli diverses missions. Un sens honorifique
était certainement attaché au don d'aussi faibles sommes,
qui représentaient des indemnités de déplacement, mais
qui étaient offertes au nom du Roi, circonstance qui en
augmentait beaucoup le prix. Le capitaine Bernard[2], qui

---

[1] Voici, à propos de ces noms, les renseignements généalogiques
qu'il nous a été possible de réunir : — François d'Hugues, baron de
Beaujeu, seigneur de La Motte, du Caire et de Vaumeil, dont il est
ici question, avait été premier consul d'Aix en 1695 ; il avait épousé
le 18 décembre 1678 Françoise de Castellane. — Jean-Louis de Sabran, seigneur d'Aiguines et de Canjuers ou Canjuers, grand sénéchal
à Digne, fut marié successivement à Julie de Pontevez et à Françoise
de Demandolx. Sa postérité s'éteignit dans le cours du dix-huitième
siècle.—Baltbazar de Ferrier, seigneur d'Oribeau et de Saint-Julien,
mentionné ici sous le nom de marquis d'Oribeau, avait été marié le
6 novembre 1699 à Rose de Castellane de Saint-Juers. — On voit
que les parentés et attenances des Castellane tenaient une large
place dans la liste des personnes recommandées au Roi pour être
distinguées par lui.

[2] Il appartenait peut-être à la famille des Bernard ou Bernardi,
vicomtes de Valernes, qui comprenait vers cette époque un capitaine
dans le régiment Dauphin-infanterie, par commission du 18 mai
1689 ; il se nommait Dominique Bernard ou Bernardi et était fils
de Jean-Etienne et de Suzanne d'Astuard. Son frère aîné, Esprit

n'est pas compris dans l'énumération, bien qu'il eût été placé en tête de la liste, reçut sans doute la croix de Saint-Louis, d'où la dénomination de chevalier Bernard qui le désigne dans le livre de M. de Lalonde.

La seconde catégorie, plus élevée et plus restreinte, comprenait les personnes qui, s'étant plus particulièrement distinguées, étaient jugées dignes de recevoir chacune une lettre exprimant la satisfaction du Roi à leur égard. Chamillart annonçait le départ de ces lettres remises par lui au maréchal de Tessé, qui avait eu soin de les faire tenir aux destinataires. Une d'elles au moins existe encore conservée chez les descendants du chevalier de Saporte[1], et nous l'insérons parmi les pièces et documents originaux réunis en appendice à la fin du volume. — Elle marque qu'il a été rendu compte au Roi de la manière distinguée dont le chevalier a servi en Provence à la tête du régiment des milices du pays, dont le maréchal de Tessé et le comte de Grignan lui avaient donné le commandement; tandis que l'enveloppe porte, avec le cachet aux armes de Chamillart, la suscription : *M. le chevalier de Saporte, capitaine de grenadiers du régiment de Vosje (sic)*; conformément, du reste, à la demande consignée dans le mémoire adressé au ministre, avec l'apostille du maréchal.

Il y eut ici confusion de personnes, intentionnelle de la part de Tessé ou fortuite et involontaire, tenant à la présence sur le même champ de bataille de deux chevaliers de Saporte : l'un commandant les milices et ayant

---

Bernardi, vicomte de Valernes, exerça la charge de trésorier général de France en la généralité de Provence.

[1] L'auteur est le cinquième descendant en ligne directe et masculine du commandant des milices.

la garde de la Durance; l'autre, capitaine de grenadiers au régiment de Vosge ou des Vosges [1], dont un bataillon faisait certainement partie de l'armée de Toulon. Ce dernier avait dû marcher à l'assaut en tête de sa compagnie, peut-être commander le bataillon et attirer ainsi l'attention des chefs et de Tessé lui-même par sa bravoure incontestable. M. de Grignan, dont la confiance en Pierre-Joseph de Saporta était entière et qui lui avait confié la garde de la Durance, avait bien entendu le signaler au ministre; tandis que le maréchal, ayant les yeux sur Louis-Hippolyte de Saporta, avait pu chercher à le désigner de préférence. Peut-être encore l'officier du régiment des Vosges avait-il été confondu avec le commandant des milices, comme s'il se fût agi d'une seule et même personne.

Quoi qu'il en soit, Louis-Hippolyte, frère puîné de Pierre-Joseph, est certainement une figure militaire des plus sympathiques dans son obscurité même, et qui semble personnifier énergiquement ce corps d'officiers dévoués jusqu'à la mort, à la fois solide et pratiquement instruit, demandant peu et n'obtenant presque rien, en qui se résumait alors le nerf de l'armée française et qui permit à Louis XIV accablé, parce qu'il avait démesurément étendu, à un moment donné, le cercle de ses opérations, de résister pourtant jusqu'au bout et de garder finalement ses conquêtes les plus essentielles. Quelques lignes suffiront, puisque ce n'est pas un homme que

---

[1] Il résulte de renseignements transmis avec une obligeance parfaite par M. le général de Sesmaisons, et puisés dans les *archives historiques* du Ministère de la Guerre, que le régiment des Vosges avait été formé le 5 janvier 1693 avec un bataillon de Dauphin, et qu'il empruntait son nom à la région des Vosges où il avait été levé. Il fut licencié le 15 novembre 1714.

nous avons en vue, mais le représentant d'une classe
nombreuse, décimée d'année en année par la guerre
générale et répondant alors à l'élite de la nation elle-
même.

Louis-Hippolyte de Saporta, né vers 1665, obtint en
1689 une commission de capitaine dans le régiment de
Dauphin-infanterie, d'où il passa, avec le même grade,
dans celui des Vosges-infanterie. — Il sert en cette qualité en Catalogne, sous le duc de Vendôme, vice-roi
pour Sa Majesté, et il est blessé en 1696, dans une sortie
de la garnison de Bagnols, en faisant très bien son devoir [1]. Il obtient, en 1701 [2], la compagnie de grenadiers
devenue vacante, dans le régiment des Vosges, par la
promotion de M. de Trouville à la charge de lieutenant-
colonel, et, le 1er avril suivant, il joint à la charge de
capitaine de grenadiers celle d'aide-major. Alors il passe
en Italie, où son régiment fait partie de l'armée du duc
de Vendôme. Il assiste, en 1704, au blocus de la Mirandole, qui se prolongea plus d'un an. Une lettre, écrite à son
frère aîné le 1er août de cette année, est pleine de détails
curieux. Il a près de lui son neveu Jean-Étienne, futur
major du régiment de Bourbon, qui débute sous sa
direction. Le jeune volontaire [3] accompagne le colonel,
M. d'Hérouville, à la tranchée, en qualité de « garçon
major »; mais l'oncle et le neveu ont eu de violents accès
de fièvre, deux de leurs valets sont malades et trois de
leurs chevaux sur six hors de service. On s'attend à pas-

---

[1] Aux termes d'un certificat délivré par le duc de Vendôme à Versailles, le 1er avril 1697, et d'un autre certificat donné à Mantoue
par le même, le 20 janvier 1706.

[2] La commission est du 17 février 1701.

[3] Jean-Étienne de Saporta avait alors au plus quinze ans, étant né
à Goult, près d'Apt, le 23 avril 1690.

ser incessamment dans l'armée du grand prieur, où les
valets seraient encore plus utiles. Les compagnies sont
en mouvement tous les jours et les ennemis « menés
dru ». Il est question du petit Crillon, son neveu [1], qu'on
doit lui envoyer et qui souhaite de venir. Lui aussi le
voudrait bien, et le colonel le demande « à corps et à
cris »; il lui destine « son enseigne colonelle », mais il
faut qu'il ait une pension « convenable à un subalterne
de son nom ». Il va écrire à sa sœur au sujet de son fils,
« pour qu'elle fasse son devoir là-dessus »; petite ou
grosse, il lui faut une pension s'il vient au régiment;
sans cela, il n'y aurait rien de fait. Quant au siège, on
a eu tort de le convertir en blocus; la « bombarde [2] »
n'amène rien, et les assiégés sont en état de tenir tout
l'hiver. — En mars 1705, nouveau brevet qui lui con-
fère la charge de « lieutenant en la compagnie colonelle »,
et, en 1706, il commande le régiment en l'absence des
colonel et lieutenant-colonel, blessés à la bataille de
Castiglione. Puis, avant de revenir en France avec le
corps capitulé de Médavy et toujours en qualité de lieutenant-colonel, il est enfermé dans le château de Milan
sous le marquis de La Floride, capitaine général du roi
d'Espagne, qui témoigne de sa bravoure à la tête d'une
sortie, où il s'est montré un véritable homme de guerre,
par les pertes infligées à l'ennemi en morts et prisonniers et malgré une blessure à l'épaule.

Après Toulon, Louis-Hippolyte, alors chevalier de

---

[1] François-Félix de Berton des Balbes, fils de Philippe-Marie, marquis de Crillon, et de Marie-Françoise de Saporta. Il était alors à
peine âgé de seize à dix-sept ans au plus; il fut créé duc de Crillon
par le Pape en 1725.

[2] C'est-à-dire le bombardement.

Saint-Louis et toujours capitaine de grenadiers, suit son régiment dans le nord de la France. Il est fait prisonnier à Douai, sans doute à la prise de cette ville par les Impériaux, le 25 juin 1710; le comte de Hompesch lui délivre une permission sur parole le 15 janvier 1712, et une lettre de Voysin, qui oppose un refus motivé sur le mauvais état des finances du Roi à une demande de pension, nous fait voir qu'il avait été, en dernier lieu, sous les ordres de M. de Permangle. En 1714, au moment où le régiment des Vosges va être licencié, il signe encore, comme capitaine, un certificat d'admission du caporal Laverdure à l'Hôtel des Invalides. Il touchait cependant au terme, et son testament, passé à Apt, en Provence, dans la maison de son frère, en date du 17 avril 1716, ne précéda sa mort que de très peu de jours. — Cette vie simple et courageuse, sans autre but que le devoir militaire honorablement accompli, était alors celle de la plupart des gentilshommes de province, cadets de famille, et de beaucoup d'enfants de la bonne bourgeoisie. On les aurait comptés par milliers.

Les fonctions de Pierre-Joseph de Saporta comme commandant des milices et ses relations avec M. de Grignan survécurent à l'invasion. Un nouvel ordre, en date du 24 juillet 1708, lui donne pleins pouvoirs dans les vigueries de Forcalquier et d'Apt et dans le comté de Sault, pour y agir d'après les instructions à lui données en vue des affaires concernant le service du Roi. Sans doute, on se mettait en mesure vis-à-vis d'un nouveau mouvement offensif du duc de Savoie, qui amena la prise du fort d'Exilles et de Fénestrelle à la fin d'août de cette même année. En 1709, ce fut le grand hiver suivi de la famine, et les préoccupations de cette époque dé-

sastreuse eurent leur écho dans les mesures arrêtées
pour conjurer ou atténuer les malheurs publics dans un
temps où l'alimentation générale était exposée à des difficultés heureusement inconnues de nos jours. Chaque
contrée, livrée à elle-même, devait se suffire, et l'autorité avait à prendre dans chaque localité les précautions
jugées nécessaires, sans qu'on songeât à les combiner
avec celles qu'adoptaient les pays voisins.

Heureusement pour la Provence, elle possédait une
administration centrale exercée par les procureurs du
pays; et une réponse d'Anfossy, le secrétaire de M. de
Grignan, adressée le 25 juin à M. de Chateauneuf-Saporte, qui lui avait écrit le 23, apprend à ce dernier que
les procureurs du pays, réunis à Aix, y attendaient le
comte de Grignan pour recevoir ses ordres; tandis que
celui-ci, avant de les leur donner, tenait à les consulter.
C'est seulement après avoir pris connaissance des divers
avis venus d'Aix et d'ailleurs, envoyés de tous les points
de la contrée, et d'après un mémoire où sera consigné
tout ce que l'on jugera le plus à propos de faire, que le
comte s'arrêtera à des résolutions, qui seront consignées
dans un ordre général, en attendant des ordres plus
particuliers.

L'objet principal était sans doute de retenir les blés,
seul moyen que l'on eût alors de conjurer la famine,
puisque c'est vainement qu'on eût cherché à en recevoir
du debors. M. de Grignan écrit lui-même à Pierre-
Joseph de Saporta [1] de redoubler d'attention pour empêcher le transport des blés hors de la Provence, en lui
recommandant de l'aviser, afin qu'il soit en état de pu-

---

[1] Le comte de Grignan à Chateauneuf-Saporte, le 2 août 1709.
Voir à l'Appendice.

nir sévèrement ceux qui se mêleraient à de pareilles
manœuvres « directement ou indirectement ». Et Anfossy
insiste encore, peu de jours après, sur une lettre qu'il
avait écrite [1] « sur beaucoup de choses qui peuvent servir à conserver les grains dans la Provence ». Deux
arrestations, l'une d'un nommé Michelin, l'autre du
nommé Anselme, au terroir de Gargas, conduits en prison jusqu'à nouvel ordre, sanctionnent ces résolutions :
c'était là sans doute ceux que l'on nomma plus tard des
accapareurs.

En même temps circulaient d'autres rumeurs alar-
mantes au sujet d'un retour possible de Cavalier, cherchant à s'introduire en vue d'un nouveau soulèvement.
C'est ce que nous apprend une assez longue lettre du
comte de Grignan, adressée de Marseille, le 17 août, à
M. de Saporta : « Il pourroit arriver que le nommé Cavalier, qui estoit chef des Camisars et qui passa ensuite
au service des ennemis, voudroit tenter de retourner
dans les Sevennes (sic) ou le Vivarez, et qu'il prendroit
son chemin par la Savoye et le Dauphiné, et ensuite par
cette partie de la Provence où vous estes employé. » Il
faut donc garder les passages, examiner avec soin ceux
qui se présenteraient et arrêter les suspects ; car, ajoute-
t-il : « Vous pouvez bien croire que la récompense seroit
ample pour ceux qui fairoient le coup d'arrester led.
Cavalier. » Il a soin de joindre à sa lettre un signalement
du personnage ; trois jours après, il en envoie un autre
qu'il tient de M. de Basville, et il pense que l'un et
l'autre doivent fournir à M. de Saporta un éclaircissement suffisant. Il est pourtant facile de reconnaître que

[1] Anfossy à Chateauneuf-Saporte; Marseille, le 8 août 1709.

ces « portraits », comme on disait alors, diffèrent assez
notablement. Selon le premier : « Cavalier est un homme
de Languedoc, âgé de trente-cinq à quarante ans, de
basse taille assez pleine, les cheveux chatains clair, la
teste enfoncée dans les épaules, la mine basse, le regard
pourtant assez hardy. » Dans celui de M. de Basville,
qui devait s'y connaître : « Le nommé Jean Cavalier est
âgé d'environ vingt-six ans, de petite taille, les épaules
larges et hautes, les cheveux chatains clair; il porte
peut estre la perruque à présent, ayant eu quelques
coups de sabre sur la teste. » Ce second portrait était
plus rapproché que l'autre de la vérité, au moins pour
l'âge. Né à Ribaut, près d'Alais, en 1680, Cavalier avait
alors un peu moins de trente ans. Ses biographes s'ac-
cordent à dire qu'il était petit, trapu, avec une grosse
tête sur de larges épaules. Son apparence commune,
non sans quelque chose de hautain dans l'expression du
visage, fit que Louis XIV, sur le passage duquel on l'avait
placé à Versailles, avec l'espoir de sa part d'être
remarqué du Roi, haussa les épaules de mépris en
l'apercevant : « Ah! c'est là l'ancien boulanger d'Anduze »,
dit-il en continuant sa marche. De ce dédain royal datait
la haine de Cavalier et son désir d'en tirer vengeance.
Cette haine avait pris racine au fond d'une âme à la fois
vulgaire et susceptible d'élans passionnés, où la vanité
s'unissait à la conviction du sectaire, et l'ensemble constituait une personnalité, non dénuée assurément de
valeur. Villars avait saisi cette nature aussi bien qu'après
lui les généraux anglais et les gouvernants hollandais;
mais les occasions de percer firent toujours défaut à Cavalier. La dernière échoua dans le cours de 1710, quand
une flotte anglaise de vingt-quatre vaisseaux vint faire

une descente au port de Cette. Le Vivarais s'était agité, et tout faisait redouter une explosion appuyée cette fois par l'étranger. Mais le duc de Noailles, accouru du Roussillon avec neuf cents chevaux, mille grenadiers et du canon, reprit Cette et Agde, et rejeta les Anglais à la mer, tandis que Berwick repoussait les Piémontais, descendus dans la vallée de Barcelonnette. Le spectre de la guerre civile s'éloignait; mais il ne cessait pas de hanter les imaginations, comme pour faire plus amèrement regretter les mesures funestes au moyen desquelles on l'avait originairement évoqué. En Provence, où rien n'avait remüé et où réellement les protestants, faibles et dispersés, ne pouvaient songer à des prises d'armes, c'étaient des achats de chairs salées qui avaient attiré l'attention; ils avaient été dénoncés à M. de Grignan et par lui au duc de Roquelaure et à Basville, qui veillaient à maintenir le bas Languedoc. Une lettre de M. de Basville demande à M. de Grignan de lui fournir des renseignements précis à l'égard de ceux qui font ces achats. Mais ce n'était là sans doute que des bruits qui marquent seulement l'inquiétude des esprits, s'apaisant graduellement, mais encore sensibles à l'écho affaibli des troubles dont on avait tant souffert.

Pierre-Joseph de Saporta mourut à Apt, en 1734, âgé de soixante-dix-sept ans; mais il eut auparavant à sortir une fois encore de son repos. Ce fut en 1720, à l'occasion de la grande peste. Le comte de Médavy, que nous retrouvons, commandait alors sur la Durance et le Verdon, et d'Argenson, brigadier du Roi sous ses ordres, manda M. de Chateauneuf-Saporte à Goult et sur d'autres points de la viguerie d'Apt, pour y commander et y faire fermer les avenues par où le fléau aurait pu s'introduire.

Les consuls et habitants étaient tenus de lui obéir en tout ce qu'il ordonnerait, conformément aux instructions du marquis de Caylus. Cet ordre, signé d'Argenson, doit être attribué au futur ministre, alors colonel et brigadier, gouverneur de Gap.

En 1710, nous venons de le voir, le comte de Grignan n'avait rien perdu de son activité. Il paraissait même chercher le mouvement et réussir peut-être à voiler ainsi le vide réel de ses derniers jours. Privé d'héritier de son nom, n'ayant pas même sa fille près de lui, il restait attaché aux devoirs de sa charge, comme s'il eût mis son amour-propre à ne rien laisser des fonctions qu'il avait à remplir, ayant tout du gouverneur, sauf le titre. Il luttait ainsi contre la vieillesse, qui semblait ne l'avoir jamais atteint et qu'il dominait au contraire. Il serait difficile de le suivre dans ses courses incessantes de Marseille à Grignan et de Grignan à Aix ou à Lambesc, siège de l'Assemblée des communautés qui remplaçait en Provence les anciens États. C'est dans ce dernier endroit que M. de Grignan mourut inopinément à l'hôtellerie où il était descendu, en traversant Lambesc, dans la nuit du 30 au 31 décembre 1714. Il était âgé de quatre-vingt-cinq ans et gouvernait la Provence depuis quarante-cinq ans. Il laissait une réputation d'intégrité, d'honneur, de vigilance, d'esprit de suite et de modération dans les affaires, qui lui a survécu et devant laquelle il est difficile de ne pas s'incliner, tout en regrettant que son envie de tenir un rang élevé, de ne reculer devant aucune considération d'argent; enfin, son peu de courtisanerie, aient été cause de la ruine de ses affaires privées. Mais il faut croire que, depuis la mort de son fils unique, il n'avait plus guère le souci de ce qu'il en

adviendrait après lui de sa fortune et de son château.
C'est à sa fille, madame de Simiane [1], qu'incomba surtout la lourde charge de débrouiller les affaires de son
père, d'établir et de payer les dettes, si c'était possible;
enfin, de sauvegarder une partie au moins du patri-
moine des Grignan. On peut dire que cette petite-fille
bien-aimée de madame de Sévigné, aussi aimable et
aussi sensée que son aïeule, usa sa vie à poursuivre
cette solution, qui finit, sinon par lui échapper, du
moins par n'être réalisée qu'au prix des plus durs sacrifices.

Le marquis de Simiane, premier gentilhomme du duc
d'Orléans, dut à la faveur de celui-ci, aussitôt qu'il eut
été nommé régent, de succéder à son beau-père en qualité de lieutenant général du roi en Provence, dont le
gouverneur titulaire était alors le maréchal de Villars.
Ce fut cette promotion qui lui fit abandonner Paris et la

---

[1] A ce point de vue pourtant, il ne faut pas séparer madame de
Simiane de sa sœur consanguine madame de Vibraye. Le marquis et
la marquise de Vibraye, dont Roux-Alphéran (*Rues d'Aix*, t. II,
p. 403) signale plusieurs lettres autographes, écrites d'Aix du temps
de leur séjour en Provence, habitèrent pendant des années les appartements d'un vaste hôtel, qui existe encore dans la rue Mazarine, et
qui avait été bâti récemment par Pierre de Ricart, seigneur de Saint-
Albin, président au Parlement. Leur séjour dans cet hôtel se prolongea jusqu'aux environs de 1730, et leur départ dut coïncider
avec la vente de Grignan, qui eut lieu à cette époque. L'hôtel de
Saint-Albin fut ensuite occupé par le dernier des Forbin-Solliès,
Louis-Palamède de Forbin, marquis de Pont-à-Mousson, qui institua
héritier le représentant de la branche des Forbin-La Barben, Claude-
François-Palamède. Celui-ci fit l'acquisition de l'hôtel, mais le garda
peu de temps. Il appartient actuellement à M. Charles de Ribbes,
économiste et écrivain de mérite, de qui nous tenons des notes et des
documents précieux relatifs à la Provence de la fin du dix-septième
et du commencement du dix-huitième siècle.

cour, où madame de Simiane s'était créé une situation et
des amis qu'elle regretta toujours, mais qu'elle ne retrouva jamais. En Provence, elle revenait pourtant près
des siens ; elle renouait des liens et reprenait des affections qu'elle n'avait jamais rompus et qui lui étaient
chers. Enfin, sa situation était celle de sa mère, et la
chaîne du passé continuait ses anneaux. De plus, il lui
devenait moins difficile d'éclaircir la vraie situation dans
laquelle la jetait la mort de son père. Ce furent là pour
elle des raisons déterminantes, et le retour en Provence
ne lui apparut pas tout d'abord comme devant entraîner
le renoncement à la vie de Paris ; mais, à mesure que
l'on avance dans la carrière et que s'accumulent les difficultés d'ici-bas, le présent est-il de nature, la plupart
du temps, à nous permettre de déchiffrer l'avenir ? Il en
est la clef sans doute, mais cette clef, nous ignorons ce
qu'elle ouvrira. La nomination de M. de Simiane est du
mois d'octobre 1715 ; le régent n'avait donc pas tardé à
acquitter sa dette ; qui aurait prévu cependant que le
successeur du comte de Grignan lui survivrait à peine un
peu plus de trois ans ? Il était âgé seulement de quarante-
cinq ans, et l'on peut dire qu'en mourant si tôt il emporta
dans sa tombe l'avenir déjà compromis de sa famille.

Madame de Simiane est désormais sans appui : elle
demeure seule en face de deux filles non encore établies
et dans une situation d'affaires des plus difficiles. Elle
se saurait plus songer dès lors à s'éloigner de Provence,
du moins avant des années, et il ne lui est pas même
donné de concevoir si elle le pourra jamais. Tant d'intérêts la retiennent, en dehors même de l'isolement où
la jette cette mort. Pourtant, elle ne désespère pas ; ce
n'est pas dans son caractère porté à l'enjouement, qui

la pousse à réagir et à essayer au moins de lutter, en usant des ressources dont elle dispose et sans se laisser abattre. Au milieu du naufrage de tant de choses, elle est soutenue par l'espoir de conserver peut-être, à force de soins et de sacrifices, le château de Grignan, où restent gravés pour elle tant de souvenirs. Sans doute, à ce moment de sa vie, déjà marquée par tant d'étapes douloureuses, elle fut souvent ramenée en arrière par la pensée; elle évoqua et s'efforça de revoir le passé, et bien des fois elle dut feuilleter cette correspondance, restée entière dans ses mains, où revivaient tant d'êtres disparus qui l'avaient aimée, tant d'anecdotes, de tours d'esprit et de pensées, venant d'un passé si proche d'elle et déjà totalement évanoui. Hélas! cette correspondance même sortira bientôt de ses mains; elle courra le monde. Ces secrets de l'intimité qu'on se transmet de bouche à bouche; ces nuances que la plume exprime en volant: tout sera livré au vent de la publicité, et il viendra un moment où les pages elles-mêmes devront être jetées au feu. — Nous allons voir dans quelles circonstances et à l'aide de quels moyens.

CHAPITRE VI

MADAME DE SIMIANE ET LE CHEVALIER DE PERRIN.

Le portrait de madame de Simiane n'est plus à faire. Les contemporains ont parlé non seulement de l'agrément de ses traits, du charme de sa physionomie, de sa vivacité et de ses reparties, de son esprit toujours aimable, jamais blessant; mais ils ont encore loué la fermeté de sa raison, la bonté de son cœur, la sûreté de son commerce qui lui valut des amis dévoués. Élevée par madame de Sévigné et Parisienne dès l'enfance, formée par des lectures de choix, composant des vers de société, non sans grâce ni facilité, mais certainement exempte de prétentions et de pédanterie, elle fut après son mariage dame de la duchesse d'Orléans et appréciée à la cour. Elle n'occupa un moment, sous la régence, le rang qu'avait tenu sa mère en Provence, que pour le perdre presque aussitôt, et se vouer après la mort de son mari à une vie relativement effacée, toute de famille et d'intimité, assombrie par de pressantes nécessités d'affaires. — Figure discrète, à demi voilée, estompée par le malheur, fuyant l'éclat et volontairement renfermée dans un cercle limité, elle demeure pourtant grande dame; attachée aux idées de sa famille, elle en

poursuit la tradition et elle a, comme elle, ses préférences et ses éloignements. Résignée, non sans peine,
mais résolument et par raison, à la vie un peu étroite de
la province, elle n'oublie cependant pas qu'elle avait été
destinée à en mener une autre, et que les circonstances
seules la lui ont enlevée.

Madame de Simiane, après la mort de son père,
retourna peu ou même ne retourna pas à Grignan,
qu'elle cherchait à vendre et qu'elle n'habita jamais
plus. Nous la retrouvons au château de la Garde, situé
sur une montagne, aux environs de Grignan, qu'elle
tenait d'un de ses oncles, le marquis de la Garde-Adhémar, puis à Belombre, près de Marseille, maison de
plaisance dans une jolie situation, dont elle se disait la
« bastidane ». Elle entretenait un commerce de petits
vers et d'amusements littéraires avec M. d'Ardène[1],
bel esprit marseillais, auteur médiocre de fables et
discours académiques, dont les œuvres publiées en 1767
comprennent plusieurs lettres de madame de Simiane
avec des bouts-rimés et des stances impromptues, selon
l'usage des lettrés de ce temps. Il n'y a là pourtant, de sa
part, aucune prétention. C'est par un goût naturel qu'elle
prend part aux plaisanteries de société, aux badinages
auxquels elle excellait sans doute et dont ses lettres
offrent plus d'un exemple : dans une lettre inédite ou
qui, du moins, ne figure pas dans l'édition Regnier,
datée d'Aix le 16 août 1726 et adressée à madame de
Saint-Marc[2], elle s'exprime ainsi : « Je vous écris avec

---

[1] Esprit-Jean de Rome, seigneur d'Ardène.

[2] Catherine-Marguerite de Matieu-Martein, fille de François-René
de Matieu-Martein et de Catherine de Rippert-Monclar. François-
René de Matieu ou Mathieu, originairement Mathei, était neveu d'An-

grande diligence, Madame, pour vous donner avis d'une
affaire cruelle qui vous arrive et qui met votre réputation et votre personne en danger. On vous accuse
d'avoir enlevé M. d'Anthelmy[1], et toute la ville commence même à en faire des chansons. Pour moy, qui
vous crois incapable d'une pareille action, je prends
hautement votre parti, comme on doit faire dans les
grandes occasions pour ses amis. Mais cependant il y a
une bonne procédure contre vous, et ce ne sont pas là
des chansons. J'ai fait agir tous mes amis pour l'avoir.
J'ay été assez heureuse pour qu'on me l'ait confiée
sous le sceau du secret. Je vous l'envoye en diligence,
afin que vous preniez vos mesures; vous pouvez compter sur mon crédit et sur mes amis. Mais je vous conseille de venir incessamment pour vous purger d'un
crime si énorme, et de venir par votre présence dissiper
tous les bruits qui courent ici sur votre compte.

« Je suis, Madame, avec beaucoup d'attachement votre
très humble et très obéissante servante.

« GRIGNAN DE SIMIANE. »

dré de Mathieu de Castelar, longtemps lieutenant-colonel du régiment
de la vieille marine et gouverneur de Haguenau, dont la correspondance militaire avec le grand Condé, sous lequel il servait pendant
la campagne de 1675, existe encore entre les mains du fils adoptif du
dernier baron de Meyronnet-Saint-Marc. Catherine-Marguerite de
Mathieu avait épousé, par contrat du 9 août 1713, Jules-François
de Meyronnet, baron de Saint-Marc, conseiller au Parlement de
Provence. (Voir à l'Appendice.)

[1] La famille d'Anthelmy ou Antelmi n'est pas mentionnée dans le
nobiliaire d'Artefeuil (*Histoire héroïque et universelle de la noblesse de Provence*, Avignon, 1759), sans doute parce qu'elle était
éteinte, lorsque cet ouvrage parut. L'abbé Robert (*l'État de la
Provence*, 1693, t. I, p. 287) lui consacre une notice, d'où il ressort qu'elle avait donné quatre conseillers au parlement d'Aix, de
père en fils, depuis Louis Antelmi jusqu'à Alexandre d'Antelmi, fils

Voilà la tournure que la petite-fille de madame de Sévigné aimait à donner à ses invitations. Il est difficile de s'y tromper, et pourtant la lecture de cette lettre a fait imaginer à quelques personnes le bruit d'un enlèvement véritable. Le château de Saint-Marc est situé à une très petite distance d'Aix, et la châtelaine qui l'habitait, sans doute, en plein été, n'eut pas de peine à se rendre sur l'heure à l'aimable appel de madame de Simiane.

La liaison de celle-ci avec M. d'Ardène, d'après la teneur d'une note d'affaires, apostillée par elle, n'était pas exclusivement littéraire. Il s'agit d'une transaction ou arrangement avec des créanciers qu'elle soumet à son examen. Bien que persuadée que le mémoire n'obtiendra pas son approbation, elle a cru devoir le lui envoyer, et, dit-elle en parlant des créanciers : « Je les ai renvoyés eux-mêmes bien loin et assurés qu'ils se repentiroient de leur procédé tenace et rigoureux. » La date est du 25 mars, mais l'année reste incertaine.

Une autre lettre à M. Geboin, avocat au Parlement, témoigne du soin qu'elle apportait au règlement de ses affaires et de celles de ses filles, dont l'une au moins était encore mineure, au moment où elle écrivait à celui qui possédait sa confiance. Toujours gracieuse, elle termine par ces mots : « A propos, plût à Dieu, mon cher Monsieur, que le voyage de Mazargues perfectionnât votre guérison ; vous estes né invité, et il n'y

de Jean et de Claire de Mazargues, marié en 1646 avec Gabrielle d'Orgon, des seigneurs de Puymichel. Cet Alexandre d'Antelmi devait être le père de M. d'Anthelmy, ami de madame de Simiane, et dont il est également question dans les lettres de madame de Vence, sa fille.

,a que l'excès de discrétion qui me retienne à vous presser de nous faire cet honneur et ce plaisir. »

Madame de Simiane avait trois filles, dont l'une fut religieuse à Paris, au Calvaire du Marais, en 1720. La seconde, Sophie, épousa, le 29 mai 1723, Alexandre-Gaspard de Villeneuve, baron de Vence, connu sous le nom de marquis de Vence, et la troisième, Julie, fut mariée, en 1725, à Jean-Baptiste de Castellane, marquis d'Esparron, fils aîné du premier consul d'Aix en 1707, qui avait si bien secondé M. de Grignan, lors du siège de Toulon. Les familles auxquelles s'alliaient les filles de madame de Simiane étaient les premières du pays, et elles ont continué jusqu'à nos jours de faire honneur à la Provence.

Ce furent là sans doute, pour madame de Simiane, des années relativement heureuses, assombries pourtant par l'isolement du veuvage et le poids des affaires, dont les alternatives, toujours renaissantes, se prolongèrent pendant plus de dix ans. Ces affaires, il faut le dire, formaient un obscur labyrinthe dans lequel il était aussi aisé de se perdre, aussi naturel de se créer des issues illusoires, que difficile de se reconnaître et de se diriger. —Les substitutions entées l'une sur l'autre, les prétentions d'une foule d'intéressés, les arrérages accumulés, les rentes constituées et jusqu'aux legs testamentaires rarement délivrés aux légataires et dès lors contestables par caducité, tout cela donnait lieu à un ensemble des plus enchevêtrés, devant lequel pâlissaient les légistes et qu'un historien ne saurait aborder sans courir le risque de s'imposer, et à plus forte raison au lecteur, un labeur des plus fastidieux. Mais on tomberait dans un autre excès en repoussant tous les détails, et de simples

éclaircissements peuvent ici trouver leur place. Une
occasion s'est offerte à nous d'interroger un document de
l'époque[1], des plus authentiques, bien que évidemment
incomplet. Il relate, d'une part, les biens de la maison
de Grignan, tels que les possédait « en toute propriété,
libres en sa personne par la substitution aposée (sic) au
testament de Gaucher Adhémar[2] de l'année 1506, dont
il faisoit le dernier degré », Louis-Gaucher Adhémar,
père de François, dernier comte de Grignan; d'autre
part, le même document donne « la vérification des
debtes du feu seigneur et autres ». Ce relevé général est
postérieur à la vente de la terre d'Entrecasteaux, sur laquelle les 400,000 livres de la dot de la marquise de
Grignan avaient été hypothéquées et partiellement rem-
boursées lors de la vente; mais, jusqu'à concurrence
seulement de 210,000 livres, le reste demeurant liti-
gieux, faute de garanties. — Les biens propres de la
maison de Grignan, terres, créances, légitimes à revendiquer, provenant soit des Adhémar, soit du chef des
Castellane, Ornano et Ancezune, et formant l'actif de la
succession, étaient évalués, en se plaçant aux droits de
Louis-Gaucher, mais à la condition de compter jusqu'à
l'argent prêté par lui à son fils et aux sommes acquittées
pour sa mère, à un total de 1,036,233 livres. Dans ce

---

[1] Il appartient à la riche collection d'autographes et pièces relatives à la Provence de notre ami le comte Luc de Clapiers.

[2] Gaucher Adhémar, baron de Grignan, dont il est ici question,
avait eu pour fils Louis Adhémar, premier comte de Grignan, gouverneur du Lyonnais, Forez et Beaujolais, mort sans postérité; mais
Blanche Adhémar, sœur de Louis, ayant épousé en 1498 Gaspard 1er
de Castellane, baron d'Entrecasteaux, transmit à son fils Gaspard II
de Castellane le nom, les armes et les biens des Adhémar, en vertu
d'une clause de substitution du testament de Gaucher Adhémar.

total, il est vrai, la « comté de Grignan » est comprise pour 500,000 livres [1]. Sur un actif ainsi conçu, non sans artifice ni complaisance, les dettes à prélever du chef de Louis-Gaucher Adhémar s'élèvent à 516,115 livres, auxquelles viennent s'ajouter les « debtes du feu seigneur messire François Adhémar, comte de Grignan », dettes criardes s'il en fut. Leur total s'élève à 44,661 livres, et l'énumération très détaillée qu'il en est donnée ne laisse pas que d'être instructive sur le laisser-aller qui présidait à la vie des grands seigneurs du temps. Il est dû non seulement aux gardes, muletiers, suisse, cocher, à M. Ollivier, chef d'office, leurs gages de plusieurs années; mais il faudra compter au valet de chambre, M. Démonville, plus de 10,000 livres; au chef de cuisine, 1,270; la marchande de volaille est inscrite pour 1,540 livres; le charcutier, Jean Esmiou, pour 684; la fruitière, mademoiselle Moularde, pour 434; la bouchère, mademoiselle Daniel, demande 753 livres pour viande de bœuf; les fournitures du confiseur et du pâtissier montent ensemble à près de 1,800 livres. Par contre, il n'est réclamé que 231 livres par le tailleur d'habits; mais le sieur Bérage, marchand d'Aix, se trouve inscrit pour 6,000 livres « pour le deuil du feu seigneur ». Enfin, M. de Saint-Bonnet, capitaine des gardes, devra toucher 6,000 livres, et le sieur Margaillan, apothicaire, 506 livres. On voit, en résumé, tout ce qu'avait de précaire une situation financière où grandeurs et misères se coudoyaient de si près, et combien d'ailleurs, au point

---

[1] La terre et le château de Grignan furent vendus à M. de Félix du Muy, le 5 avril 1632, pour une somme de 290,000 livres seulement. (*Essai hist. sur les Adhémar et madame de Sévigné*, par l'abbé Nadal, p. 190.)

de vue des héritiers, elle était sujette aux contestations
de tous genres, par cela même aux procès, avant d'aboutir à l'inévitable dénouement, à la vente de Grignan. On
sait qu'à la suite d'efforts infructueux, secondés par le Parlement d'Aix, mais qui ne purent réussir à satisfaire les
créanciers, le comté fut mis en vente en mars 1732 et
acheté par Louis-Nicolas de Félix du Muy, dont le père
avait été sous-gouverneur du Dauphin, et qui fut maréchal de France et enfin ministre de la guerre sous
Louis XVI.

Jusqu'à présent, sur les années qui précèdent cette
vente, on se trouvait réduit à glaner quelques incidents
tirés des lettres adressées en petit nombre par madame de Simiane, soit à la marquise de Rousset, soit au
marquis de Caumont : des nouvelles de cour, le passage
à Marseille du grand prieur, le chevalier d'Orléans; la
tristesse que lui cause l'idée d'une visite à Grignan, où
elle n'a plus la force de remettre les pieds; puis des
séjours à Valréas et d'autres à Aix; des mentions d'amis,
les Anfossy, qui lui sont demeurés chers; enfin, les
commencements de l'affaire du Père Girard et de la fille
Cadière, pour laquelle madame de Simiane prend parti
en bonne janséniste; c'est à peu près tout, et nous n'aurions rien eu à ajouter, si un de nos amis [1] n'eût recueilli dans une vente dix lettres de la jeune madame de
Vence à sa mère, dont elle était momentanément sé-
parée. L'une de ces lettres est écrite de Toulon, où elle
attendait l'arrivée de la flotte, toutes les autres de Vence,
dont elle habitait le château, avec son mari, ses enfants
et les deux oncles de son mari. Ces lettres, tout à fait

---

[1] M. Gabriel Lucas de Montigny, dont le père, fils adoptif de
Mirabeau, avait réuni une collection célèbre d'autographes.

intimes, nous introduisent en plein dans un intérieur
des plus unis; elles nous font voir madame de Simiane
adorée de sa fille, qui soupire après le moment de son
retour et dont la tendresse passionnée se sert de tous
les moyens plaisants, légers, respectueux ou badins
pour se faire entendre et trouver des accents appropriés
à ce qu'elle éprouve.

La date de l'année à laquelle se rapporte la lettre
écrite de Toulon demeure douteuse, mais les autres
lettres appartiennent sûrement à une période qui court
de juillet 1730 à février 1731. Pendant cet espace de
temps, madame de Simiane réside à Aix, sauf un petit
séjour à Marseille, où sa fille lui écrit une seule fois, le
6 octobre. A défaut d'une mention d'année, il est aisé
d'établir que ces lettres sont réellement de 1730, puisque l'acquisition d'une maison à Aix par madame de
Simiane y tient une assez grande place et que madame de Vence, qui l'apprend, s'étonne de n'en avoir
rien su jusque-là. Or, c'est justement dans une lettre à
M. de Caumont, écrite en décembre 1730[1], que madame de Simiane parle pour la première fois de faire
venir M. Lainé, architecte ou décorateur, qu'elle veut
consulter et qui ne doit arriver qu'après Noël, tout
devant être alors en état de le recevoir. En second lieu,
il est question de conclave dans une lettre de madame de
Vence du 28 juillet, et nous savons que l'élection d'un
nouveau pape, Clément XII, eut effectivement lieu le
2 juillet 1730.

Nous sommes donc parfaitement fixés sur l'époque à
laquelle remontent ces lettres. Madame de Simiane

[1] *Édit. Regnier*, t. XI, p. 47.

vient d'acheter sa maison; mais elle n'en a encore rien
dit à sa fille, et celle-ci, à la date du 28 juillet, après
avoir informé sa mère du départ des meubles qu'elle
envoie de Vence et qui seront rendus à Aix dans une
quinzaine, ajoute : « Il ne me manquera qu'un lit pour
moy; je vous prie, ma chère maman, de me dire sy vous
aurés la bonté de m'en prêter un et s'il y aura les matelas. Selon cela, je feray moins de dépense : je suis
grosse, Madame, et des plus grosses; je ne say pourquoi
vous en doutés, mais cela n'est point agréable, je n'ay
jamais dit des choses qui ne soit (*sic*) pas. J'apprens de
tous costés que vous avés acheté la maison de M. d'Albert; je me serois attendue de le savoir par vous, mais
on ne doit conter (*sic*) sur rien. Je ne vous en parlerois
pas mesme, sy je n'avois à vous apprendre, Madame,
que l'appartement qui est au rés de chaussée est à moy
depuis un mois et que je l'ay acheté de mes deniers. Sy
vous en avés besoin cet hiver, je vous en laisse la maîtresse, parce que j'ay un cœur, mais selon l'occasion
vous aurés la bonté de décamper [1]... »

On croirait presque à un mouvement d'humeur ou à
un parti pris de familiarité; mais pas du tout, le plus
souvent madame de Vence nomme sa mère « madame »,
elle emploie des formules cérémonieuses; puis brusquement le ton change et l'enjouement se fait jour; on ne
cesse de badiner, et il faut savoir distinguer ce qui est
jeu d'esprit du fond sérieux, de la tendresse profonde
qui se dégagent à chaque instant. Veut-on connaître ce
qu'elle pense de sa mère : « Ma chère maman, soyés
persuadée que personne ne vous aymera jamais aussi

---

[1] Lettre du 28 juillet.

tendrement que moy; je le crois comme je le dis, parce que je sens que je vous ayme à la folie, et on m'a assuré qu'on ne pouvoit pas aymer au delà[1]. » Le ton affecte souvent plus de cérémonie en apparence : « Après vous avoir assurée, Madame, de mes respects les plus tendres et de ma tendresse la plus respectueuse, j'auray l'honneur de vous dire que vous estes beaucoup plus heureuse que moy, car voici la seconde fois que vous avés de mes nouvelles, et moy, je suis comme le jour que je suis partie, lequel jour je n'entendis point parler de vous. Tout cela sera réparé, je m'y attens bien, on me demandera mille excuses, on se jettera à mes genous; tout cela est fort bien, mais en attendant il faut donc que je me ronge les points (sic); eh bien, Madame, on se les rongera, ce n'est pas là une affaire; mais non, à propos, je ne me les rongeray pas, car madame de Vence reçut samedi une lettre de M. l'abbé, qui luy mande qu'il a eu l'honneur de vous voir depuis mon départ et que vous estiés bien fâchée de n'avoir plus vostre pauvre fille[2]. » Il y a de l'élan et de la sincérité, non sans une pointe d'originalité, dans ce début d'une lettre du 22 septembre : « Que j'ayme mon frère Sinéty[3], ma chère maman, qui a bien voulu se priver du plaisir d'estre avec vous et demeurer tout seul pendant un jour pour me donner de vos nouvelles! Voilà de ces obligations que je n'oublie jamais parce que j'ay ressenty quelque fois le chagrin de ne pas entendre parler de maman pendant toute une semaine, et que je n'en trouve

---

[1] Lettre du 22 septembre.
[2] Lettre du 21 juillet.
[3] Jean-Baptiste-Elzéar de Sinéty, commissaire général de la marine, à Toulon.

15.

pas de plus sensible. Madame fait donc des parties de plaisir; en vérité, madame fait fort bien, et je voudrois bien estre avec madame, lorsque madame fait de ces choses-là et mesme quand elle n'en fait pas; car il y a un très grand délice d'estre avec madame; mais encore faut-il prendre patience jusqu'au mois de novembre... » Cette affection l'entraîne à des explosions comme celle-ci : « Adieu, ma chère maman; allez-vous à la campagne? De vos nouvelles, de vos nouvelles, de vos nouvelles[1]! » Et encore : « Vous aurés, Madame, la bonté de m'escrire ou de me faire escrire, sans quoi je crieray comme une aigle. Adieu, ma chère maman, je suis bien folle; mais cela n'empêche pas que je ne vous ayme du fond de mon cœur. Vostre conclave et vostre cardinal m'ont bien fait rire; en vérité, vous estes charmante, dites-moi de ces petites choses-là, elles m'amusent tout-à-fait[2]. » Elle était si bien auprès de cette mère : « Mon unique espérance est toujours au mois de novembre; je ne vois rien jusqu'à présent qui s'oppose à mon retour à Aix dans ce temps là; quand j'y pense, cela me fait faire une cabriole[3]. » Et quand elle songe au retour : « C'est aujourd'hui le 12 octobre, Madame, il fait déjà bien froid; voilà des signes merveilleux pour moy; encore un peu plus du mois et encore un peu plus de froid, et je suis à vous. Vous voilà donc à Aix, ma chère maman, du moins autant que je puis y voir d'ici là, il me semble que je vous aperçois dans un hôtel tout beau, tout neuf. Ah! que cela est joly, maman! j'ay bien envie de vous voir de

---

[1] Lettre du 21 juillet.
[2] Lettre du 28 juillet, à la fin
[3] Lettre du 21 juillet.

plus près. Ayez la bonté de me préparer beaucoup de
monde pour me recevoir, car je suis accoutumée ici
d'en voir des quantités horribles... » Veut-on savoir la
vie qu'elle mène et ce qu'elle pense de ses enfants, voici
un tableau achevé que termine une phrase réellement
charmante : « Je vous diray, Madame, qu'on ne s'ennuye point à Vence, que les regrets qu'on a sont sy peu
de choses que ce n'est pas la peine d'en parler : quelques
torrents de larmes et quelques inquiétudes à vous
donner la fièvre en font l'affaire. Du reste, je passe fort
gaiement ma vie dans mon cabinet depuis huit heures du
matin jusqu'à midi et depuis deux heures jusqu'à sept;
dans ce cabinet, je lis, j'escris, je travaille et j'élève
mes enfants qui en ont besoin. Ils ont depuis peu une
gouvernante de Paris qui n'entend pas mal son métier,
mais est une naine qui me fait mourir de peur. Voicy,
ma chère maman, comment sont faits mes susdits enfants,
puisque vous avez la bonté de me le demander : mon
fils[1] est très beau, grand, bien fait, beau cavalier, mais
sans grâce; ma fille aînée est toujours plus laide, elle a
de plus une épaule qui pousse un peu, mais elle est
fort raisonnable et elle dit qu'elle sera sage. La cadette
n'est plus sy jolie; c'est une grosse beauté, comme moy,
mais bien faite et de l'esprit, enfin tout comme moy. Je
leur apprends à travailler; je leur donne de la grâce;
ce sera bien leur faute s'ils n'en prennent pas. Je les

[1] Le fils dont il est parlé ici n'est pas François-Romée, né en
1724 et mort en bas âge, mais plutôt Jean-Alexandre Romée, né le
6 novembre 1727 et alors âgé d'environ trois ans. — La fille aînée
est Pauline, née le 27 avril 1725, qui fut marquise de Villeneuve-
Flayosc. — La fille cadette, Julie, née à Vence le 16 août 1726,
épousa en 1746 Jules-François-Paul Fauris de Saint-Vincent et se
rendit célèbre par son procès avec le duc de Richelieu.

ayme beaucoup et je vous demande pour eux, ma chère maman, un peu de part dans votre amitié, non pas autant que la grand-mère de leur grand-mère en avoit pour sa fille, c'est pour moy que je demande cette grâce, et vraiment on la mérite un peu [1]. »

A Vence, petite ville non sans importance, chef-lieu d'une sorte de minuscule souveraineté, bornée aux limites d'une vallée délicieuse, possédant un évêque, un chapitre, une bourgeoisie qu'il faut accueillir, les visites, les réunions mondaines ne manquent pas. Madame de Vence les accepte comme une nécessité de sa situation; mais elle cherche, quand c'est possible, à fuir les ennuyeux; elle s'isole au fond de son vieux château jusqu'au moment, parfois imprévu, où une compagnie nombreuse vient la surprendre. Ce contraste est assez bien rendu dans le passage suivant d'une lettre du 21 juillet, écrite quelques jours après son arrivée : « En attendant, Madame, je tue le tems à coup de points de couture; j'en ay fait plus de deux mille depuis que je suis dans ma tour. C'est en vérité un grand plaisir. Je ne m'étonne plus sy vous en faites jusqu'à minuit; c'est la consolation des affligés; c'est le repos d'une âme agitée; enfin, il n'y a rien aux points de couture. Mais, Madame, vous ne croirés pas que je n'ay peu estre établie bien tranquillement dans mon cabinet que depuis trois jours. La multitude des visites, les repas qu'il a fallu recevoir et donner, les concerts et les festes où j'ay esté obligée de me trouver; tout cela a duré jusqu'à présent, mais on me fait espérer qu'en voilà pour longtems; tout le monde est assés content de moy, hors de

---

[1] Lettre du 28 juillet. Cette allusion est la seule relative à madame de Sévigné qu'on puisse relever dans ces lettres.

M. le prévost du chapitre, qui se plaint de ce que je ne luy ay rien dit sur cinquante livres de graisse que je lui ay trouvées de plus, mais on ne peut songer à tout. »

Il est question, dans une lettre du 11 août, d'une visite au château du Bar, escarpé s'il en fut, situé dans les montagnes au-dessus de Grasse. Ce château était alors habité par la famille de ses possesseurs, les Grasse, comtes du Bar. C'était non seulement des voisins, mais des parents éloignés, puisque Paul-Joseph de Grasse, comte du Bar, avait épousé Marguerite de Villeneuve[1] et marié sa fille unique, en 1724, à son cousin Charles-Joseph de Grasse, qui devint comte du Bar. Cette visite de madame de Vence dans un vieil et sombre castel et l'hospitalité qu'elle y reçoit donnent lieu de sa part à un récit humoristique dont nous transcrivons ici quelques passages, en renvoyant pour le reste au texte même des lettres intégralement insérées dans l'Appendice. « Nous montasmes à cheval pour aller au Bar. Sy on pouvoit vous en dépeindre les chemins, ce seroit un plaisir, mais je suis votre servante, je ne suis pas faite pour dire de sy vilaines choses; tout ce que vous en saurés, Madame, c'est qu'une heure avant que d'arriver au château, on commence à monter; les escaliers qui bien comptés par moy font justement le nombre de trois cent et deux[2], car j'eus la curiosité de les compter en revenant. Quand j'eus donc tout monté, j'arrive dans une cour où l'on trouve madame la marquise de Grasse, madame la comtesse du Bar, sa belle-fille, et M. le comte que vous

<hr />

[1] Fille de Pierre de Villeneuve, seigneur de Séranon et de Rossoline de Villeneuve-Trans.

[2] Il s'agit d'une montée pavée dont les marches ou degrés peuvent être franchis à cheval.

connaissez, son fils. On tombe de son cheval, on se
prosterne et on fait fort civilement quatre révérences à
chaqu'un..... On entre dans une salle de plain-pied.....
cette salle a deux ou trois cent pieds de circonférence;
deux chandelles l'éclairent lugubrement. Dans le fond
et entre ces deux chandelles, on trouve madame du
Bar la belle-mère[1] qui fait avec les mains toutes les
politesses qu'on peut souhaiter. Je m'assis auprès d'elle
sur une chaise qui est de mesme date que la tapisserie
qui lui fut donnée par un de ses ancêtres, il y a cinq
cens ans, et dont elle a refusé vingt mille escus..... »
Après un souper en maigre, avec force politesses et cérémonies, elle demande « bien humblement » de s'aller
coucher, et on l'introduit dans une chambre plus grande
encore que la salle, « semée partout de roses et de jasmins », où elle se trompe en prenant la cheminée pour
la chambre qu'on lui destine; elle se tire enfin de cette
« terrible cheminée »; mais en revanche, il lui faut « un
quart d'heure de chemin » pour trouver son lit et une
chaise pour monter dessus..... « Voilà, Madame, mon
voyage; mais comme c'est chez des personnes parentes
de toute la famille et mesme amis, je vous demande le
secret, mais bien sérieusement, ma chère maman[2]. »

Madame de Vence était grosse au moment où elle
était venue à Vence, dans l'été de 1730; son intention
bien formelle était alors de retourner à Aix, près de sa
mère, à l'occasion de ses couches; et c'est pour cela
qu'elle tenait tant à ce que sa mère lui réservât l'appartement du rez-de-chaussée, dans le nouvel hôtel. On
voit que cette grossesse ne l'empêchait pas, au commen-

[1] Il est expliqué qu'elle venait de se casser la jambe.
[2] Lettre du 11 août.

cement d'août, d'aller même à cheval jusqu'à Tourettes
et de Tourettes au Bar, pour y voir ces dames « qui font
de si beaux gestes » ; et l'évêque de Vence[1] prenait part
à cette excursion. Elle écrit en septembre : « ...Encore
faut-il prendre patience jusqu'au mois de novembre.
Hélas ! un grand mois et demy est bien cruel à passer,
quand on se propose de là de faire un saut dans le
giron d'une mère, qui a la bonté de nous aymer malgré
nos démérites ; mais jusqu'à ce tems là ayéz (la bonté),
je vous supplie, de me soutenir, comme par le passé,
par des lettres remplies de miel et de lait... » Elle n'est
pas sans inquiétude sur la santé de sa mère ; puis elle
arrive à la sienne : « Je dis toutes mes affaires, et vous
devés savoir mieux que moy l'état de ma santé ; par
exemple je fus saignée hier et je m'en trouve fort bien
aujourd'hui, mon œil a toujours les mesmes faiblesses
dont je ne puis le corriger. »

Madame de Simiane empruntait parfois pour écrire
une main étrangère, et elle s'en plaint : dans les deux
derniers chiffons « qu'on me fit l'honneur de m'envoyer
de vostre part... il n'y avoit pas un seul mot de vostre
belle main blanche ; mais dans celle reçue mardi, il y
avoit de vos pensées, de vos paroles, de votre escriture,
enfin c'est un plaisir de plus ». Elle persiste à aller à
Aix : « Je veux », dit-elle, « estre témoin du bonheur
qui doit vous arriver et dont vous avés déjà le pressentiment ; je ne saurois deviner ce que c'est ; je m'y suis
cassée la teste, mais j'auray l'honneur de vous le dire
quand je le sauray[2]. » Puis, elle parle de son voisin le

---

[1] Jacques Surian, évêque de Vence en 1727 ; il avait succédé à
Mgr de Bourcheneu.

[2] Lettre du 6 octobre.

duc de Savoie, qui a manqué venir à Vence pour la voir, mais à qui elle a conseillé en amie d'attendre « l'esté prochain, parce que s'il fesoit tant de belles actions[1] ceste année, il n'auroit plus rien à faire l'année prochaine ». Et la fin : « J'ay une grande envie de vous le dire moy-mesme, ma chère maman, ma chère maman; je ne vous l'ay point dit pendant toute ma lettre. »

Au 12 octobre, les dames du Bar sont là, pendant qu'elle écrit à la hâte. Elle craint d'être impolie à leur endroit, « car estant au Bar, elles ne me quittaient pas, quoique je fusse dans l'état où elles sont à présent..... Nous avons outre cela six messieurs et nous en attendons encore autant; je ne say plus où j'en suis. » — Il survint ensuite quelque obstacle qui l'obligea de renoncer à ses projets et de rester à Vence. C'est ce que semble dire une lettre du 3 novembre, où madame de Vence parle d'une grande affaire qui leur est tombée sur les bras; mais c'est peut-être encore une plaisanterie; elle parle des bas qu'elle tricote et doit envoyer à sa mère, et au fond sa fureur, son désespoir se résument à demander à celle-ci « des lettres remplies de soumission et, enfin, de toutes ces choses qui appaisent. En attendant, madame seroit-elle un peu curieuse de savoir l'état où je suis? je suis unique, car je suis toute seule; cela ne vaut rien, je crois, mais je sauray le dire dans une autre façon : je n'ay personne avec moy, je suis dans une tristesse et dans un ennuy sans pareil. M. de Vence, qui n'a peu soutenir tout cela, est allé à Grolières[2]. » Il est

---

[1] Il venait d'abdiquer et avait voulu ensuite revenir sur son abdication.

[2] Baronnie dont les Villeneuve-Vence portaient le titre. Alexandre-Gaspard de Villeneuve s'appelait marquis de Vence, baron de Greau-

certain, quelle qu'en ait été la raison, que madame de
Vence ne partit pas et qu'elle dut faire ses couches à
Vence. Une dernière lettre à sa mère, du 9 février 1731,
le dit expressément : « Vous voulés qu'on vous escrive,
Madame, je conviens que cela est nécessaire pour
vostre plaisir, mais il me semble que vous deviés m'en
prier en termes un peu plus polis que ceux dont vous
vous servés dans la lettre que vous aves escrite à mon
époux. Ils sont très rudes, Madame, et m'ont offensée au
dernier point; mais enfin que ne pardonneroit-on point
en faveur de toutes les jolies choses dont il vous a plu
de m'honorer depuis mes couches[1]? Je viens, Madame,
de les relire toutes, depuis un bout jusqu'à l'autre. J'en
suis toujours plus charmée et plus enchantée; non,
Madame, il n'est pas permis d'avoir autant d'esprit, et
si vous continués, vous allés me ressembler comme deux

lières haute et basse et de Chalançon, en Dauphiné, seigneur de
Carros, le Puget, etc.

[1] Il est probable que c'est a ce moment qu'il faut placer la naissance d'un enfant mort en bas âge. — Le seul garçon survivant fut
Jean-Alexandre-Roméc de Villeneuve, dit le vicomte de Vence, né
le 6 novembre 1727, et qui fut d'abord cornette dans le régiment
de Vintimille, puis lieutenant dans le régiment Royal-Corse (le 15 février 1744), ensuite capitaine et enfin colonel du même régiment,
maréchal de camp. Il avait épousé le 24 mai 1751 Angélique-
Louise de la Rochefoucauld-Surgères et mourut à Aix, le 5 février
1776. Son fils Pierre-Paul-Ours-Hélion, maréchal de camp, chevalier
de Saint-Louis, pair de France, en 1815, marié à Marie-Clémentine-
Thérèse de Laage, continua la postérité; il eut pour fils Clément-
Louis-Hélion de Villeneuve, marquis de Vence, pair de France,
maréchal de camp et grand officier de la Légion d'honneur, marié
à Juliette d'Harcourt, mort à Paris, le 9 janvier 1834, sans enfants
mâles; sa fille aînée Antoinette-Athénaïs-Clémentine-Chantal, née à
Paris le 3 janvier 1807, épousa le 30 mai 1830 Napoléon-Joseph-
Charles Legendre, comte de Luçay; elle fut mère du comte de
Luçay actuel.

gouttes d'eau. » C'est dans cette lettre que, cédant à l'envie
d'un de ces badinages dont la société de sa mère lui
fournissait des exemples, elle propose un petit acte ou
dialogue, intitulé *le Carême* et qui a trait à son prochain
départ.

LE CARÊME.

Les acteurs sont : le père de Vence, — la marquise de
Vence, — M. de Bompar, — le chevalier de Vence. —
La scène est dans la chambre de madame de Vence.

Acte premier, scène première. — Le père de Vence :
Bonjour, ma nièce ; il me semble que vous avés aujourd-
'hui les plus belles couleurs du monde. Apparemment,
vous vous portés mieux qu'à l'ordinaire ; j'en suis
charmé par rapport à vous, mais cela me fait trembler
pour vostre voyage. Il me semble à vostre air que je
vous vois partir. — Madame de Vence : Je vous remercie
de tout mon cœur, mon oncle. Je seray assurément très
fâchée de vous quitter, mais je ne puis plus tenir à
l'envie que j'ay de voir maman, il faut que je parte. —
Le père de Vence : Je vous conseille de vous rétablir
entièrement. — Madame de Vence : Ah ! mon oncle,
ne me parlés plus sur ce ton-là, car nous nous brouillerions.

. . . .

Scène troisième. Tous les acteurs. — Le père de
Vence : Mais enfin, ma nièce, quand partés vous ? —
Madame de Vence : Mon oncle, voicy mon projet : Je
vais à la messe de dimanche en huit. Le lendemain
j'escris à l'abbé de Vence pour qu'il m'envoye des voitures. Je le prie de se dépêcher, et comptés un peu quel

jour je puis partir. — Le chevalier : Oh ! madame,
finisses vos contes ; jouons au piquet, ou je m'en vas. —
Bompar : Pardi, cher, tu es bien pressé ; laisses dire
madame, pour moy cela m'enchante. — Madame de
Vence : Je finis, messieurs, allons, des cartes.

En arrivant à Aix vers le commencement du printemps de 1731, madame de Vence trouva sa mère toute
à l'installation de son nouveau logement. Abandonnant
l'espoir d'un retour à Paris, elle avait acheté de Marc-
Antoine d'Albert [1], conseiller au Parlement, non pas
précisément un hôtel, mais une maison de belle apparence, encore debout au coin de la rue Saint-Michel [2]
et faisant retour sur celle de Saint-Lazare. Cette maison
était presque neuve, puisqu'elle avait été bâtie vers le
commencement du dix-huitième siècle par le père de
Marc-Antoine. Sa façade nord, qui donne sur la rue, est
sobrement ornée, bâtie en pierres de taille et percée de
six croisées à chaque étage. L'autre façade, tournée au
sud, ouvre sur un jardin, à l'exemple de toutes les
autres maisons de la même rangée. Elle a été, depuis,
constamment transmise par héritage, d'abord aux marquis de Vence [3] qui y conservèrent longtemps les archives

[1] Il était fils de François d'Albert, conseiller au Parlement d'Aix,
en 1669, et de Françoise de Reboul de Lambert. C'est par erreur
que cette famille a été confondue avec celle des d'Albert Saint-
Hippolyte, à laquelle appartenait Jean d'Albert, second consul d'Aix
procureur du pays en 1707, et dont il a été question à l'occasion du
siège de Toulon.

[2] Actuellement rue Goyrand.

[3] A propos de l'hôtel de Vence, à Aix, voici de nouveaux renseignements que nous communique, au dernier moment, M. le
comte de Luçay : Dans son contrat de mariage des 24 et 31 mai
1782 (Rousseau, notaire à Paris), Pierre-Paul-Ours-Hélion de Villeneuve, marquis de Vence, est déclaré propriétaire, entre autres :

des Castellane-Adhémar, seigneurs de Grignan. Elle
passa ensuite à M. Alexandre de Périer, arrière-petit-
fils par sa mère, née Fauris de Saint-Vincent, de madame
de Vence. Elle offre encore cette particularité de conserver à peu près intacts l'aménagement et la décoration
des appartements de madame de Simiane.

Les lettres de madame de Simiane la montrent toute
préoccupée de restaurer l'intérieur de cette maison et
de l'embellir. Pour cela, elle consulte son ami, le marquis de Caumont, qui lui envoie d'Avignon des conseils,
des plans et des ouvriers. Ceux-ci sculptent sur bois,
moulent sur plâtre ou dorent et appliquent les couleurs;
mais ils excitent tantôt par leur lenteur, tantôt par leurs
caprices, les plaintes de madame de Simiane. Ils s'inter-
rompent parfois sans raison apparente ; ils s'échappent
même ou courent les cabarets. Elle ne sait comment s'y
prendre pour les gouverner. A côté d'eux et à part, on
distingue un jeune artiste, venu aussi d'Avignon sur la

---

d'un hôtel ou maison, meublé à Aix. — Cet hôtel fut confisqué avec
les autres biens du marquis de Vence, lors de son émigration, en
vertu de la loi révolutionnaire du 8 avril 1792. Sa femme, la marquise de Vence, née de Laage, s'en rendit adjudicataire le 13 ther-
midor an IV, devant l'administration du département des Bouches-
du-Rhône. Le contrat de vente désigne clairement cet hôtel de la
manière suivante : — « Domaine national, maison à Aix, île 41 n° 6,
jardin en dépendant et écurie, plus un jardin en friche complanté de
quelques mûriers, séparé de la maison par la rue Saint-Lazare.....
confrontant du levant la maison de la citoyenne Galiffet, du midi
la lice extérieure du rampart, du couchant la rue Saint-Lazare, du
nord la rue Saint-Michel. » Cet hôtel dut être vendu quelques
années après par la marquise de Vence, qui préféra sans doute le
céder à des parents qu'à des étrangers. Ce qui est certain, c'est
qu'il ne figure plus en nature dans l'acte de partage de la succession de la marquise qui eut lieu après son décès survenu en son
hôtel à Paris, 17, rue de Bellechasse, le 11 juillet 1809.

recommandation de M. de Caumont; il n'a pas vingt ans,
mais il est déjà connu par ses heureuses dispositions.
C'est Joseph Vernet, qui doit peindre les dessus de portes.
Quand il a terminé, madame de Simiane s'écrie [1] : « Les
dessus de portes sont admirables ; j'en ai pris douze. »
Cependant, l'ouvrage marche, en dépit d'une foule de
petits incidents : le salon principal est orné de panneaux
sculptés sur bois et dorés; mais sur le dernier de ces
panneaux, il faudrait un motif de milieu. Les ouvriers
en ont proposé un; c'était un trophée beaucoup trop
lourd au gré de madame de Simiane [2]. Elle insiste
auprès de M. de Caumont pour qu'il en choisisse un
autre; mais, au cours de la délibération, les ouvriers
impatientés ont disparu, et le panneau reste vide; il l'est
encore; sa place est facile à reconnaître.

M. de Caumont met toujours en avant de nouveaux
projets; il protège Vernet, qui voudrait placer des
tableaux jusque dans l'antichambre et persuader qu'on
les lui a déjà commandés. Mais à quoi bon des inutilités?
Madame de Simiane, femme de tête et formée aux calculs par les événements, suppute ce qu'elle a déjà
dépensé en décoration et mobilier : plus de cinquante
mille livres, dans une maison qui n'en vaut que vingt;
elle s'arrête et renvoie à plus tard le complément de ses
travaux. Elle veut jouir du présent et ne plus tarder à
réunir autour d'elle, dans cet intérieur ordonné selon
ses goûts, la société d'intimes qu'elle s'est choisie. —
Aujourd'hui, on n'a qu'à pénétrer, on retrouve tout en
place dans cette maison; du moins le cadre est intact,

[1] Madame de Simiane au marquis de Caumont, le 14 janvier 1732.
Édit. Regnier, t. XI, p. 104.
[2] Lettre du 20 février 1732.

sinon les objets mêmes. L'escalier, il est vrai, a perdu
son caractère ; mais, arrivé au premier, on entre dans une
antichambre, dont les moulures très simples reproduisent pourtant, au-dessus de la cheminée, l'écusson des
Villeneuve. C'est bien l'appartement que madame de
Simiane refusa de faire décorer par Vernet. De cette
première pièce on passe dans le salon que le temps a
heureusement respecté [1]. Il est allongé perpendiculaire-
ment à la façade, assez grand, mais surtout conçu dans
d'élégantes proportions. L'entrée a lieu par le fond, au
moyen de deux portes collatérales, pratiquées dans les
angles qui sont cintrés, de même que les battants et les
trumeaux qui les surmontent. Cette disposition caractéristique, marquée par madame de Simiane quand elle
parle des « portes ceintrées d'encoignures », a nécessité
l'établissement d'un tambour, séparant cette pièce de
celle qui la précède. Les murs sont tendus en damas
rouge encadré par des baguettes dorées. Les moulures
dorées qui entourent le plafond et accompagnent les
dessus de portes sont formées de rinceaux combinés,
selon le goût du temps, avec des mascarons et des animaux chimériques qui rampent parmi les feuillages.
Les deux principaux tableaux, dus au jeune pinceau de
Vernet, figurent au-dessus des portes ouvertes latérale-
ment et qui touchent aux fenêtres. L'un représente la
fontaine de Vaucluse, l'autre l'intérieur des arènes
d'Arles. Ces peintures sont chaudes, pleines de vie et de
mouvement. Un petit salon ou parloir est attenant, sur
la gauche, au salon principal dont il vient d'être question
et qui, à droite, donne entrée dans la chambre à cou-

---

[1] Sauf les moulures tout récemment repeintes et redorées.

cher de madame de Simiane, contiguë elle-même à un
boudoir ou cabinet de toilette. C'est cette chambre
qu'elle décrit si bien, dans une lettre à M. de Caumont[1].
Dépouillée, il est vrai, de la tapisserie du « passage du
Rubicon », qu'elle aimait tant, elle a gardé cette porte
rase, parallèle à celle du cabinet, placée au pied du lit,
tourné, dit-elle, autrement que tous les lits de cette
époque, c'est-à-dire en travers et non pas en long. C'est
cette petite entrée que madame de Simiane aurait voulu
remplacer par une baie plus large, recouverte d'une por-
tière. Et, dit-elle à son ami, « moyennant des dessus de
portes et des portières, vous verrez que les entre-deux
de toutes ces portes et cheminées ne seront plus grand'-
chose ; il suffira d'un petit tableau et d'une pendule,
d'un côté, d'une console et d'un autre petit tableau, de
l'autre, pour que rien ne soit nu ». On se rend parfaitement compte de ces aménagements d'intérieur ; mais
on constate qu'en définitive madame de Simiane garda
la petite porte, cette porte de « garde-robes », qui s'ouvre
incessamment pour donner passage, de sept heures du
matin à midi, aux ouvriers, fermiers, manants, gens
d'affaires, créanciers... puis au lit de la femme de
chambre[2] et aux crasseux de laquais qui vont et viennent jusqu'à l'heure du beau monde, où s'ouvre le
salon. — Voilà bien le tableau de la vie mondaine en
plein dix-huitième siècle. — Enfin, après de nouveaux
atermoiements, à l'entrée de l'été de 1732, vers les
derniers jours de juin, la maison se trouve prête comme
par enchantement ; son « traître de valet de chambre »

[1] Madame de Simiane au marquis de Caumont, le 30 avril 1731.
[2] C'était le petit lit portatif où couchait toutes les nuits la femme
de chambre de madame de Simiane, et qu'on enlevait le matin.

l'a retenue dehors pendant huit jours, sous divers prétextes, pour lui ménager cette surprise, et tout est
maintenant meublé de la cave au grenier, sans qu'il y
manque un clou ; « c'est affaire de fées, et un enchantement de toutes les façons ». Elle-même le déclare, sa
maison est un vrai bijou, que les visiteurs admirent, et
elle jouit du plaisir que cette admiration lui cause, en
attendant celui de l'habiter et d'y recevoir ses amis. Sa
maison est devenue pour eux une curiosité ; M. et madame de Caumont ne peuvent se dispenser d'y venir.
Elle vante aussi, à plus d'une reprise, sa bastide de
Marseille, Belombre, qu'elle vient d'embellir, dont le
printemps a fait choix, où les fleurs sont si répandues
qu'elle emprunte pour les décrire la plume d'un acadé-
micien, celle de M. d'Ardenne. Il existait effectivement
à Marseille une Académie nouvellement créée par lettres
patentes du Roi et dont le maréchal de Villars avait été le
protecteur. C'est celle où Lamartine devait prendre séance,
un siècle plus tard, au moment de partir pour l'Orient.

Madame de Simiane est donc heureuse, en apparence
au moins, et grâce à son bon naturel. Cependant, cette
année est celle où elle passa l'acte de vente de Grignan.
D'ailleurs, elle jouira si peu de temps de cette maison,
disposée avec tant de goût, et de la verdure intense de
Belombre ! L'avenir est court devant et le terme bien
rapproché. Et puis, cette gaieté si douce n'exclut ni le
poids du jour, ni les réflexions qui la saisissent et la
ramènent en arrière. Les préoccupations, chez certaines
natures, pour être momentanées et intermittentes, n'en
gardent pas moins d'amertume. Sans doute, à cette
heure, elle songe aux lettres de sa grand'mère, dont la
publication se prépare et pour laquelle on a fini par

avoir son consentement. Cette affaire lui prendra ses dernières années; et elle ne verra pas même la fin de l'entreprise. Elle en aura eu les angoisses; elle aura subi les récriminations et reçu les plaintes. Un autre plus avisé en tirera la gloriole et en recueillera le profit. On voit qu'il s'agit du chevalier de Perrin, de l'éditeur auquel, après beaucoup d'hésitation, madame de Simiane confia le dépôt, jusque-là intact entre ses mains, des lettres de madame de Sévigné et des réponses de madame de Grignan.

A l'époque où madame de Simiane prenait possession de son hôtel, trois éditions clandestines, c'est-à-dire désavouées par elle et imprimées d'après des copies plus ou moins exactes des lettres de madame de Sévigné à sa fille, avaient paru coup sur coup. C'était par ordre de date : l'édition de Troyes en 1725; celle de Rouen en 1726; enfin celle de la Haye, aussi de 1726. M. Capmas, dans son introduction aux lettres inédites [1], a clairement expliqué la nature du lien existant entre les copies manuscrites, alors en circulation, et les premières impressions. Il faut noter d'abord qu'une partie des lettres de la marquise eut les honneurs de l'impression dès l'année de sa mort, intercalées qu'elles furent dans les mémoires du comte de Bussy [2], et que sa correspondance avec son cousin occupe presque entièrement les deux premiers volumes des lettres de Bussy-Rabutin, publiées en 1697 [3], bientôt suivies des nouvelles

---

[1] *Lettres inédites de madame de Sévigné à madame de Grignan*, t. I, Introduction, p. 41 et suiv.

[2] *Mémoires de messire Roger de Rabutin, comte de Bussy*; Paris, J. Anisson, 1696.

[3] *Les lettres de messire Roger de Rabutin, comte de Bussy*;

lettres en trois volumes du même format. Il parut,
en 1727, une seconde édition de cet ouvrage, conforme
à la première. Il n'y a rien d'intime, mais plutôt étalage
de propos galants et assauts répétés de bel esprit, dans
cette correspondance qui tirait son principal attrait des
réponses mises constamment à côté des lettres qui les
avaient provoquées; mais elle explique le soin que prit
madame de Simiane de faire transcrire pour ses cousins
de Bussy et surtout pour l'abbé, plus tard évêque de
Luçon, des recueils plus ou moins étendus et complets
des lettres de sa grand'mère[1], qu'elle leur remit à plusieurs reprises, non sans insister sur la peine qu'elle
se donnait pour leur être agréable. « Voici », disait-
elle, à propos d'un de ces envois, « cent trente-sept
lettres que je vous ai triées, et dont j'espère que la lecture vous donnera bien du plaisir ; en ce cas, je plain-
drai si peu les veilles que j'y ai employées, que je con-
tinuerai à vous en chercher d'autres. » M. Capmas nous
paraît avoir démontré l'extrême vraisemblance de la
supposition que ce même recueil, transmis d'abord au
comte de Bussy, frère aîné de l'abbé, ait été perdu à la
mort du premier, arrivée le 21 août 1719, et qu'il ait
passé successivement de M. de Clémencé à l'abbé
d'Amfreville, pour arriver enfin à M. Thiriot, qui le
donna au public : de là l'édition de Rouen. Un autre
recueil aurait servi à l'édition de la Haye, et la petite
édition de Troyes, la première et la plus incomplète
de toutes, aurait été due à une indiscrétion du même
genre.

Paris, 1697; 4 vol. in-12. — *Nouvelles Lettres de messire de
Roger de Rabutin, comte de Bussy;* Paris, 1709 ; 3 vol. in-12.
[1] *Lettres inédites*, Introduction, p. 68.

Toutes ces publications excitèrent les réclamations de la famille. Le *Mercure de France* se fit l'écho de ces plaintes, au moment où parut l'édition de Rouen (mai 1726). Il parla des personnes considérables tenant à madame de Sévigné par la parenté ou l'alliance, comme souffrant avec impatience que l'on eût pu les croire complices de cette édition, faite sur un manuscrit perdu à la mort du feu comte de Bussy; M. l'abbé d'Amfreville essaya de rejeter la faute sur M. Thiriot, à qui il avait prêté le manuscrit, tandis que celui-ci protestait de son intention d'être utile à la «république des lettres», et de son regret d'avoir pu blesser les personnes illustres qui s'intéressent par la liaison du sang à la mémoire de madame de Sévigné. Ce qui paraissait alors étrange, c'était l'intimité des confidences d'une mère à sa fille, dévoilées subitement au public, et tous ceux qui, de près ou de loin, pouvaient se sentir atteints par les anecdotes plaisantes ou les traits piquants de la marquise, ne manquèrent pas d'insister sur le scandale d'une publication que les parents eux-mêmes de l'épistolière étaient accusés d'avoir sinon voulue, du moins secrètement favorisée. Madame de Simiane, dans son ardeur à prouver le contraire, alla jusqu'à implorer Billon, surveillant de la librairie, dans le but de faire supprimer l'édition; mais celui-ci, en exprimant le regret de ne pouvoir agir avec une pareille rigueur, ajoute que le plus grand mal vient de ce qu'on a su persuader au public que le livre était effectivement de son aveu. Il offrit même d'en entretenir le garde des sceaux et d'exciter son zèle sur une chose qui tenait si justement au cœur de madame de Simiane.

Le bruit n'avait du reste abouti, comme à l'ordinaire,

qu'à donner plus d'éclat à l'événement du jour, en multipliant les contrefaçons, dont l'une de 1728 et la dernière de 1733, sans nom de lieu ni d'imprimeur. Tout
cela est trop connu pour que nous ayons la pensée d'y
insister. — On sait que dans ces lettres, et dès la première heure, les uns admiraient sans réserve le charme
du style, le naturel, la vivacité d'esprit, la tendresse maternelle rendue avec les accents ordinaires de la passion,
tandis que d'autres recherchaient surtout le côté mordant,
les anecdotes racontées avec une verve intarissable, une
foule d'allusions saisies au vol, des médisances s'attaquant au monde le plus haut, enfin le ridicule jeté sur
bien des personnages, jadis puissants, maintenant dépré-
ciés, comme ayant appartenu à un autre temps et rele-
vant d'un régime tombé. Seulement, en l'absence des
originaux restés pour la plupart aux mains de madame
de Simiane, il est évident que les passages prêtant à la
malignité perdaient beaucoup de leur portée, puisqu'il
restait la ressource de les tenir pour altérés ou interpolés.
Le jeu et l'adroite manœuvre du personnage qui va sous
nos yeux émerger du fond de cette société, amie des
petits vers, des impromptus, des badinages littéraires,
groupée autour de madame de Simiane, du chevalier de
Perrin, pour le nommer, consisteront justement dans la
tâche ardue de faire accueillir l'idée d'une publication
assez authentique pour ne plus être arguée de faux, et
dont il serait l'éditeur accrédité, le promoteur autorisé
et responsable. Il sut, en éveillant et poussant à l'excès
les scrupules de madame de Simiane, surtout en ayant
l'air de les partager et lui offrant les moyens de leur
donner pleine satisfaction, lui suggérer enfin une résolution, directement contraire en réalité, par les résultats

qu'elle allait produire, au but que la petite-fille de la marquise se proposait avant tout.

Qui était donc ce chevalier de Perrin? — Homme très nouveau, fils de Louis Perrin, gros marchand ou négociant récemment anobli par l'achat d'une charge de secrétaire du Roi, et père de dix-neuf enfants, Denis-Marius Perrin était né l'avant-dernier de cette nombreuse lignée. Selon le témoignage de Roux-Alphéran[1], il n'y aurait eu, parmi tant d'enfants, qu'une seule fille, mariée en 1703 dans la famille d'Audibert de Ramatuelle, qui eût laissé postérité; et cette famille elle-même s'est depuis lors éteinte. Louis Perrin, troisième consul d'Aix avant d'avoir acquis l'office de secrétaire du Roi, éleva en se retirant des affaires, vers 1650, toujours selon l'auteur des *Rues d'Aix,* une belle maison construite en pierres de taille, percée de sept croisées de façade, avec portail à pilastres, encore debout sur la rangée méridionale du cours d'Aix. En venant de l'est, cette maison est la dernière qu'on rencontre avant celle qui fait angle sur la rue de la Monnaie. C'est là qu'était né le chevalier de Perrin, à la fois militaire et homme de lettres, qualifié chevalier, parce qu'il avait obtenu la croix de Saint-Louis étant capitaine au régiment de Picquigny, auteur en même temps des « Muses rassemblées par l'Amour », idylle mise en musique par Campra[2]. Répandu d'ailleurs dans la meilleure société et bel esprit à la façon de M. d'Ardenne, l'acadé-

---

[1] *Rues d'Aix*, t. II, p. 173. — Nous verrons pourtant que le chevalier de Perrin s'était établi à Metz vers 1746, avec « sa famille ». Il serait donc possible qu'il y eût laissé des descendants. La remarque de Roux-Alphéran reste vraie en ce qui concerne la Provence, où la famille de Louis Perrin ne compte plus de représentants.

[2] Paris, Estienne, 1723.

micien de Marseille, il avait acquis l'estime et conquis
l'affection de madame de Simiane. Elle avait en lui pleine
confiance, à ce qu'il paraît, puisque à propos de la
mort de sa vieille tante, la veuve de Charles de Sévigné, en 1733, elle dit de Perrin que peut-être il finira
tout et elle ajoute : « C'est un ami auquel j'ai des obligations sans nombre; il semble qu'il ne soit à Paris que
pour mes affaires. » — Il avait alors la cinquantaine et
mettait la main à l'édition des lettres qui était à la
veille de paraître. Nul doute qu'il n'eût été auparavant à Paris à l'occasion de son « idylle », et qu'il
n'aspirât à s'y fixer. Ses relations avec le beau
monde d'Aix, ses prétentions littéraires, son affectation
même à se parer d'un titre réservé jusqu'alors aux
seuls gentilshommes, mais que l'institution de l'ordre de
Saint-Louis tendait à vulgariser, tout cela, mis en contraste avec l'humilité connue de son origine, avait dû
lui créer des envieux, même des ennemis dans la classe
des anciens égaux de son père. Son ambition, justifiée
par les liaisons et attenances qu'il avait su se procurer,
le poussait donc à quitter la province pour aller à Paris
à la recherche d'un plus brillant théâtre, tâcher de s'y
faire connaître et adopter, quand ce ne serait qu'à titre
de dîneur en ville, après s'être mis à la suite de quelque grand personnage. En un mot, il voulait à tout
prix pénétrer dans ce monde des salons de l'aristocratie
parisienne, alors en pleine floraison, surabondant de vie
élégante, ouvert aux mouvements d'un esprit léger et
charmant. Il y réussit, et, ce qui prouve son adresse,
il eut, nous le verrons, la main heureuse en choisis-
sant pour patron le maréchal de Belle-Isle, dont il devint le commensal affidé.

C'est à ce résultat souhaité que devait contribuer à le conduire la publication pour la première fois authentiquement autorisée des lettres de madame de Sévigné, s'il obtenait que les originaux lui fussent confiés : travail littéraire concernant les corrections alors tenues pour indispensables, travail de critique, élimination et triage des passages malsonnants, quelle meilleure occasion de se produire, de se faire valoir, de se procurer des relations et de rendre des services ! Aussi il n'épargna rien pour atteindre son but, et il y parvint en effet, en usant de cet argument spécieux, mais non sans portée vis-à-vis de madame de Simiane, piquée elle-même de bel esprit, qu'à des éditions fautives, à un texte souvent défiguré, à des phrases inconvenantes, nuisibles à la mémoire de son aïeule, ou faisant douter de son esprit, de son talent d'écrivain et de la correction de son style, il fallait opposer les véritables lettres, revues par lui, publiées sous sa direction et purgées de tous les passages jugés inutiles ou dangereux, comme de toutes les négligences échappées au courant de la plume. On sait que le chevalier réussit pleinement dans son entreprise, et qu'il était à Paris, tout à son œuvre, nous venons de le constater, dès le printemps de 1733. De là les quatre volumes de l'édition de 1734.

Les passages blessants pour quelques grands personnages et certaines allusions ou récits tenant à la politique furent, en effet, supprimés ou adoucis. En voici plusieurs exemples qui feront juger du procédé de Perrin et des mobiles qui le guidèrent dans les retranchements : supprimé, entre autres, le propos attribué par madame de Sévigné à la grande-duchesse [1] qui, après

---

[1] Marguerite-Louise d'Orléans, grande-duchesse de Toscane, fille de Gaston d'Orléans et de Marguerite de Lorraine.

lui avoir vanté sa fille, son gendre et jusqu'au capitaine
des gardes de celui-ci, avait considéré madame de Céreste[1]
« comme la plus folle, la plus hardie, la plus coquette,
la plus extravagante personne » qu'elle eût encore vue.
Madame de Céreste vivait encore en 1733, et de plus elle
était alliée aux Grignan par sa belle-mère Marie Adhémar de Monteil. — Supprimé encore tout un passage
relatif à l'impression produite par l'annonce de la mort
de Turenne : « Le peuple dit que c'est la faute de
Quantova », c'est-à-dire de madame de Montespan, et
ce qui suit : « L'attachement est toujours extrême; on
en fait assez pour fâcher le curé et tout le monde, et
peut-être pas assez pour elle; car dans son triomphe
extérieur, il y a un fond de tristesse. Vous me parliez
des plaisirs de Versailles, et dans le temps qu'on allait
à Fontainebleau, pour s'abîmer dans la joie, voilà M. de
Turenne tué... » La réflexion était morale, et le peuple
n'avait pas tout à fait tort; mais un parfait courtisan aurait
trouvé de semblables paroles trop indiscrètes, et le
chevalier Perrin, en apprentissage du métier, se hâta
de les retrancher. — D'autres suppressions relatives au
blé qui ne se vend pas, à des détails de santé, à de
l'argenterie que le coadjuteur voulait donner à madame de Grignan et que celle-ci manifestait des scrupules à accepter, etc., s'expliquent tout autant par les
tendances de madame de Simiane que par celles du
correcteur. D'une façon générale, ce qui tenait à la con-

---

[1] Dorothée de Cheilus de Saint-Jean, femme de Henry de Brancas,
marquis de Céreste; elle était fille de Spirit de Cheilus, seigneur
de Saint-Jean, et de Jeanne du Chastellier. Son fils aîné, ami du duc
de Saint-Simon, succéda au marquis de Simiane en Provence et fut
maréchal en 1741.

duite et aux démêlés administratifs de M. de Grignan
avec la Provence fut enlevé soigneusement. Les tiraillements suscités par la demande d'une somme destinée au
payement des gardes, ceux qui touchent au don gratuit,
les passages s'appliquant à M. de Marseille, c'est-à-dire
à Toussaint de Forbin-Janson et à son cardinalat, sont
presque toujours adoucis ou supprimés. Il en est ainsi,
dans une lettre du 26 août 1675, d'une conversation de
madame de Sévigné avec Pompone sur ce qui se passait alors en Provence; on retrancha même un mot de
Faucher sur le cardinalat encore éloigné de ce prélat.
Dans une autre lettre du 16 octobre 1675, autre retranchement d'une allusion obscure à ce même personnage.
Dans celle du 6 novembre de la même année, c'est toute
une série de phrases exprimant la considération dont
jouit en Provence M. de Grignan, mise en parallèle avec
l'horreur, la détestation et la haine qu'inspire ailleurs
un autre gouverneur, que l'on a fait disparaître. Cet
autre gouverneur est visiblement celui de Bretagne, le
duc de Chaulnes, qui procédait alors à des exécutions et
à des exactions dans le but de terrifier les Bretons et
de couper court à leurs velléités d'opposition.

D'autres retranchements, tels que celui d'un passage
de la lettre du 29 décembre 1675, dans lequel les
Colbert, particulièrement le marquis de Croissy avec
son surnom de *Figuriborum*[1], semblent attaqués ou
ridiculisés, en même temps que l'amitié de Pompone se
trouve exaltée, s'expliquent d'eux-mêmes par le désir
de ne pas blesser des familles demeurées puissantes et
dont l'histoire avait consacré l'illustration. Une lettre

---

[1] On remarque cette phrase du passage supprimé: « Eussions-nous
jamais cru que *Figuriborum* eût fait figure? »

supprimée tout entière, celle du 3 novembre 1675 [1], ne
dut, à ce qu'il semble, son élimination qu'au passage où
madame de Sévigné traite d'indigne la conduite des
évêques et de l'intendant de Provence, parce qu'ils s'é-
taient abstenus de siéger à l'assemblée des États plutôt
que de reconnaître à M. de Grignan le droit de pré-
séance à lui accordé par le Roi. La mention de certaines
friponneries du grand monde ou récits de scènes scan-
daleuses, auxquelles se trouvèrent mêlés les noms les
plus éclatants, tels que ceux de Mirepoix, Roquelaure, etc., ne manquèrent pas d'être enlevés [2]. Mais
après toutes ces suppressions, il resta encore bien des
mentions et des phrases faites pour déplaire aux familles
de ceux qui s'y trouvaient désignés. Ces passages passèrent inaperçus, ou bien l'éditeur n'en saisit pas immédiatement la portée. — Homme de lettres prétentieux,
mais non sans talent, le chevalier amputa ou alourdit
en toute sûreté de conscience une foule d'endroits qui
ne seront jamais rétablis. Dans sa préface, il insiste sur
les incorrections et inexactitudes de l'édition de la
Haye, et l'on est surpris de reconnaître par les cita-
tions qu'il fait, qu'elles se réduisent à des étourderies de
copiste ou à des erreurs de ponctuation et ne tiennent
jamais à des suppressions ou interpolations calculées, ni
à des altérations du texte véritable. C'est en homme de
goût que le chevalier de Perrin présente au public les
lettres de madame de Sévigné, dont il a revu, dit-il,
avec soin le texte original. Il glisse sur les retranchements qu'il a opérés, comme ayant trait seulement à

[1] *Édit. Regnier*, t. IV, p. 269. — De madame de Sévigné à
madame de Grignan.
[2] Voy. la lettre du 10 novembre 1675.

des détails domestiques peu intéressants pour le public.
Il est certain cependant qu'en dépit de ses précautions,
madame de Simiane fut assaillie de plaintes, qu'elle eut
des regrets profonds de ce qu'elle avait fait, et qu'elle
voulut même retirer au dernier moment, c'est-à-dire
après l'apparition des quatre premiers volumes, l'autorisation de continuer.

Une lettre d'Anfossy au marquis de Caumont, écrite
de Paris le 16 février 1736 et reproduite dans l'édition
Regnier [1], nous met au fait de la situation et de l'embarras du chevalier de Perrin, de qui madame de Simiane
exigeait un désaveu formel, à défaut des épreuves qu'elle
aurait voulu avoir entre les mains, mais pour les anéantir à force de retranchements. « Elle exige du chevalier
un avertissement, préface, lettre, tout ce qui lui plaira »,
marquant son désaveu. Anfossy trace une peinture des
plus vives du désespoir de madame de Simiane, qu'il
montre « la tristesse dans le cœur, le reproche au
bout de la plume » ; elle est « la plus malheureuse des
femmes, tous ses soins sont trahis, tout conspire à l'hu-
milier » ; d'autre part, « le chevalier est trop engagé,
et cette suite lui est nécessaire pour écouler les restes de
l'édition des premiers volumes, qui ne lui ont pas
rendu, à beaucoup près, ce qu'on pourrait s'imaginer ».

Anfossy attribue au contraste entre les histoires
galantes de la grand'mère et la dévotion dont elle faisait
cependant parade les regrets de sa petite-fille ; la notice
de l'édition Regnier dit aussi que les scrupules religieux ne furent pas étrangers aux altérations subies par
la correspondance de madame de Sévigné. On a voulu

[1] Tome XI, *Notice sur madame de Simiane*, par Anatole de
Gallier, p. 10.

trouver dans ces mêmes scrupules, et M. Roux-Alphéran s'est fait de nos jours l'écho de cette tradition [1], la raison d'être du sacrifice de madame de Simiane, qui détruisit les réponses de sa mère [2], en même temps que les originaux des lettres de son aïeule. Le chevalier de Perrin, dans sa lettre à madame de Simiane du 12 février 1737, sans doute la dernière qu'elle ait reçue de lui, insiste, il est vrai, pour la convaincre, sur cette pensée que les personnes de piété ne s'accommoderont pas moins de la lecture des lettres de la marquise que les gens du monde; il promet le renvoi incessant des originaux de ces lettres et du portrait de madame de Grignan; mais tout en protestant, « en l'état où sont les choses », qu'il voudrait pour beaucoup n'avoir jamais été pour rien dans l'impression, il se déclare impuissant à l'arrêter et disposé tout au plus à chercher un moyen adouci de satisfaire le vœu de madame de Simiane, tout en évitant de préciser celui auquel il s'arrêtera, lettre ou avertissement préliminaire; il se réserve le choix et tourne habilement la difficulté plutôt que de chercher à la résoudre.

Il est un autre motif du mécontentement et des scrupules de madame de Simiane, un autre mobile, négligé jusqu'ici, de ses tentatives d'arrêter ou du moins de désavouer l'édition de Perrin, mobile dont le document qui sera bientôt signalé révèle l'importance et dont la lecture des premiers volumes de la correspondance,

---

[1] *Les Rues d'Aix*, t. II, p. 173.

[2] Une phrase de la préface, placée en tête du cinquième volume de la première édition de Perrin, fait évidemment allusion à cette destruction, en disant que toutes les recherches qu'on a pu faire pour retrouver les réponses de la fille à la mère « ont été vaines, et ne laissent aucune espérance pour l'avenir ».

parus en 1734, permet d'apprécier la portée : nous
voulons parler de l'influence du mécontentement local ;
des cris en particulier des gens d'Aix qui se crurent
atteints et le furent en effet soit directement, soit au
moyen d'allusions des plus transparentes. Il est certain qu'à ce dernier égard, les lettres de madame de
Grignan, toujours écrites de Provence, pleines de ses
démêlés, semées de récriminations à l'encontre des
adversaires politiques de son mari, criblées d'historiettes
plaisantes et de traits mordants, avec les noms de tous
ceux, hommes ou femmes, qui lui avaient déplu ou qu'elle
jugeait ridicules par leurs façons provinciales, n'auraient
pu être livrées à la publicité sans soulever une foule
d'inimitiés ; ou bien, une fois tronquées et corrigées,
elles n'auraient eu ni sel ni portée d'esprit. Et voilà,
selon nous, la véritable raison du refus obstiné de madame de Simiane et de sa détermination, après de longues hésitations, d'anéantir la correspondance de sa mère.
Il est facile d'en juger par les réponses de la marquise, et
ce n'est pas sans raison que M. Paul Janet a tenté la
reconstitution des lettres de madame de Grignan par
l'étude raisonnée de celles de sa mère. Il a apporté à
ce travail [1] assez de pénétration et de sagacité pour mé-
riter la louange d'avoir pleinement réussi. Il résulte
de cet examen et de la lecture d'une foule de passages
des réponses de la mère que, très attentif à ne rien
laisser passer de ce dont les hommes politiques ou
les familles haut placées à la cour eussent pu se for-
maliser, le chevalier de Perrin, devenu Parisien, avait
mis beaucoup moins de précaution à écarter les

[1] *Revue des Deux Mondes*, troisième période, t. LXV, numéro
du 1er septembre 1854.

« racontars » sur les personnes, les traits plaisants,
enfin les propos de société, que madame de Sévigné
ne recherchait pas moins que sa fille et dont leur
correspondance était, pour ainsi dire, bourrée. Ce
qu'on disait sur la Bretagne, même sur Paris, importait
assez peu à madame de Simiane; mais il était loin d'en
être ainsi pour elle des passages concernant les gens
d'Aix, où ceux-ci se trouvaient drapés ou ridiculisés, et
ces passages, restés nombreux dans les lettres de madame de Sévigné, répondaient toujours à des récits ou
réflexions de sa fille dont elle avait beaucoup ri, n'ou-
bliant pas de lui faire part de ce rire en forme de com-
pliment.

Voici quelques exemples, choisis parmi beaucoup
d'autres, de cette mise en scène de la société provençale.—Dès sa première arrivée, madame de Grignan parle
plaisamment de son entrée à Arles, puis à Aix. Sujette
à éclater de rire, elle a une peine infinie à s'en empêcher
en présence des figures qui se présentent à elle chaque
jour. Elle donne une description de l'habit des dames
d'Aix, « qui valait tout ce qu'une description peut
valoir ». Elle dépeignait, dit M. Janet, les dames de
Provence avec « leurs habits d'oripeaux », et faisait
d'elles un tel portrait que sa mère lui répondait : «Quels
chiens de visages! je ne les ai jamais vus nulle part. »
— Veut-on connaître les conseils de madame de Sévigné à sa fille sur la conduite qu'elle aura à tenir en
Provence : « Tâchez de vous ajuster aux mœurs et aux
manières des gens... Accommodez-vous un peu de ce qui
n'est pas mauvais, ne vous dégoûtez point de ce qui n'est
que médiocre, faites-vous un plaisir de ce qui n'est pas
ridicule. » C'est infiniment spirituel, et c'était sans doute

parfaitement pratique, mais aussi quelque peu imper-
tinent vis-à-vis de ceux qui étaient l'objet de semblables
recommandations.

Dans un autre passage, la municipalité d'Aix est
assimilée par madame de Sévigné, d'après des renseignements qui lui sont venus de sa fille, à « une caverne de
larrons ». Elle est enfin détruite, et l'ombre de
M. d'Oppède conjurée..... « le crédit de la cabale
évanoui[1]... » Mais c'est surtout le paragraphe suivant,
extrait du tome III de l'édition de 1734[2], qui fait comprendre ce que contenait de moqueries une lettre de
madame de Grignan à laquelle sa mère répondait en
ces termes : « Mon Dieu, ma fille, que votre lettre d'Aix
est plaisante! au moins relisez vos lettres, avant que de
les envoyer; laissez-vous surprendre à leur agrément, et
consolez-vous par ce plaisir de la peine que vous avez
d'en tant écrire. Vous avez donc baisé toute la Provence :
il n'y auroit pas de satisfaction à baiser toute la Bretagne, à moins que l'on n'aimât à sentir le vin..... Je
comprends vos *pétofes* admirablement; il me semble
que j'y suis encore. » Ce qui veut dire que les dames
d'Aix, dont madame de Grignan venait de passer le
défilé en revue, étaient pour la plupart fort ridicules,
qu'elles sentaient l'ail au moins autant que celles de
Bretagne sentaient le vin, et qu'en définitive la lettre
de madame de Grignan en traçait un tableau des plus
risibles. Avouons qu'il aurait été difficile à madame de
Simiane, habitant la ville même où ces scènes comiques
avaient eu lieu et ces *pétofes* recueillies, de les livrer
au public, sous le nom de sa mère, mais il pouvait lui

[1] Lettre du 1er janvier 1676.
[2] P. 69, lettre du 30 octobre 1675.

déplaire d'en retrouver l'écho, à peine affaibli dans les réponses assaisonnées d'exclamations de sa grand'mère.

Au reste, quand elle se débattait ainsi dans un dernier effort, et qu'elle sollicitait de bien des côtés sans doute pour fléchir l'intraitable chevalier, elle-même touchait à sa fin. Elle venait de perdre la marquise de Grignan, sa belle-sœur, une vraie sainte retirée du monde depuis des années, qui l'avait toujours aimée en souvenir de son mari et qui lui laissait en mourant sa bibliothèque, pleine de reliures de prix, et le portrait du marquis, le mari toujours regretté, sur un bracelet enrichi de diamants[1]. La dernière lettre de madame de Simiane, à M. d'Héricourt, est de la fin de mars 1737. Elle souffre peu ou prou; elle se trouve misérable; on vient de la mettre au lait d'ânesse. Elle mourut à Aix le 3 juillet suivant[2].

[1] Que sera devenu ce portrait, sans doute transmis chez les Vence?

[2] Elle était dans sa soixante-troisième année, étant née le 9 septembre 1664. — Son contrat de mariage, en date du 28 novembre 1695, que M. le comte de Luçay a bien voulu transcrire à notre intention, figure parmi les documents inédits réunis en appendice à la fin du volume.

CHAPITRE VII

TRIBULATIONS DU CHEVALIER DE PERRIN ET SES DÉMÊLÉS AVEC BONNET L'ARRÊTISTE A PROPOS D'AUTREMENT.

Le chevalier de Perrin avait donc agi contre le gré et les intentions formelles de madame de Simiane, lorsqu'il voulut compléter, par la publication des deux derniers volumes parus en 1737, l'édition des lettres de la marquise. La mort de son amie et protectrice, qu'il accusait, d'après la lettre d'Anfossy à M. de Caumont[1], « d'un peu d'inégalité dans l'humeur », dénoua d'elle-même une situation pénible de part et d'autre. L'éloignement de l'éditeur et son habileté à esquiver les questions, à les tourner, avaient pu seuls lui éviter une rupture. Finalement, le chevalier n'avait parachevé l'œuvre, poursuivie par lui avec tant de persévérance, que sous le coup d'une sorte de désaveu, et les scrupules, les objections persistantes de madame de Simiane n'avaient pas même été désarmés par l'assurance qu'on avait retranché des deux volumes supplémentaires « tout ce qui pouvait blesser quelqu'un[2] », et que les originaux

---

[1] Lettre du 16 février 1737, édition Regnier, t. XI, p. 11. — *Notice sur madame de Simiane*, par Anatole de Gallier.

[2] *Ibid.*, p. 10.

seraient brûlés, l'édition faite. Il est tout simple que ce soit à lui, éditeur responsable et correcteur attitré des lettres dont les originaux lui avaient été remis, que soient venus s'en prendre ceux qu'offusqua leur publication ou qui se crurent offensés par quelque passage. Nul doute que Perrin n'ait reçu bien des réclamations de ce genre, qu'il n'ait été assailli de plaintes ou même de menaces; mais comme il n'avait aucun intérêt à les divulguer, nous serions réduits à en soupçonner l'existence, si un heureux hasard ne nous eût livré un de ces documents, d'autant plus curieux qu'il est plus agressif à l'égard du chevalier, plus comminatoire et appuyé d'arguments de nature à l'impressionner fortement, si la souplesse ondoyante de son caractère ne lui eût fourni les moyens de se soustraire sans trop d'embarras aux conséquences d'une aventure, en apparence au moins très fâcheuse.

Ce document, dont la découverte est due à la sagacité de M. Paul de Faucher[1], qui a bien voulu nous le com-

---

[1] M. Paul de Faucher, de qui nous tenons plusieurs des documents inédits, les plus importants, d'après lesquels notre livre a été rédigé, et dont la famille se rattache par des alliances multiples, depuis trois siècles, à celle des Rippert d'Alauzier, est sans doute le descendant direct ou collatéral du Faucher, de l'hôtel d'Estrées, qui va voir madame de Sévigné, à Paris, en septembre 1675 (*Édition Regnier*, t. IV, p. 114 et 115, lettre de madame de Sévigné à madame de Grignan, du 4 septembre 1675), et à qui elle montre et fait admirer le portrait de sa fille nouvellement peint par Mignard. Ce Faucher venait de Rome et y retournait; « il est romain », c'est-à-dire connaisseur en peinture. Le quatrième aïeul de M. Paul de Faucher, Jean-François de Faucher, chevalier de l'ordre du Pape, avait effectivement habité Rome, en même temps qu'il était commensal du château et de la famille de Grignan. Son frère, Louis de Faucher, se fixa en Bretagne par son mariage avec une demoiselle Hubert de la Hayrie. L'un de ces personnages a pu être attaché à la maison du duc d'Estrées, ambassadeur à Rome, et frère du car-

muniquer, provient des papiers de famille du dernier
marquis d'Olivary, ancien émigré, chevalier de Saint-
Louis, propre fils de celui à qui il fut adressé, dans des
circonstances et avec une intention qui seront bientôt
précisées : Henri-Honoré d'Olivary, né à Aix le 7 septembre 1712[1], habita jusqu'en 1741 une maison située
à Aix, sur la place Saint-Honoré, qu'il vendit à l'occasion
de son mariage. C'est là que lui fut adressé, antérieurement par conséquent à la date de cet événement, le
document en question. Il est écrit sur papier très jauni,
et porte la suscription :

Provance (sic).

A Monsieur
Monsieur le marquis Dolivary près
la place Saint-Honoré à Aix.

AIX

dinal d'Estrées, qui fut également chargé des affaires de France près
du Souverain Pontife.

[1] Il épousa en premières noces, le 14 janvier 1741, Marianne de
Lévêque ; et, en secondes noces, le 9 juillet 1771, Paule-Marie-
Christine de Raffélis de Roquesante, de la famille du conseiller au
Parlement d'Aix, Pierre de Raffélis, sieur de Grambois, marquis de
Roquesante, un des juges de Foucquet (on écrit aussi Fouquet, l'orthographe a varié), envers qui madame de Sévigné avait conservé
une estime singulière. Henri-Honoré d'Olivary était fils de Jean-
Pierre d'Olivary, sieur de Campredon, et d'une fille du marquis
de Grimaldi-Cagnes, et arrière-petit-fils de Pierre Olivary, conseiller au Parlement d'Aix, dont le fils aîné, Artus, était possesseur,
au seizième siècle, d'un riche cabinet d'antiquités. — La veuve
de Henri-Honoré d'Olivary lui survécut cinquante ans, et son fils
unique est mort nonagénaire, plus de soixante-quinze ans après la
mort de son père. Sa petite-fille, la comtesse Edmond de Chéne-
rilles, possède le portrait de madame de Grignan, dont il a été parlé
précédemment et qui lui vient de son père, le comte Reynardi de
Sainte-Marguerite.

Voici la transcription fidèle du contenu, y compris les fautes d'orthographe dont le texte est parsemé :

« *Lettre de M.* *** *advocat au parlement de provance à M. le Chevalier Perin* (sic) *correcteur des lettres de madame de Sévigné.* »

« Il me semble qu'un éditeur de rapsodies comme vous auroit dû un peu ménager un compillateur de bons arrêts comme moy. En effet, sy la lettre injurieuse contre monsieur Autrement, mon beau-père, que vous donnés au public sous le nom de madame de Sévigné, est sortie de la plume de cette dame, pourquoy ne l'avés vous pas supprimée, ou sy vous vous este faite une loy de rendre publiques toutes celles qu'elle a composées, pourquoy suprimer celle que je vous envoye sous cette enveloppe; vous n'avés pas sans doute fabriqué la première pour donner une idée de votre stille (*sic*) espritollaire[1] (*sic*), c'est une des plus plattes de vos quatre volumes. Ce n'est pas le deffaut de datte qui vous a effrayé, et fait suprimer la seconde; vous annoncés au publique dans vostre assommante préface, qu'en fait de rétablissement de dattes vous êtes grec, et que vostre génie ne se bornant pas là, vous avés sceu changer un vous en nous, et autres efforts d'une imaginative qui ne cède en vigueur à personne qui vive et que je passe, pour espargner mon encre. Quel est donc le motif qui a pu vous engager à moquer[2] (?) Monsieur Autrement.

---

[1] Pour *style épistolaire;* « espritollaire » est mis à dessein comme une sorte de jeu de mot visant l'affectation d'esprit du chevalier de Perrin.

[2] Le mot est difficile à déchiffrer; il faut lire très probablement

C'étoit un pauvre gentilhomme allemant qui, au sceu de
tout le monde, avoit été gouverneur et non vallet de
M. le marquis de Grignan; mais semblable à ceux qui
ont la geaunisse (*sic*), et qui voient tout jeaune, tout
paroit vallet à vos yeux, monsieur le Chevalier correcteur, parce que Pèrin (*sic*) vostre ayeul l'étoit chez
M. Arlus d'Ollivary; quel est encore une foy ce motif, le
voicy tel qu'on le débite dans notre ville : vostre haine
et vostre vanité. Monsieur Autrement fut obligé de
déposer devant M. le lieutenant-criminel au Chastelet de
Paris, à la requeste de maistre Jacques Fromentain,
conseiller du Roy et directeur des postes de Provance,
querelant en usure de concussion contre Perrin marchand de cette ville, vostre père; et cette déposition fut
une de celles qui opéroient le plus pour la restitution
de cinquante mille escus que vostre père avoit vollé
(*sic*) au dit sieur Fromantin (*sic*), restitution qui le
couvroit d'infamie, et excita vostre haine contre ce
pauvre gentilhomme. Vostre vanité vous a fait suprimer
la lettre de madame de Sévigné par laquelle elle donne
une légère idée de cette cause célèbre; je le ferez [1] dans
un volume d'arrêts que je donnerez incessamment au
public, dans lequel vous devés estre persuadé que je
n'oubliré (*sic*) aucune circonstance. Et, tandis que je
vengerez la mémoire de mon beau-père en autheur,
messieurs Autrement, mes beaux-frères, officiers dans
les troupes Pallatinnes [2] (*sic*), sçauront bien trouver leur

« moquer », verbe maintenant réfléchi, mais dont l'ancienne langue,
selon Littré (*Dictionnaire de la langue française*, t. II, v° *Moquer*
[*se*]), employait régulièrement l'actif.

[1] Au lieu de *ferai*, et, plus loin, *donnerai, vengerai.*

[2] Au lieu de *troupes palatines.*

temps pour châtier en gentil'hommes un autheur sati-
rique qui les a offancés mal à propos; sur ce je prie
Dieu de conserver les cottes de vostre chevaleureuse
personne. »

*« Lettre de madame de Sévigné à madame la comtesse
de Grignan sa fille, à laquelle M. le Chevalier correcteur Perin (sic) ne manquera pas et sans suer de
restituer sa datte. »*

« Madame de la Fayète meurt d'anvie (*sic*) de vous
voir, son espérance serat elle trompée. En vérité, mon
enfant, mes sentiments semblent avoir passé dans son
cœur, sans être sortis du mien. M. l'abbé de Pontcarré[1]
parle toujours d'un voyage à Rome. Il est parfaitement
racommodé avec son frère, et c'est une joye pour tous
leurs amis communs, je suis persuadée que vous la
partagerez avec nous. Nôtre amy Fromentin a fait pla-
carder et crier par tous les coins et carrefours un monitoire fort drolle, quoy que en stille de Pallais (*sic*),
contre Perrin marchand de vostre capitalle, qu'il accuse
d'uzure et de concussion; tout le monde plaint le
pauvre Fromentin, mais tout le monde le blâme d'avoir
refusé vingt mille escus d'accommodement que l'usurier
luy offroit, et l'on craint qu'après avoir bien plaidé,
nostre amy ne prouvera rien, tant Perin est habile dans
son métier et en estat de donner de la tablature à tous
les juifs des halles.

« Monsieur de Coulange a esté à Sens où il s'est

---

[1] Pierre Camus de Pontcarré, prieur de Saint-Trojan, aumônier
du Roi, fils et frère de conseillers au Parlement de Paris, ami du
cardinal de Retz, de madame de Sévigné et de M. d'Hacqueville,
mort en mai 1684.

prodigieusement ennuyé, mais l'ennuy, ma chère fille, ne porte pas toujours sur la santé, et il me le mande. Ainsi à Dieu, ma chère enfant, je vais courrir pour vous. »

Rien de plus clair, par eux-mêmes, que les documents qui précèdent. Mais avant tout, et indépendamment du but que se proposait celui qui les adressa à Perrin sous une seule et même enveloppe, en dehors, si l'on veut, du parti qu'il prétendait en tirer, la lettre attribuée à la marquise était-elle authentique ou encore simplement remaniée, ou enfin totalement apocryphe, c'est-à-dire composée pour les besoins de la cause? A première vue il semble difficile de se prononcer : les personnages dont il est question sont vrais, les sentiments et les actes qu'on leur prête n'ont rien que de naturel. Une lettre pareille aurait pu à la rigueur être écrite vers 1676, à l'époque où le cardinal de Retz séjourna à Rome, à l'occasion d'un conclave, et où, par conséquent, son ami l'abbé de Pontcarré aurait eu la pensée de le rejoindre; il était frère d'un conseiller au Parlement de Paris avec lequel il peut avoir eu quelque démêlé [1]. Mais à cette date, Autrement, nous le verrons bientôt, entrait à peine au service de madame de Sévigné; il y a peu d'apparence qu'il ait comparu presque aussitôt devant le Châtelet, en qualité de témoin, dans une affaire concernant quelqu'un d'Aix. Plus tard, il est vrai, en 1679, on rencontre la trace d'un autre séjour d'Autrement à Paris, qui se prolonge jusqu'après le

[1] Une difficulté analogue se présente à propos de l'archevêque de Sens, Louis-Henri de Gondrin, oncle du marquis de Montespan et grand janséniste, que madame de Sévigné parle d'aller voir en octobre 1673; M. de Coulanges aurait pu exécuter le même projet, mais avant le 19 septembre 1674, date de la mort de cet archevêque. — Édition Regnier, t. III, p. 257.

retour en Provence de madame de Grignan. A ce
moment, il est question à plusieurs reprises de madame
de La Fayette, une fois aussi de l'abbé de Pontcarré,
que madame de Sévigné nomme cependant toujours le
gros abbé; elle emploie même, en écrivant à sa fille,
cette expression « qu'elle lui donne de la tablature »,
expression que l'on remarque justement dans la lettre
controversée. Mais, d'autre part, ce monitoire placardé,
ces termes d'usure et de concussion qui sentent le
légiste, la profession de marchand appliquée à Perrin
comme à point nommé, enfin la longueur relative de
l'épisode tout entier, sont faits pour donner l'éveil. Dans
tout cela, on sent percer le calcul, et l'artifice se devine.
D'ailleurs, que la lettre fût fabriquée ou non, l'essentiel
pour celui qui s'en servait était de frapper fort, en
effrayant le chevalier par la menace d'une révélation
scandaleuse. Le fait relaté : cette accusation et ce procès
d'usure, devait bien avoir quelque fondement, pour que
l'on eût la pensée de s'en faire une arme vis-à-vis du
personnage, ironiquement nommé le chevalier correcteur. Amasse-t-on assez d'injures contre ce dernier! Se
gêne-t-on pour lui prodiguer l'insulte et affecter à son
endroit un ton d'outrecuidance qui lui fit voir à quel
point on se sentait blessé et ulcéré? Le prétendu gentilhomme, qui pose pour le chevalier, n'est autre que le
petit-fils d'un laquais. Son livre est une inepte rapsodie,
et l'on n'aurait qu'à ouvrir les mains pour faire tomber
sur lui les plus outrageantes allégations. Ces assertions
répétées de platitudes littéraires, cette accusation de
haine vaniteuse ayant cru saisir l'occasion de s'assouvir,
ne résument-elles pas clairement les critiques formulées
par la masse intéressée ou non du public contre le

recueil des lettres de la marquise, non plus clandestinement, mais ouvertement livrées à l'appréciation de
tous ? — Ce ne sont pas les véritables lettres, disait-on ;
c'est Perrin avec sa suffisance, qui a trouvé le moyen
d'exercer ses petites vengeances en se couvrant d'un
nom estimé ; il a substitué sa glose et ses tournures au
texte défiguré de l'auteur. Nous avons évidemment ici
un écho naïf, grossi, si l'on veut, de ce qui se disait
couramment à Aix et un peu partout, au moment de la
publication des quatre volumes de 1734.

Quels étaient cependant et l' « Arrêtiste » ainsi ulcéré
et cet Autrement, son beau-père ? — Point de doute à
concevoir sur leur double personnalité : un érudit du
meilleur monde et d'une compétence parfaite [1], auquel
nous avons eu recours, a bien voulu dresser à notre
intention l'état civil et établir la filiation du premier.
Pour ce qui est du second, nous n'avons eu qu'à ouvrir
les lettres de madame de Sévigné ; le jeu de mots que
son nom inspira à la marquise reste aisément gravé dans
la mémoire.

Joseph Bonnet, né à Brignoles vers 1680, docteur en
droit et avocat au parlement, avait épousé à Aix, le
24 septembre 1724, Marie-Andrée Holterman, fille de
Jean-Pierre et de feue Françoise-Bénigne Guynet. Il
avait publié, en 1733 et 1734, deux recueils d'arrêts du
parlement de Provence, et en préparait un troisième plus
important, qui parut en 1737 [2], peu après le moment où il

---

[1] Nous parlons de M. le marquis de Boisgelin, dont les recherches
sur l'exacte filiation d'un très grand nombre de familles provençales
ont été dirigées par une méthode des plus rigoureuses.

[2] *Recueil d'arrêts notables du parlement de Provence*, par Joseph Bonnet, avocat au même parlement ; Aix, chez Claude Paquet,
1737, in-4°.

adressait au chevalier de Perrin le factum injurieux dont il vient d'être question. Il mourut probablement l'année suivante ; tout concourt donc à attester la réalité du document en notre possession et l'usage qu'on voulut en faire.

En ce qui concerne Autrement ou Holterman[1], son histoire est trop singulière pour ne pas être abordée ici avec quelque développement. Le passage qui choquait si vivement l'avocat Bonnet se lit au tome IV, page 23, de l'édition de 1734, dans une lettre datée de Livry, le mercredi 7 octobre 1676. Madame de Sévigné y annonce à sa fille l'acquisition d'un petit Allemand, qu'elle lui destine, et elle s'exprime ainsi : « Votre petit Allemand paroît extrêmement adroit au bon abbé ; il est beau comme un Ange, et doux et honnête comme une pucelle ; il va répéter son allemand chez M. de Strasbourg[2] : je l'ai fort exhorté à se rendre digne ; mais je vous défie de deviner son nom ; quoique vous puissiez dire, je vous dirai toujours, c'est autrement ; c'est qu'il s'appelle *Autrement :* ma chère, j'ai trouvé ce nom admirable ; je lui apprends à noüer des rubans : en un mot, je crois que vous vous en trouverez fort bien. » Le mot de valet n'est pas prononcé ; mais à l'alinéa suivant, il est question d'une antichambre pleine de laquais, comme si la même idée se poursuivait. Il semble aussi que l'acte d'apprendre à nouer des rubans, ces rubans que portait Alceste, « l'homme aux rubans verts », et qui ornaient

---

[1] Voyez l'*édition Regnier*, t. V, p. 92, en note. M. Regnier suppose que la forme allemande du nom a dû être *Otterman* ou *Osterman; Holterman* doit être pris en considération comme relevé sur les registres de mariages, qui représentaient l'état civil.

[2] François-Egon, prince de Furstemberg ; il était frère aîné du futur cardinal de Furstemberg.

les épaules, les genoux et la ceinture des gens du bel air, impliquât un office de domesticité. D'ailleurs, ce passage qu'un innocent calembour fait remarquer, n'est pas le seul par lequel Autrement se trouve désigné. Antérieurement, bien que son nom ne soit pas prononcé, il est déjà question de lui, et dès le mois d'août précédent il en est parlé comme étant à la disposition de madame de Grignan et destiné au service du petit marquis. C'est ce que nous apprend une lettre de Livry, du 26 août 1676[1]. Madame de Sévigné s'y montre fort préoccupée de la taille du petit Grignan ; elle veut qu'on le conduise à Paris pour consulter les médecins et suivre un traitement, car « s'il y a un lieu où l'on puisse le repaîtrir, c'est ici, c'est-à-dire à Paris. Pour cet Allemand, je suis assurée que l'abbé de Grignan ne cherchera point à le mettre en condition jusqu'à votre retour ; cela ne vaut pas la peine après avoir tant attendu ; c'est une petite merveille que celui que vous avez ; votre embarras nous a fait rire, qui est de ne pouvoir connoître s'il sçait les finesses de la langue allemande, ou si vous confondez le suisse avec cette autre langue : c'est une habileté où il nous semble que vous ne parviendrez jamais ; vous prendrez assurément l'un pour l'autre, et vous trouverez que le *Pichon*[2] parlera comme un Suisse, au lieu de sçavoir l'allemand[3]. »

Ce premier passage, qui le plus souvent a passé inaperçu, est celui pourtant qui donne la véritable clef. Autrement, sans être nommé, s'y trouve clairement

---

[1] C'est la ccv11e du t. III de l'*édition de 1734* ; *édition Regnier*, t. V, p. 40.

[2] *Lou pichoun*, c'est-à-dire en provençal *le petit*.

[3] *Édition de 1734*, t. III, p. 455.

désigné, et nous apprenons que l'abbé de Grignan, qui le garde et le nourrit chez lui, ne songe pas à le mettre en condition jusqu'au retour de sa belle-sœur : c'est un choix trop heureux pour qu'on se risque, en s'en défaisant, d'être obligé de se mettre en quête de nouveau. On tient une vraie merveille, pourquoi la laisserait-on échapper? — Ici, d'ailleurs, rien n'est plus clair, il est en condition, c'est-à-dire rangé au nombre des domestiques, et là est l'expression qui excita sans doute la colère de l'Arrêtiste, jusqu'à ce moment tout fier, lui avocat et modeste bourgeois, d'avoir épousé la fille d'un ancien gouverneur du marquis de Grignan. Et maintenant il se trouve que ce prétendu gouverneur n'est autre qu'un simple valet à qui l'on songe à procurer une autre condition, plutôt que d'avoir à l'entretenir trop longtemps, sans qu'il ait rien à faire ! — Dans une lettre quelque peu antérieure à la précédente, qui fait partie du recueil des lettres inédites de M. Capmas [1], il est déjà question de cet Allemand, que l'abbé de Grignan a chez lui : « Il le nourrit en attendant vos ordres, et n'aura nulle impatience jusqu'à ce que vous soyez arrivée... » Mais ce qui suit laisse voir une sorte de malentendu, qu'il s'agit de résoudre avant toute chose. Madame de Grignan, qui cherchait partout un Allemand, en avait pris un autre à son service. Que faut-il faire ? Veut-elle garder celui qu'elle s'est procuré, ou préfère-t-elle s'accommoder d'Autrement ? C'est à elle de juger s'il convient à M. de Grignan. Mais aussi, comment en a-t-elle retenu un autre, puisqu'elle était sûre de celui-là ? En attendant, il ne veut plus retourner

---

[1] *Lettres inédites*, par M. Capmas, t. I, p. 409.

chez M. Dupont, et avant de le placer quelque part, il
faut connaître la décision de madame de Grignan. Cette
décision fut sans doute favorable au petit Allemand,
puisqu'au commencement d'octobre 1676, nous le
retrouvons apprenant de madame de Sévigné elle-même
à nouer des rubans, et c'est alors qu' « il est beau
comme un ange et sage comme une pucelle ». — Elle
revient, dans une autre lettre du recueil inédit de
M. Capmas [1], sur les perfections d'Autrement : « Nous
prendrons votre Allemand dans quelques jours : il est
fort joli ; il noue mieux que moi. » Il semble donc que
madame de Sévigné l'ait chaudement patronné auprès
de sa fille, qu'elle ait pris de l'amitié pour lui et qu'après
l'avoir laissé à l'abbé de Grignan, qui le nourrissait,
jusqu'à la réponse affirmative qu'elle sollicitait, elle
l'ait pris chez elle aussitôt qu'elle se fut assurée de
l'agrément de sa fille. Le petit marquis était alors âgé
de cinq ans ; on craignait pour sa taille ; on lui faisait
porter des corps et l'on songeait à l'amener à Paris : on
voulait auprès de lui un domestique de confiance, de
qui il pût apprendre l'allemand, et Autrement fut réellement choisi en qualité de valet de chambre, mais
valet de bonne maison, d'un enfant de haute naissance,
choyé comme un dauphin, élevé à la brochette en vue
de hautes destinées. Il lui fut aisé, la vanité aidant, de
prendre peu à peu les allures d'un gouverneur et d'en
afficher les prétentions. N'avons-nous pas maintenant
une foule de bonnes allemandes qui posent pour insti-
tutrices ? Est-il même impossible qu'Autrement, dont la
pauvreté est alléguée par son gendre, fût effectivement

[1] *Recueil des lettres inédites,* t. I, p. 441 ; lettre de madame de
Sévigné à madame de Grignan, à Paris, mercredi 21 octobre 1676.

sorti de quelque famille d'obscure et indigente noblesse ?

Quoi qu'il en soit, c'est bien en venant à Paris avec
son fils, en décembre 1676, pour y séjourner deux ans,
que madame de Grignan trouva chez sa mère Autrement
dégrossi, stylé, dressé à nouer dans la perfection, et
qu'elle lui remit le service du petit marquis. Elle eut
lieu sans doute d'en être satisfaite, puisqu'il ne quitta
plus son jeune maître. Plus tard, en 1679, lorsque
madame de Grignan retourne en Provence, le 15 septembre de cette année, nous retrouvons Autrement,
qu'elle a dû laisser derrière elle parce qu'il venait
d'être dangereusement malade. Il n'y a plus rien qui le
concerne dans le quatrième volume de la première
édition de Perrin. Les passages le mentionnant ont
été sautés, ce qui fait voir, soit dit en passant, que
le chevalier correcteur n'était mû en réalité par aucun esprit d'animosité personnelle à l'encontre de ce
pauvre diable d'Autrement ; certains endroits des passages supprimés prêtent en effet à des interprétations
malignes autant et plus que les autres. Mais voyons ce
que nous apprendront ceux-là, en combinant le texte
de l'édition Regnier avec celui des lettres inédites de
Capmas. Tout d'abord, Autrement est en pleine con-
valescence au 25 octobre : « Il reprend ses forces
et ne songe qu'à rejoindre son petit maître. » Le
chevalier de Grignan l'a cependant fait aller chez lui
pour quelques jours ; il s'ennuyait par trop avec les
bonnes femmes de la marquise qui s'amusaient de sa
frayeur des esprits. Au 8 novembre, il est tout à fait
remis ; ses forces sont rétablies ; il est de retour chez la
marquise, et ne redoute plus les revenants. Il brûle

d'impatience de partir et compte que ce sera bientôt. Il
part effectivement dans un moment de grande alarme,
celui où l'on vient d'apprendre la rougeole du petit
marquis. C'est madame d'Oppède.[1] qui veut bien se
charger d'Autrement; elle l'emmènera avec ses gens, et,
comme elle avait retenu tout le carrosse de Lyon[2] pour
y mettre son train, cette circonstance aurait pu reculer
le départ d'Autrement « de beaucoup de jours », si cette
dame n'eût consenti au dernier moment à lui céder une
place qui se trouvait vide dans ce carrosse. Madame de
Sévigné avait même offert de louer un cheval qu'aurait
monté un des gens de madame d'Oppède, en meilleure
santé que le convalescent. Mais enfin tout est arrangé
pour le mieux, et le voilà casé. Elle aura soin de lui
donner de l'argent pour qu'il paye sa nourriture ; elle
mandera la somme à sa fille, et celle-ci la retiendra sur
ses gages. Le départ est fixé au lendemain[3]. — Maintenant, comment reconnaître tant de complaisance de la
part d'une jeune femme qui va pour la première fois se
fixer en Provence, qui ne demande qu'à plaire et qui de
plus est la propre nièce de Colbert, alors ministre tout-
puissant? Madame de Grignan pourrait bien en faire à
Aix sa société et sa compagne ordinaires. Elle mérite
cette distinction. C'est une insinuation évidente. Il est
difficile pourtant de dire jusqu'à quel point l'orgueil-

---

[1] Marie-Charlotte Marin, fille de Denis Marin, seigneur de la Châtaigneraie, intendant des finances, et de Marguerite de Colbert du
Terron : elle était nièce du grand Colbert et avait épousé, en 1674,
Jean-Baptiste de Forbin-Maynier, marquis d'Oppède, premier président au parlement de Provence, et ambassadeur de France en Portugal en 1681 ; elle mourut en 1737.

[2] C'était la diligence du temps.

[3] C'est-à-dire au 9 novembre 1676.

leuse Grignan consentit à s'y prêter. L'intendant Marin
donnant sa fille au premier président du parlement
d'Aix, au représentant de l'une des branches de ces
Forbin, si puissants, si bien ancrés dans le pays, augmentait encore la force d'un puissant faisceau d'influences réunies, avec lesquelles il fallait bien se résoudre
d'avoir à compter.

Ce n'est pas tout à fait encore la fin des aventures
d'Autrement. Il a été laissé à Lyon, et il en a écrit le
30 novembre qu'il y était resté seul, et qu'il allait
s'embarquer incontinent sur le Rhône. Madame d'Oppède,
dont le fils était malade à Cosne et la fille à Rouanne,
est demeurée par les chemins; son train s'est dispersé,
et Autrement a été livré à sa bonne foi. Madame de
Sévigné, après avoir remarqué que madame d'Oppède
avait eu soin de pourvoir à la dépense de ses gens, en
leur donnant la somme nécessaire, ajoute avec la
naïveté d'une femme qui règle soigneusement ses
comptes : « Il est un peu rude sur la dépense; il ne
parlait pas de moins d'un écu par jour; nous nous
moquâmes de lui; nous croyons que, si vous lui donnez
25 ou 30 sols, à cause de sa maladie qui le rend délicat,
c'est le bout du monde. Nous vous compterons sa garde,
ses bouillons; mais depuis notre retour à Livry, qu'il
était pêle-mêle avec nos gens, assurément, vous n'en
entendrez plus parler. » Il n'en faut pas douter, à ce
moment du moins et aux yeux de tous, Autrement est
tenu pour un simple domestique. Ce passage, bien plus
significatif que l'autre, avait été cependant supprimé par
le chevalier de Perrin dès 1734[1]; il a été rétabli depuis,

---

[1] Voyez l'*édition Regnier*, t. VI, p. 129, en note. Pour s'assurer
de la suppression, on n'a qu'à comparer la lettre 760 de l'édition

de même que ceux des lettres inédites, d'après d'anciennes copies. Que n'eût pas dit l'avocat Bonnet si ce passage et les autres avaient été imprimés, comme celui dont il se plaignait, vers la fin du même volume? Mais aussi ne peut-on pas admettre que cette suppression faite, non sous le coup de la menace, mais avant qu'elle lui eût été adressée, a dû servir de justification au chevalier de Perrin, en même temps que ces passages, connus de lui et demeurés inédits, constituaient entre ses mains une arme précieuse pour fermer la bouche à l'Arrêtiste et l'empêcher de pousser plus loin sa vengeance? De là une sorte de transaction, peut-être tacite, intervenue entre les deux camps : Ne réveillez pas le souvenir du procès d'usure ni de la basse origine de mon aïeul, et moi, j'effacerai le plus possible ce qui vous blesse tant dans la personne de votre beau-père, donnant, donnant. — C'était assez dans le caractère et les allures du chevalier de Perrin. Disons, pour n'avoir plus à y revenir, que dans l'édition de 1754, préparée par le chevalier, bien que posthume en réalité, il n'est plus question des nœuds de rubans, et la fin de l'alinéa incriminé se trouve modifiée de la façon suivante : « C'est qu'il s'appelle *Autrement;* n'est-ce pas un nom bien propre à ouvrir l'esprit à des pointilleries continuelles? » La phrase substituée est assurément lourde; mais les réclamants eurent pleine satisfaction, et cette querelle, qui devait aboutir à rompre les côtes de Perrin, s'apaisa sans bruit sur sa tombe.

« Autrement » ne manquait, à ce qu'il semble, ni

Regnier à la lettre correspondante cccxci de l'édition de Perrin de 1734. Tout l'alinéa commençant par ces mots : « Beaulieu a reçu une lettre de Lyon, d'Autrement, etc. », a été retranché.

18.

de savoir-faire, ni de ténacité d'esprit. Il était encore
auprès du marquis de Grignan, ou du moins sous sa
protection, lors du mariage de celui-ci avec mademoiselle de Saint-Amans. Le marquis le recommanda à son
beau-père, et ce dernier le fit entrer dans les fermes, où
il fut employé en qualité de commis. Il était, en 1702,
préposé à la recette des droits sur les marchandises qui
entraient dans Paris, au bureau des Porcherons, du côté
de Montmartre, lorsqu'il fut dénoncé à d'Argenson et
par lui à Pontchartrain comme « nouvelliste », c'est-à-
dire comme faisant commerce de gazettes à la main[1]. Il
employait des scribes gagés par lui à en écrire « jusqu'à
cent cinquante copies par ordinaires ». Il était même
soupçonné, en sa qualité d'Allemand, d'en envoyer à
l'étranger, et, sur l'autorisation expresse de Pontchartrain, il fut arrêté le 1er juillet et envoyé à la Bastille. Il
fut fait en même temps une perquisition dans sa
chambre en présence de M. de Saint-Amans, dont les
attenances avec le prévenu n'étaient pas ignorées du
ministre.

Cette fois, son nom, exposé à tant de changements,
est écrit « Altremand », mais c'est bien lui; et Pontchartrain[2] fait passer au commandant de la Bastille,

---

[1] L'auteur du *Dictionnaire encyclopédique de l'histoire de
France* (t. VIII, p. 675), M. Philippe Le Bas, dit que « la censure
sévère à laquelle était soumise la feuille de Renaudot avait fait imaginer, dès le règne de Louis XIV, les *gazettes à la main*, qui s'ex-
pédiaient de Paris dans les provinces et se trouvaient, dit Ménage,
remplies de faussetés ». L'usage de ces *nouvelles* ou feuilles manuscrites, envoyées sous enveloppe, fut continué et perfectionné dans
le cours du dix-huitième siècle, sans que le gouvernement pût
réussir à les interdire.

[2] Voyez *Archives de la Bastille; documents inédits*, recueillis.

M. de Junca, la note suivante : « M. d'Argenson, qui a
des soupçons très bien fondés contre un employé dans
les fermes, au bureau des Porcherons, Altremand, doit
le faire arrêter, et je lui mande de le faire en présence
de quelqu'un de MM. les fermiers généraux, afin qu'il
puisse y être pendant la perquisition qu'on fera de ses
papiers ; le Roi vous a choisi pour cela ; ainsi, prenez la
peine de concerter avec M. d'Argenson ce qu'il conviendra faire, tant pour la capture de cet homme
que pour la perquisition de ses papiers [1]. » Le journal
des entrées à la Bastille, tenu par M. de Junca, mentionne en ces termes l'écrou du prisonnier à la date du
samedi 1er juillet : « A dix heures du matin, M. de
Savery a remis Altremand, lequel prisonnier est un
commis des entrées de Paris, du côté de Montmartre,
aux Porcherons, accusé d'avoir des commis auxquels il
faisait écrire toutes sortes de nouvelles qu'il envoyait
dans les pays étrangers et dans les provinces, lequel a
été mis dans la première chambre, seul renfermé, de la
tour de la chapelle. Il est Allemand et a servi M. le
comte d'Aubigny. »

Nous apprenons ainsi qu'après avoir quitté le marquis
de Grignan, Autrement s'était attaché au comte d'Aubigny en qualité de serviteur et dans des conditions que
nous ne saurions préciser. Il fut interrogé vers le milieu
de juillet, d'après la teneur des instructions transmises
de Marly, le 12 juillet, à M. d'Argenson, lieutenant de
police, par Pontchartrain [2]. Mais déjà la note est singu-

---

publiés par François Ravaisson, conservateur adjoint à la Bibliothèque
de l'Arsenal ; — *Règne de Louis XIV* (1702 à 1710), t. XI, p. 19.
[1] Cette note est envoyée de Versailles à la date du 24 juin 1702
[2] *Ibid.*, p. 20.

lièrement radoucie, et peut-être l'intervention du marquis de Grignan[1] ou de quelqu'un de sa famille ne fut-elle pas étrangère à ces dispositions vers l'indulgence. Voici les propres paroles de Pontchartrain : « Je vous ferai observer à cette occasion ce que vous savez apparemment mieux que moi, qu'il y a à Paris des gens de cette espèce qui se mêlent d'écrire des gazettes à la main qu'ils envoient mystérieusement dans les maisons particulières, dans les provinces et dans les pays étrangers, qu'ils font valoir comme choses particulières, quoiqu'elles ne soient précisément remplies que de ce qui est dans les gazettes imprimées; la dernière que vous m'avez adressée, sortant des mains d'Altremand, m'a paru de cette espèce; ce n'est pas à dire pour cela qu'il est innocent, et je ne vous donne cet avis que pour réveiller votre attention sur ce sujet; j'attendrai donc l'interrogatoire de ces trois personnages[2] pour connaître de quoi ils sont coupables. » Il semble que Ponchartrain, déjà influencé, jette une sorte de blâme sur d'Argenson, comme s'il eût agi trop rigoureusement dans une occasion de minime importance, et, dès le 9 juillet, dans une lettre écrite de Versailles, où il ne manque pas de faire intervenir la volonté du Roi, il s'exprime comme quelqu'un qui ne voudrait pas pousser plus loin cette affaire : « Sur ce que vous m'écrivez, que vous êtes obligé d'avoir recours à l'autorité immédiate du Roi contre les écrivains de gazettes, à cause du

---

[1] Il était alors brigadier de cavalerie et faisait campagne en Belgique, sous le commandement du duc de Bourgogne. (Le Marquis de Grignan, p. 270 et suiv.)

[2] C'est-à-dire celui d'Autrement et des deux commis, nommés ci-après et servant de copistes, emprisonnés en même temps que lui.

peu de succès qu'ont vos sentences sur cette sorte de
gens, Sa Majesté m'a ordonné de vous dire qu'elle veut
bien vous aider de son autorité dans les occasions qui en
vaudront la peine; Leclerc et Nogaret, copistes d'Altremand, ne méritent pas d'être retenus en prison, s'ils ne
sont pas plus coupables qu'ils paraissent par leur interrogatoire, et il faut aussi voir le plus tôt qu'il se pourra
de quoi Altremand est coupable, afin de lui rendre justice. » Il a donc suffi de l'interrogatoire des copistes pour
les faire remettre en liberté, et Pontchartrain insiste
pour qu'on ne tarde pas à prendre une décision à l'égard
d'Autrement, en pressant son interrogatoire que l'on
attend toujours. M. d'Argenson tient évidemment pour
la sévérité; obligé de s'exécuter en envoyant enfin l'interrogatoire, il insiste sur les inconvénients de ces gazettes à la main, et il écrit de Paris, le 22 juillet :
« Leclerc et Nogaret, copistes d'Altremand, seront ce
soir en liberté, suivant les intentions du Roi, et j'espère
vous envoyer demain l'interrogatoire de cet étranger qui
fait un commerce public de nouvelles depuis cinq ou
six ans. » Et il ajoute : « Au reste, cette distribution de
gazettes écrites à la main a toujours été regardée comme
contraire au service du Roi, et lorsqu'on a voulu réprimer ceux qui s'en mêlent, ç'a toujours été par la voie
de son autorité immédiate. » L'interrogatoire dut suivre
de près cette lettre, et sa teneur être de nature à ne pas
déceler un très grand coupable. Mais l'opinion tenace
de d'Argenson montre bien qu'on n'avait encore qu'une
tendresse des plus médiocres pour la liberté de la presse,
se manifestant sous la forme la plus rudimentaire, c'est-
à-dire au moyen de journaux écrits et distribués soit
clandestinement, soit comme des lettres et sous enve-

loppe. Autrement, même réputé non dangereux, resta
plusieurs mois encore sous les verrous, puisque le rapport final, à la suite duquel il fut remis en liberté, porte
la date du 2 décembre 1702; il est ainsi conçu[1] : « Altremand est Allemand d'origine et a été valet de chambre
de M. le marquis de Grignan, et était employé dans les
fermes du Roi par M. de Saint-Amand (*sic*), fermier général : il faisait un commerce public de gazettes à la
main, et il avait dans son bureau cinq ou six scribes qui
en faisaient jusqu'à cent cinquante copies par ordinaire.
Les registres ne nous ont néanmoins indiqué aucune
correspondance étrangère, mais il ne pouvait s'assurer
que quelqu'un de ceux à qui il envoyait ses nouvelles ne
les fissent passer en pays ennemi. — Il tirait de ce commerce plus de deux mille livres par an, mais il est assez
puni de sa faute par une prison de cinq mois et la perte
de son emploi; cependant il paraît nécessaire, pour
l'exemple, que l'ordre qui le mettra en liberté le relègue à quarante ou cinquante lieues de Paris, ce qui leur
est plus insupportable que toute autre peine[2]. » On voit
que si les procédés sont loin d'être les mêmes et si
le « reportage », au lieu de conduire à la Bastille ou d'ex-
poser au bannissement celui qui l'exerce, représente une
puissance respectée de tous les hommes politiques, les
idées et les mobiles qui constituent le fond de la vie parisienne n'ont guère changé depuis bientôt deux siècles;

[1] Ouvrage précité : *Archives de la Bastille;* règne de Louis XIV,
t. XI, p. 21.

[2] Ce rapport est apostillé *Bon* par Pontchartrain, qui écrit à
M. d'Argenson, à la date du 6 décembre 1702 : « S. M. a accordé
la liberté d'Altremand, distributeur de gazettes à la main, mais elle
veut qu'il soit chassé en même temps de Paris. »

et se trouver relégué en province, loin du milieu qu'ils fréquentent et des habitudes mondaines dont ils ne sauraient se détacher, serait encore pour des journalistes actuels le supplice le plus cruel qui pût leur être infligé.

Autrement ou Halterman, chassé de Paris, se retira sans doute en Provence, où l'attendait le patronage du comte de Grignan. Économe et patient à la façon des Allemands, il dut y reparaître avec une fortune assez ronde pour lui permettre d'établir honorablement sa fille Andrée en la mariant à Joseph Bonnet, avocat au parlement et jurisconsulte déjà estimé, en 1724. Le marié, bien posé dans le monde du barreau, était du reste, à cette date, très loin de la jeunesse, puisqu'il avait atteint, sinon dépassé, la quarantaine. Les fils d'Autrement, nous l'avons vu, officiers dans les troupes de l'Électeur palatin, passaient, quoi qu'il en fût, pour de vrais gentilshommes.

ÉPILOGUE

L'INVASION DE 1746. — LA FIN DU CHEVALIER DE PERRIN.

Le chevalier de Perrin reste seul maintenant de tous
les personnages que nous avons mis en action; il survit le
dernier. Nous avons reconnu la souplesse de son caractère et admiré la désinvolture avec laquelle il réussit à
se dégager des scrupules de madame de Simiane et à se
dérober aux menaces de l'arrêtiste Bonnet, sans rompre
en visière, ni trop reculer cependant. Remarquablement
habile à poursuivre son but; cédant du terrain, quand
il le faut, dans la mesure même des circonstances qui
s'opposent à ce qu'il souhaite, il est habitué à résoudre
les difficultés, sinon à les aborder de front.

Après son édition de 1734 et le complément de 1737,
il songea immédiatement à en préparer une autre, et il
mit des années à en réunir les éléments. Il joignit à
cette édition un grand nombre de lettres qui n'avaient
pas encore paru, remania de nouveau bien des passages,
en rétablit d'autres qu'il avait d'abord supprimés, enfin
il l'enrichit de notes explicatives et généalogiques aidant
à la connaissance ou à l'éclaircissement du texte et dues
en bonne partie aux renseignements qu'il avait obtenus

de madame de Simiane. Il continua pendant des années
ce travail qui témoigne, lorsqu'on l'examine de près, de
son envie de satisfaire jusqu'à un certain point aux réclamations qu'il avait reçues de toutes parts et d'une
foule de personnes. Ce qu'il fit en faveur de l'avocat Bonnet, en effaçant le jeu de mots sur le nom d'Autrement
et le détail relatif aux rubans noués, est un exemple de
sa façon de répondre aux sollicitations de beaucoup
d'autres, dans cette seconde édition dont il retardait
d'année en année la publication et qui, par le fait, ne
vit le jour qu'après lui. Il y a là un espace d'environ
seize ans, *grande mortalis œvi spatium,* dirait Tacite,
pendant lesquels le chevalier, comme un faible satellite,
se perd dans l'orbite du grand soleil parisien. Qu'était-
il alors pour le monde des salons, et possédait-il quelque situation qui lui en favorisât l'entrée? Jusqu'à présent on ne lui avait connu, en fait de profession, que
celle de dîneur en ville, de convive assidu de certaines
maisons où il était apprécié pour son bel esprit. Il s'é-
tait seulement attiré le reproche d'avoir cédé plus que
de raison au penchant de remanier le style de madame
de Sévigné. Bien que dans sa préface[1], après s'être flatté
de la pensée qu'elle eût mis plus d'art et de soin dans
ses lettres, si elle avait pu prévoir qu'elles fussent un
jour imprimées, mais sans arriver par là au point de perfection qu'elle avait naturellement atteint, il insiste trop
cependant sur la nécessité des corrections et même des
suppressions pour ne pas les avoir étendues outre mesure. Il parle aussi de la revision qu'il a faite des
anciennes lettres sur les originaux, et il semblerait, ce

---

[1] Celle de l'édition de 1754, sous forme d'*Avertissement de l'é-
diteur*.

qui est douteux, que ceux-ci ou une portion d'entre eux fussent restés entre ses mains, après la mort de madame de Simiane.

En dehors de ces fonctions d'éditeur et de correcteur, le chevalier en avait d'autres effectivement, à la faveur desquelles il lui était loisible, sinon de résider constamment à Paris, du moins d'y venir souvent et d'y faire des séjours prolongés. Divers documents nous ont révélé tout dernièrement qu'attaché au maréchal de Belle-Isle, il remplissait auprès de ce haut personnage l'office de secrétaire. C'est notamment en cette qualité qu'il l'accompagna en Provence lors de l'invasion des Autrichiens, bientôt repoussés victorieusement, alors que, passant la frontière, ils menacèrent Toulon d'un second siège. Cette invasion fut une sorte de répétition de celle de 1707. La marche des Austro-Sardes coalisés, appuyés par une flotte, Grasse mis au pillage, Toulon menacé, le centre du pays rançonné du Var à la Durance, présentent le même tableau. Alors aussi ce fut un même concours de la noblesse, un même plan de défense suivi d'accord avec l'intendant et le lieutenant-gouverneur pour assurer la résistance, aider à l'approvisionnement des troupes, enfin pour activer l'organisation et la marche des milices.

Il se trouve, comme pour achever le parallèle, que le fils de Pierre-Joseph de Chateauneuf-Saporte, Jean-Étienne de Saporta, ancien major au régiment de Bourbon et chevalier de Saint-Louis, celui que nous avons vu faisant ses premières armes au blocus de la Mirandole, fut appelé au commandement des milices de la haute Provence, réunies sur le Verdon pour la défense de cette ligne. Une lettre pressante et flatteuse de M. de Mon-

clar[1], procureur général au Parlement, expédiée en
toute hâte le 8 novembre 1746, l'avait appelé à Aix de
la part du maréchal de Belle-Isle. Il y était dit que le
Roi et la province avaient besoin de lui, qu'il serait
employé avec tout l'honneur qu'il méritait, mais qu'il
fallait partir sur-le-champ, sans s'arrêter à une autre
lettre écrite par la poste; un officier général, c'était
Chevert, l'attendait à Aix pour lui remettre des instructions.

La seconde lettre du même M. de Monclar, datée du
même jour, expose la grandeur du péril tel qu'il apparaissait et traduit l'impression du moment : « Le corps
de la noblesse a d'abord écrit une lettre préparatoire à
tous les seigneurs de fiefs... Les ordres envoyés à messieurs les consuls d'Apt... fairont voir la grandeur du
danger qui nous menace. Les Espagnols nous ont trahi,
il est question de disputer le terrain pas à pas et de prolonger la retraite pour donner le temps aux secours
d'arriver. Le mareschal souhaite des milices nationales,
la noblesse va armer de partout; elle a les yeux sur
vous comme sur un homme principal, et le mareschal
se rappelle vostre ancienne connaissance. Je vous prie
donc, au nom de la noblesse et de la province, de vous
préparer, d'avertir tous les gentilshommes et militaires
et surtout d'animer les paysans de nostre contrée pour
la défense générale... Je ne puis vous exprimer com-

[1] Jean-Pierre-François de Ripert, baron de Monclar, célèbre par
son éloquence et son réquisitoire contre les Jésuites, procureur général au Parlement le 19 décembre 1732. Il était né au château de
Saint-Saturnin près d'Apt, le 1er octobre 1711, et mourut le 14
février 1773. Il avait épousé Catherine de Lisle, de Marseille, et en
eut un fils, magistrat comme lui, mort à l'âge de trente et un ans,
sur l'échafaud révolutionnaire, à Paris.

bien vous estes désiré, il s'agit de détourner l'orage en le suspendant ou d'estre tous dévorés par les varadins, croates, pandoures et autres bestes affamées de pillage. Le marquis de Vence [1] répond au comte de Maillebois et promet tout en vostre nom. » La commission du maréchal de Belle-Isle [2] ordonnait à M. de Saporta de faire armer tous les paysans des villages au delà du Verdon, de les commander et de défendre cette rivière, enfin de se faire obéir par tous les gentilshommes employés dans la milice ; elle est en date du 22 décembre 1746, donnée à Aix et contresignée par Perrin en qualité de secrétaire de Monseigneur. La signature, parfaitement authentique du chevalier et les deux lettres dont nous parlons plus loin attestant son séjour à Nice, démontrent qu'il accompagna partout le duc de Belle-Isle et qu'il fit avec lui la campagne dont le résultat, dès avant la fin de l'hiver, fut la retraite, puis la poursuite de l'ennemi, désastreuse pour celui-ci ; enfin l'occupation de Nice, où le chevalier dut s'arrêter et faire un long séjour. Voici quelques incidents de cette lutte dont le prompt succès fit honneur à l'homme de guerre, aux côtés duquel l'éditeur des lettres de la marquise fut sans doute flatté de se montrer à ses compatriotes de Provence.

A la commission, qui confiait à Jean-Étienne de Saporta l'organisation et le commandement des milices sur le Verdon, était jointe une ordonnance de l'intendant de

[1] C'est Alexandre Gaspard de Villeneuve, propre gendre de madame de Simiane. La ville de Vence fut occupée et rançonnée, et son territoire ravagé par les Autrichiens ; elle fut reprise le 2 février par le maréchal de Belle-Isle. Alexandre-Gaspard, marquis de Vence, mourut à Aix le 20 novembre 1774 ; il fut enseveli aux PP. de l'Oratoire.

[2] On peut lire cette pièce à l'*Appendice*.

La Tour[1] prescrivant aux consuls d'obéir au commandant des milices, de lui fournir les armes et munitions[2],
enfin de l'aider en tout ce qu'exigerait l'exécution des
ordres dont il était chargé. Il s'y joignait encore une
instruction de Chevert, lieutenant général, portant de
se concerter avec le lieutenant-colonel d'infanterie qui
était à Riez et qui recevrait des ordres particuliers de
M. de Puisignieu, colonel commandant à Rians, pour
s'avancer ou se retirer suivant les circonstances. Chevert était le chef d'état-major du maréchal qui, depuis
la campagne de Bohême, avait en lui pleine confiance.

[1] Charles-Jean-Baptiste des Galais-de-la-Tour de Glené, intendant
de justice, police et finances en Provence; premier président au
Parlement d'Aix.

[2] Le remboursement de ces fournitures donna lieu plus tard à des
réclamations de la part des communautés, et à des décisions dont
M. de Berluc-Pérussis a retrouvé la mention dans un *Abrégé du
Cayer des Délibérations de l'Assemblée générale des communautés
du pays de Provence, convoquée au 5e novembre* 1747 (Aix, Da-
vid, 1747). — On y voit (pp. 51-52), à propos des milices du Verdon, que « le sieur Assesseur (Julien) a dit que les conseils de
Gréoux représentent qu'en suite des ordres de M. l'Intendant, ils
commandèrent 19 hommes armés, y compris un sergent, qui allèrent à Riez pour garder les lignes du Verdon, sous les ordres de
M. de Saporte, auxquels la communauté a fourni le prêt et le pain
pendant vingt-cinq jours, se montant en tout à 122 livres 13 sols;
et qu'ayant fait article de cette somme dans la liquidation qu'ils ont
demandée à Mrs les Procureurs du pays..... il avait été sursis à cet
article qui avait été renvoyé à la présente assemblée pour y être sta-.
tué..... sur quoi il est à remarquer que cette communauté n'est pas
la seule dans le même cas..... Sur laquelle proposition l'Assemblée
a délibéré de rembourser aux communautés le prêt qu'elles ont fourni
aux deux mille hommes commandés pour la ligne du Verdon, sauf à
la Province d'en demander le remboursement à Sa Majesté; et à
l'égard du pain, ces mêmes communautés seront comprises dans les
États que l'on dresse de pareilles fournitures, pour en retirer le remboursement du Munitionnaire. »

On voit, par sa correspondance avec M. de Saporta, qu'il allait inspecter le corps du Verdon et qu'il devait arriver à Riez le 30 décembre. Il regardait Moustier, qui avait été surpris et pillé, et où M. de Saint-Hylaire devait être rendu à ce moment, comme un poste essentiel, et il était décidé à ne rien épargner pour le reprendre et le conserver[1]. M. de Saporta, de son côté, rendait compte, le 20 janvier 1747, au maréchal de Belle-Isle, de ce qu'il avait fait : il s'était rendu sur les lieux en toute hâte et avait d'abord tiré des communautés des munitions de guerre, réuni des approvisionnements et obtenu même un peu d'argent. Mais maintenant chacun crie misère, et les officiers, les premiers, l'accablent de remontrances, car il n'a jusqu'ici pu leur distribuer que de bonnes paroles. Ce n'est pas mauvaise volonté de leur part; mais, sans solde et pauvres pour la plupart, ils ne savent comment se nourrir; enfin, les officiers demandent des lettres, c'est-à-dire une nomination régulière; ils craignent, sans cela, d'être pendus s'ils étaient prisonniers : « J'ai voulu les dissuader de cette erreur, mais ils n'en veulent rien croire[2]. »

On sait que la révolte de Gênes, se soulevant le 5 décembre contre les coalisés, en coupant les derrières de l'armée autrichienne, la décida à battre en retraite, et que, harcelée de toutes parts par les corps français habilement placés, autant que par les populations soulevées à force de pillages et de mauvais traitements, elle subit en se retirant des pertes énormes, jusqu'au moment où, après une dernière défaite à Castellane, elle eut repassé

[1] Voir à l'*Appendice* les deux lettres de Chevert.
[2] Voir à l'*Appendice* cette lettre en forme de rapport et la réponse autographe du maréchal de Belle-Isle, en date du 12 février.

le Var. Une lettre autographe du duc de Belle-Isle, écrite du camp de Grasse le 12 février 1747, annonce qu'à cette date « la délivrance de la Provence et l'expulsion des ennemis au delà du Var » étaient un fait accompli, ce qui permettait de licencier sans retard « les nouvelles levées de milices bourgeoises qui avoient été formées pour la deffense de son territoire ». Le maréchal recommande donc à M. de Saporta de renvoyer immédiatement chez eux « tous les paysans des vigueries de Riez et du voisinage », et de rendre ainsi disponibles un bon nombre d'hommes qu'on pourra employer à la conduite des convois de subsistances. En dehors des nouvelles levées, le corps des milices proprement dites reste sur pied, et le commandant n'a qu'à envoyer les noms des particuliers proposés pour les divers grades, afin qu'on puisse les convoquer à la première occasion.

Le maréchal de Belle-Isle se trouvait alors à la tête de soixante bataillons et de vingt-deux escadrons; après avoir culbuté les coalisés, il prit lui-même l'offensive en passant le Var à son tour et occupant le comté de Nice, qui resta aux Français jusqu'à la paix d'Aix-la-Chapelle. C'est pendant l'occupation de Nice que le chevalier de Perrin, toujours à la suite du maréchal, reçut l'hospitalité du comte Reynardi [1], sénateur de Nice, marié à Dévote Capello, des marquis de Chateauneuf. Ce comte Reynardi était petit-fils du colonel Jean-Louis Reynardi, qui avait combattu vaillamment contre les Français lors de leur entrée à Nice, sous Catinat, en 1691, et avait

_____
[1] Jean-François Reynardi, comte de Belvédère, au comté de Nice, sénateur au Sénat de cette ville, chevalier de justice des ordres des SS. Maurice et Lazare.

consacré une partie de sa fortune à la défense du château, qui soutint alors un long siège. Le fils de ce même
Jean-François Reynardi, marié à Marguerite Torrini,
président du Sénat de Nice, en fonction au moment de
la Révolution française, fut obligé de fuir; tandis que
son petit-fils, général français, longtemps attaché à la
personne de Moreau, marié à une demoiselle de Ces-
sole, est celui à qui la comtesse de Villegarde avait fait
don du portrait de madame de Grignan[1], son aïeule,
dont il est question dans le premier chapitre de ce
livre.

Les Reynardi, alliés aux meilleures maisons du comté
de Nice, formant par eux-mêmes une famille connue et
puissante depuis des siècles, selon un historien de cette
ville, descendaient d'un Emmanuel Reynardi qui avait
eu, au commencement du quinzième siècle, le commandement de la citadelle de Belvédère et qui s'était fixé
dans le pays avec sa famille. Parmi ses descendants, on
distingue notamment le comte Charles-Emmanuel Reynardi, filleul du prince de ce nom, qui fut ambassadeur
à Paris, gouverneur des pages, etc. Le chevalier de Perrin,
chargé peut-être par le maréchal de quelque mission relative à l'administration locale dont l'occupation française
respectait le fonctionnement, ne put qu'être flatté de
se trouver en contact avec des gens de condition qui,
de leur côté, apprécièrent l'avantage de posséder chez
eux quelqu'un de l'entourage immédiat du chef de l'armée française. De là, une liaison et des relations qui
survécurent à l'occupation et que la paix, qui suivit de
près, contribua encore à resserrer. Elles sont attestées

[1] Sous le nom de madame de Sévigné, qui figure inscrit sur le
fond du tableau.

par deux lettres, datant de 1749, adressées à madame Reynardi par le chevalier et qui nous mettent au courant de la vie qu'il menait alors soit à Paris, soit à Versailles ou à la cour, soit enfin à Metz, où il semble qu'il se fût marié et qu'il eût du moins sa famille, qu'il dit être ainsi en mesure de revoir de temps en temps.

Dans la première de ces deux lettres, écrite de Paris le 24 avril[1], il annonce avoir reçu à son arrivée des nouvelles qui l'ont heureusement tiré d'inquiétude et lui ont évité un voyage prématuré qu'il méditait de faire à Metz, si ces inquiétudes avaient persisté. Il est évident qu'il était alors retourné de Nice depuis peu, puisqu'il exprime sa reconnaissance des bontés qu'il avait éprouvées, pendant les huit mois de son séjour auprès des Reynardi, et qu'il regrette d'avoir si fort tardé de leur écrire. Mais il n'a pas été libre de suivre son inclination : les affaires l'ont saisi dès son arrivée, et, dit-il, « je n'ay presque fait jusqu'à présent qu'aller et venir d'icy à Versailles et de la cour à Paris, où, indépendamment des affaires de mon Estat, j'en ay trouvées de personnelles que ma longue absence avoit multipliées, et je ne m'attends pas à me voir avant l'hyver prochain délivré du tourbillon dans lequel me voicy rentré; car, dans huit jours, nous devons aller passer un mois ou six semaines en Normandie, et fort peu après nostre retour, pour quatre mois, dans le gouvernement de M. le maréchal[2], où l'on m'a donné mon département ». Quant aux lettres qu'on lui enverrait, c'est à l'hôtel de Belle-Isle, à Paris, qu'il faut tout simplement les lui adresser,

---

[1] Cette lettre, dont la suscription manque, est visiblement adressée à la comtesse Reynardi, et celle du 22 août suivant à son mari.

[2] C'est-à-dire à Metz.

parce que, dit-il, « il est le centre et le chemin des différents endroits dans lesquels j'ay à circuler ». Arrivent ensuite des réflexions fort sensées sur les mesures que le roi de Sardaigne vient de prendre pour relever ses États, y attirer les étrangers et réparer les ruines faites par la dernière guerre. Il y a aussi un consul qu'on voulait mettre à Nice, mais qui n'est qu'un misérable et que le sieur Jullien remplacera avec avantage. C'est enfin le tour des hommages et souvenirs distribués équitablement à M. Reynardi, à son fils; et mademoiselle Thérésa, l'abbé Angelo, l'espiègle écolier Jean et même les petites Radegonde et Francesca, ont une mention. Personne n'est oublié, et le chevalier, qui a lu son Molière, sait qu'on doit descendre jusqu'au petit chien Brusquet.

La seconde lettre, du 22 août, est bien plus courte; elle est datée de Metz et témoigne de l'importance locale qu'avait acquise l'affaire du nouveau consul M. Jullien, à qui l'on aurait voulu persuader d'acquitter les dettes de son prédécesseur Penon, décidément jeté pardessus bord comme indigne; mais ici des militaires ne peuvent rien, surtout dans l'éloignement où ils sont et après avoir perdu toute autorité dans le comté de Nice.

Cependant, toujours affairé autant que superbe, le chevalier, après avoir erré sur la frontière, en tournée d'inspection et en compagnie du comte de Gisors, le fils si prématurément enlevé du maréchal, jusqu'à la fin de septembre, reprendra ensuite le chemin de la cour, où il séjournera tout l'hiver. Et il termine en prodiguant les formules d'amitié et de reconnaissance. — Tout respire donc en lui la satisfaction d'un homme ayant atteint son but et jouissant pleinement de ce qu'il a longtemps souhaité. Le chevalier de Perrin, en effet, par un sort absolument contraire à celui de madame de Simiane, après d'obscurs et peut-être pénibles commencements, achevait sa carrière dans un brillant milieu, reflétant à la façon des astres secondaires l'éclat d'une lumière empruntée. Ses instincts de vanité, son adresse à se faire valoir, eurent jusqu'au bout de quoi s'exercer et trouvèrent des aliments. Subalterne chez un grand seigneur, dont l'affabilité envers ses inférieurs était proverbiale, tenant à la cour et côtoyant les grandeurs du temps, il gravita dans l'orbite d'un soleil parvenu à son apogée et participa à son rayonnement. Il fut, en un mot, heureux jusqu'au terme, dans la mesure de ses goûts et de ses aspirations. Recherché de tous côtés, forcé de se prodiguer, convive assidu, on peut dire de lui qu'il resta sur le champ de bataille, puisque, d'après une note relevée par M. Monmerqué dans un manuscrit du temps, il mourut d'indigestion à l'âge d'environ soixante-dix ans, le 7 février 1754.

A cette date, l'édition nouvelle préparée par le chevalier de Perrin va enfin paraître, et madame de Sévigné, dont la gloire n'est plus contestée, dont les lettres ne soulèvent plus de réclamations, a pris place parmi nos grands écrivains : elle est devenue classique. Perrin garde l'honneur d'avoir présidé à cette évolution, de l'avoir devinée, de l'avoir poursuivie à tout prix. Il est vrai que ce prix est cher, puisque, sans lui, nous aurions eu vraisemblablement tôt ou tard la correspondance de madame de Sévigné complétée par les réponses de sa fille, en conservant les originaux et avec ceux-ci la possibilité de rétablir intégralement le vrai texte. Mais, dans ce monde, on ne saurait tout avoir, et Perrin, s'il était là, nous répondrait : « Êtes-vous bien sûr que, sans moi, vous n'eussiez pas tout perdu ? J'ai cru bien agir ; que celui de vous qui, à ma place, n'en eût pas fait autant, me jette la première pierre ! »

FIN.

APPENDICE

I

LETTRES, ACTES ET DOCUMENTS INÉDITS CONCERNANT LE COMTE DE GRIGNAN, RELATIFS AUX MILICES, A LA GARDE-CÔTE ET AUX ÉVÉNEMENTS MILITAIRES ANTÉRIEURS A LA PAIX DE RYSWICK.

1. — *De M. de Grignan au marquis de Louvois* [1].

MONSIEUR,

Je receus pendant le voyage que je viens de faire les commissions des officiers de dix compagnies de milices que la Provence met sur pied et demanday en mesme temps aux dits officiers, qui, suivant les intentions de Sa Majesté, avoient été choisis de différents endroits de la province, de se trouver en cette ville d'Aix, lorsque j'y reviendrois, pour y recevoir leurs commissions et les ordres et instructions nécessaires. Je les ay trouvées icy. Chacun d'eux partira demain pour son département, et l'on faira en sorte que les cinq cens hommes de milice soient en estat de marcher le vingtième de ce mois, comme S. M. l'ordonne.

Je suis avec un attachement très respectueux,

Monsieur,

Vostre très-humble et très obéissant serviteur.

GRIGNAN.

A Aix, le 6 de mars 1689.

---

[1] *Dépôt de la Guerre*, vol. 903; d'après une copie de l'original autographe par M. Forneron.

2. — De M. de Grignan au marquis de Louvois[1].

MONSIEUR,

J'ay receu l'ordonnance de Sa Majesté pour empescher les assemblées des nouveaux convertis. Je la fais incessamment publier dans l'estendue de ma charge, et je suivray exactement ce que j'y vois estre de l'intention de Sa Majesté. Je fairay aussy avec la mesme exactitude ce qui m'est prescrit par la lettre dont vous m'avez honoré qui estoit jointe à la dernière ordonnance.

Et comme parmy les prisonniers que j'avois envoyez à Sisteron, il y a quatre hommes qui avoient assisté à l'Assemblée faite à La Charce, je les fairay conduire aux galères, suivant ladite ordonnance, et on achévera le procès des trois femmes qui faisoient les prophétesses.

J'ay receu aujourdhui les ordres pour faire assembler le régiment de milice de Provence dont M. le marquis de Bacons a le commandement, et j'envoie diligemment tous ceux qui sont nécessaires pour faire aller à Salon les compagnies du dit régiment. Elles commenceront d'y arriver dans deux jours, mais il y en aura qui auront une route un peu longue. On n'y perdra pas un moment de temps.

Je suis avec un attachement très respectueux,
Monsieur,
Vostre très humble et très obéissant serviteur.

GRIGNAN.

A Aix, le 23 de mars 1689.

[1] *Dépôt de la Guerre,* vol. 903; d'après une copie de l'original autographe par M. Forneron.

3. — *Instructions, sous forme de circulaire, adressées par
M. de Grignan à la personne déléguée par lui dans chaque
viguerie, à l'occasion de la levée des milices* [1].

A Aix, le 5e juin 1693.

J'envoye, Monsieur, dans toutes les villes et lieux de Provance [2] et terres adjacentes une ordonnance pour y lever les
milices à raison de deux hommes par feu. Les consuls sont
chargés d'y travailler avec toute la diligence possible, de
choisir des hommes capables de bien servir et de fournir,
à chascun d'eux, une espée et un fusil ou mousquet, en bon
estat, pour estre les dits hommes prets à marcher au premier
ordre que j'en donneray soubs les officiers quy seront par moy
nommés pour les commander.

Je veux croire que les consuls cognoissent trop combien
l'exécution de ces ordres est importante au service du Roy et
à l'intérêt de la province pour ne pas y employer tous leurs
soins.

Mais il m'a pareu par des fortes considérations et par
l'expérience des autres années, qu'il estoit encore nécessaire
que dans chasque viguerie il y eust un homme de confiance
envoyé de ma part pour travailler avec eux à ceste levée. Je
vous ay choisy pour y travailler dans les vigueries [3]..... où
vous vous rendrés, dès que vous aurés receu ceste depêche.

Mes ordres auront desjà esté distribués dans les villes et
villages de ceste viguerie.

---

[1] D'après un exemplaire original revêtu de la signature de M. de Grignan,
appartenant à M. Paul Arbaud.

[2] Nous nous abstiendrons de reproduire les fautes d'orthographe, souvent
grossières, dont cette pièce, écrite du reste en caractères fort réguliers, se
trouve parsemée, parce qu'elles tiennent évidemment à des négligences du
copiste.

[3] Le nom des vigueries est laissé en blanc, pour être rempli lors de l'envoi à chaque destinataire.

Dans chascun des dits lieux vous vous ferés remettre un contrôle général des habitants en estat de porter les armes, vous les ferés assembler et vous conviendrés avec les dits consuls de ceux qui devront estre choisis pour remplir le nombre que ce lieu aura esté chargé de fournir.

Il faut que dans ce choix, il ne soit fait aulcune injustice à personne, qu'on n'y suive aucun mouvement de haine, d'amitié, ny d'autre intérest, et qu'on ayt uniquement en veüe le bien du service.

Il est arrivé que le plus souvent les consuls se sont attachés à choisir des paysans et laboureurs ; cependant c'est sur ceux là que le choix doibt le moins tomber, soit parce qu'ils sont nécessaires pour le travail de la campagne et surtout en ceste saison, soit parce qu'ils sont moins adroits que les autres à manier les armes.

Il y a un certain estat de bourgeois, de jeunes gens, fils de bourgeois, marchands ou artisans quy passent leur journée à ne rien faire, ou très peu, dans les places à se promener, ou dans les cabarets, au jeu, et à la chasse, quy n'ayant point de famille à faire subsister par leur travail peuvent estre tirés des lieux d'où ils sont, sans que leur absence nuise à personne, qui peuvent mesme estre aydés de quelque petite chose de chez eux, pour joindre à leur paye, quy sont mieux vêtus et mieux chaussés que les pauvres paysans, quy sont plus experts à manier un fusil, ou peuvent les instruire plus aisément [1] et quy ayant un peu plus de commodités ont plus d'obligation de servir le Roy et leur pays. Ce sont là principalement les gens qu'il faut enroller. Mais ce sont aussy ceux quy, dans les lieux, ont le plus d'appui auprès des consuls, leurs parents ou amis, et il faut une particulière attention à empescher sur cela les effets de la connivence des consuls.

Comme ces gens là doibvent avoir certains principes d'honneur, il faut tâcher de leur faire sentir qu'il leur seroit honteux

---

[1] C'est-à-dire pouvant servir d'instructeurs.

de rester tousjours chez eux pendant que tant d'honnêtes gens sont à la guerre. Et néanmoins il ne faudroit pas négliger un autre moyen quy quoyque contraire en quelque manière à ce premier, ne sera peut-estre pas moins bon, à l'égard de quelques-uns, pour les engager insensiblement à faire volontiers ce qu'on pourroit leur faire faire par force; cet autre moyen est de dire quelquefois qu'il pourroit peut estre bien arriver que les milices ne seroient pas obligées de marcher.

Ils pourront ensuite s'accoustumer peu à peu. La bonne volonté de quelques-uns détermine les autres. L'exercice des armes qu'on leur fait faire y contribue encore et leur donne quelque goust pour ce mestier.

Ce sera vostre soin de choisir les gens les plus propres pour la qualité d'officiers ou de sergents, suivant leur condition et leur service, faire faire aux soldats journellement l'exercice, et vous y assisterés dans les lieux où vous vous rencontrerés pour les animer tousjours davantage.

Vous prendrés sy bien vos mesures et ferés tant de diligence que vous puissiés parcourir, suivant tous lieux de vostre département, et que bientost toutes choses y soient sy bien préparées que vous puissiés remestre de bonnes compagnies aux officiers que j'auray destiné pour les commander et les conduire où il sera nécessaire, sans que ces officiers ayent, s'il se peut, rien à démêler avec les consuls sur la qualité des soldats et des armes qu'on leur remettra.

Ces compagnies doibvent estre bien armées, et c'est à cela que vous trouverés le plus de difficultés. Il faudra pourtant que vous en veniés à bout. Les communautés ont quelques armes; les particuliers doibvent fournir celles qu'ils ont, suivant les ordres que je donnay l'année passée; celles quy ont besoin d'estre raccommodées doibvent l'estre diligemment et avec soin; il faut que vous entriés dans les détails et dans tous les expédients, et en un mot qu'il y ayt de bonnes armes, aussi bien que de bons hommes.

S'il arrive que quelqu'un de ceux quy auront esté choisis,

déserte, il faudra tacher de le faire arrester et le tenir dans une bonne et dure prison jusques à ce que j'envoye mes ordres pour l'envoyer aux galères, ce qui sera la punition des déserteurs, et dans chasque lieu.

Et, en attendant qu'on puisse arrester ces déserteurs, vous les fairés remplacer par d'autres soldats et vous mettrés garnison chez eux ou chez leurs plus proches parents.

On mettra aussy des garnisons, mais moindres, chez ceux qui manqueront aux exercices, et ces garnisons seront des soldats les plus appliqués à leur debvoir, afin qu'ils profitent de ceux quy ne le feront pas.

Quoiqu'il n'y aye dans chasque lieu qu'un certain nombre de gens enrollés pour la levée des deux hommes par feu, les autres qui sont en estat de porter les armes ne seront pas dispensés de s'assembler souvent et, indispensablement les jours de dimanche et de festes, par compagnies, soubs des officiers, pour faire l'exercice, et se tenir en estat de servir, s'il en est besoin.

Vous m'envoyerés des mémoires contenant les noms, âge, qualités et services des personnes de ceste viguerie qui seroient en estat de commander les compagnies qui en sortiront, vous me fournirés aussy des controlles exacts des hommes enrollés, des autres quy sont aussy en estat de servir et des armes, vous m'escrirés tous les jours, avec tout le détail possible, et vous adresserés vos paquets à Aix, prenant soin qu'ils y viennent par des voyes seures et promptes.

Je vous escriray aussy très souvent et j'adresseray mes lettres à..... d'où vous prendrés soin de les faire retirer.

Et en partant de chasque lieu vous marquerés aux consuls l'endroit où ils pourront vous faire tenir les lettres qu'ils auront à vous escrire. Je vous recommande sur toutes choses de concilier tousjours le soulagement du peuple avec l'exécution des ordres dont vous estes chargé, l'un n'estant pas moins important que l'autre.

Ce sont là les instructions que j'avois à vous donner pour la levée des milices dans la viguerie de..... quy vous sont communes avec les officiers que j'envoye dans les autres vigueries; j'y adjouteray, suivant les occurrences, ce que je jugeray nécessaire, et je joindray à ceste mesme dépesche les instructions quy seront particulières pour vostre département par rapport à sa situation, et à d'autres circonstances, je suis entièrement à vous.

GRIGNAN [1].

4. — *Circulaire du comte de Grignan, adressée aux consuls des communautés au sujet de la milice qui doit être établie le long de la côte, et concernant le capitaine garde-côte[2].*

A Orange, le 1er novembre 1706.

MESSIEURS,

J'ay fait sçavoir à M. de marquis de Trans, capitaine général de la Garde coste, au département de Fréjus[3], qu'il est temps de commencer les fonctions de sa charge, et pour cet effect de faire des contrôles des habitants capables de porter les armes dans les parroisses qui, suivant l'estat que j'en ay dressé, par provision, en attendant un règlement du Roy, sont comprises dans led. département, lequel s'estend depuis la rivière d'Argens jusques à celle de Ciagne, d'examiner, de concert avec vous, parmi lesd. habitants, ceux qui se trou-

---

[1] La signature est autographe.

[2] Cette circulaire est placée ici, bien qu'elle soit postérieure à la paix de Ryswick, parce qu'elle complète ce qui touche à la levée et à l'organisation des milices.

[3] La communauté à laquelle fut particulièrement adressée cette circulaire est celle de La Motte. Ce nom est inscrit en vedette au bas de la première page. — Reproduction d'après l'original appartenant à M. Charles de Ribbe. — Pierre-Jean de Villeneuve, marquis de Trans, comte de Tourrettes, seigneur de La Napoule, mort le 17 février 1730.

veront les plus propres au maniement des armes, et de les
choisir pour en estre formé des compagnies qui seront, suivant le besoin, plus particulièrement employées à la défense
des costes, de nommer les officiers des compagnies, de leur
expédier des commissions qui seront visées par moy, après
que je les auray approuvées, d'employer ensuite lesd. officiers
à assembler lesd. compagnies et leur faire faire l'exercice des
armes dans les temps que j'auray marqués, sans trop fatiguer
les habitants, et sans les détourner de leur travail, comme
aussy de faire agir, pour les mesmes choses, sous son auctorité, les lieutenant général major, et major de lad. Garde
coste dans le même département.

Le lieu de La Motte est compris dans led. Estat du département de Fréjus, et je vous écris cette lettre pour vous en
advertir, afin que vous conformant sur cela aux intentions du
Roy, vous preniés soin, en ce qui peut vous regarder, du
commencement, de l'avancement et de la perfection d'un
establissement ordonné pour la seureté des costes où vous
estes, qui est un nouvel effect de la prévoyance du Roy et de
sa bonté pour ses sujets, et qui ne vous assujétit pas à des
dépenses, en général ny en particulier, si ce n'est en tant
qu'il faudra suppléer, peu à peu, aux armes qui pourront
manquer, suivant ce qui sera cy après reglé, et par les moyens
les moins onéreux.

L'intention de Sa Majesté est aussy que MM. les capitaines
généraux Gardes-costes reçoivent dans les communautés, en
faisant leurs fonctions, des honneurs proportionnés à leurs
charges que Sa Majesté rend considérables, et met en rang
après celles des officiers généraux de ses provinces et de ses
armées. C'est pourquoy lorsque M. le marquis de Trans ira
chez vous pour commencer ses fonctions, vous ne manquerez
pas de luy rendre la visite consulaire en cérémonie. Les
autres marques de considération que vous pourrez y adjouter
alors seront approuvées, et regardées comme des suites de
vostre empressement et de vostre zèle pour tout ce qui a rapport au service, et la mesme visite consulaire lui sera aussy

faicte, lorsqu'il retournera chéz vous à l'occasion des reveües générales qui seront ordonnées.

Je suis,

Messieurs,

Vostre très affectionné à vous servir.

GRIGNAN [1].

5. — *Du comte de Grignan aux consuls de la Ciotat* [2].

A Aix, le 31 octobre 1673.

MESSIEURS,

Vous avés fort bien fait d'arrester la barque Catalane qui a esté obligée de relascher à votre rade, il faut trouver un prétexte pour l'empescher d'en sortir, et vous n'en sçauriez trouver un plus honneste, que celuy d'attendre mes ordres que vous feindrés n'avoir pas receus jusqu'à ce que vous ayés de mes nouvelles. Je sçauray par le premier courrier ou le suivant les instructions de la Cour dont j'auray soin de vous avertir promptement; cependant je vous prie de traiter honnestement ceux qui conduisent cette barque et de croire que je ne trouveray jamais les occasions de vous faire plaisir sans vous témoigner que je suis véritablement,

Messieurs,

Vostre très affectionné à vous servir,

GRIGNAN.

[1] La signature et aussi, à ce qu'il semble, la formule finale sont autographes. — Il en est de même d'une circulaire écrite d'après le même modèle et datée également d'Orange, le 1er novembre; celle-ci est adressée aux consuls de la Ciotat et concerne M. de Bandeville, capitaine général de la garde-côte, au département de Toulon. Cette seconde pièce est entre les mains de M. Paul Arbaud.

[2] D'après l'original appartenant à M. Paul Arbaud. La signature seule est autographe.

6. — D'Anfossy, secrétaire du comte de Grignan, aux consuls de la Ciotat [1].

A Aix, le 26 juillet 1684.

MESSIEURS,

Lorsque Mgr. le comte a esté de retour icy et qu'il a voulu voir les comptes de son maistre d'hostel, il a veu qu'à son passage à la Ciotat la dépense avoit esté faite par la communauté, et parce que ces sortes de choses ne sont pas de son goust, mais fort opposées à son intention et à l'usage de sa maison, il m'a ordonné de vous demander de sa part, de m'envoyer par le retour de ce garde qui ne va que pour cela à la Ciotat, un mémoire au vray de la dépense que vous avez faite pour sa table, son écurie et autres. Il ne serviroit de rien de dire que parce que c'est la première fois qu'il a esté à la Ciotat, il vous a dû estre permis d'en user ainsy, cette raison a desjà esté avancée inutilement par des personnes qui sont dans vos intérests. Il n'y a donc qu'à m'envoyer ce mémoire, en suite duquel vous recevrez ce que vous avez fourny. Je suis toujours très véritablement,

Messieurs,

Vostre très humble et très obéissant serviteur.

ANFOSSY.

7. — Ordre du comte de Grignan « pour prêter quelques pièces de tapisserie de l'église pour le passage de la Reyne d'Espagne [2] ».

Le comte de Grignan, chevalier des ordres du Roy, lieutenant général de ses armées, commandant et lieutenant général de Sa Majesté en Provence.

Il est ordonné aux Révérends pères Trinitaires de cette

---

[1] D'après l'original appartenant à M. Paul Arbaud.
[2] D'après l'original appartenant à M. Paul Arbaud. La signature seule

ville d'Arles de remettre en prest à MM. les consuls de lad^e. ville, leurs tapisseries pour le service de la Reyne d'Espagne pendant le séjour que Sa Majesté y faira.

Fait à Arles, le 2e novembre 1714.

GRIGNAN.

8. — *Lettre du roi Louis XIV au maréchal de Catinat, du 28 mai 1694* [1].

MON COUSIN,

Par tous les avis que je reçois d'Angleterre et d'ailleurs, j'apprends que les ennemis ont mis depuis quelques jours quarante vaisseaux de guerre à la mer avec plusieurs frégates et galiotes à bombes, sous les ordres de l'amiral Roussel ou de l'amiral Allemonde, et qu'ils ont embarqué sur la dite flotte, les uns disent six ou sept mille hommes, quelques-uns huit à neuf mille et d'autres jusqu'à douze mille, parmi lesquelles troupes il y a, à ce que l'on assure, un régiment de cavalerie et un de dragons. Le tout, à l'égard des troupes de terre, commandé par le général Talmich anglais. Suivant toutes les apparences, cette flotte, en quittant la côte d'Angleterre, est sortie de la Manche et a pris le large du côté du sud, puisqu'elle n'a point été découverte d'aucune des côtes, et que je n'en ai eu jusqu'à présent aucun avis par la voie des bâtiments légers que l'on envoye ordinairement de mes ports pour prendre langue des ennemis ; je ne saurois asseoir aucun jugement certain sur le

est autographe. Nous donnons cette pièce à cause de sa date, antérieure de peu de jours à celle de la mort de M. de Grignan. La reine d'Espagne est sans doute Élisabeth Farnèse, seconde femme de Philippe V.

[1] Transcription par M. Paul de Faucher d'une ancienne copie provenant d'un manuscrit tribué à Anfossy, transmis dans la famille de Jonc dont les auteurs avaient été subdélégués de l'intendance à Orange, manuscrit actuellement aux mains de M. le comte de Pontbriand, à Bollène. La lettre suivante de Catinat au comte de Grignan, et celle de M. Dusson, ont la même origine.

véritable dessein qu'ils peuvent avoir, jusqu'à ce que sois plus
particulièrement informé de leur route, si leur projet de descente ou de bombarder regarde mes provinces ou mes places
maritimes, j'ai tâché d'y pourvoir autant que la prudence me
l'a inspiré et que les autres affaires que j'ai ailleurs sur les
bras ont pû me le permettre; mais, si les ennemis ont résolu
de faire passer cette flotte dans la Méditerranée, ils ne peuvent avoir pour objet que de faire débarquer leurs troupes de
terre en Catalogne pour fortifier les Espagnols, et pour les
mettre en état de résister au duc de Noailles et d'arrêter le
progrès de mes armes en ce pays-là ou de mettre des troupes
à terre à la côte de Provence pour joindre le duc de Savoie et
pour favoriser l'exécution de l'entreprise de Nice et de Villefranche qu'il peut avoir formé de concert avec le prince
d'Orange. Supposé que ce débarquement regarde la Catalogne,
je n'ai présentement en main aucun remède à y apporter, et il
faudra se consoler de ce qu'on ne pourra pas exécuter tout ce
qu'on avoit pu projeter en ce pays-là et du succès duquel on
avoit pû raisonnablement se flatter à cause de la faiblesse des
Espagnols et du délabrement extrême dont y sont leurs
affaires; mais si le dit débarquement concerne l'expédition de
Nice et de Villefranche, à l'exécution de laquelle les alliés, qui
connoissent parfaitement combien elle tient au cœur au duc
de Savoye, pourroient fort bien s'être engagés d'aider ce
prince à cette entreprise, il faut mettre tout en usage pour
tâcher de faire échouer ce dessein sans se relâcher en rien des
soins qu'il faut absolument prendre du maintien et de la conservation de Pignerol. Pour parvenir à ce que je vous propose, il me semble que les moyens principaux consistent à
pourvoir abondamment ces deux places de troupes et de toutes
choses nécessaires à une bonne défense, et à ruiner, s'il est
possible au plutôt, les principaux chemins qui conduisent de
Coni par Tende et par Saorgio ou par Lentosque aux dites
places; en sorte que, quoique les troupes des ennemis puissent bien passer nonobstant la rupture des dits chemins parce
qu'elles peuvent passer par toutes les montagnes après la fonte

des neiges, cependant leurs mulets chargés et leurs traîneaux ne puissent passer de la manière dont on me l'a rapporté. Les ennemis ont pratiqué utilement la même chose l'année passée auprès de Pignerol, ayant si bien ruiné le chemin des ports, qu'on n'a pas pû le rétablir jusqu'à présent. Il me semble qu'il seroit encore à propos de faire examiner si on ne pourroit pas poster dans quelque détroit des plus serrés de la montagne, du côté de Saorgio, de Sospello ou aux environs, le plus près du grand chemin qu'il seroit possible, un corps d'infanterie qui, sans courir risque d'être coupé, pût disputer le passage aux ennemis et les empêcher de venir investir les dites deux places. Voyez en même temps si une partie de la cavalerie, qui est à vos ordres sur le Rhône, ne pourroit point être employée utilement ou pour empêcher les troupes ennemies qui viendroient de Piémont, de déboucher de la montagne et de se séparer autour de Nice ou pour s'opposer au débarquement de celles qui seroient venues par mer; le dit corps de cavalerie pourroit aussi servir ou pour disputer le passage du Var, au cas que le duc de Savoie voulût entrer en Provence, ou pour empêcher les Anglois de mettre pied à terre du côté d'Antibes et pour rassurer le pays au cas qu'on ne pût pas s'opposer à leur débarquement. Je sais combien il est difficile de faire subsister un corps de cavalerie en Provence, mais si vous croyez qu'il fût utile et même nécessaire d'y en avoir un, il faudroit bien faire un effort pour lui faire fournir des fourrages, et la chose me paroît d'autant moins malaisée à exécuter, que le dit corps de cavalerie ne devroit pas faire un long séjour dans la dite province, puisqu'en peu de temps le dessein des ennemis échoueroit ou réussiroit. Je n'ai, comme vous voyez, aucune notion certaine du véritable projet des ennemis; je ne sais pas même s'il ne regarde pas mes côtes du ponant, mais comme j'ai appris que le nombre de troupes de terre qu'ils ont embarqué sur leur flotte est peu considérable, je n'ai pas compris qu'ils puissent exécuter aucune entreprise d'importance sur les dites côtes et j'ai cru qu'ils pourroient avoir des veües du côté de la mer Méditer-

ranée, ou à l'égard de la Catalogne pour rassurer le roi d'Espagne, ou à l'égard de Nice et de Villefranche pour satisfaire
en quelque façon le duc de Savoye et pour l'engager plus fortement que jamais dans leur parti. Je doute d'ailleurs que,
quand même ils auroient les dites vues à l'égard de Nice, ils
pussent les mettre à exécution devant ma flotte et mes galères;
cependant, je ne laisse pas de vous donner, par avance, part
de ce que je pense, afin que vous en fassiez l'usage que vous
jugerez le plus convenable au bien de mon service et à la conjoncture présente, et j'aurai soin de vous tenir régulièrement
informé du progrès de la route que tiendra la flotte ennemie,
particulièrement si elle se tourne du côté du détroit.

9. — *Du maréchal de Catinat au comte de Grignan.*

De Fenestrelle, le 5e juin 1694.

J'ai l'honneur de mander au Roy, Monsieur, que je vous
envoyerai une copie de la lettre que Sa Majesté m'a écrite;
vous verrez ce qu'il me mande sur les avis qu'il a reçus du
départ de la flotte des ennemis, sur laquelle M. le prince
d'Orange a fait embarquer des troupes.

J'ai reçu par le même ordinaire une lettre de M. de La
Tournelle, gouverneur de Gravelines, par laquelle il m'écrit
que M. le prince d'Orange a fait embarquer treize bataillons,
quantité de chevaux de frise et autres choses nécessaires à un
débarquement et bombardement.

Vous verrez, Monsieur, dans cette lettre du Roy, comme Sa
Majesté n'est informée de rien de particulier sur les desseins
de la flotte ennemie, mais seulement qu'elle pense et donne
ses ordres sur toutes les différentes entreprises qu'elle pourroit former; elle y fait entrer celle d'une descente en Provence, mais bien plus particulièrement un projet concerté avec
M. le duc de Savoie sur le comté de Nice.

Comme cette dépêche du Roy vous aura fait connaître le

véritable esprit de Sa Majesté sur ce qui regarde notre côté, j'ose prendre la liberté de vous supplier d'aller, sous quelque prétexte, du côté d'Antibes, où vous pourriez donner rendez-vous à M. le chevalier de la Fare, lui communiquer la copie de la lettre du Roy et ce que j'ai l'honneur de vous écrire.

Vous verriez, avec M. le chevalier de la Fare, les choses dont il a besoin pour ses approvisionnements, et vous prendriez toutes les mesures qui vous sont possibles avec M. Lebret pour s'en pourvoir, car je n'y sais pas d'autre moyen. Je m'en vais envoyer des ordres à M. Dusson pour faire encore marcher deux bataillons à Nice.

Vous avez déjà en Provence le régiment de cavalerie de Soffreville et les dragons de Gramont (?); du moment que je pourrois avoir quelque idée que les ennemis peuvent avoir du dessein du côté de Provence et du comté de Nice, je ne manquerai pas de prendre toutes les précautions qui pourroient dépendre de moi.

La première seroit de vous faire passer incessamment les régiments de dragons et de cavalerie qui en seroient le plus à portée; de même, Monsieur, que je vous prie de prendre des mesures avec M. Lebret sur les moyens de faire subsister un corps de cavalerie, afin de n'être pas surpris si le cas arrivait et que ce corps se portât du côté d'Antibes, du Var ou dans le comté de Nice; la ration devra être réglée à dix-huit livres, poids de marc, de foin, et trois livres d'avoine.

Dans ce même voyage, vous pourrez voir Antibes et vous donner une vue générale, sans donner l'alarme au pays, sur les mesures qu'il y aurait à prendre pour la sûreté de la côte.

La flotte des ennemis n'étant que de quarante vaisseaux avec les vaisseaux d'Espagne et ceux qui sont restés du naufrage auprès de Cadix, ils auroient, ce me semble, bien de la peine à former un dessein fixe et de durée devant la flotte du Roy; vous aurez vu dans sa lettre que c'est le sentiment de Sa Majesté.

Le grand avantage que M. le maréchal de Noailles vient de

remporter en Catalogne sur l'armée des ennemis, dont appa-remment, Monsieur, vous êtes déjà informé, dérangeroit beau-coup toutes les différentes vues qu'ils auroient pû avoir dans la Méditerranée. Toute la meilleure infanterie a été défaite, ils ont perdu plus de six mille hommes, tant tués que prison-niers. J'ai reçu une lettre de M. le marquis de Noailles, par laquelle l'on m'écrit qu'il y auroit deux mille sept cents pri-sonniers. — Je suis, etc...

10. — *De M. Dusson au comte de Grignan.*

Au camp de Tournoux, du 8º juin 1694, à 2 heures de l'après-midi.

Je viens, Monsieur, de recevoir le paquet ci-joint que M. le maréchal de Catinat me commande de vous faire passer en toute diligence; je l'adresse aux maire et consuls de Digne, avec l'ordre de M. le maréchal, pour faire passer le régiment de Vendosme à Nice; celui de Nivernais, qui est ici, y va aussi et est relevé par celui d'Albigeois, qui est au Mont-Dauphin.

Comme je ne doute pas, Monsieur, que M. le maréchal vous fasse part de la lettre du Roy qu'il a reçue pour faire faire ce mouvement, je n'aurai pas l'honneur de vous en ren-dre compte.

J'ai eu ce matin l'honneur de vous envoyer la copie d'une lettre de M. le maréchal, par laquelle il me marque que les Espagnols et les Allemands sont encore dans leurs quartiers et que les troupes de M. de Savoie ne fesoient point de mou-vement; j'ai appris, il y a deux heures, qu'il devoit venir quelques troupes du côté de Coni; je n'y ajoute aucune foi, parce que, d'ailleurs, on m'assure que l'assemblée des troupes de M. de Savoie doit se faire du côté de Carignan.

LETTRES, ORDRES ET INSTRUCTIONS DU COMTE DE GRIGNAN ET D'AN-
FOSSY, SON SECRÉTAIRE, ADRESSÉS A PIERRE-JOSEPH DE CHATEAU-
NEUF-SAPORTE, A PROPOS DU COMMANDEMENT DES MILICES, ET
DOCUMENTS RELATIFS AUX ÉVÉNEMENTS MILITAIRES POSTÉRIEURS A
LA PAIX DE RYSWICK.

11. — *Ordres du comte de Grignan au sieur de Châteauneuf-Saporte en 1692* [1].

Le comte de Grignan, chevalier des ordres du Roy et lieutenant général pour Sa Majesté en Provence,

Ayant donné nos ordres au sieur de Chasteauneuf de Saporte
pour la garde nécessaire dans la ville et comté de Sault, dans
divers lieux de la viguerie d'Apt et en divers passages de Provence en Dauphiné, comme aussy pour veiller sur la conduite
des nouveaux convertis de ces quartiers-là, le tout suivant les
instructions qu'il a receües de nous, — nous ordonnons aux
consuls et habitans desd. lieux, de faire et exécuter ce qui
leur sera par luy ordonné de nostre part, pour raison de ce.

---

[1] Au dos de la pièce originale, se trouve inscrite l'annotation suivante :
« Ordre de Mgr le comte de Grignan, de 1692, lequel tousjours attentif à la
deffense de la province se servit à ces fins de gens de mérite et de bons
officiers et donna l'exécution de ses ordres au sieur de Châteauneuf-Saporte,
tels qu'on peut les voir icy en partie d'original. »

Faict à Brignoles, le 6ᵉ aoust 1692 : Signé Grignan, et plus bas, par Monseigneur, Anfossy.

Veu l'ordre cy dessus, nous ordonnons que le sieur Chasteauneuf de Saporte, y dénommé, sera payé de ses appointements à raison de cent livres par mois, par les consuls et communautés des lieux de la comté de Sault[1], pour un mois qui finit ce jourduy, et par les consuls et communauté de Mérindol pour le mois suivant, faict à Aix le 6ᵉ septembre 1692 :

GRIGNAN.

Par Monseigneur,
ANFOSSY.

Les consuls de Sault envoyeront, par des messagers exprez, aux consuls d'Apt les lettres qui leur seront remises pour nous par le sieur de Chasteauneuf Saporte, et les consuls d'Apt envoyeront aussy, par des messagers exprez, au sieur de la Croix, directeur des lettres à Aix, celles qui leur seront envoyées par les d. consuls de Sault, ou qui leur seront remises par le d. sieur Chasteauneuf Saporte[2].

Faict à Brignoles, le 12 aoust 1692.

Les consuls de Goult envoyeront aussy aux consuls d'Apt les lettres du d. sieur de Chasteauneuf, qui seront envoyées d'Apt à Aix, comme il est dit cy dessus.

GRIGNAN.

Par Monseigneur,
ANFOSSY.

---

[1] La vallée et canton actuel de Sault formait alors une petite principauté distincte de la Provence ; aussi une note fait savoir qu'au présent ordre était annexée une « lettre justificative de madame la duchesse de Lesdiguières », qui possédait alors la comté de Sault ; cette lettre n'a pas été retrouvée.

[2] Le nom de Saporte est ici et plus haut ajouté à celui de Châteauneuf, de la main de Pierre-Joseph de Saporta. Cette pièce et la précédente portent le cachet aux armes de Grignan.

Le comte de Grignan, chevalier des ordres du Roy et lieutenant général pour Sa Majesté en Provence,

Nous ordonnons que les habitans de la comté de Sault tra-
vailleront par corvées au creusement des fossés de la ville de
Sault et à planter les palissades qu'ils fourniront, suivant les
ordres du sieur de Chasteauneuf de Saporte. Faict à Aix, le
6e septembre 1692 :

GRIGNAN.

Par Monseigneur,
ANFOSSY.

12. — D'Anfossy à de Châteauneuf-Saporte [1].

A Aix, le 20e septembre 1692.

Mgr le comte ayant jugé, Monsieur, que vous seriez présentement plus nécessaire sur la coste que sur la frontière,
il vous prie d'establir au quartier où vous estes le meilleur
ordre qu'il se pourra, afin que ses ordres soient toujours bien
exécutés en vostre absence, et vous rendre incessamment icy
où vous en recevrez d'autres ; je suis tousjours avec beaucoup
d'attachement, Monsieur, vostre très humble et très obéissant
serviteur.

ANFOSSY.

13. — Autres ordres du comte de Grignan en septembre 1692.

Le comte de Grignan, etc. [2],

Nous avons choisy le sieur de Chasteauneuf de Saporte pour
commander dans Cannes et dans l'étendüe du golfe de la Na-

---

[1] Transcrite sur l'original, de même que toutes les lettres suivantes ou
ordres, adressés à M. de Châteauneuf-Saporte. — La suscription porte :
A Monsieur, Monsieur de Chasteauneuf-Saporte commandant — à Sault
Même formule que précédemment.

poule; mandons à tous officiers, consuls et habitants, de le reconnoistre et à luy obeir et entendre ez choses qu'il leur ordonnera de nostre part pour le service de Sa Majesté. Faict à Aix, le 24ᵉ septembre 1692 :

GRIGNAN.

Par Monseigneur,

ANFOSSY.

Les maistres des postes fourniront au sieur de Chasteauneuf Saporte, porteur du présent ordre, des chevaux diligemment, d'un poste à l'autre jusques à Canes (*sic*), et les mettront sur leur compte. Faict à Aix, le 24ᵉ septembre 1692 [1].

GRIGNAN.

Par Monseigneur,

ANFOSSY.

Du Luc.

14. — *Du comte de Grignan à de Châteauneuf de Saporte* [2].

A Aix, le 27ᵉ septembre 1692.

Vous pouvez, Monsieur, revenir icy, à moins que, lorsque vous recevrez cette lettre, la flotte ennemie eût encore paru sur nos costes, ce qui, suivant toutes les apparences, n'arrivera pas; je suis tousjours, avec beaucoup d'estime et de sincérité, entièrement à vous.

GRIGNAN.

15. — *Du comte de Grignan à de Châteauneuf de Saporte* [3].

A Aix, le 21ᵉ juin 1693.

Je parts d'icy aujourdhui, Monsieur, pour aller à Digne,

---

[1] La suscription porte : A Monsieur, — Monsieur de Chasteauneuf de Saporte, commandant. — A Cannes. — La signature seule est autographe; il en est de même pour les suivantes.

[2] Ce dernier ordre porte le cachet aux armes des Grignan.

[3] La suscription porte : A Monsieur, — Monsieur de Saporte. — A Antibes.

où M. le duc de Vendosme m'a fait l'honneur de me donner un rendez-vous. Je vous prie d'y faire passer en droitture, de communauté en communauté, les lettres que vous prendrez la peine de m'écrire ; je suis très véritablement tout à vous.

GRIGNAN.

16. — Du comte de Grignan à de Châteauneuf de Saporte[1].

J'ay envoyé, Monsieur, des ordres à Antibes pour en tirer des canons et des munitions qui doivent estre portés à Colmars, Guillaumes et Entrevaux. Je vous prie de donner vos soins pour en faciliter la marche et pour faire trouver des voitures, comme chevaux, mulets, bœufs, dans les lieux de vostre département et plus loin, s'il est nécessaire. Je suis tousjours, Monsieur, entièrement à vous.

GRIGNAN.

17. — Autre ordre du comte de Grignan en août 1695[2].

Le comte de Grignan, etc.,

Ayant chargé le sieur de Saporte de l'exécution de nos ordres, pour des affaires concernant le service de Sa Majesté en divers lieux de Provence et de la principauté d'Orange, nous ordonnons à tous gouverneurs, magistrats, maires, consuls et habitants des d. lieux, où le présent ordre sera exhibé, de fournir diligemment au d. sieur de Saporte toute ayde, main forte, secours et assistance, pour l'exécution des d. ordres, à peine de désobéissance. Faict à Marseille, le 21e aoust 1695 :

GRIGNAN.
Par Monseigneur,
ANFOSSY.

---

[1] Suscription : A Monsieur, — Monsieur de Chasteauneuf de Saporte. — A Antibes.

[2] Avec cette annotation : Autre ordre pour aller commander en divers lieux de Provence.

18. — *Du comte de Grignan à de Châteauneuf de Saporte*[1].

A Marseille, le 21e aoust 1698.

Il y a eu, Monsieur, dans quelques vallées de Dauphiné, des assemblées de nouveaux convertis, et M. Delor, prévost, a eu l'ordre d'arrester les coupables, parmi lesquels on a mesme trouvé un officier des troupes du Roy. On a lieu de croire que quelques-uns pourroient s'estre réfugiés en Provence, et j'envoye au d. sieur Delor un pouvoir de les y faire poursuivre. Je mande en mesme temps à M. du Lauran, prévost de Provence[2], de faire aller sur la frontière de Provence, du costé de Grignan, quelques archers de sa compagnie. Mais pour y bien asseurer tout ce qui devra estre fait dans une occasion comme celle cy qui peut estre importante, j'ay crû devoir vous prier de vous y employer avec vostre zèle ordinaire pour le service de Sa Majesté, et avec l'amitié que vous avez pour moy.

Il faudra commencer par vous rendre à Grignan, où les archers commandés arriveront incessamment et où vous apprendrez l'endroit où sera le d. sieur Delor. Il y a cy joint une lettre pour luy, et il vous remettra les mémoires dont vous avez besoin, ensuite desquels vous fairez, s'il vous plaît, agir les d. archers et les officiers et habitants des lieux, suivant le besoin et en vertu de l'ordre cy joint. Il faudra en mesme temps vous informer si, dans quelques endroits de Provence, il n'auroit point aussy esté fait quelqu'assemblée de nouveaux convertis, ou si de nouveaux convertis de Pro-

---

[1] Avec l'annotation : Lettre justificative de Mgr le comte de Grignan, de 1698.

[2] Il est question plusieurs fois du prévôt « de Laurens » dans les lettres de madame de Sévigné (t. III, p. 72, — 107 et 117 de l'édition Regnier); la charge étant héréditaire, il s'agit probablement du père ou du grand-père de Jacques de Laurans, mestre de camp, chevalier de Saint-Louis, prévôt général de Provence sous Louis XV, dont parle Roux-Alphéran dans les *Rues d'Aix* (t. I, p. 339).

vence ne seroient point allés à celles du Dauphiné; mandez-moy, s'il vous plait, en mesme temps tout ce que vous aurez appris de particulier de ces assemblées de Dauphiné. Je vous envoyeray, suivant les occasions, de nouvelles et plus amples instructions, et j'adresseray mes lettres à Grignan, vous m'adresserez les vostres à Marseille, où je vous prie de me mander incessamment la réception de ce pacquet et vostre départ. Je prendray soin d'ordonner le remboursement des dépenses que vous serez obligé de faire.

Je vous prie de faire part en secret de cette dépêche à M. le marquis de Buous [1], et de vous adresser à luy dans les occasions où vous pourrez avoir besoin du secours de son auctorité, avant que de pouvoir recevoir mes ordres. Je suis tousjours, avec beaucoup d'estime et de sincérité, mon cher Monsieur, entièrement à vous.

GRIGNAN.

19. — Certificat délivré par le duc de Vendôme à Louis-Hippolyte de Saporta [2].

Louis, duc de Vendosme, de Mercœur et d'Étampes, prince d'Anet et du Martigues, pair et général des galères de France, lieutenant général des mers du Levant, gouverneur de Provence, commandeur des trois ordres du Roy, commandant pour Sa Majesté en Roussillon, vice-Roy de Catalogne et général des armées de Sa Majesté au dit pays.

Nous certifions, à tous ceux qu'il appartiendra, que le sieur de Saporte, capitaine au régiment des Vosges, a esté blessé à la campagne dernière à la sortie que le sieur d'Himécourt fit de Bagnols sur les ennemis, en faisant très bien son devoir.

---

[1] Louis de Pontevez, marquis de Buous, lieutenant de roi à Arles, gouverneur d'Apt, syndic procureur pour la noblesse de Provence. Il avait été premier consul d'Aix en 1661.

[2] D'après la pièce originale.

Fait à Versailles, le premier jour du mois de avril mil six cent quatre-vingt-dix-sept [1].

Louis DE VENDOSME.

Par Monseigneur,

CAPITHON.

20. — *De Louis-Hippolyte de Saporta à Pierre-Joseph, son frère* [2].

Au blocus de la Mirandole, ce 1er aoust 1704.

Je receus hyer vostre lettre, mon très cher frère, par laquelle j'ay seu que ma première avoit tardé en chemin et mesme que vous n'aviés pas eu celle de vostre fils. Je feus témoin comme il vous escrivoit, mais je le feus aussi de sa paresse à envoier sa lettre par la mesme voix (*sic*) à la poste de l'armée de M. le grand prieur. Il l'envoya le lendemain par un soldat, et je devinois juste quand je l'assura (*sic*) qu'elle n'yroit pas jusques à vous. Il a eu, il y a deux jours, un peu d'émotion, et moy, le lendemain, un très gros accès de fièvre par ma ratte (*sic*), qui enfla tout un coup. Saporte [3] a eu encore aujourd'hui pareille émotion pour avoir voulu passer vingt-quatre heures avec le collonel (*sic*) à la tranchée de la bombarde, en qualité de garçon major qu'il exerce depuis la maladie de l'autre, qu'on veut mesme qu'il reste ; mais nous verrons si la chose luy conviendra à cause de la grande chaleur ; il vous escrit. Mon frère [4] est à Modène depuis son

---

[1] La signature seule est autographe. Il existe un duplicata de ce même certificat, délivré à Mantoue le 20e janvier 1706 et contresigné Magnianis.

[2] D'après l'original autographe extrait des archives de la famille de Saporta. Nous conservons autant que possible l'orthographe et même les fautes du texte de cette lettre écrite du camp et souvent très difficile à déchiffrer. Le duc de Vendôme commandait en Italie en 1704, son frère le grand prieur enleva les quartiers des ennemis le 2 février 1705, et la Mirandole fut prise le 10 avril de la même année.

[3] C'est son neveu, Jean-Étienne de Saporta, qu'il appelle ainsi comme aîné de la famille. Il avait alors quinze ans accomplis.

[4] Charles-Louis de Saporta, frère puîné de Jean-Louis-Hippolyte. Il était

deuxième accès qui a été violent. Deux de ses valets, malades avec luy, et Pierre qui l'est icy, mais très fort; il n'a eu, depuis qu'il est party d'Apt, qu'un escu, ainsi que Saporte vous marquoit dans sa première et qu'il vous dira aujourd'hui apparemment. De quatre valets pour six mulets et six chevaux que nous avons, il y en a trois hors d'état, sans le hasard de l'avenir. Tout cela seroit peu si nous n'estions menacés d'estre incessamment de l'armée de Mgr le grand prieur, où la peine sera moindre, il est vray, mais où les valets seront encore plus utiles là qu'ailleurs par mille raysons. Nous n'avons rien eu de particulier depuis celle que j'ay escrite, ainsi que vous aurés veu apparemment; nos compagnies sont tousjours en mouvement et voient les ennemis chaque jour, et tousjours ils sont menés dreues. Mon père [1], qui a répondu d'abord pour vous à ma première (lettre), me parle du petit Crillion (*sic*), et comme il est là-bas chés vous et comme sa famille voudroit qu'il vînt au régiment; je seconderois volontiers ces sentiments qui sont aussi ceux de ce petit, mais je n'en fairay rien qu'il n'aye une pension convenable à un subalterne de son nom. La chose a été ébauchée chés le collonel (*sic*), à la réception de la lettre de mon père, et nostre nouveau chef [2] le demande à cors et à cris, qu'il s'en chargera luy mesme, qu'il lui donne son enseigne colonelle quoiqu'il l'aye promise à un autre, et moy je me retranche tousjours sur la pension; voilà la situation des choses sur ce fait là. Nostre bombarde [3] n'a

aussi capitaine au régiment des Vosges. Il est nommé dans le testament solennel de son frère Jean-Louis-Hippolyte (du 17 avril 1716, notaire J. Rousset, à Apt); il reçoit l'usufruit des biens de ce frère, concurremment avec Pierre-Joseph, son aîné. Il fit lui-même son testament (notaire Eymieu à Saint-Savourin) le 4 décembre 1721. Il avait succédé, en 1720, à Jean-Baptiste-Barthélemy de Thomas, en qualité de recteur de l'hôpital de Saint-Castor d'Apt.

[1] François-Abel de Saporta, seigneur de Châteauneuf-les-Moustiers, sieur de Beaurepos, marié à Jeanne de Gérard. Il était né à Montpellier le 19 mai 1627 et mourut à Beaurepos, près d'Apt, le 20 août 1705.

[2] Le colonel du régiment d'infanterie des Vosges était alors M. d'Hérouville.

[3] C'est-à-dire notre bombardement.

rien produit encore de bon, et on attend peu ; les ennemis
sont munis de tout et en état de tenir tout l'hyver, à moins
que leurs magasins fussent endommagés. Assurés mon très
cher père de mes très humbles respects ; j'embrasse toute la
famille ; j'écris à ma sœur [1] au sujet de son fils, que son frère
ou ses parents donnent une pension pour luy s'il vient au régiment, et qu'elle soit de recepte, qu'elle est (dans) l'obligation de luy en donner une petite ou grosse, et que sans cela il
n'y aura rien de fait, et c'est pour qu'elle fasse son devoir là-
dessus. Je suis, mon très cher frère, tout à vous.

SAPORTE.

L'armée de M. le grand prieur, de laquelle nous devons
estre après cette bombarde, n'a pas veu les ennemis de cette
campagne, et il y a [2] apparence que l'Adige sera toujours
entre deux, à moins qu'ils ne reçoivent un plus grand renfort
sur la fin, car les deux mille hommes qu'ils ont receus ne suffisent pas pour les faire repasser. S'ils ont un gros secours, le
poste de la Mirandole nous faira mieux comprendre que nous
devions en avoir fait le siège et non le blocus. Les uns pour
estre en doute et les autres pour ne sçavoir pas de la manière
qu'est mort Candolle, me fait douter aussi que M. de Lioux
aye ce qu'il demande. Pour moi, j'estois à Gouvernolo ; cependant, là-dessus, je fairay mon devoir [3].

---

[1] Françoise de Saporta ; elle avait épousé le 12 septembre 1683 Philippe-
Marie des Balbes de Berton, marquis de Crillon, dont elle eut huit enfants.
L'aîné des garçons, Jean-Louis, fut archevêque de Narbonne ; le second,
François-Félix, créé duc de Crillon par le Pape en 1725, est celui dont il
est ici question.

[2] On peut lire : *il n'y a pas* ; mais l'n et le mot *pas* ont été couverts
d'encre avec intention.

[3] La suscription porte : France-Provence — de l'Italie — A Monsieur, —
Monsieur de Saporte-Châteauneuf — A Apt.

21. — *Certificat délivré par le marquis de la Floride à Louis-Hippolyte de Saporta*[1].

Nous, dom Jean-Anthoine Pimentel Deprade, marquis de la Floride, chevalier de l'ordre de Saint-Jacques, du conseil suprême de Sa Majesté catholique, capitaine général de la province et frontière d'Estramadure, gouverneur du chateau royal de Milan,

Certifions, à tous ceux qu'il appartiendra, que le sieur de Saporte, capitaine de grenadiers au régiment de Vauge (*sic*), commandant le d. régiment en l'absence des sieurs colonel et lieutenant-colonel, blessés à la bataille de Castiglione, a servi dans le d. chateau pendant le blocus et le siège en qualité de lieutenant-colonel, qui a esté blessé à l'épaule sur la fin du siège et qui s'est acquitté dignement de cet employ[2] en ayant

---

[1] D'après la pièce originale.

Nous possédons le brouillon d'une lettre, non datée, ni signée, mais écrite sans doute par M. d'Hérouville, en qualité de colonel du régiment des Vosges, et adressée, soit à Chamillart, soit à Voisin son successeur. Elle est ainsi conçue : « Monseigneur, j'ay vu par une lettre que vous avez écrite à M. d'Aubigny que vous n'êtes pas content que j'aye manqué à vous informer de l'absence du sieur de Trouville, lieutenant-colonel du régiment des Vosges que j'ay l'honneur de commander. Je n'ay pas cru qu'il fût nécessaire, Monseigneur, de vous en (prévenir), parce qu'il a toujours passé absent à toutes les revues de campagne que les commissaires ont fait (*sic*) et sur les états que le major a eü l'honneur de vous envoyer. De plus, il m'a mandé plusieurs fois qu'il étoit fort incommodé et qu'il rejoindroit d'abord que sa santé luy permettroit. J'ay eu l'honneur de vous dire et de vous mander l'hyver passé qu'il étoit hors d'état de servir en campagne, et cela est très-vray; mais je vous supplie de considérer que c'est un homme de condition qui sert depuis trente ans et qui est lieutenant-colonel depuis dix. S'il se retire sans pansion du Roy ou sans être placé, il n'aura pas de quoi vivre. Il est encore en état de servir dans une place, mais point absolument en campagne. Il est d'une grosseur prodigieuse et fort incommodé encore d'ailleurs. Si vous jugiez à propos de demander une pension au Roy pour luy, je proposerai en sa place le sieur de Saporte, capitaine des grenadiers, le premier après luy au régiment, très-digne sujet pour être lieutenant-colonel. J'attends vos ordres là-dessus, ayant, Monseigneur, l'honneur d'être, etc. »

[2] Il faudrait correctement : qu'il a été blessé...... et qu'il s'est acquitté, etc.

donné des marques dans toutes les occasions qui se sont présentées, et surtout à la dernière sortie que j'ay fait faire sur
les ennemis, laquelle le dit sieur de Saporte commandait, où
la valeur et l'expérience ont parues (*sic*) dans toute l'étendue
d'un homme de guerre ; la perte, que firent les ennemis par
un bon nombre de morts et de prisonniers dans cette occasion, en sont une preuve ; en foy de quoy luy avons accordé
et signé le présent certificat pour lui servir en temps (*sic*) que
de besoin ; fait au chateau royal de Milan, le 15ᵉ mars 1707.

Le marquis DE LA FLORIDA [1].

22. — *Autre ordre du comte de Grignan en juillet 1707.*

Le comte de Grignan, etc. [2].

Ayant choisy le sieur chevalier de Saporte pour commander la garde nécessaire pour la défense de la Durance depuis
Pertuis jusques à Barbentane, nous ordonnons qu'il com-
mandera et employera pour cet effect les milices des villes et
lieux qui sont le long et à portée de la dite rivière tant en deça
qu'en delà d'icelle, qu'il se servira des autres moyens qu'il
jugera y estre aussy convenables, et que ce qui sera par luy
ordonné pour raison de ce, sera exécuté par les maires, consuls et communautés, luy donnant pouvoir de nommer d'autres officiers pour agir sous son auctorité en exécution du
présent ordre ; faict à Aix, le 30ᵉ juillet 1707.

GRIGNAN.

Par Monseigneur,
ANFOSSY.

---

[1] La signature seule est autographe.
[2] Même formule que précédemment.

23. — *Du comte de Grignan à de Châteauneuf de Saporte.*

A Aix, ce 29e juillet 1707.

Vous verrez, Monsieur, par l'ordre cy joint, ce qui est commis à vos soins depuis Pertuis jusques à Barbentane. Je compte sur vostre zèle pour le service du Roy en cette occasion, et je ne laisse pas de penser que vostre amitié pour moy y entrera pour quelque chose. Je vous prie de me donner de vos nouvelles, à mesure que vous fairez les establissements et que vous donnerez les ordres nécessaires. Je suis très véritablement, Monsieur, vostre très humble et très obéissant serviteur.

GRIGNAN.

24. — *Du marquis de Chamillart au chevalier de Saporte*[1].

A Fontainebleau, ce 20e octobre 1707.

MONSIEUR,

M. le maréchal de Tessé et M. le comte de Grignan ont rendu compte au Roy de la manière distinguée dont vous avez servy en Provence à la teste du Régiment des milices du pays qu'ils vous avoient donné à commander pendant que l'armée ennemie a esté dans cette province, et de la discipline sous laquelle vous avez tenu les officiers et soldats qui les composoient. Sa Majesté, qui en a paru très satisfaite, m'a commandé de vous le faire sçavoir et de vous tesmoigner qu'elle s'en souviendra quand il y aura occasion de vous faire plaisir.

Je suis,

Monsieur,

Votre affectionné serviteur,

CHAMILLART.

[1] D'après l'original conservé dans les archives de la famille de Saporta. La

25. — *Autre ordre du comte de Grignan en juillet 1708.*

Le comte de Grignan, etc.

Ayant donné au sieur de Saporte-Chateauneuf nos ordres et instructions pour des affaires concernant le service du Roy, dans les vigueries de Forcalquier et d'Apt et dans le comté de Sault, nous ordonnons à tous maires, consuls et habitants, d'exécuter ce qui leur sera ordonné de nostre part, pour raison de ce. Faict à Marseille, le 24e juillet 1708 [1].

GRIGNAN.

Par Monseigneur,
ANFOSSY.

26. — *D'Anfossy à de Châteauneuf de Saporte.*

A Avignon, le 25e juin 1709.

J'ay receu, mon cher Monsieur, la lettre que vous m'avez fait l'honneur de m'écrire, du 23 : MM. les procureurs du pays ont écrit d'Aix, du 20 : qu'ayant sceu l'arrivée de Mgr le comte de Grignan, ils attendroient ses ordres pour tout ce qu'il y auroit à faire. M. le comte leur écrivoit du 21, avant que d'avoir receu leur lettre, pour leur demander leurs avis, sur lesquels il donneroit les ordres qu'il jugeroit convenables. Il envoye des copies de tout à M. Michel, leur collègue, et il y joint un ordre général, en attendant des ordres plus particuliers, pour ce qu'il y aura à faire dans cette contrée. Il luy demande aussy un mémoire de ce qu'on peut juger estre le plus à propos de faire. Tous les avis d'Aix et d'ailleurs viendront sans doute incessamment, après quoy je ne manqueray pas, Monsieur, de vous donner de mes nouvelles plus ample-

suscription porte : A Monsieur, — Monsieur le chevalier de Saport, capitaine de grenadiers du régiment de Vosje. — *Chamillart.*
[1] Le cachet aux armes de Grignan est apposé sur cet ordre.

ment, vous suppliant de me donner tousjours des vostres, et de croire que seray toute ma vie avec un parfait attachement, mon cher Monsieur, vostre très humble et très obéissant serviteur.

ANFOSSY[1].

27. — Du comte de Grignan à de Châteauneuf de Saporte.

A Marseille, le 2e aoust 1709.

Il est nécessaire, Monsieur, de redoubler d'attention à empescher le transport des bleds hors de la province, et que vous me donniez les avis nécessaires pour me mettre en estat de faire sévèrement punir ceux qui s'en mesleront, directement ou indirectement. Je vous prie aussi de croire que je suis tousjours à vous, Monsieur, plus que personne du monde.

GRIGNAN.

28. — D'Anfossy à de Châteauneuf de Saporte.

A Marseille, le 8e aoust 1709.

Il y a deux jours, Monsieur, que j'ay eu l'honneur de vous écrire une assez grande lettre sur beaucoup de choses qui peuvent servir à entretenir le bon ordre pour conserver les grains dans la Provence. Je receus hier au soir celle que vous m'avez fait l'honneur de m'écrire, et vous aurez ci-joint la réponse à celle qui estoit pour Mgr le comte de Grignan, avec le certificat pour M. Grégoire[2] que je salue de tout mon cœur. Dans ces sortes de certificats, il n'est question que d'attester la vie du pensionnaire, les discours sur les incommodités et la vieillesse seroient trop recherchés et inutiles.

Je suis dans l'attente de vostre réponse à ma précédente, et

---

[1] Original autographe. La suscription porte : A Monsieur, — Monsieur de Chasteauneuf — de Saporte — A Bonrepos.

[2] Sans doute en vue d'obtenir une pension de retraite.

tousjours avec un parfait attachement, Monsieur, votre très humble et très obéissant serviteur.

ANFOSSY[1].

29. — *Ordres d'arrestation en août* 1709.

Le comte de Grignan, etc.[2].

Nous ordonnons que le nommé Michelin, le fils, sera arresté et conduit sous bonne garde dans les prisons d'Apt, où il sera détenu jusques à nouvel ordre. Faict à Marseille, le 13e aoust 1709.

GRIGNAN.

Le comte de Grignan, etc.[3].

Nous ordonnons que le nommé Anselme, du lieu ou terroir de Gargas, sera arresté et conduit sous bonne et seure garde, dans les plus prochaines prisons, pour y estre détenu jusques à nouvel ordre. Faict à Marseille, le 13e aoust 1709[4].

GRIGNAN.
Par Monseigneur,
ANFOSSY.

30. — *D'Anfossy à de Châteauneuf de Saporte.*

A Marseille, le 14e aoust 1709[5].

Il a fallu, Monsieur, retenir icy, pendant la journée de hier, vostre messager qui arriva hier matin.

[1] D'après l'original autographe.

[2] Même formule que précédemment, avec l'adjonction du « Comté de Nice ».

[3] Même intitulé.

[4] Ces arrestations se rattachent sans doute à des délits d'accaparement ou de transport des blés, alors sévèrement interdits à cause de la disette de 1709.

[5] D'après l'original autographe.

La dépêche que vous recevrez de Mgr le comte de Grignan répond à la lettre qu'il a receüe de vous, au verbal et à la lettre que vous m'avez fait l'honneur de m'écrire. Je dois vous rendre graces des éclaircissements que j'avois pris la liberté de vous demander et que vous m'avez donnés.

Il y a encore quelques petits articles sur lesquels j'attens de vos nouvelles; je vous supplie cependant de croire que je prens toute la part que je dois au succès de vos soins, et que l'on ne peut estre avec plus d'attachement que je suis, Monsieur, vostre très humble et très obéissant serviteur.

ANFOSSY.

31. — Du comte de Grignan à de Châteauneuf de Saporte.

A Marseille, le 17ᵉ aoust 1709 [1].

Il pourroit arriver, Monsieur, que le nommé Cavalier, qui estoit chef des Camisars et qui passa ensuitte au service des ennemis, voudroit tenter de retourner dans les Sevènes (sic) ou le Vivarez et qu'il prendroit son chemin par la Savoye et le Dauphiné, et ensuitte par cette partie de la Provence où vous estes employé, et il est très nécessaire qu'en gardant les passages pour le faict ordinaire de vostre commission, vous ayez et ceux qui sont à vos ordres une grande attention sur les gens qui se présenteront, afin d'arrester ceux qui paroistront suspects. Vous pouvez bien croire que la récompense seroit ample pour ceux qui fairoient le coup d'arrester le d. Cavalier; vous en trouverez cy joint un signalement, mandez moy, s'il vous plait, les dispositions que vous pourrez faire et les veües que vous aurez, par rapport à cette affaire. Je suis tousjours très parfaictement, Monsieur, entièrement à vous.

GRIGNAN.

Cavalier est un homme de Languedoc, âgé de trente-cinq à

---

[1] D'après l'original conservé dans les archives de la famille de Saporta. La signature seule est autographe. En titre courant au bas de la page : A M. de Saporte.

quarante ans, de basse taille assez pleine, les cheveux chatains
clair, la teste enfoncée dans les épaules, la mine basse, le
regard pourtant assez hardy[1].

32. — *Du comte de Grignan à de Châteauneuf de Saporte.*

A Marseille, le 20e aoust 1709:

J'avois prié M. de Basville de m'envoyer un portraict de
Cavalier, vous en trouverez une copie cy jointe. Il s'y trouve
une différence sur l'âge, d'avec celuy que je vous avois envoyé.
L'un et l'autre doivent vous fournir un éclaircissement suffisant, et l'on ne sçauroit trop vous recommander d'avoir attention à cette affaire. Je suis tousjours, Monsieur, entièrement
à vous.

GRIGNAN.

Le nommé Jean Cavalier est âgé d'environ vingt-six ans, de
petite taille, les épaules larges et hautes, les cheveux chatain
clair; il porte peut estre la perruque à présent, ayant eu quelques coups de sabre sur la teste.

33. — *De Nicolas de Bâville au comte de Grignan*[2].

Je vous rends mille graces, Monsieur, de l'avis que vous
m'avés donné, qui pourroit être fort important; mais il me
paroit fort difficile d'en pouvoir faire aucun usage, si l'on
ne sçait pas qui sont ceux qui font tous ces achats de chairs
salées. C'est ce que je vous suplie de vouloir bien faire observer et m'en donner ensuite avis, afin que je puisse prendre

---

[1] Ce signalement, joint à la lettre, est écrit sur un feuillet séparé; il en
est de même du suivant.

[2] D'après l'original conservé dans les archives de la famille de Saporta.
La signature seule est autographe. Nicolas de Lamoignon, cinquième fils du
premier président de Lamoignon, intendant de Languedoc, est célèbre par les
rigueurs qu'il déploya contre les protestants, ainsi que par ses exactions
financières.

les mesures convenables à ce sujet. Je suis avec bien de l'attachement, Monsieur, votre très humble et très obéissant serviteur.

DE LAMOIGNON DE BASVILLE.

A Montp, ce 4 avril 1710.

34. — *Du comte ae Grignan à de Châteauneuf de Saporte.*

A Marseille, le 10e avril 1710.

Vous verrez, Monsieur, par les lettres cy jointes de M. le duc de Roquelaure et de M. de Basville, que je vous prie de me renvoyer, les éclaircissements qu'ils souhaitent d'avoir sur des choses que je leur avois mandées après les avis que vous m'aviez donnés. Je vous prie de me mettre en estat de leur fournir ces éclaircissements, le plus tost et avec le plus de détail qu'il sera possible. Je suis toujours très véritablement, Monsieur, entièrement à vous.

GRIGNAN[1].

35. — *De Castellane-Majastre au comte de Grignan[2].*

MONSIEUR,

Je reçois dans le moment deux lettres de M. le comte d'Artaignan, de Colmars, et toutes les deux du vingt (de ce) mois. Dans l'une qui est la plus longue, il me fait un long détail de

---

[1] La signature seule est autographe; le corps de la lettre est de l'écriture d'Anfossy. Le duc de Roquelaure, d'abord marquis de Biran, maréchal de France en 1724, commandait en Languedoc; il contribua, de concert avec le duc de Noailles, à faire avorter l'entreprise des Anglais sur le port de Cette, tandis que Berwick contenait le comte de Thaun sur les Alpes.

[2] Lettre sans suscription, mais probablement adressée au comte de Grignan par son parent, Henri de Castellane, seigneur de Majastre; il avait été premier consul d'Aix, et était marié à Honorée de Ferrier d'Oribeau. — D'après une ancienne copie, extraite du manuscrit d'Anfossy appartenant aux archives de la maison de Jonc, communiquée par M. le comte de Pontbriant.

tout ce qu'il faut que je fasse préparer pour les troupes qu'il
doit mener sur le Var, et dans l'autre que je crois la dernière
qu'il a escrit (sic), quoyque l'heure ne soit pas marquée,
M. d'Artaignan me mande que ce qu'il va m'aprendre me fera
plaisir, que les nouvelles qu'on avait eu que les ennemis
avoient une avant-garde à Limons n'ont pas été confirmées, et
qu'il croit que je ferois bien de rallentir tous les préparatifs
qui m'auroient très certainement intrigué[1] par la précipitation
avec laquelle il falloit faire fournir tout ce qui estoit nécessaire pour les troupes. Voicy, Monsieur, copie de la lettre que
M. le maréchal de Berwick a escrit à M. d'Artaignan et dont
il m'a fait part.

Au camp du port-de Servières (ou Servieux), le 22 aoust 1710,
à 4 heures du jour.

Il n'est plus question présentement du comté de Nice. J'ay
eu la confirmation de toutes parts de la marche de l'armée de
M. de Thaun par Saluces et que même ce général estoit arrivé
de sa personne à Suze, ainsy je fais venir au Mont-Dauphin
toute l'infanterie qui estoit là bas, à l'exception de quatre bataillons que je laisse au camp de Tournoux avec M. le Guerchois. Il sera bon qu'avec le régiment de Castellar et les dragons de Chazel, vous vous teniez à portée de donner la main
à M. le Guerchois en cas de besoin. A l'égard des régiments
Dauphin et de Foix, dragons, et le régiment de Germinos,
cavalerie, je vous prie de les faire partir pour se rendre en
Savoye, en suivant les routes ci-jointes que vous aurés la
bonté de leur faire remettre. Je suis, etc.

Le maréchal DE BERWICK.

Si heureusement pour nous, Monsieur, les nouvelles ne
changent point, je seray dellivré d'un grand embarras qui

---

[1] C'est-à-dire embarrassé, dans le sens du verbe latin *intricare*, et par
extension préoccuper, mettre en souci. Littré (*Dict.*, II, p. 143) cite un
exemple du mot « intrigué » employé dans ce sens par madame de Sévigné
à propos des Forbins qui ont une affaire de duel à suivre au Parlement, « et
ils sont fort intrigués ».

ne me laissoit pas dormir toutes les fois que j'en avois envie. J'ay pris la liberté d'escrire à M. le maréchal de Berwick que, si tost qu'il voudroit nous tirer de cette frontière cette cavalerie, il nous feroit grand plaisir à cause de la difficulté des fourrages et du prest qui nous épuise, joint aux autres dépenses qu'il faut que la province fasse.

Je ne sçais, Monsieur, si j'avais eu l'honneur de vous escrire que M. le maréchal de Berwick m'avoit fait l'honneur de s'adresser à moy pour lui faire trouver six mil francs pour Monaco et deux mille francs pour Villefranche et qu'il s'obligeroit personnellement à faire rendre cette somme pour tout le mois de septembre prochain.

M. l'intendant me mande, par sa lettre du 21e de ce mois, qu'il travaille à envoyer cet argent pour Monaco et pour Villefranche. J'ay d'abord eu l'honneur d'en donner avis à M. le maréchal, et j'ay pris la liberté de l'assurer que plutost de l'avoir laissé manquer d'une aussy petite somme, nous aurions tous engagé tout ce que nous avons pour la luy faire trouver. Je vous demande tousjours, Monsieur, un peu de part à vostre souvenir et à vostre bienveillance, etc.

CASTELLANE MAIASTRE.

A Grasse, 25 aoust 1710.

NOTICE SUR ANDRÉ DE MATHIEU-CASTELAR ET SES RELATIONS AVEC LE GRAND CONDÉ.[1]

La figure de Mathieu-Castelar, militaire intrépide, prenant part à toutes les grandes actions de guerre du XVIIᵉ siècle, possédant la confiance et l'amitié de Condé et de Turenne, employé par eux dans les opérations qui demandent de l'énergie, connu du Roi, usant même vis-à-vis de lui de certains privilèges de familiarité de moins en moins en usage auprès de Louis XIV, paraissant appelé aux plus hauts grades, mais n'avançant guère à partir de celui de lieutenant-colonel et n'obtenant que tard et difficilement le brevet de maréchal de camp, parce qu'il subit le mauvais vouloir de Louvois, qui préfère favoriser ses créatures et repousse systématiquement ceux qui ne lui sont pas exclusivement acquis; cette figure nous semble trop caractéristique pour être laissée dans l'ombre, où elle serait certainement plongée si une partie de sa correspondance militaire, appuyée d'une note biographique presque contemporaine de celui dont elle raconte la vie et dépeint le caractère, n'était venue heureusement entre nos mains par l'obligeant intermédiaire de M. le baron de Meyronnet-Saint-Marc, propre fils adoptif du dernier descendant d'une petite-nièce de Mathieu-Castelar.

La famille Mathei se disait originaire de Sienne, d'où elle

---

[1] Extraite d'une notice manuscrite, remontant au commencement du dix-huitième siècle, conservée dans les archives de la famille de Meyronnet-Saint-Marc.

était venue, comme tant d'autres, se fixer dans le comtat
d'Avignon, en prenant le nom de Mathieu. Elle s'était arrêtée
à Lisle, petite ville qui touche à la fontaine de Vaucluse, et de
là enfin André Mathieu, dit de Castelar, était allé, « pour des
affaires d'honneur », c'est-à-dire à la suite de quelque duel,
s'établir à Apt en compagnie de son frère aîné. Celui-ci s'était
marié, après avoir servi quelque temps dans les gardes-fran-
çaises, avec l'héritière de la maison de Jordany, et il en avait
eu trois fils, militaires distingués tous les trois, dont l'aîné,
qui se nommait Mathieu-Martein, fut major général de l'armée de Catalogne, et un de ceux dont parle Saint-Simon, qui
surent profiter de l'opération de la fistule qu'ils avaient subie
comme le Roi, pour s'en faire un titre à sa faveur. Louis XIV
fit examiner Mathieu-Martein devant lui par son chirurgien,
et cet examen fournit au militaire l'occasion de montrer au
Roi toutes les blessures qu'il avait reçues, d'énumérer les batailles et les sièges auxquels il avait pris part, et d'obtenir
enfin une pension, méritée assurément, de neuf cents francs,
reversible en partie sur ses enfants, et dont la baronne de
Saint-Marc jouissait encore au moment où fut rédigée la notice à laquelle sont empruntés ces détails. Mathieu-Martein
avait deux frères, militaires comme lui, dont l'un, Mathieu-
Castelar, capitaine de grenadiers et chevalier de Saint-Louis
à la création de l'ordre, s'était distingué à la défense d'Embrun, lors du siège de cette ville en 1694, et qui fut ensuite
gouverneur de Dinan. L'autre frère fut tué en Allemagne,
dans l'électorat de Trèves, en 1690. Ces circonstances n'é-
taient ignorées ni du Roi, ni de son entourage immédiat; mais
cette notoriété de bravoure et de capacité réunies tenait surtout au mérite de leur oncle André de Mathieu-Castelar, né
en 1618, entré au service en 1635, qui ne s'en retira qu'après
cinquante campagnes consécutives, « couvert de blessures et
criblé de coups ». Il mourut gouverneur de Longwy, maréchal de camp et commandeur de Saint-Louis. Ce fut la fin de
sa carrière, voyons les débuts et le milieu : il fut d'abord
enseigne au régiment de la Vieille Marine. Il était capitaine à

Rocroi et s'y distingua, dit la notice, sous les yeux du grand
Condé, alors duc d'Enghien, dont il gagna l'estime et l'affection, qu'il conserva jusqu'à la mort. Il se trouva au siège de
Thionville, puis à la bataille de Fribourg, à celles de Nord-
lingen et de Lens. Il était alors bien vu du cardinal de Mazarin, qui voulut être colonel du régiment de la Vieille Marine.
L'origine italienne des Mathei n'était pas faite pour lui nuire
auprès de Mazarin.

C'est par lui qu'il fut présenté à la Reine mère « sur le pied
d'un très brave homme et dont il fallait prendre soin ». La
Reine régente l'honora de ses bontés, et « dans ce temps-là »,
ajouta la notice, « on faisoit plus de cas d'un capitaine de
mérite d'un vieux corps, le nombre des troupes étant alors
petit ». — Nous retrouvons André Mathieu attaché à Turenne
et se distinguant au combat de Saint-Antoine. Turenne « avoit
déjà ouï parler de luy... témoin de sa valeur et des marques
de ses talents pour la guerre »; il le présente au Roi et lui en
parle « comme d'un officier plein de courage et qui, selon les
apparences, seroit un jour un grand homme de guerre ». Il
assiste ensuite au siège de Réthel, à celui de Stenai, à l'attaque
des lignes d'Arras forcées par Turenne, à la prise du Quesnoi
et de Landrecies, de Condé et de Saint-Guillain, finalement à
la prise de Dunkerque et à la bataille des Dunes.

Le capitaine Mathieu avait donc suivi Turenne et s'était
battu contre le prince de Condé, après que celui-ci eut passé
aux Espagnols; mais cette conduite ne lui fit pas perdre l'estime de son premier chef, et il la retrouva plus vive et plus
marquée lorsque le prince fut rentré en France à la paix des
Pyrénées. Mathieu fut fait alors lieutenant-colonel en remplacement du comte de Gadagne, promu colonel du régiment, et
bientôt après, au commencement de la guerre de 1667, dite
de la dévolution, Condé et Turenne le proposèrent pour être
maréchal de camp; mais ici se manifeste la mauvaise volonté
de Louvois, qui écarte et redoute justement un officier dévoué
à deux grands capitaines dont la personnalité lui portait
ombrage. Mathieu ne fut pas nommé; en revanche, il se

trouva à la prise de toutes les places de Flandre assiégées par le Roi. L'année suivante, 1668, il fut créé brigadier, grade inconnu en France jusque-là; mais sa nomination lui fut cachée par une manœuvre des bureaux de la guerre, et il ne l'apprit qu'un an après de la bouche du Roi, surpris de n'avoir pas eu son remerciement.

Cette mauvaise volonté du ministre, Mathieu parviendra d'autant moins à la vaincre, qu'il reste fidèle à ses patrons Turenne et Condé, et ceux-ci, de leur côté, travaillent vainement à le faire valoir auprès de Louis XIV. Voici comment s'explique la notice elle-même sur cette période critique de la carrière de notre héros, dont le rôle tend à croître en importance, sans que ce rôle, malgré son éclat, lui procure un avancement en rapport avec la confiance qu'il inspire aux chefs comme aux soldats, et les succès qu'il remporte. — Et d'abord il se trouve à tous les sièges et expéditions qu'entraîna la conquête de la Franche-Comté, et il y reçut des marques de l'estime particulière du Roi. En 1672, à la guerre contre la Hollande, il prend part à toutes les opérations dirigées par M. le prince; il assiste au passage du Rhin, à la prise de Mayence, à la bataille de Sintzien, où Turenne bat le duc de Lorraine. Mais sa valeur et son esprit de conduite brillent surtout à la bataille de Senef, lorsque Condé, presque surpris par le prince d'Orange, avec une armée à moitié dispersée, envoya courrier sur courrier à Mathieu pour lui dire d'avancer au plus tôt et de lui amener sa brigade. « Celle-cy n'alloit pas plus vite qu'à l'ordinaire, (son chef) étant certain qu'il arriveroit assez tôt et qu'une marche précipitée, mettant une troupe hors d'haleine, l'empêchoit de combattre avec avantage. M. le prince, dans l'inquiétude que luy causoit la disposition de l'armée ennemie, et poussé d'ailleurs par son naturel bouillant et impétueux, ne cessoit d'envoyer des courriers. M. de Mathieu fit une réponse que tout le monde admira. Il dit au dernier courrier : Dites à M. le prince que je vais doucement pour aller plus vite; et, en effet, la troupe arriva à l'armée toute fraîche et fit convenir à M. le prince et à toute l'armée que M. de Mathieu méritoit la grande réputation qu'il s'étoit acquise... »

« En 1675, M. de Turenne ne pouvant éviter d'en venir aux mains avec M. de Montecuculli » et connaissant l'importance de Haguenau, seule place frontière qui, en cas de déroute, pût arrêter l'ennemi, « jeta les yeux sur M. de Mathieu par préférence à tous les officiers de l'armée pour l'y faire commander, étant le seul dont la bravoure et la capacité lui fussent connues de longue main. Tout le monde sçait ce qui arriva après la mort de ce grand capitaine. » Montecuculli assiège Haguenau ; Condé accourt pour secourir la place ; mais il faut que le commandant tienne jusqu'à dernière extrémité ; la cour lui fait passer un message, on introduit même quelques soldats et l'on engage Mathieu à faire tous les efforts imaginables et à tenir le plus longtemps possible. « C'est alors qu'il fait cette réponse devenue si commune dans la suite, et qui a été souvent dans la bouche de tout le monde, quand on a parlé de ce brave homme : C'est que tant que Mathieu de Castelar seroit Mathieu de Castelar, Haguenau au Roy sera. »

Un si grand succès ne reçut pas cependant la récompense attendue de tous. Ni le régiment, dont le colonel, M. de la Motte, venait d'être tué, ni la promotion au grade d'officier général qu'on lui promit cependant, ne lui furent accordés. Si désintéressé qu'il soit, Mathieu ne peut cacher son désappointement, et les Hollandais, qui le savent, cherchent à l'attirer dans leur armée en lui offrant grades, honneurs et profits. Il repousse ces propositions, bien entendu ; mais il s'adresse au ministre, et celui-ci se retranche sur l'intention formelle qu'il a de le faire bientôt officier général ; il pourra alors tirer parti du régiment qui, jusque-là, restera sans autre colonel. La nomination promise arriva effectivement ; mais Mathieu dut l'attendre huit ans. Il n'est plus nécessaire à Haguenau, on l'envoie avec son régiment à l'armée du maréchal de Créquy, et il redouble d'exploits : il enlève un convoi, il contribue à prendre Fribourg, et il en reste gouverneur jusqu'à la paix de Nimègue. Puis, le Roi ayant acquis Casal du duc de Mantoue, c'est Mathieu et son régiment qui en prennent possession. En 1683, il est en Flandre, sous le maréchal d'Humières, et il est fait gouverneur de Dixmude, qu'on vient de prendre. Le voilà enfin maréchal de camp, et il sert en cette qualité au siège de Luxembourg, en 1684; son régiment passe au marquis de Liancourt, le fils du duc de La Rochefoucaud, et lui se retire à Longwy, dont le Roi lui donne le gouvernement.

La prévention du ministre venait surtout, selon l'auteur de la notice manuscrite, de l'attache qu'avait Mathieu pour Turenne et Condé, dont Louvois était jaloux et qu'il n'aimait pas, « comme le public ne l'a pas ignoré », ajoute-t-il. « L'exacte probité de M. de Mathieu ne pouvoit luy permettre de se relâcher le moins du monde d'une attache inviolable qu'il devoit à ces deux héros, dont il recevoit, dans toutes les occasions, des marques d'une estime distinguée et d'une bonté infinie. — Madame la baronne de Saint-Marc... a trouvé, parmy les effets de la succession, grand nombre de lettres de ces deux grands capitaines à M. Mathieu qui prouvent assez les sentiments qu'ils avoient pour luy. » — Nous donnons ci-après quelques-unes de ces lettres, pieusement conservées dans la même famille et demeurées inédites; elles confirment tout ce que dit la notice; mais, d'après les traits et les anecdotes que rapporte celle-ci, l'indépendance de caractère et le ton de familiarité qu'affectait Mathieu en parlant au Roi; sa tenue, en un mot, dans une cour devenue solennelle et vouée au décorum, ont dû contribuer à éloigner de lui les faveurs, en irritant ceux qui exerçaient le pouvoir au-dessous du maître et devant qui il ne pouvait prendre sur lui de fléchir le genou. « M. de Mathieu », dit la notice, « faisoit pourtant la cour au ministre, mais non pas servilement, parce qu'il étoit connu particulièrement du maître qui lui témoignoit de l'affection dès sa tendre jeunesse... C'est un fait connu qu'aucun officier, de quelque grade qu'il fût, n'étoit receu avec tant d'honneur que luy, lorsqu'il se présentoit devant Sa Majesté, ce qui lui arrivoit très souvent et à tous les temps de la journée,

que le Roy paraissoit en public. » Et le Roi, soit par bonté,
« soit pour avoir occasion de se réjouir de ses réponses gaillardes et de ses saillies qui le faisoient toujours rire », ne
manquait jamais de lui adresser la parole. De là, des anecdotes, « dont quelques-unes ont été imprimées; enfin, un air
d'aisance qu'il avoit en parlant au Roy » et que la bonté de
celui-ci autorisait.

Voici deux traits de caractère qui feront juger de l'homme,
le premier touche le militaire : un jour le régiment, à la suite
d'une marche forcée, d'un « logement brûlé », comme on
disait alors, refuse de se remettre en route; officiers et soldats restent immobiles, malgré le commandement; « Mathieu
arrive, met le pistolet à la main et se campe devant le premier rang, il dit *marche* d'un ton haut; aucun ne branle; il
lâche son coup de pistolet et envoye son homme dans l'autre
monde, et à l'instant la troupe fila. » Cette action, ajoute la
notice, « ne fut pas généralement applaudie à la cour, parce
qu'on y soupçonna de l'ivresse »; mais l'énergie du chef de
guerre ne put qu'augmenter son prestige aux yeux de la
troupe qu'il commandait et de toute l'armée. — La notice raconte encore que, mécontent de Louvois et cherchant à le lui
faire sentir, il profita du passage du Roi à Longwy, où les
dames de la cour l'avaient suivi, pour lui présenter madame de
Mathieu, « assez belle et toute brillante de pierreries ».
Louis XIV la salua galamment et la baisa, selon l'usage;
mais, après le Roi, le ministre voulut en faire autant, et
Mathieu l'arrêta tout aussitôt, se mettant entre deux et
s'écriant qu'après le Roi et lui, il n'y avait place pour personne auprès de sa femme. Le trait fit rire, et, loin de
déplaire à Louis XIV, on vit le monarque affecter de ne
se servir que des meubles de Mathieu pendant son séjour
à Longwy; il lui demanda un jour, à table, depuis combien d'années il était à son service, et Mathieu de répondre : « Que s'il avoit servi le Seigneur autant que Sa Majesté, il seroit un jour assis à sa dextre. » Et le Roi se prit à
rire de bon cœur. — A cette époque, il est vrai, André Ma-

thieu avait quitté le service actif, et l'inimitié de Louvois ne
pouvait plus l'atteindre; mais on conçoit qu'une pareille humeur ne lui ait pas acquis les bonnes grâces d'un homme
devant qui les plus puissants pliaient la tête.

36. — *De Turenne à Mathieu-Castelar*[1].

Je prie monsieur Mathieu de vouloir commander l'escorte
dont M. Jacquier ou ses commis auront besoing pour faire
passer leurs convoys avec seurté de Haguenau par Pfattenho-
ven à Saverne. Fait au camp de Mortenheim, ce 13 octobre
1674.

TURENNE.

37. — *De Turenne à Mathieu-Castelar*.

Au camp de Detweiler, ce 25 octobre au soir.

J'ay receu vostre lettre par laquelle vous me mandez ce que
vous ferez si on vous attaque. Je n'en doute point, vous connaissant comme je fais.

Je viens d'avoir nouvelles comme vingt escadrons de l'Ennemy ont marché cette après dinée vers Strasbourg. Je ne sçay
si ce seroit pour aller par la Wantzenau pour vous investir.
Retirez promptement ce que vous avez de gens dehors; on
trouvera cette armée, si l'Ennemy marche[2], sur le chemin
de Hoefels à Haguenau. Faites moy sçavoir des nouvelles.

TURENNE.

Suscription : A monsieur — monsieur Mathieu, commandant
des troupes du Roy, — à Haguenau.

[1] Cette lettre, la seule qui porte la date de l'année, prouve que Mathieu
était commandant de Haguenau dès l'automne de 1674, après avoir joué un
rôle à la bataille de Senef, livrée par Condé le 11 août de la même année.
— La signature seule est autographe, de même que dans les suivantes. —
La suscription porte : Pour — Monsieur Mathieu commandant. — A
Haguenau.

[2] Cette lettre est en duplicata. Turenne, en relisant, a eu soin d'indiquer
par une barre les virgules qui encadrent la phrase incidente, afin d'éviter
toute confusion entre cette phrase et la suivante.

38. — De Turenne à Mathieu-Castelar.

A Saint-Germain, ce 6 février [1].

J'ay receu, monsieur, vostre dernière lettre du 20 janvier et suis arrivé à Saint-Germain il y a huit jours. J'ay eu une incommodité de la goute à une main qui ne m'a tenu qu'un jour à la chambre. Je vous assure que je vous rendray icy tous les offices qui dépendront de moy pour ce qui regardera vostre traitement au lieu où vous estes et où il plaira au Roy de vous mettre. On va continuer à faire des magasins plus considérables de farines à Haguenau et à faire une bonne contrescarpe à la place. Je pense que vous ne manquerez pas de vivre avec ceux de Strasbourg en sorte qu'ils ayent plustost sujet de se louer de vous que de s'en plaindre. Je crois que vous aurez receu une lettre par laquelle je vous priois de me mander d'où venoit, qu'estant en Alsace, j'avois si peu de nouvelles d'Ysac [2] qui demeure à Bischetweiler.

TURENNE.

39. — De Turenne à Mathieu-Castelar.

A Saint-Germain, ce 18 mars [3].

J'ay receu la lettre que vous m'avés escrit du cinquième de ce mois, et sur ce que vous me mandez de ce que l'on vous donne d'appointemens; je pourray vous faire sçavoir s'il y a

[1] La campagne de Turenne en Alsace se prolongea jusqu'après le combat de Turkeim, livré le 5 janvier 1675. Turenne revint alors à la cour, d'où il écrivit le 6 février : A Monsieur, — Monsieur Mathieu commandant. — A Haguenau.

[2] Il est question plusieurs fois de cet Isac ou Isaac dans les lettres de Condé. Il s'agit sans doute d'un Juif d'Alsace employé comme espion par les généraux français.

[3] Lettre écrite par Turenne peu de temps avant son départ pour sa dernière campagne, qui eut lieu le 11 mai ; la suscription est pareille à celle de la lettre précédente.

apparance (*sic*) que l'on les augmante (*sic*), et vous pouvez estre asseuré qu'au lieu où vous estes ou ailleurs, je ne manqueray pas de vous servir. J'ay vû l'estat de la Place, que vous m'avés envoyé, et j'espère que, par la prise et le razement de Neubourg, M. Jacquier trouvera de la facilité de faire descendre ses bleds depuis Basle jusques à Brissac et de là à Philisbourg.

TURENNE.

40. — *Du grand Condé à Mathieu-Castelar* [1].

MONSIEUR,

Je croy que vous ne serez pas fasché d'apprendre que je suis arrivé icy et de recevoir l'advis que je vous donne que je seray bien tost à l'armée d'Allemagne, où je vous prie de me faire sçavoir de vos nouvelles le plus souvent que vous pourrez ; comme il se pourroit faire que les ennemis pourroient songer à attaquer Haguenau, je m'asseure, en cas que cela soit, que vous ferez pour sa deffense tout ce qu'on peut attendre d'une personne qui a autant de courage et de résolution que vous en avez ; enfin, il faut que vous considériez que la conservation de cette place est si importante au Roy, que vous devez y attendre les dernières extrémités et vous asseurer que, de mon costé, il n'y a rien que je ne fasse pour vostre secours, l'armée du Roy que je vas commander estant en estat et assez proche de vous pour vous pouvoir secourir promptement. Vous aurez desja sçu le désordre qui est arrivé à M. le maréchal de Créquy ; mais je vous peux asseurer avec

---

[1] Après la mort de Turenne, qui eut lieu le 27 juillet, près de Salzbach, son armée battit en retraite et repassa le Rhin, tandis que Montecuculli le traversait à Strasbourg, et allait investir Haguenau, où commandait Mathieu. La lettre de Condé à celui-ci nous apprend qu'au 16 août ce prince était à Nancy, qu'il allait prendre le commandement de l'armée de Turenne et qu'il s'apprêtait à secourir Haguenau, qui fut débloqué le 22. — Ce fut la dernière campagne de Condé : la signature seule est autographe ; la suscription manque, avec l'enveloppe.

vérité qu'il n'est pas, à beaucoup près, si grand qu'on l'avoit crû, n'y ayant pas plus de 200 chevaux de perdus et 7 ou 800 hommes de pied, tout le reste estant revenu, de sorte que dans peu il n'y paroistra pas. A la vérité, nous y avons perdu plusieurs officiers généraux, et c'est aussy la plus grande perte qu'on y aye fait. M. le maréchal de Créquy est dans Trèves, et la place se deffend fort vigoureusement. Je suis bien aise de vous donner cet advis et crains que l'on en fasse courir des bruits en vos quartiers qui y soient contraires. Si vous venez a estre attaqué, comme je suis seur que vous ferez une belle deffense, je vous promect de faire valoir auprès du Roy le service que vous luy rendrez en cette occasion. Je suis,

Monsieur,

Votre affectionné à vous servir.

LOUIS DE BOURBON.

A Nancy, le 16 aoust 1675.

41. — Du grand Condé à Mathieu-Castelar[1].

Au camp de Holtzheim, le 23 aoust 1675.

J'ay receu vostre lettre par laquelle j'ay appris la levée du siège d'Haguenau. L'on ne peut pas estre plus content que je le suis de la manière dont vous vous estes deffendu, et j'en rendray compte à la cour; témoignez bien de ma part, aux officiers qui sont dans la place, la satisfaction que j'ay de ce qu'ils ont fait dans cette occasion. Cependant, voyez à faire réparer toutes choses et tous les desbris que le canon peut avoir fait, affin que vous soyez en estat de vous bien deffendre en cas que les ennemis vous reviennent attaquer, et asseurez vous qu'en toutes occasions, je vous donneray des marques de l'estime et de l'amitié que j'ay pour vous[2].

LOUIS DE BOURBON.

[1] La signature seule est autographe. C'est la réponse à la première nouvelle de la levée du siège qui eut lieu le 22 août.

[2] Il existe une autre lettre également datée du camp d'Holtzheim, le 25, qui n'est qu'une répétition un peu amplifiée de celle-ci; les éloges y sont

42. — *Du grand Condé à Mathieu-Castelar.*

Au camp de Chastenoy, le 20 septembre 1675.

Je viens tout présentement de recevoir vostre lettre du 19 à
cinq heures du soir, avec les lettres interceptées que vous
m'avez envoié (*sic*). J'ay appris par la vostre ce que vous me
mandés de ces huit charriots chargés de grains et de marchandises qu'un de vos partis a pris. Il faut, avant toutes
choses, que vous vous informiés bien particulièrement si ce
sont des charriots qui soient, en effet, du Palatinat ou qui
appartiennent à messieurs de Strasbourg, s'ils avoient passe-
port ou non et de qui, et que vous m'instruisiés de tout cela
par le détail, affin que je vous mande ce que vous aurés à en
faire, et que cependant vous empeschiés qu'on n'y touche en
aucune façon et qu'on n'en détourne rien du tout. Mandez
moy aussy de quelle sorte de marchandises ils sont chargés,
en quel endroit on les a pris, d'où ils venoient et où ils alloient
et quelle sorte de gens il y avoit à leur conduite. J'attendray
de vos nouvelles là dessus, avant que de vous dire ce qu'il faut
que cela devienne. Cependant, pour ce qui regarde le trompette de Strasbourg, vous n'avez qu'à le recevoir [1].

« Si les chariaus appartiennent à messieurs de Strasbourg,
renvoiez les sans attendre d'autres ordres ; sinon mandés moy
la vérité du fait, et je vous manderay ce qu'il faudra en faire,
et en attendant empeschez que rien s'égare.

Louis de Bourbon.

Si le trompette demande ses lettres, dites luy que les trom-

---

encore plus marqués. — Une autre lettre, du camp d'Ipsen, porte la date
du 27 août 1675. Toutes les suivantes, au nombre de 40, sont datées du
camp de Chastenoy, la dernière du 11 novembre 1675. Plusieurs de ces
lettres sont non seulement signées, mais surchargées ou apostillées de la
main du prince. — Nous en donnons quelques-unes, choisies parmi ces
dernières, et enfin une seule entièrement autographe.

[1] Il y avait « vous *le pouvez* recevoir », mais les mots soulignés ont été
rayés par le prince, qui a fait écrire au-dessus *n'avez qu'à le*. La fin de la
lettre et le post-scriptum sont autographes et de la même main que la
signature. Point de suscription ; elle a été perdue avec l'enveloppe.

pettes n'en doivent pas avoir, et que les soldats des partis les ont déchirées, que vous en estes bien fasché. »

43. — Du grand Condé à Mathieu-Castelar[1].

Au camp de Chastenoy, le 18e octobre.

J'ay receu vostre lettre d'hier à 9 heures du matin, par laquelle j'apprends « que[2] » ce qui avoit donné lieu de dire que l'armée des ennemis avait marché, estoit le destachement de 2,000 chevaux du comte de Nassau, duquel on ne sçait point la marche; vous ne m'en aviez point encore parlé, et je voudrois bien que vous puissiez sçavoir au plus tost de quel costé il a tourné, car je seray en impatience jusqu'à ce que vous m'en ayez mandé la vérité. J'envoyeray à Saverne les batteliers et les ordres que vous me demandez, mais je voudrois bien sçavoir auparavant un peu plus seurement s'il ne vous manque que cela, si vous aurez trouvé la quantité de batteaux qui vous est nécessaire, et si toutes les autres choses seront toutes prestes pour vostre entreprise et aussy combien de monde vous voulez employer, estant bon de n'envoyer point de gens là que vous ne soyez asseuré d'exécuter vostre dessein quand vous les aurez, et que vous ne soyez aussy seur de la retraite de vos troupes, et de pouvoir retirer les bateaux à Haguenau en sorte qu'on peust s'en servir une autre fois si l'affaire venoit à manquer présentement.

« Mandés moy aussy s'il ne faudra point envoier d'ordre à Saverne pour qu'on vous envoie la cavalerie et à Mr de Saint-Sylvestre pour qu'il aille à Haguenau[3], mais celle-cy est à Molzein (?) et si vous n'en auriez pas besoin de davantage; je ne feray rien partir que je n'aie encore de vos nouvelles.

« Louis de Bourbon. »

---

[1] Lettre en partie autographe, avec la suscription : A Monsieur, — Monsieur Mathieu commandant. — A Hagueneau.

[2] *Que* est ajouté en surcharge de la main du prince; la partie autographe est encadrée entre guillemets.

[3] Le nom est écrit *Aguenau*.

44. — *Du grand Condé à Mathieu-Castelar* [1].

Au camp de Chastenoy, le 8 novembre 1675.

J'ay peur qu'il n'y ait de vos lettres prises, car je n'en ay point receu d'hier n'y d'aujourd'huy. Cependant j'ay une extrême impatience d'en avoir pour sçavoir si les ennemis sont touts passés ou non et les Lorrains aussy. Je vous prie de m'en mander au plus tost des nouvelles.

LOUIS DE BOURBON.

45. — *Du grand Condé à Mathieu-Castelar* [2].

A Chantilly, ce 26 mars 1676.

J'ay receu vos deux lettres du 19 de ce mois et veu celle que Mr de Louvois vous avoit escrite, que je vous renvoye. Je suis bien aise qu'il ayt commencé à faire quelque chose pour vous. Ce n'est pas tant que je souhaiterois ny autant que vous mérités, mais vous voyés qu'il vous a desja servy de vous estre adressé à luy, vous ne pouvés mieux faire que de continuer à luy escrire et à vous bien entretenir avec luy, et je ne doute pas que dans la suite vous ne vous en trouviés bien. Je vous rendray tousjours de mon costé tous les services que je pourray et seray ravy de vous faire plaisir dans toutes les occasions que j'en auray. J'ay parlé de vous à Mr le Maréchal de Luxem-

---

[1] Original autographe, sauf la mention du camp de Chastenoy et la date. La suscription est la même que celle des lettres précédentes. L'écriture est très mauvaise, mais l'orthographe généralement bien observée, sauf pour le mot Lorrains qui est écrit « lorins ».

[2] La signature seule est autographe; mais on reconnaît la main de l'un des secrétaires du prince, celui sans doute plus particulièrement attaché à sa personne. Lettre curieuse à raison des conseils donnés sur la façon de se conduire avec Louvois.

bourg d'une manière que j'espère qu'il vous fera connoistre que je vous ay recommandé à luy; il m'a promis d'estre de vos amis, et vous pouvés vous asseurer que je seray toujours des vostres plus que personne, estant autant qu'on le peut estre tout à vous.

LOUIS DE BOURBON.

LETTRES ET DOCUMENTS INÉDITS, RELATIFS A MADAME DE GRIGNAN, A MADAME DE SIMIANE ET A LA SUCCESSION DU COMTE DE GRI-GNAN.

46. — *De l'abbé de Bussy-Rabutin*[1] *à madame de Grignan.*

Voilà, Madame, le batistaire de Petré nomé Jean au batesme et Louis à la confirmation. C'est un compère de 24 ans assés bien fait et qui prétend avoir esté séduit par la fille en question qui en a 35. Pour moy, suivant le peu de lumière que j'ay sur cela, je pense qu'à 24 on est plus séduisant qu'à 35, du moins pour l'ordinaire. Cependant j'ay mis ordre qu'il ne se mariast point icy; il dit qu'il ne s'en soucie guère et à présent il ne pense pas à se marier, mais à ne se point marier. Il se fait bien fort de la protection de Monmor[2].

[1] Malgré l'absence de signature, cette lettre et la suivante doivent être attribuées, avec certitude, à Michel-Celse-Roger de Rabutin, comte de Bussy, abbé, puis prélat mondain. Il était alors grand vicaire de l'archevêque d'Arles, François de Mailly, et fut nommé en 1723 évêque de Luçon. Ami de Voltaire, qui a célébré son esprit aimable, il entra en 1733 à l'Académie française et mourut à Paris en 1736. Il était second fils de Roger de Rabutin, comte de Bussy, l'auteur des *Mémoires*. Les originaux des deux lettres que nous reproduisons appartiennent à M. le comte Luc de Clapiers. — On lit dans le *Journal* de Dangeau (t. XI, p. 273), à la date du mercredi 29 décembre 1706, à Versailles : «Le Roi a donné à l'abbé de Bussy-Rabutin, grand vicaire d'Arles, le doyenné de Tarascon, qui vaut 10,000 livres de rente. »

[2] Jean-Louis Habert de Montmor, comte du Mesnil, intendant des galères au département de Marseille.

A quoy pensés vous, Madame, de vous jetter dans les ma-
tématiques ; cela n'est bon qu'aux esprits qui ne sont pas
justes et qui n'ont ny graces ny agréments à perdre. Il est
infaillible que pour l'extresme justesse il en coute un certain
enjouement qui vaut cent fois mieux dans la conversation.
Pour la Quintinie, c'est un livre dont j'ay fait grand cas touttes
les fois que j'ay mis le nés dedans ; j'en ay remis la lecture,
comme vous le voulés, au tems où j'auray un jardin, car je ne
crois pas qu'elle soit agréable à la longue que par l'application
de ses préceptes et de ses remarques ; mais il y règne un sens
joint à des expériences sûres et curieuses. Je voudrois bien que
sur presque tous les arts, on eut escrit avec cette capacité
supérieure à l'art mesme, et que l'on eut toujours joint le sens
à l'expérience. Mais cela est plaisant que dans le mesme siècle
on ait fait des machines des animaux et, en mesme tems, des
arbres, quasi des personnes.

Pour moy, Madame, je ne sçais si je dois vous avouer de
quelle lecture je m'ocupe depuis le retour de notre visite. Je
ne crois pas que je me serve jamais avec vous de ses maximes ;
ainsy je vous diray que c'est l'homme de cour de Gracian[1].
Vous l'avés lu sans doute quoy que vous l'ayés peu pratiqué ;
mais quant à moy, bien que la traduction soit impertinente,
je trouve que c'est le livre du monde où il y a le plus d'esprit,
et qui peut estre le plus utile pour faire sa fortune dans les
cours. Il est souvent obscur ; mais tant mieux pour luy, car
je luy done (sic) toujours le plus beau sens que je puisse
imaginer, et quand je n'en trouve point je querelle le traduc-
teur qui est Amelot de la Houssaye. Sans doute c'est un chef
d'œuvre de la politique espagnole ; je ne crains point d'en
trop dire.

Pour votre traitté d'amitié, j'accepte volontiers, Madame,
d'en profiter, d'en disputer, de le surpasser mesme auprès de
vous ; mais il faut estre deux, car tel homme aura peut estre

---

[1] Balthasar Gracian, Jésuite espagnol, mort recteur du collège de Tar-
ragone en 1658, moraliste, auteur d'un grand nombre d'ouvrages, dont l'un,
les *Maximes*, avait été traduit par Amelot sous le titre de l'*Homme de cour*.

passé sa vie avec un fons très propre à l'amitié, qui n'aura peut estre jamais trouvé à le faire valoir. Vous seriés bien étonée, Madame, si en lisant ce livre je vous disois que je fesois de la prose sans le savoir.

Il se forme un projet de vous aller rendre nos devoirs dans le mois de juin [1], Mr d'Arles à notre teste, l'abbé de Baujeu [2], l'abbé de St Andiol et moy. Je ne vous diray point par qui ces projets sont formés ; on en est trop payé d'ailleurs pour s'en faire encor un mérite au près de vous à qui je suis avec le plus de respect et de dévouement que je puis dire.

> A Arles, ce 25e.

Mr d'Autun a fait doyen son g. vicaire.

47. — *Du même à la même.*

Je suis bien aise, Madame, que Mr de Grignan ne vous ait pas cru nécessaire à Marseille [3] ; je voudrois bien qu'il eut pu croire de luy la mesme chose. Je souhaiterois aussy que Mr d'Arles eut pu partir à son ordinaire ; enfin je voudrois qu'on laissast aux homes (*sic*) le repos et la liberté ou du moins que pour des causes légères les homes ne donnassent pas ce qu'ils ont de plus précieux. Aujourd'huy nous aprenons de Mr de Marseille que le roy d'Espagne passera au Luc et non à Marseille et partira demain de Milan ; peut estre que nous aprendrons demain tout le contraire, car c'est encor l'agrément de ces attentes que l'incertitude. Après tout, cela est juste, car ils sont l'image de Dieu pour qui tout est fait. Je

---

[1] Cette mention permet de reporter la date de la lettre au printemps de l'année 1702.

[2] Il y avait une demoiselle de compagnie de madame de Coulanges du nom de Beaujeu. — L'abbé de Saint-Andiol était fils de Laurent de Varadier, marquis de Saint-Andiol, et de Marguerite Adhémar de Grignan, sœur du comte de Grignan.

[3] Pour y recevoir le roi d'Espagne Philippe V.

serois bien fasché cependant que M͞r de Grignan se crut obligé
d'aller galoper à Antibe en ce tems cy. J'ay pris la liberté de
luy conseiller, avant toutes choses, de se conserver. Pour nous,
nous n'avons qu'à attendre. Vous sçavés bien ce que c'est
qu'aspettar e non venir ; mais moy, Madame, avec cette vilaine
âme que vous me reprochés, je trouve qu'aspettar et venir est
encor pis. Vous ne reconnoissés guère votre sang, Madame, à
ces sentiments ignobles, mais solides.

Je ne laisse pas d'être charmé de la gloire de M͞r de Vilars
(*sic*) à qui le Roy escrit de sa main : à mon cousin le m͟a͟l de
Vilars, général de mon armée en Allemagne. Quel cousin entre
nous, Madame ! notre maître en a dont nous ne nous vanterions pas. Vous et M͞r le Ch͟l͟i͟e͟r eussiés vous dit que ce seroit là
le premier maréchal qu'on feroit ? Je ne puis vous pardoner
l'aplication que vous luy faitte du venir, voir et vaincre de César,
car je connois le romain, et celuy cy n'a pas un trait qui luy
ressemble de la teste aux pieds. Il faudroit adorer la fortune,
si nous n'étions pas crétiens (*sic*), elle est, aussy bien que
l'opinion, la reine du monde. Vous m'avés fait aviser, Madame,
d'escrire à mon amie de qui il a apris à vaincre, mais en des
genres tout différens, car la valeur qui ne luy est pas contestée
à la guerre ne luy est point accordée auprès des dames et encore moins le succès, l'un est comme vous sçavés la preuve de
l'autre[1].

Si je pouvois tant faire, Madame, que de vous faire relire
tout à fait les folies de l'Arioste, je croirois vous rendre un
grand service. Il est divertissant, surtout comme vous dites,
dans ses descriptions. Que dites vous de Roger et d'Aleine, du
vieil hermite et d'Angélique, de cette pauvre Olimpie qui à
demi endormie cherche et ne trouve plus son mary dans son
lit, la belle première nuit de ses noces ? Enfin, Madame, c'est

----

[1] On voit que le futur évêque de Luçon n'était pas un fils dégénéré de
l'historien de la *Gaule amoureuse*. A sa mort, en 1736, il ne recula pas
devant un scandale posthume et disposa, par testament olographe, de cent
actions du Mississipi au profit de différentes personnes, et entre autres de la
marquise de Rouvray, sa maîtresse avérée. (*Édition Regnier*, XI, p. 268.)

un livre fait exprès pour le plaisir de l'imagination. Vous me
demandés mes autres lectures, j'en ay vingt à la fois, un abrégé
de la discipline de l'Eglise assés bon, les passages des mémoires
d'Olivier de La Marche sous le bon duc Philippe de Bourgogne,
je relis Thélémaque (*sic*) et Virgile. J'ay tant de tems et par
bonheur d'avidité que j'entreprens tout. J'ay lu depuis peu
l'ancienne vie de Mr d'Epernon et une nouvelle du P. Joseph
capucin, laquelle ne vaut rien du tout. Avés vous sçu que le
P. de la Chaise a escrit à la plupart des évesques que Mrs des
Missions ayant avancé à Rome que l'église de France acusoit
(*sic*) de lenteur le St Siège et que les Huguenots en étoient
scandalisés, il les prioit de luy en escrire leur sentiment? Sur
cela, les missions ont escrit pareillement aux évesques en sus-
posant ces plaintes de l'église de France ; et comme je crois
que Mrs des missions n'auront pas eu l'avantage dans ce petit
comerce de lettres, ils viennent d'envoyer encor à tous les
évesques un écrit qui a pour titre : Notes sur la lettre du P. de
la Chaise. Ce dernier escrit est rempli du fiel et de l'aigreur
de gens qui se sentent battus. J'aurai l'honneur de vous montrer tout cela, et cependant de vous assurer de mon très fidelle
attachement.

Ce 5e novembre.

48. — *Contrat de mariage du marquis de Simiane*
*et de D*elle *Pauline de Grignan* [1].

Par devant les notaires soubsnés et en présence des témoings
cy bas nommés, ont estés présents et compareu personnellement haut et puisst seigneur messire Louis de Simiane de Claret, chevalier, marquis d'Esparron, baron de Chalançon Ar-
nagnon et des Vignaux, seigneur de Truchenu, les Vomières et

[1] En date du 28 novembre 1695. — Extrait des *Archives de la comtesse
de Luçay*, née de Villeneuve-Vence ; d'après une copie prise sur l'expédition en papier libre dudit contrat, actuellement conservée dans les Archives
du marquis de Nicolay. (Note communiquée par M. le comte de Luçay.)

autres terres, premier cornette de la compagnie de Chevau-
légers de monseigneur le Dauphin, originaire de la Ville de
Vaulréas au Comté de Venisse[1], Diocèze de Vaison, fils de défunt haut et puiss[t] seigneur messire Charles-Louis de Simiane
de Claret, chevalier, vivant seign[r] et marquis des dits lieux, et
de haute et puissante Dame Magdeleine de Hay de Coeslin,
mariés au vivant du dit seigneur marquis, d'une part;

Et haute et puissante damoiselle Pauline Adémard de Monteil de Grignan, fille de très haut et très puissant seigneur
Messire François Adémard du Monteil d'Ornano, duc de Termes,
comte de Grignan et de Campo-Basso, marquis d'Entrecasteaux
et autres places, chevalier des ordres du Roy, Lieutenant-général des armées de Sa Majesté et son lieutenant général en
Provence, et de très haute et très puissante Dame Françoise-
Marguerite de Sévigné, mariés, résidents en leur château de
Grignan, diocèze de Die, d'autre part,

Lesquelles parties procéd[ts] sçavoir led. seigneur marquis de
Simiane de la permission et consentement de lad. dame de Hay
de Coeslain, sa mère, de l'agrément d'haute et puissante Dame
Françoise-Marie de Simiane de Truchenu, dame de Baulines,
de Traussy en Dauphiné, veufve d'haut et puiss[t] seigneur messire Jacques Coste, chevalier, vivant comte de Charmes, Conseiller du Roy en ses conseils et Président à mortier au parlement de Grenoble, sa tante, et de l'avis et conseil d'haute et
puissante Dame Marie-Anne de Simiane de Truchenu, sa sœur,
femme d'haut et puiss[t] seigneur messire Jacques de Bérenger,
chevalier, seigneur du Gavif, la Ferriere, comte de Charmes et
vicomte de Pagniers (?),

Et lad. D[elle] de Grignan de l'autorité, agrément et exprès
consentement desd. seigneur et dame de Grignan ses père et
mère, d'haute et puissante Dame Marie de Rabutin-Chantal,
marquise de Sévigné, son ayeule maternelle, de monseign[r]
Illustrissime et Révérendissime Jean-Baptiste Adémard du

---

[1] Pour dire « comtat Venaissin ». Aujourd'hui Beaumes-de-Venise, chef-
lieu de canton de l'arrondissement d'Orange, semble garder un dernier ves-
tige de l'antique dénomination.

Monteil de Grignan, primat et prince, conseiller du Roy en ses conseils, Archevêque d'Arles, son oncle, de monseigneur Ill^me et Rev^me Louis-Joseph Adémard du Monteil de Grignan, Conseiller du Roy en tous ses conseils, seigneur évêque de Carcassonne, aussy son oncle, d'haut et puissant seigneur messire Joseph Adémard du Monteil, chevalier de Grignan, seigneur près de monseigneur le Dauphin, maréchal des camps et armées du Roy, son oncle, d'haut et puissant seigneur messire Anthoine Escalin Adémard, chevalier, seigneur marquis de la Garde.

A raison du futur mariage à faire entre led. seigneur marquis de Simiane et lad. damoiselle de Grignan ont volontairement et de gré confessé et recogneu avoir fait les conventions suivantes...

Extrait des conventions.

Led. seigneur et dame de Grignan, père et mère de la dite damoiselle future épouse... à cause dud. futur mariage à eux agréable ont donné et constitué en dot... à lad. dam^elle de Grignan, leur fille, future épouse et acceptant, la somme de soixante mille livres tournoises de la valeur de l'édit, en comprenant dans icelle somme la donation de neuf mille livres faicte à lad. d^elle future épouse par le feu seigneur abbé de Colanges, son grand oncle, et cela pour tout ce que lad. damoiselle future épouse pourroit avoir à prétendre sur les biens qui seront délaissés par lesd. seigneur et dame, ses père et mère, soit pour légitime, supplément d'icelle... à tous lesquels droits lad. dam^elle future épouse, du consentement dud. seigneur marquis de Simiane, futur époux, a renoncé et renonce... en faveur de très haut et très puissant seigneur messire Louis-Provence Adémard du Monteil d'Ornano, chevalier, marquis de Grignan, colonel d'un régiment de cavalerie, son frère, et des enfants mâles qu'il aura en légitime mariage, soubs cette condition toutefois que led. seigneur marquis de Grignan, son frère, venant à mourir sans enfans mâles, procréés de légitime mariage, la dicte renonciation n'aura aucun effect, en laquelle

rénonciation ne seront comprises les libèralités que led. seigneur
et dame de Grignan, père et mère de lad. damoiselle future
épouse, pourront lui faire ou aux siens par testament, dona-
tions ou autrement, comme aussy le cas arrivant que lad.
comtesse de Grignan mère de lad. damoiselle future épouse
succédât aux biens d'haut et puissant seigneur messire Charles
de Sévigné, chevalier, marquis de Sévigné, seigneur des Rochers, de la Haye, de Torcé, du Bayron, de Bodégas, Lieutenant pour Sa Majesté de la ville, Comté et évêché de Nantes,
son frère, la portion desd. biens de la succession dud. seigneur
marquis de Sévigné qui pourroit obvenir à lad. damoiselle
future épouse ou aux siens, ne sera point comprise dans la
susd. Renonciation...

Et ont lesd. parties éleu leurs domiciles pour l'exécution des
présentes, sçavoir : lesd. seigneur, dame et damoiselle de Grignan dans le château de Grignan, et lesd. seigneur marquis de
Simiane, dame de Hay, sa mère, et dame Présidente de Charmes, sa tante, dans le château dud. Baulmes de Traussy...

...Qu'a esté faict aud. château de Grignan, le vingt-huit novembre mil six cents quatre-vingt quinze, après midy, en présence de Rde personne, messire Marcel Prat prestre, chanoine
et sacristain de l'Église collégiale dud. Grignan, et messire
Jean-François de Castellane, chevalier seigneur de Nouyssan,
résidens aud. Grignan, témoins requis et signés avec les parties
et autres assistans à l'original.

Et de moy Joseph-Marie Darut Not° apostolique dud. Vaulréas, un des Recevants qui requis dud. seigneur me suis
Soubsné.

49. — *Vérification des debtes de la maison de Grignan*[1].

1. Biens de Louis Gaucher[2] sur touttes les substitutions, et
ses dettes propres.

---

[1] D'après un document de l'époque, dressé en vue de la liquidation qui
suivit la mort du comte de Grignan, communiqué par M. le comte Luc de
Clapiers.

[2] Louis-Gaucher de Castellane-Adhémar, fils de Louis et de Jeanne d'An-

Les biens de la maison de Grignan sont de quatre sortes. Ils renferment :

Ceux des Adhémars,

Ceux des Castellanes,

Ceux d'Ornano,

Et ceux d'Ancesune.

Ceux des Adhemars sont la comté de Grignan estimée. . . . .   500,000#

et un capital sur M^r le duc de Vantadour provenant de la vente du péage de Montélimart de.   20,000#

Cy le tout.   520,000#

Louis-Gaucher, père de François, dernier comte de Grignan, avoit ces biens là en toute propriété, libres en sa personne par la substitution apposée au testament de Gaucher Adhémar de l'année 1506, dont il faisoit le dernier degré.

Il avoit de plus l'entière moitié de ceux des Castellanes, substitués par Gaspard premier le 17 juillet 1531, et dont François, dernier comte de Grignan, faisoit le dernier degré. Ces biens sont estimés 360,000#, dont la moitié revenoit à Louis-Gaucher pour la légitime et quarte qui appartenoit à Gaspard second de Castellane qui, par sa substitution du 17e 9bre 1564, en disposoit en faveur des masles dont il faisoit le dernier degré et partant ladite moitié, cy. . . .   180,000#

Louis-Gaucher a de plus, sur les biens d'Ornano, ce qu'il a payé pour messire Henry-François d'Ornano. . .   70,000#

Il a sur ceux d'Ancesune la légitime de la légitime de sa mère qui revient à $\frac{1}{42}$ des biens du père de sad. mère, montant, cy . . . .   10,000#

Il avoit pour légitime de même sur le moulin de Juselan acquis par sad. mère, cy. . . . .   3,000#

cézune, est le propre père de François, comte de Grignan, le gendre de madame de Sévigné. Jeanne d'Ancézune, fille et héritière de Louis Cadart, seigneur de Vénéjan, et de Louise de Sassenage, avait été une femme d'un vrai mérite et d'une grande énergie. Louis-Gaucher avait épousé, le 16 mai 1628, Marguerite d'Ornano, fille aînée et héritière de Henri-François, seigneur de Mazargues, et de Marguerite de Raymond-Modène.

Il avoit pour légitime de même de sadite mère sur les 108,000# qu'il luy devoit luy-même, cy. . . . . . .   7,500#

Il avoit pour payement faict à Mr de Linchères en retirant la terre de Moissac, cy. . . . .   30,000#

Pour le rachapt de la terre de Mosteyret, cy. .   30,000#

Les deptes par luy payées de sad. mère ou ses légats, cy . . . .   53,733#

Ce qu'il presta à François son fils pour achepter sa charge. . . . .   102,000#

Ses meubles, etc., cy. . . . .   30,000#

Biens de Louis-Gaucher.

Tous ceux des Adhémars.	520,000#
Moitié de ceux des Castellanes.	180,000#
Sur ceux d'Ornano.	70,000#
Sa légitime sur ceux de sa mère.	10,000#
Sur le moulin de Chuselan.	3,000#
Sur les 108,000#.	7,500#
Payé à Mr de Linchères.	30,000#
Pour le Mosteyret.	30,000#
Les debtes et légats de sad. mère.	53,733#
Ce qu'il preta à son fils.	102,000#
Ses meubles.	30,000#
Total des biens.	1,036,233#
Il doict.	516,115#
Il reste franc et quitte.	520,118#

2. Énumération des principales dettes de l'hoirie[1].

Mr de Melve-Pramirail pour 15,600# indiquées et assises sur la terre de St-Roman, aliénée par le feu seigneur, au

[1] Nous limitons la liste à quelques-unes choisies parmi les plus caractéristiques.

sujet de quoy il y a procès à Avignon contre l'acquéreur de la terre, sur laquelle il estait indiqué pour 15,600#.

M# Grely de Sarrian pour 6,000#. Acte receu des Arnaud no## de Carpentras, le 22 mars 1653.

M# de Caderousse 12,000# par acte de partage des terres de Languedoc.

Les deux chapelains d'Alaix pour 1,489#, fondation d'Ancesune.

Mad# la m. de Rochebone [1] pour 54,000#, par le testament de Louis-Gaucher.

Les maistres d'escoles pour 5,400#, par le testament de Louis-Gaucher.

Les Carmes de Masaugues pour 5,000#, fondation d'Ornano.

M# le président de Tourves pour 16,000#. Il faut voir son acte.

M# de Roquessante pour 10,300#, *idem*, il faut voir son acte.

M# le marquis de Buous 20,000#, par acte receu, Bernard, no## de Salon, le 29 7bre 1671.

Le chapitre de Grignan pour 18,620#, léguées par Louis-Gaucher.

Led. chapitre pour 600#, léguées par M# et mad# d'Ornano.

Madame la marquise de Grignan, veu son contract de mariage du   par lequel il luy est constitué 400,000#, dont il n'y a eu de compté que. . . . 300,000#

Faut déduire ce qui n'a pas d'hipothèque sur les biens substitués.

Primo, en deux articles pour sommes comptées à M# et Mad# la comtesse de Grignan, sans qu'ils soient tenus à en rapporter des acquits, renvoyés à leurs hoiries pour. . . . . 60,000#

Il ne reste que. . . . . 240,000#

Faut encore déduire pour arrérages d'intérêts

[1] Thérèse Adhémar de Monteil, comtesse de Rochebonne, sœur du comte de Grignan.

dont le feu seigneur estoit seul chargé au moyen
de l'usufruit et que lad. dame à payé, cy. . . . .   17,954^{tt}

Il ne reste que. . . . .   222,046^{tt}
Sur ce restant l'acquéreur de la terre d'Entrecas-
taux luy a compté. . . . .   210,000^{tt}
_____

Il ne lui reste plus que. . . . .   12,046^{tt}
  Et cependant elle a fait saisir pour 211,275^{tt}, y comprenant sans doute 120,000^{tt} de son douaire que le feu seig^r
marquis de Grignan son mary n'a pas peu luy assurer sur les
biens substitués, parce qu'il n'a jamais esté saisi de la propriété, M^r le comte son père luy ayant survescu.

3. Debtes du feu seigneur m^{re} François Adhémart, comte de Grignan [1].

Au Sr Justamon de Justclan par promesse
  du 16 7bre 1700 endossée d'un reçeu de
  300^{tt} en déduction de 962^{tt}, reste deu, cy.   662^{tt}, 5^s
Plus à luy en trois comptes arrestés par
  Mr Dufés depuis 1690 jusqu'en 1703, pour
  fournitures par luy faictes au moulin de
  Justclan. . . . .   519^{tt}, 9^s
_____

  En tout deu au s^r Justamon. . . . . .   1,181^{tt},14^s
A André Benissan, l'un des porteurs du
  feu seig^r, pour gages. . . . .   191^{tt},10^s
Joseph Miane porteur idem.   39
Mr Dupuy suisse du feu seig^r, pour gages. .   900
A luy pour nourriture.   102
A Mr Féraud, garde, pour ses apointemens.   1,345
M^r Le Brun, garde d'Avignon, idem, pour
  ses apointemens.   296

_____

[1] Ce sont les dettes personnelles du comte de Grignan, qui donnent
l'idée de son train de maison et du laisser-aller qu'il apportait au règlement
de ses affaires privées dans les dernières années de sa vie.

A Mr Francisque, suivant le billet du feu seig[r].	1,600[#]
A Me Jean, muletier, pour ses gages. . . .	455[#]
Picart, cocher, gages.	125[#]
Mr Audibert, garde, pour ses apointemens et fournitures.	2,011[#]
M[r] Honoré, sommelier, pour fournitures. .	1,238[#]
Pour ses gages.	480[#]
M[r] Ollivier, chef d'office du feu seigneur, pour ses gages.	750[#]
Mustapha, Turc[1], payé à M[r] Charpi, chef de cuisine.	1,270[#]

M[r] Démonville[2] valet de chambre :

Par acte du 13 may 1709. 6,996[#],13[s] 9[d] Par autre du 2 x[bre] 1713. 2,967[#],18[s]11[d]	9,964[#],12[s], 8[d]
Plus à luy tout déduit.	1,159[#],17[s], 8[d]
A M[r] Pontier, boulanger, pour pain, farine et son.	1,689[#]
S[r] Joseph Nicolas, hoste de levrier, pour nourriture des mulets de la reine d'Es- pagne, sur les ordres de M[r] Anfossy. . .	88[#], 9[s]
S[r] André Renaud, hoste des deux-ponts, pour dépense des chevaux de la reine d'Espagne, sur les ordres de M[r] Anfossy.	88[#], 9[s]
M[r] Moreau, garde du feu seig[r], pour ses apointemens.	713[#]
Jean Esmiou, charcutier, rue du grand Ma- seau, pour lard, sur l'ordre de M[r] Flame[3].	684[#],12[s],6[d]

[1] Sans doute en qualité d'interprète vis-à-vis de la colonie turque de Marseille. Le nom est rayé.

[2] Il est mentionné, sous le nom de Demonville, comme ayant pris part, étant aux Rochers, auprès de madame de Sévigné, à une scène de mysti-fication, organisée par les domestiques, et dont la marquise s'était beaucoup divertie. — Il y avait un Honoré, maître d'hôtel du duc de Chaulnes, dont madame de Sévigné admirait le talent. Peut-être est-ce le même que le sommelier du comte de Grignan.

[3] Maître d'hôtel du comte de Grignan; il déploya tous ses talents lors de la visite du duc de Chaulnes. (*Édition Regnier*, IX, p. 181 et suiv.)

Jean-Baptiste Jaquet, ouvrier en fer-blanc,
  rue du Cours. . . . . 221^{tt}, 2^s,10^d
Demoiselle Marguerite Marone, au Maseau,
  pour volailles. . . . . 1,548^{tt}, 3^s, 9^d
Mad^{elle} Moularde, pour fruits et herbes. . . . 435^{tt}
Mad^{elle} Gaye, à la Fonslongue, pour œufs,
  beurres et légumes. . . . . 273^{tt}
Mr Dumas, garde. . . . . 1,450^{tt}
Mr Leydet, garde, idem. . . . . 964^{tt}
Magdeleine Pitreuse, poissonnière, pour
  25 quintaux poisson à 25 l. par q^{al}. . . . 625^{tt}
Mr Gros marchand de Marseille par un billet
  du feu seig^r. . . . . 100^{tt}
Sr François Moulin tailleur d'habits, pour. 231^{tt},14^s
Mad^{elle} Daniel, bouchère, pour viande de bœuf,
  en deux arrêtés de Mr Flame sans seing. . 753^{tt},10^s
Françoise Béguine, bouchère, pour 43 q^{x1}
  mouton, en un arrêté non signé. . . . . . 758^{tt}, 8^s
Au mareschal. . . . . 2^{tt}, 8^s
Au Sr Lebret, peintre. . . . . 1,178^{tt}
Aux Carmes de Masargues. . . . . 4,300^{tt}
Au Sr Guigues, garde du feu seig^r. . . . . 1,250^{tt}
Le Sr Berages, marchand d'Aix, pour 6,000^{tt}
  pour le dueil du feu seig^r. . . . . 6,000^{tt}
Le pâtissier de Marseille. . . . . 274^{tt}
Philibert Lacorvée, pâtissier. . . . . . . 250^{tt}
Le Sr Beneset, confiseur. . . . . 1,200^{tt}
Charles Thomas, sellier. . . . . 97^{tt},14^s
Au s^r Margaillan apoticaire. . . . . 506^{tt},10^s
Flaugier, laquais, pour reste. . . . . . . 264^{tt},17^s
Mr Dufés, dont le père était agent. . . . . 1,800^{tt}
M^r de St Bonet, capitaine des gardes. . . . . 6,000^{tt}

---

[1] Ce qui permet d'évaluer à environ 0 fr. 45 c. le prix du kilogramme de
viande de mouton, en ce qui concerne la Provence, pour les dernières
années du règne de Louis XIV.

A M^r le marquis de Meneville. . . . . 4,000^{tt}

L'addition totale, inscrite sur le registre,
 s'élève à. . . . . 44,661^{tt}, 3^s

50. — De madame de Simiane à Dardène[1].

On acordera quatre années de terme pour toutes les sommes
en principal, intérêts et dépends sans intérêt, payable un quart
chaque année et de six en six mois une paye indiquée sur les
rentiers. — Cette différence produit plus de deux mille livres
de bénéfice.—Et encore cet accommodement évite environ trois
mille de frais à faire.

Quoyque je sois persuadée que ce mémoire ne vous conviendra pas, mon cher Monsieur, j'ay crû cependant devoir
vous l'envoyer. Je les ay renvoyés eux mêmes bien loin et assurés qu'ils se repentiroient de leur procédé tenace et rigoureux. Je vous souhaite mil bons jours, mon cher Monsieur,
Me Dardenne a donc brulé Aix, je luy souhaite un heureux
voyage[2].

G. DE SIMIANE.

Ce 25 mars.

51. — De madame de Simiane à Géboin.

Je vous rends mille grâces, mon cher Monsieur, de toutes
les peines que vous vous estes données et de la prompte expédition. Les articles sont dans leur très grande perfection ex-

---

[1] C'est une note d'affaires apostillée par madame de Simiane et envoyée
par elle à son ami M. Dardenne, qu'elle consulte. La lettre suivante à
M. Geboin est aussi une lettre d'affaires; toutes deux doivent se rapporter
aux années qui précédent la vente de Grignan, mais il est impossible de
préciser laquelle. Les originaux font partie de la collection de M. Paul
Arbaud.

[2] La suscription porte : A Monsieur, — Monsieur Dardène. — A Marseille.

cepté une petite explication que j'ay envoyée à M. Blanc et qu'il vous montrera. Ayés la bonté de m'arrester tout cela sur l'original que je vous renvoye et M. Blanc me le renvoyera et je les feray adjouter à l'endroit et dans la forme que vous l'aurés mise. Comme ma fille est mineure, je crois qu'il ne faut rien laisser d'équivoque et mettre ses jouissances à commencer l'une l'année prochaine, qui est celle de mon douaire, l'autre quand M. de Simiane, son oncle, la payera pour la première rente qui échéra, et exprimer que le passé ne la regarde point. Enfin, vous ferés tout cela comme vous le jugerés à propos. Plut à Dieu, mon cher Monsieur, que le voyage de Mazargues perfectionnât votre guérison ; vous estes né invité, et il n'y a que l'excès de discrétion qui me retienne à vous presser de nous faire cet honneur et ce plaisir, si vous le pouvés. Recevés ma très sincère invitation ; je suis si accablée d'affaires et de lettres que je ne puis vous en dire davantage. Je suis à vous au delà de toute expression, mon cher Monsieur, et à toute la chère famille[1].

Ce 10e octobre.

Le cachet porte les écussons accolés des Simiane et des Grignan.

52. — *Convention passée par madame de Simiane relativement à la vente des effets mobiliers du château de Grignan*[2].

Il a été convenu entre madame la marquise de Simiane et les sieurs Charles Richard et Anthoine Coussin, marchands de cette ville d'Aix, que madame de Simiane leur fait vente

[1] Bien que sans signature, cette lettre a été certainement écrite par madame de Simiane, de Mazargues, où elle demeurait ordinairement pendant l'automne. Les affaires dont elle poursuit le règlement ont sans doute trait à la succession de son mari, puisqu'il est question de son douaire et des droits de sa fille encore mineure.

[2] Bibliothèque nationale, cabinet des titres, pièces originales, volume

des meubles et effets mobiliers du château de Grignan sur lesquels elle a fait option, le huitième du présent mois de décembre, décrits en détail dans les rapports des 24 fevrier et dix sept juillet mil sept cent vingt huit, estimés sçavoir ceux du rapport du vingt quatre fevrier vingt huit mil quatre vingt seze livres, seze sols trois deniers, à ce non compris les trois mil livres du prix de la tapisserie de la chambre d'Ornano, représentant les *Triomphes de César* qui a été vendue avec les autres meubles qui estoient en cette ville d'Aix suivant le verbal des ventes du 24 avril mil sept cent vingt huit, ny les six cent livres du prix du tableau représentant une *Vierge, l'Enfant Jésus et St Joseph* qui appartient au chapitre de Grignan, et ceux du rapport du dix sept juillet, douze mil huit cent nonante sept livres deux sols dix deniers, à ce non compris cent neuf livres du prix des portraits de la dame de Sévigné, de messire Louis Adheymard, de la feue dame comtesse de Grignan, de M. le comte de Grignan, de M. le marquis de Grignan et de Me de Simiane, revenant en tout à quarante mil neuf cens nonante trois livres dix huit sols cinq deniers, pris dans led. château de Grignan. Cette vente est faite aux s^{rs} Richard et Coussin, pour le prix et somme de trente cinq mil trois cent livres, à compte des quelles madame de Simiane en a tout présentement receu du propre argent dud. Sr Richard, dix mil livres, des quelles contente et satisfaite, les a tenu et tient quitte, et à l'égard des vingt cinq mil trois cent livres restantes desd. trente cinq mil trois cent livres, lesd. Srs Richard et Coussin, en la qualité solidaire, promettent de les payer en espèces d'or et d'argent, et non, en aucune sorte de papiers, en cette ville d'Aix, sçavoir douze mil six cens cinquante livres dans six mois, du jourd'huy comptables, et les autres douze mil six cens cinquante livres dans six mois après, qu'est du jourd'huy en un an, demeurant obligés lesd. s^{rs} Richard et Coussin de faire retirer lesd. meubles et effets du

2706. **Articles Simiane.** — D'après une copie de la pièce originale, par M. Gabriel Marcel, préposé au département des cartes géographiques à la Bibliothèque nationale.

château de Grignan dans six mois, la présente faite à double pour l'observation de laquelle lesd. s^{rs} Richard et Coussin obligent solidairement leurs biens et droits et madame la marquise de Simiane les siens. A Aix le seze décembre mil sep-cent trente.

CASTELLANE, GRIGNAN DE SIMIANE,
RICHARD, A. COUSSIN.

LETTRES DE MADAME DE VENCE A MADAME DE SIMIANE SA MÈRE.

53. — *Acte de mariage de madame de Vence*[1].

30 mai 1723.

Haut et puissant seigneur noble Alexandre-Gaspard de Villeneuve, chevalier, marquis de Vence, seigneur de Grolières
hautes et basses, du Pujet, Carros, Bastides et autres places,
fils de défunt Haut et puissant seigneur, messire François-
Sextius de Villeneuve, marquis dud. Vence et de Haute et puissante dame Jeanne de Millot, dame de Courmettes, ici présente
et consentante, après la publication des bans faite à la paroisse
de Vence et en celle de Saint-Eustache de Paris, en vertu de
la commission particulière donnée par messire Secousse, curé
de Saint-Eustache, en présence de nous soussigné messire
Alexandre de Villeneuve de Vence, vicaire général de Monseigneur l'archevêque, et en présence des témoins ci-après
nommés, Ce jourd'hui trentième mai mil sept cent vingt trois
a épousé en face et selon les règles de l'Église, Demoiselle
Magdeleine-Sophie de Simiane, fille de feu haut et puissant
seigneur messire Louis, marquis de Simiane de Claret, che-

[1] Extrait des registres de la paroisse de Sainte-Magdeleine, déposés aux
archives du bureau de l'état civil de la ville d'Aix. — Communiqué par
M. le comte de Luçay. — Nous avons cru devoir faire précéder les lettres
de madame de Vence de l'acte de la célébration de son mariage.

valier, marquis d'Esparron, seigneur de Truchenu et autres places, et de Haute et puissante Dame Pauline de Castellane Adhémar de Monteil de Grignan, ici présente et consentante. Les témoins ont été : Messire Jean-Baptiste de Félix, marquis du Muit[1] (sic), Messire Joseph Deimar[2] (sic), seigneur de Chateau-Reynard, Messire Jacques-Joseph de Gaufridy[3], baron de Trez et Messire Charles de Glandevès[4], baron du Castellet.

Suivent les signatures.

54. — *De madame de Vence à madame de Simiane.*

A Vence, ce 21 juillet (1730)[5].

Après vous avoir assurée, Madame, de mes respects les plus tendres et de ma tendresse la plus respectueuse, j'auray l'honneur de $\overline{vs}$ dire que $\overline{vs}$ estes beaucoup plus heureuse que moy, car voicy la segonde (sic) fois que $\overline{vs}$ avés de mes nouvelles, et moy je suis comme le jour que je suis partie, lequel jour je n'entendis point parler de vous. Tout cela sera réparé, je m'y attens bien; on me demandera mille excuses, on se jétera à mes genous : tout cela est fort bien, mais en attendant, il faut donc que je me ronge les points (sic), hé bien! Madame, on se les rongera, ce n'est pas là une affaire. Mais non à propos je ne me les rongeray pas, car madame de

---

[1] Jean-Baptiste de Félix, comte du Muy, futur acquéreur du château de Grignan et sous-gouverneur du Dauphin.

[2] Joseph d'Aimar, baron de Châteaurenard, premier consul d'Aix aux années 1709 et 1740.

[3] Avocat général au Parlement d'Aix. Il était fils de Jean-François de Gaufridy, qui écrivit l'*Histoire de Provence,* et d'Anne de Grasse.

[4] Probablement Jean de Glandevès, seigneur du Castelet, premier consul d'Aix en 1702, qui avait épousé une demoiselle de Flotte-d'Agoult et dont la mère était une Villeneuve-Vence.

[5] Cette lettre et les suivantes, sauf la dernière, datée de Toulon, dont l'année est incertaine, ont été écrites de juillet 1730 à février 1731. Nous avons donné précédemment les motifs de cette opinion, que partage le possesseur des originaux, M. Gabriel-Lucas de Montigny. — La suscription

Vence reçut samedi une lettre de M^r l'abbé[1], qui luy mande qu'il a eu l'honneur de v̄s voir depuis mon départ et que v̄s estiés bien fâchée de n'avoir plus vostre pauvre fille. Vous estes bien bonne, ma chère maman, de la regretter un peu, c'est à moy à estre au désespoir, mais aussi suis-je, je vous en assure. Mon unique espérance est toujours au mois de novembre; je ne vois rien jusqu'à présent qui s'oppose à mon retour à Aix dans ce tems là; quand j'y pense cela me fait faire une cabriole. En attendant, Madame, je tue le temps à coup de points de couture, j'en ay fait plus de deux mille depuis que je suis dans ma tour; c'est en vérité un grand plaisir. Je ne m'étonne plus sy v̄s en faites jusqu'à minuit; c'est la consolation des affligées et le repos d'une âme agitée, enfin il n'y a rien aux points de couture. Mais, Madame, v̄s ne croyés pas que je n'ay peu estre établie bien tranquillement dans mon cabinet que depuis trois jours. La multitude des visites, les repas qu'il a fallu recevoir et donner, les concerts et les festes où j'ay esté obligée de me trouver, tout cela a duré jusqu'à présent; mais on me fait espérer qu'en voilà p̄r long-tems. Tout le monde est assés content de moy, hors de M^r le prévost du chapitre[2] qui se plaint de ce que je ne luy ay rien dit sur cinquante livres de graisse que je luy ay trouvé de plus, mais on ne peut pas penser à tout. Ma sage femme est aussi très mécontente de ce que je veux accoucher à Aix[3].

porte uniformément : A Madame, — Madame la marquise de Simiane-Grignan. — A Aix; sauf les deux lettres des 22 septembre et 6 octobre, qui sont adressées à Marseille.

[1] Il s'agit probablement d'Alexandre de Villeneuve-Vence, chanoine d'Aix. Madame de Vence, marquise douairière, était Jeanne de Courmettes, fille de Balthasar Millot de Serras, conseiller du Roi à Antibes, et d'Anne-Marie Rancurel de Courmettes. Elle était veuve, depuis 1707, de François-Sextius, marquis de Vence, baron de Gréolières, etc., père d'Alexandre-Gaspard, le mari d'Anne-Madeleine de Simiane.

[2] Alexandre Isnard, prévôt du chapitre de Vence. Voyez *Histoire de Vence*, par l'abbé E. Tisserand, p. 238.

[3] D'après M. Gabriel Marcel, madame de Simiane était alors enceinte d'une fille : Pauline-Rosseline, qui épousa Antoine-Joseph-Jérôme de Peyre, marquis de Châteauneuf.

M^r l'évêque [1], Madame, me pria hier de v̄s assurer de ses
respects et de v̄s prier de sa part de vouloir bien v̄s ressou-
venir d'un de vos anciens amis, et qu'enfin il est bien vostre
serviteur. L'abbé Fort est toujours le mesme, je le vois un peu
plus souvent qu'autrefois. J'ay trouvé mon fils beau comme
un ange, mais tout cela bien mal élevé. Mr de Vence v̄s assure de ses respects; bonjour M^r le chevalier, bonjour monsieur le baron, bonjour Mr de la Boulie [2], que dites v̄s de moy
à maman? N'estes v̄s pas bien fâchée que je sois icy? Adieu,
ma chère maman, allés v̄s à la campagne : de vos nouvelles,
de vos nouvelles, de vos nouvelles.

55. — *De la même à la même.*

28 juillet (1730).

Comment donc, Madame, v̄s ne voulés pas qu'on s'atten-
drisse et v̄s escrivés des lettres à fendre les rochers; vous me
dites que v̄s ne voulés pas laisser vostre cœur sur vostre lettre
et justement c'est la première chose que j'y trouve : oh! je
suis vostre servante; pour moy je n'ay pas accoutumé de voir
des cœurs sur des lettres; j'ay pensé en mourir, c'est un mi-
racle comment j'en ay échappé. Je v̄s ménageray bien autrement moy, car je v̄s diray, Madame, qu'on ne s'ennuye point
à Vence, que les regrets qu'on a sont si peu de chose que ce
n'est pas la peine d'en parler : quelques torrents de larmes
et quelques inquiétudes à vous donner la fièvre en font l'af-

---

[1] Jacques Surian, prédicateur renommé, d'abord Oratorien, évêque de
Vence en 1727.

[2] Jean-François de la Boulie, seigneur d'Aygalades, conseiller au Parlement de Provence, ami de madame de Simiane. D'après M. G. Marcel,
M. le chevalier serait Boniface-Constantin de Castellane-Esparron, chevalier
de Malte, colonel du régiment de Penthièvre et brigadier des armées du Roi,
frère puîné du gendre de madame de Simiane. Il porta plus tard le titre de
vicomte de Castellane, et épousa en 1745 une fille fort riche, Renée Four-
nier, dont il eut deux filles. — Quant au baron, ce serait Jacques-Joseph de
Gaufridy que nous avons vu figurer en qualité de témoin au mariage de
madame de Vence.

faire. Du reste, je passe fort gayement ma vie dans mon cabinet, depuis huit heures du matin jusqu'à midi, et depuis deux heures jusqu'à sept dans ce cabinet. Je lis, j'escris, je travaille et j'élève mes enfans qui en ont besoin. Ils ont depuis peu une gouvernante de Paris qui n'entend pas mal son métier, mais est une naine qui me fait mourir de peur. Voicy, ma chère maman, comment sont faits mes susdits enfans, puisque v̅s avés la bonté de me le demander : mon fils est très beau, grand, bien fait, une belle prestance, enfin un très beau cavalier, mais sans grâce; ma fille aînée[1] est toujours plus laide, elle a de plus une épaule qui pousse un peu, mais elle est fort raisonnable, et elle dit qu'elle sera sage. La cadette n'est plus sy jolie[2] : c'est une grosse beauté comme moy, mais bien faite et de l'esprit, enfin tout comme moy. Je leur apprends à travailler, je leur donne de la grâce; ce sera bien leur faute, s'ils n'en prennent pas. Je les ayme beaucoup et je v̅s demande p̅r eux, ma chère maman, un peu de part dans vostre amitié, non pas autant que la grand-mère de leur grand-mère en avoit p̅r sa fille, c'est p̅r moy que je demande cette grâce, et vraiment on la mérite un peu. Je crois, Madame, que dans 14 jours les meubles que j'envoie d'ici seront à Aix. Madame de Vence[3] fait tout cela de fort bonne grâce et ne me refuse rien; il ne me manquera qu'un lit p̅r moy. Je v̅s prie, ma chère maman, de me dire sy v̅s aurés la bonté de m'en prêter un et s'il y aura les matelas. Selon cela, je feray moins de dépense. Je suis grosse, Madame, et des plus grosses; je ne say pourquoi v̅s

---

[1] Pauline, née le 27 avril 1725. — Par contrat sous seing privé, passé à Vence le 11 octobre 1742, et en forme publique à Aix, le 12 mars 1746, par-devant Estienne, notaire royal, ses parents lui constituèrent en dot une somme de 80,000 livres, dont 6,000 à prendre sur les hoirs de Jacques-Joseph de Gaufridy, baron de Trez. Son mari, Joseph-André-Ours de Villeneuve, né le 15 octobre 1714, de Bathazar de Villeneuve, chevalier, marquis de Flayosc, baron de Barrême, seigneur de Valbourgés, Saint-Janet, etc., était substitué dans la terre de Flayosc (diocèse de Fréjus). Bibl. nat., cab. des titres. Pièces originales. Dossier Villeneuve. (*Note communiquée par M. Gabriel Marcel.*)

[2] Julie, la future présidente de Saint-Vincens.

[3] Sa belle-mère, marquise douairière de Vence.

en doutés; mais cela n'est point agréable; je n'ay jamais dit
des choses qui ne soient pas. J'apprends de tous les costés que
v̄s avés acheté la maison de M^r d'Albert.[1]; je me serois attendue
de le savoir par v̄s, mais on ne doit compter sur rien; je ne
vous en parlerois pas mesme sy je n'avois à v̄s apprendre,
Madame, que l'appartement qui est au rés de chaussée est à
moy depuis un mois et que je l'ay acheté de mes deniers. Sy
vous en avés besoin cet hiver, je v̄s en laisse la maîtresse,
parceque j'ay un cœur, mais selon l'occasion v̄s aurés la bonté
d'en décamper et mesme, quand j'y logeray, je prétens qu'il
y aye deux cuisines, car je ne m'accomoderois pas de la vostre,
mes cuisiniers ne pourroient pas s'y tourner. V̄s voyés que j'en
use librement et sans façon; voilà comme on doit agir avec
des gens qu'on ayme. Mr de Vence vous assure de ses respects
trés humbles et trés tendres. Je fais une révérence jusqu'à
terre à toute la compagnie et une petite cabriole à Mr Giniéis[2],
une caresse à ma chère nièce[3]. V̄s aurés, Madame, la bonté de
m'escrire ou de me faire escrire, sans quoy je crieray comme
une aigle. Adieu, ma chère maman, je suis bien folle, mais
cela n'empesche pas que je ne v̄s ayme de tout mon cœur.
Vostre conclave et vostre cardinal m'ont bien fait rire; en vérité, vous estes charmante; dites moi de ces petites choses là,
elles m'amusent tout à fait.

56. — De la même à la même.

A Vence, ce 4 aoust (1730).

Je le crois bien, Madame, que vous m'escrivés deux fois la
semaine et que je ne v̄s répons qu'une seule fois. V̄s me faites
pourtant plaisir, mais cela ne dérangera pas mes vendredis

---

[1] Marc-Antoine d'Albert, conseiller au Parlement d'Aix.
[2] Ardent janséniste. — Il fut arrêté, puis détenu au fort Saint-Jean, à
Marseille, au mois d'octobre 1734, et enfermé successivement à la Bastille
et à Vincennes, jusqu'à sa mort arrivée le 19 février 1761.
[3] *Pouponne*, fille de sa sœur Julie-Françoise, marquise de Castellane-

une seule fois. On a des occupations et on ne passe pas ici sa
vie à faire des points de couture ou à escrire des douceurs.
Car, Madame, vous avés beau faire des résolutions, elles ne
peuvent pas tenir contre moy et v̄s m'en dites de ça, de là,
par cy, par là, tant que v̄s pouvés; mais moy qui me sens
surtout depuis qu'il fait tant de chaud, je me tiens sur mes
gardes et examine toutes mes lettres. S'il y a une seule fois je
v̄s ayme, je veux bien qu'on me pende. Savés v̄s, Madame, à
quoi je me suis occupée toute la semaine, à examiner ce petit
chiffon de talon que v̄s m'avés envoyé et qui me coute cinquante mille escus de port. Ce n'est pas p̄r v̄s le reprocher;
p̄r v̄s faire plaisir, Madame, on trouve que c'est une baga-
telle. Mais ce qui m'inquiète, c'est que je crois que j'ay la
peste, car je ne puis pas m'empêcher de v̄s répondre sérieusement sur cet article. Sy après cela v̄s v̄s moqués de moy, je
sauray bien me venger[1]. J'ay donc compté[2] toutes les mailles de
ce talon, et j'y ay toujours trouvé 15 m (mailles) de chaque costé
en comptant le point de couture du talon d'un costé, et je vois
que tous les talons que n̄s avons jamais fait sont tous de
mesme et vont fort bien; car que voudriés v̄s que devint ce
pauvre point de couture, s'il y avoit 14 m (mailles) de chaque
costé sans luy? Oh! assurément j'ay la peste, je le sens; je
n'en saurois douter, car comment pourroit-on mè faire une
pareille question de sens froid? J'attens donc, Madame, vostre
réponse p̄r me faire guérir, car sy je l'ay on ne l'a jamais eue

Esparron. — Elle est ainsi désignée dans plusieurs passages des lettres de
madame de Simiane. (*Édit. Regnier*, XI, *passim*.) D'après une note de
M. Gabriel Marcel, ce serait son père, Jean-Baptiste de Castellane, marquis
d'Esparron, maréchal de camp le 1er janvier 1748, qui aurait détruit les
originaux des lettres de madame de Sévigné à sa fille et à son gendre, par
un scrupule de délicatesse.

[1] Il doit y avoir là un enchaînement de plaisanteries dont le sens nous
est en partie enlevé par l'absence des lettres de madame de Simiane auxquelles répondait sa fille. La peste, dont les ravages étaient alors récents,
se transmettait surtout à l'aide et par le contact des effets à l'usage des personnes contaminées, ou aussi par des lettres venant d'elles.

[2] Le mot est écrit « conté ».

de cette force. Mʳ le théologal[1], après vous avoir assuré de ses respects, trouve fort bon que v̄s luy fassiés des bas. Il faut, s'il v̄s plaît, les commencer sur trois éguilles et mettre à chaque éguille 4 m (mailles). Ensuite v̄s ferés, jusqu'à la première demie, 74 points de couture et le reste à proportion, jusqu'au pied qu'il faut travailler sur 4 éguilles et mettre à chacune 43 m (mailles). Ce n'est pas qu'il n'aye la jambe et le pied bien faits, mais c'est qu'il luy faut des bas de cette façon. Je vais finir les vostres très incessamment. Je pars dans deux heures, jeudi qu'il est; car estant demain vendredi, j'ay voulu laisser ici ma lettre. Je pars donc pour aller à Tourettes[2] et peut être de là au Bar, p̄r voir ces dames qui ont de sy beaux gestes; je v̄s en diray des nouvelles, sy j'y vais, car cela n'est pas sûr. Mʳ l'évêque vient avec n̄s. Toute la maison, jusqu'à ma tour, v̄s assure de ses respects. Je présente les miens à tout ce qui sera dans vostre chambre et mesme, il faut qu'on soit assis sur le canapet, sans quoi je ne leur dis rien. V̄s souhaités donc le mois de novembre, Madame; ah! ah! cela est fort plaisant et moy aussi, en vérité j'ay presque envie de vous voir; que cela sera drôle! Quand j'y pense, je meurs d'envie de rire. Adieu donc, Madame, adieu, ma chère maman, je v̄s ayme ma foy de tout mon cœur. Oh! qu'ay je dit; oh! cela est dit, mais ne m'en parlés pas, v̄s me feriés mourir de honte. J'auray l'honneur d'escrire à Mʳ d'Orves[3].

[1] César Guévarre, d'une famille espagnole établie en Provence depuis le quinzième siècle. Voir l'*Histoire de Vence*, par l'abbé Tisserand, Paris, Belin, 1860.

[2] Tourettes-les-Vence, ainsi nommée à cause de ses trois tours. Résidence d'une branche de Villeneuve, qu'il ne faut pas confondre avec celle des Villeneuve, comtes de Tourettes-les-Fayance et marquis de Trans. — Bar ou Le Bar, chef-lieu de canton des Alpes-Maritimes, possède encore son château féodal, flanqué de tours, d'un imposant aspect. (*Note de M. Gabriel Marcel.*)

[3] Louis de Martini d'Orves, fils de Vincent de Martini, seigneur d'Orves, et de Marianne de Signier, mort lieutenant général et commandant de la marine à Toulon, le 21 décembre 1751.

57. — *De la même à la même.*

Ce 11 aoust (1730).

Je partis donc, Madame, jeudi passé à six heures du soir, p̄r aller coucher à Tourettes[1]. Mr l'évêque de Vence estoit avec n̄s ; n̄s arrivasmes à 7 heures et demi. On joua à quadrille ; on soupa ; on se coucha, et il ne se passa rien de remarquable. Le lendemain, à la mesme heure, le soir, n̄s montasmes à cheval p̄r aller au Bar. Sy on pouvoit v̄s en dépeindre les chemins, ce seroit un plaisir ; mais je suis vostre servante, je ne suis pas faite p̄r dire de sy vilaines choses. Tout ce que v̄s en saurés, Madame, c'est qu'une heure avant d'arriver au château on commence à monter les escaliers qui, bien comptés par moy, font justement le nombre de trois cent et deux, car j'eus la curiosité de les compter en revenant. Quand j'eus donc tout monté, j'arrive dans une cour où l'on trouve Me la marquise de Grasse[2], Me la comtesse du Bar sa belle-fille et Mr le comte que v̄s connoissés, son fils et leur nièce. On tombe de son cheval, on se prosterne, et on fait fort civilement quatre révérences à chaqu'un. Après quoi, on demande des nouvelles de Me la Cesse du Bar, la belle-mère. On v̄s dit qu'elle s'est cassée une jambe : d'abord la tristesse s'empare des visages de ceux qui entendent une aussy triste nouvelle, et de ceux qui la disent ; on entre dans une salle de plain pied, car, Madame, les escaliers qu'on a montés sont dans le chemin. Cette salle a deux ou trois cent pieds de circonférence ; deux chandelles l'éclairent lugubrement dans le fond, et entre ces deux chandelles, on trouve Me du Bar, la belle-mère, qui fait avec les

[1] Il est écrit « Tourètes ».
[2] Véronique de Villeneuve-Trans, veuve de François de Grasse-Rouville, dont le fils Charles-Joseph de Grasse avait pris le titre de comte du Bar en épousant en 1724 sa cousine Marie-Véronique de Grasse, fille unique de Paul-Joseph de Grasse, comte du Bar, et de Marguerite de Villeneuve, fille de Pierre, seigneur de Séranon, et de Rossoline de Villeneuve-Trans. — On voit combien ces parentés se trouvaient enchevêtrées d'alliances réciproques.

mains toutes les politesses qu'on peut souhaiter. Je m'assis
auprès d'elle sur une chaise qui est de mesme date que la
tapisserie, qui luy fut donnée par un de ses ancêtres, il y
a cinq cens ans; et dont elle a refusé vingt mille escus. Je me
crus au moins assise jusqu'à soupé, point du tout; un moment
après, il arriva les deux dames que j'avois laissées dans la
cour, accompagnées de quatre demoiselles de la famille:
autres quatre révérences à chacune; comptés, s'il v̅s plait,
combien cela fait, et v̅s verrés que je ne me reposay pas
de longtems. Quand tout cela fut fini, on soupa en maigre,
très bien et avec beaucoup de politesse et de cérémonies.
Après soupé, je demanday bien humblement de m'aller coucher; on me mena, Madame, dans une chambre, tout de
suite, un peu plus grande que la salle et semée partout de
roses et de jasmins. Le cœur me manqua, mais ce n'est rien
que cela; je crus que j'allois sortir de là et que c'étoit encore
une salle; j'allay me fourrer dans la cheminée, croyant que
ce fût ma chambre. On se moqua un peu de moy et on me
tira de cette terrible cheminée. Je me laissay donc conduire
voyant bien que je n'y entendois rien, et après un quart
d'heure de chemin, je me trouvay auprès de mon lit où, avec
une chaise, je montay dessus et m'endormis. Le lendemain,
ce fut la mesme chose et le soir, à la mesme heure, je redes-
cendis mes escaliers, et m'en revins où je suis. Voilà, Madame,
mon voyage; mais comme c'est chés des personnes parentes
de toute la famille et mesme amis[1], je v̅s demande le secret,
mais bien sérieusement, ma chère maman.

Madame qui avés la foire[2], car ce n'est pas un monsieur;
il n'oseroit pas me dire une chose sy sale; en vérité, j'en suis
bien fâchée, je voudrois l'avoir p̅r v̅s, car je l'ay souhaitée

---

[1] Tournure elliptique, « et mesme chés des amis ».

[2] Il y a encore là une plaisanterie de société, dont l'expression peut
sembler grossière, si l'on ne savait qu'on se prêtait alors à ces sortes d'amu-
semens dans le meilleur monde. On voit qu'il s'agit de quelqu'un dont il
faudrait deviner le nom, ou peut-être de deux personnes, à reconnaître
d'après des phrases envoyées par elles à madame de Vence.

toute ma vie. Vous estes donc bien fâchée de ne me point voir ;
sans doute que vous m'avés veüe ; sans cela, v̄s ne v̄s en sou-
cieriés pas ; je vous assure donc, Madame, que j'en suis trés
reconnoissante et que j'ay la mesme envie. P̄r v̄s, Monsieur [1],
qui estes si difficile à connoistre et qui m'assurés que n̄s n̄s
aimons, et qui cependant ne voulés plus m'aimer et qui avés
nacqueté [2] à Toulon, ma foy v̄s avés raison, sy v̄s voulés, je ne
comprens rien à tout cela. Je v̄s crois pourtant fort aymable.
Aimons n̄s donc, puisque cela est commencé, mais ne coquetés
plus, cela me fait peur, et de ma vie je n'ay entendu dire une
sy terrible chose.

Vs avés raison, mon cousin, de v̄s fâcher de ce qu'on vient
mettre dans vostre lettre. Que ne les étranglés v̄s ; ils n'écri-
roient plus.

P̄r v̄s, Madame la marquise, je viens v̄s assurer de mon
parfait, profond et tendre respect et v̄s assure que v̄s avés
tort de v̄s plaindre de la rareté de mes lettres. Je n'ay pas
manqué un vendredi ; mais on n'ira pas se mettre à tous les
jours, à moins pourtant que v̄s ne l'ordonniés. Toute la famille
a l'honneur de v̄s faire ses très humbles compliments.

58. — *De la même à la même.*

Ce 22 septembre (1730) [3].

Que j'aime mon frère Sinéty [4], ma chère maman, qui a

---

[1] Selon M. Gabriel Marcel, ce serait l'intendant de la marine, Bénigne-
Joseph du Trousset d'Héricourt, ami de madame de Simiane, à qui s'adres-
serait sa fille.

[2] *Nacqueté*, vieux mot qui signifie attendre servilement, dit Littré. A
voir comme madame de Vence tourne en dérision cette expression, il y a
lieu de croire qu'elle était déjà vieillie de son temps, et d'ailleurs Fure-
tière, dans l'édition de 1731, Paris, les libraires réunis, 8 vol. in-fol., la
déclare démodée. (*Note de M. G. Marcel.*)

[3] La suscription porte : à Marseille, où madame de Simiane se trouvait
établie, habitant sans doute Bélombre pendant une partie de septembre et
jusqu'au commencement d'octobre. La lettre suivante, du 6 octobre, est
aussi adressée à Marseille ; mais celle du 12 l'est à Aix.

[4] Probablement Jean-Baptiste-Iguace-Elzéar de Sinety, né en 1703,

bien voulu se priver du plaisir d'estre avec vous et demeurer tout seul pendant un jour p̄r m̄e donner de vos nouvelles! Voilà de ces obligations que je n'oublie jamais, parce que j'ay ressenty quelque fois le chagrin de ne pas entendre parler de maman pendant toute une semaine, et que je n'en trouve point de plus sensible. Madame fait donc des parties de plaisir; en vérité madame fait fort bien, et je voudrois bien estre avec madame, lorsque madame fait de ces choses là et mesme quand elle n'en fait pas, car il y a un très grand délice d'estre avec madame; mais encore faut-il prendre patience jusqu'au mois de novembre. Hélas! un grand mois et demy est bien cruel à passer, quand on se propose de là de faire un saut dans le giron d'une mère qui a la bonté de nous aymer malgré nos démérites; mais jusqu'à ce temps là ayés, je v̄s supplie, (la bonté) [1] de me soutenir, comme par le passé, par des lettres remplies de miel et de lait, et par l'assurance que v̄s (vous) portés à merveille; car, Madame, vous ne m'avés jamais rien dit. là dessus. Je ne sais plus sy M̄r le professeur est toujours de vos amis, sy v̄s estes quinze jours sans vomir; enfin mille choses que j'aimerois beaucoup à savoir, parce que j'aime beaucoup maman. Moy je v̄s dis toutes mes affaires, et v̄s devés savoir mieux que moy l'état de ma santé; par exemple je fus saignée hier et je m'en trouve fort bien aujourd'hui. Mon œil a toujours les mesmes foiblesses dont je ne puis le corriger, d'ailleurs j'ay ici le Ch̄er de Vence et M̄r de Bompar [2] qui ne me quitteront plus que je ne les quitte. M̄r de Vence

d'abord page de la duchesse de Berry, puis chevalier de Saint-Louis et commissaire général de la marine; il devait être de l'âge de madame de Vence et l'avoir connue, ainsi que madame de Simiane, à Paris, quand celle-ci était auprès de la duchesse d'Orléans.

[1]. Nous suppléons par ce mot, « la bonté », à la phrase qui sans lui semble incomplète.

[2] Le chevalier de Bompar, né probablement à Grasse, où sa famille avait sa résidence: garde de la marine en 1713, enseigne en 1727, lieutenant de vaisseau en 1738, capitaine de vaisseau en 1746, gouverneur général des îles du Vent en 1750, chef d'escadre en 1757, lieutenant général des armées navales et commandant la marine à Toulon en 1764, il y mourut le 23 février 1773. C'était un officier d'un rare mérite. (*Note de M. G. Marcel.*)

vous assure, Madame, de ses respects ; M° de Vence file p̅r me faire des chemises ; mes enfans auront tous le foüet dans un quart d'heure, parce qu'ils ont cassé un miroir que je leur avois donné. M͏ʳ l'évêque me dit hier au soir que, sy je ne vous parlois pas de luy dans toutes mes lettres, n̅s serions brouillés. L'abbé Fort veut aussi que je v̅s fasse ses trés, trés humbles compliments. Permettés moy de faire les miens à vostre compagnie et de mestre encore un petit billet ici p̅r M͏ʳ Guillermy, parce que je ne say point son adresse.

Adieu, ma chère maman, soyés persuadée que personne ne v̅s aymera jamais aussi tendrement que moy ; je le crois comme je le dis, parce que je sens que je v̅s ayme à la folie, et on m'a assurée qu'on ne pouvoit pas aymer au delà. M͏ʳ Génier me donne trés régulièrement de ses nouvelles, et de celles de ma nièce[1]. L'abbé de Vence m'en donne de ma tante la R͏ᵗᵉ[2], et me dit qu'elle souffre plus qu'elle ne faisoit. J'en suis bien fâchée, ma chère maman, par rapport à elle ; mais bien autant p̅r v̅s qui allés revenir. V̅s la verrés dans cet estat et je meurs de peur que cela ne v̅s fasse mal. Pardonnés moy, ma chère maman, sy je prens la liberté de v̅s conseiller et de v̅s supplier d'attendre encore quelque tems p̅r voir ce que cela deviendra. Madame a oublié que j'avois eu l'honneur de luy demander des nouvelles de M͏ʳ d'Anthelmy[3].

59. — *De la même à la même.*

Ce 6 octobre (1730).

Voilà ce qui s'apelle une lettre, Madame, non pas les deux derniers chiffons, qu'on me fit l'honneur de m'envoyer de

---

[1] Une des deux filles de Joseph-Jean-Baptiste de Castellane, marquis d'Esparron, qui avait épousé Julie de Simiane, sœur de madame de Vence. Elles moururent sans postérité.

[2] Marie-Blanche de Grignan, née à Paris, en 1670, sœur aînée de Pauline de Simiane ; religieuse aux Visitandines d'Aix, elle y mourut en 1735.

[3] Charles-Léonce-Octavien d'Anthelmi, prévôt de Fréjus, puis évêque de Grasse.

vostre part, où il n'y avoit pas un seul mot de vostre belle
main blanche. Dans la lettre que je reçus mardi, il y avoit de
vos pensées, de vos paroles, de vostre écriture, enfin c'est un
plaisir de plus, des nouvelles charmantes et un lit de plume
à la fin. Je v̄s en suis très redevable, Madame, et j'espère de
m'y aller coucher le mois prochain, à moins qu'il n'arrive
quelques inconvénients qu'on ne peut pas prévoir et qui m'af-
fligeroient beaucoup. Je veux donc aller à Aix, Madame, et
je veux estre témoin du bonheur qui doit v̄s arriver et dont
vous avés déjà le pressentiment. Je ne saurois deviner ce que
c'est; je m'y suis cassée la teste, mais j'auray l'honneur de v̄s
le dire quand je le sauray. A propos, Madame, je suis fort
étonnée que v̄s ne m'ayés point parlé de mon voisin le duc de
Savoye et de tout ce qu'il a fait[1]. J'ay crû qu'il finiroit par venir passer l'été à Vence, j'en avois mesme beaucoup d'envie;
mais je luy ay conseillé en amie d'attendre l'été prochain,
parce que s'il fesoit tant de belles actions cette année, il n'auroit plus rien à faire l'année prochaine. Ne reconnoissés v̄s pas
là ce bon sens qui me fait toujours agir dans les occasions?
Vous allés donc à Aix, Madame, et peut être y estes v̄s déjà:
je voudrois bien savoir sy c'est toujours chés Mr du Muy[2] que
vous logerés; je souhaiterois pourtant infiniment de v̄s trouver
de plain pied. J'ay de bonnes raisons p̄r cela, que v̄s verrés
de vos yeux, sans mesme avoir besoin de lorgnette. Je v̄s
verray donc, maman, ah! quel plaisir! Je ris toute seule
quand j'y pense, tant je suis aise: n̄s ferons des bas, et enfin
n̄s n̄s divertirons comme des reynes. Je m'attens, Madame,
aux compliments que vous m'allés faire sur la nouvelle dignité

---

[1] Victor-Amédée II, qui abdiqua, le 2 septembre 1730, en faveur de
Charles-Emmanuel, son fils. Il voulut reprendre la couronne l'année suivante; mais il fut arrêté par son fils et mourut le 10 novembre 1732.

[2] Jean-Baptiste de Félix, marquis du Muy, qui fut depuis sous-gouverneur
du Dauphin, fils de Louis XV, en 1735, et acquéreur l'année suivante du
château de Grignan. Les deux fils furent, l'un lieutenant général, l'autre
maréchal de France et ministre de la guerre. L'hôtel du Muy était situé à
Aix, dans la rue Saint-Michel, près de celui que venait d'acheter madame de
Simiane.

de Mʳ l'abbé de Vence [1], et je v̅s̅ en fais d'avance mes très humbles remerciements. J'en suis fort aise et il l'est encore davantage. Mʳ de Vence v̅s̅ assure de ses respects et mes vieillards aussi, car j'en ay aussi bien que v̅s̅, dont je suis fort contente et bien plus que des vostres, surtout de Mʳ le chᵉʳ [2] qui ne m'a pas fait l'honneur de m'escrire une seule fois. Devinés, Madame, avec qui Mʳ Geniés a un commerce très étroit, c'est avec nostre domino, Madame ; il luy a envoyé des choses charmantes dont j'ay profité. Demandés de m'escrire.

Adieu, Madame, je v̅s̅ assure que je v̅s̅ ayme de tout mon cœur, sy vous voulés bien me le permettre ; mais j'ay grande envie de v̅s̅ le dire moy mesme ; ma chère maman, ma chère maman ; je ne v̅s̅ l'ay point dit pendant toute ma lettre et je m'en fesois une certaine délicatesse qui partant d'un cœur pris de tendresse, m'auroit fait succomber à une affection qui auroit peu dégénérer en... en v̅s̅ m'entendés bien [3].

60. — De la même à la même.

A Vence, ce 12 octobre (1730).

C'est aujourd'huy le 12 octobre, Madame, il fait déjà bien froid ; voilà des signes merveilleux pour moy : encore un peu plus du mois et encore un peu plus de froid et je suis à vous. Vous voilà donc à Aix, ma chère maman ; du moins autant que je puis y voir d'ici là. Il me semble que je v̅s̅ aperçois dans un hôtel tout beau, tout neuf. Ah ! que cela est joly, maman ! j'ay bien envie de v̅s̅ voir de plus près. Ayés la bonté de me préparer beaucoup de monde p̅r̅ me recevoir, car je suis accoutumée ici d'en voir des quantités horribles. Imaginés v̅s̅ donc, Madame, que j'ay actuellement les dames du Bar, qui sont tombées de leur château dans le mien. Heureusement, elles sont toutes à présent dans leur garde robe avec Mʳ le

---

[1] Nommé grand vicaire d'Aix.

[2] Le chevalier de Castellane.

[3] « Vous m'entendez bien », refrain de chanson très en vogue à cette époque.

professeur. C'est pourquoi j'ay l'honneur de v̄s̄ écrire, car sans cela, ma foy, Madame, je ne les quitterois pas p̄r̄ un empire. Je me trouve mesme fort impolie, en leur endroit, car estant au Bar, elles ne me quittoient pas, quoique je fusse dans l'état où elles sont à présent. Mais, Madame, que ne feroit-on pas p̄r̄ une dame aussi méritante que vous! N̄s̄ avons, outre cela, six messieurs, et nous en attendons encore autant. Je ne sais plus où j'en suis p̄r̄ toute autre affaire que p̄r̄ celle que nous avons ensemble, c'est-à-dire p̄r̄ l'amitié que v̄s̄ me portés et le respect et la tendresse que j'ay p̄r̄ vous, Madame. Tout cela ne sauroit partir de mon cœur ni de ma teste et y demeurera toute ma vie dans quelque état que je puisse estre. J'attens de vos nouvelles avec une impatience très grande, et en attendant, Madame, j'ay l'honneur d'estre beaucoup plus à vous qu'à moy-mesme.

61. — *De la même à la même.*

A Vence, ce 30 novembre (1730?) [1].

Ne seroit-il pas juste, Madame, que j'eusse l'honneur de v̄s̄ punir un peu vivement à cause de cette grande affaire que n̄s̄ avons sur les bras p̄r̄ les bas, ouy cela est juste et p̄r̄ cela il n'y auroit qu'à ne point escrire ; mais une tendresse filiale m'a saisie si horriblement que je n'ay peu y résister, hé bien! Madame, je v̄s̄ escris parce que je suis poussée par cet instinct, mais c'est par force. Ma colère, ma fureur, mon désespoir n'en est pas moindre et tôt ou tard je crains que v̄s̄ n'en sentiés les effets, surtout si v̄s̄ continués à ne point m'appaiser par des lettres remplies de soumission et enfin de toutes ces choses qui appaisent. En attendant, madame seroit-elle un peu curieuse de savoir l'état où je suis ; il est unique, car je suis toute seule. Cela ne vaut rien, je crois, mais je sauray le dire

---

[1] La date est plus douteuse que pour les lettres précédentes. Le chiffre lui-même qui indique le mois n'est pas certain, et il n'est plus question du retour à Aix, sans qu'on explique ce qui serait venu y mettre obstacle.

dans une autre façon : je n'ay personne avec moy, Madame,
je suis dans une tristesse et dans un ennuy sans pareil. Mʳ de
Vence qui n'a peu soutenir tout cela est allé à Grolières; il me
reste pourtant encore un plaisir, c'est de travailler à un bas
de soye que je conduis moi-mesme sans le secours de personne.
J'en suis, Madame, au 26ᵐᵉ point de couture du coin du second bas. Quand ils seront finis, ils auront l'honneur de s'aller
jeter à vos pieds; en attendant ils sont bien vos serviteurs.
Vos messieurs, Madame, sont-ils revenus? j'en ay bien envie;
je ne seray en repos que lorsque je sauray que v̅s̅ avés quelqu'un qui v̅s̅ tient compagnie, sans quoi je fais encore un
voyage à Aix, car ne croyés pas que j'aye le cœur de laisser
ma chère maman toute seule. Non, non, assurément, je l'aime
trop; ouy, je l'aime, je l'honore, je la respecte et enfin je suis
sa très humble fille et servante.

62. — *De la même à la même* [1].

Ce 9 février (1731).

Vous voulés qu'on vous escrive, Madame; je conviens que
cela est nécessaire p̅r̅ vostre plaisir, mais il me semble que
v̅s̅ deviés m'en prier en termes un peu plus polis que ceux dont
v̅s̅ vous servés dans la lettre que v̅s̅ avés escrite à mon époux;
ils sont très rudes, Madame, et m'ont offensée au dernier point.
Mais enfin, que ne pardonneroit-on point en faveur de toutes
les jolies choses dont il v̅s̅ a plu de m'honorer depuis mes
couches! Je viens, Madame, de les relire toutes depuis un
bout jusqu'à l'autre; j'en suis toujours plus charmée et plus
enchantée. Non, Madame, il n'est pas permis d'avoir autant
d'esprit et sy v̅s̅ continués v̅s̅ allés me ressembler comme deux

---

[1] La lettre continue sur un second feuillet; il n'y a pas de suscription.
Cette lettre fait suite aux précédentes qui faisaient prévoir un accouchement
vers la fin de l'année 1730.

gouttes d'eau. Ah! Madame, que n'ay-je des acteurs p̄r̄ faire
le second acte du carnaval! Mon rôle seroit charmant, mais
le moyen de paroître toute seule; tout le monde s'en iroit, et
on m'écouteroit pas. Ah! ah! je ne suis point sy seule, voicy
mon oncle; écoutés n̄s̄ s'il vous plaît. Oh! que de monde;
voilà encore deux M̄r̄s̄ :

LE CARÊME

Les acteurs :

LE PÈRE DE VENCE[1].
MADAME LA MARQUISE DE VENCE.
MONSIEUR DE BOMPAR.
MONSIEUR LE CHEVALIER DE VENCE.
MADAME DE VENCE.

ACTE PREMIER

La scène est dans la chambre de madame de Vence.

SCÈNE PREMIÈRE.

LE PÈRE DE VENCE.

Bonjour, ma nièce; il me semble que v̄s̄ avés aujourd'huy
les plus belles couleurs du monde. Apparemment v̄s̄ vous
portés mieux qu'à l'ordinaire; j'en suis charmé par rapport à
v̄s̄; mais cela me fait trembler p̄r̄ vostre voyage; il me semble
à vostre air que je v̄s̄ vois partir.

MADAME DE VENCE.

Je vous remercie de tout mon cœur, mon oncle; je seray
assurément très fâchée de v̄s̄ quitter, mais je ne say plus
tenir à l'envie que j'ay de voir maman, il faut que je parte.

LE PÈRE DE VENCE.

Je vous conseille de v̄s̄ rétablir entièrement.

---

[1] Christophe-Alexandre de Villeneuve-Vence, religieux oratorien.

MADAME DE VENCE.

Oh! mon oncle, ne me parlés plus sur ce ton là, car nous n̄s brouillerions.

SCÈNE II.

BOMPAR, LE CHEVALIER, MADAME DE VENCE.

BOMPAR.

Je suis bien fâché, madame, de ne pouvoir pas avoir l'honneur de v̄s accompagner. Sy je n'estois pas ici depuis six mois et que je ne craignisse pas les arrêts en arrivant à Toulon, je ferois ce voyage avec grand plaisir et je serois charmé de faire la révérence à Mme la marquise de Simiane.

LE CHEVALIER.

Parbleu, Bompar, tu as raison. Ce seroit là une chose à faire. J'aurois la mesme envie que toy, mais il faut que j'aille à Grasse, tu le sais bien.

BOMPAR.

Hé! ouy, on sait qu'il faut suivre son penchant.

MADAME DE VENCE.

Oh! messieurs, sy je ne v̄s interrompois, v̄s iriés tout de suite faire l'histoire de vos amours. Allés v̄s promener; parlons de mon voyage, car ce sont là les miennes.

SCÈNE III.

TOUS LES ACTEURS.

LE PÈRE DE VENCE.

Mais enfin, ma nièce, quand partés v̄s?

MADAME DE VENCE.

Mon oncle, voicy mon projet : je vais à la messe de dimanche en huit; le lendemain j'escris à l'abbé de Vence p̄r qu'il m'envoye des voitures; je le prie de se dépêcher; comptés un peu quel jour je puis partir.

LE CHEVALIER.

Oh! madame, finissés vos comptes; jouons au piquet, ou je m'en vas.

BOMPAR.

Pardi, cher, tu es bien pressé; laissés dire à Madame; p̄r moy, cela m'enchante.

MADAME DE VENCE.

Je finis, messieurs; allons, des cartes.

Madame, n̄s avons tous l'honneur de v̄s souhaiter le bon-soir.

63. — *De la même à la même*[1].

A Toulon, ce 30ᵉ octobre (1731?).

Je suis une impertinente, Madame. Je devois avoir l'hon-neur de v̄s escrire samedi passé pour suivre le cours d'un commerce que vous avés bien voulu trouver à propos, et que j'ay commencé et continué pendant sy longtems avec des agréments qu'on ne trouve que dans l'honneur de votre liaison; mais, Madame, je v̄s supplie d'avoir pour agréable que je v̄s conte toutes les difficultés qui se rencontrent dans ce procédé : mes plaisirs, auxquels je suis fort sujette, comme v̄s savés, m'ont empêchée d'avoir l'honneur de vous escrire. D'autres v̄s diroient : J'ay esté incommodée; point du tout, Madame, mes plaisirs, mes plaisirs! Il est vrai qu'ils sont un peu extraor-dinaires, mais enfin chacun a son goût; le mien est de courir les pompes funèbres, les enterrements, les services et autres choses comme cela. Mᵐᵉ Mithon[2] nous en a fourni p̄r toute la semaine passée. Celle-cy sera plus tranquille. Il est juste qu'on se repose un peu, et je profite de ce tems là p̄r avoir

---

[1] Il est difficile de déterminer la date d'année à laquelle se rapporte cette dernière lettre, écrite de Toulon; comme il est question de la nouvelle maison, on pourrait la croire écrite en octobre 1731. — La suscription porte : Toulon. — A Madame, — Madame la marquise de Simiane-Grignan. — A Aix.

[2] Madame Mithon, femme d'un intendant de la marine. Mort à Toulon en 1837 (?), selon une indication de M. G. Marcel.

l'honneur de v̄s donner de mes nouvelles. L'abbé de Vence
m'a donné hier des vostres, ma chère maman : il m'assure
que vostre santé est très bonne. J'ay béni cent fois celuy qui
v̄s a ordonné les eaux de Balaruc [1]. P̄r moy, je me porte à merveille et j'attens le retour de M͏ʳ de Vence p̄r vous aller porter
vostre grosse mignote qui auroit bien envie d'estre auprès de
sa chère maman. Il est vray, comme v̄s le dites, qu'on a besoin
d'argent partout; mais ici je ne dépense rien du tout, et à Aix,
quoique je fusse chés vous à diné et à soupé, comme v̄s avés
la bonté de me l'offrir, v̄s savés que l' [2] de Vence trouve bien
le moyen de manger de son costé. Cela sera bon quand j'en
auray, et cela ne peut pas aller loin. Les vaisseaux arrivent au
premier jour, et je seray bien aise de les voir. M͏ʳ et M͏ᵐᵉ de
Vence v̄s font leurs trés humbles compliments ; ils ont p̄r moy
mille bontés. L'abbé Froment est ici ; il me parle souvent de
vous ; il est trés aymable. On m'a escrit de Grasse que vos
bougies sont prètes depuis longtems ; je viens d'escrire qu'on
v̄s les envoye. Adieu, ma chère maman, souvenés vous un peu
de vostre pauvre fille qui vous ayme de tout son cœur.
M. d'Orves [3] m'a priée cent fois de v̄s assurer de ses respects.
Je le vois tous les jours. Dites-moy des nouvelles de vostre
maison et permettés moy d'embrasser ma petite nièce.

64. — *Acquit de* 300 *livres à compte de ce qui est deu par
madame de Saint-Vincens à madame de Flayosc* [4]; *du
22 janvier* 1762.

J'ai reçu de ma fille de Saint-Vincent par les mains de

[1] Balaruc-les-Bains, station d'eaux sur l'étang de Thau, Hérault.

[2] Probablement l'abbé de Vence.

[3] Toujours Louis Martini d'Orves, fils de Vincent de Martini et de Marianne
de Signier, capitaine de vaisseau depuis 1727, chef d'escadre le 4 mai 1741,
lieutenant général en 1751, mort le 21 décembre 1751 à Toulon, où il commandait la marine. « Il emporta les regrets de tout le corps de la marine,
qui vénérait en lui ses talents autant que son âge », dit V. Brun dans les
Guerres maritimes de la France : Port de Toulon. Louis d'Orves avait débuté comme garde de la marine en 1689. (*Note de M. G. Marcel.*)

[4] D'après une pièce originale faisant suite aux lettres précédentes de

Mʳ Garnier trois cent livres à compte de ce qu'elle doit à ma fille de Flayosc. A Aix le vingt-deux janvier mille sept cent soixante-deux.   SIMIANE DE VENCE.

madame de Vence et portant la signature conforme à l'écriture des lettres ci-dessus. La signature seule est autographe. Madame de Flayosc était la sœur aînée de madame de Saint-Vincens.

DOCUMENTS RELATIFS A L'INVASION AUTRICHIENNE DE 1746,
ET AUX DERNIÈRES ANNÉES DU CHEVALIER DE PERRIN.

65. — *Commission donnée par le maréchal de Belle-Isle à Jean-Étienne de Saporta pour le commandement des milices*[1].

Charles-Louis-Auguste Fouquet, duc de Belleisle, prince du Saint-Empire, maréchal de France, chevalier des ordres du Roy et de la Toison-d'Or, gouverneur des ville et citadelle de Metz, des Pays Messin et Verdunois, lieutenant-général des Duchés de Lorraine et de Bar, général de l'armée du Roy, et commandant dans les provinces de Languedoc, Dauphiné et Provence.

Il est ordonné à M. de Saporte, ancien major du Régiment d'Infanterie de Bourbon, de faire armer et de commander tous les paysans des villages en de là du Verdon, dont la liste lui sera remise par M. de Gléné, de deffendre cette Rivière ou toute autre partie qui luy sera confiée, le tout sous les ordres et le commandement du lieutenant-colonel ou de tel autre officier de grade supériéur, à qui le commandement de cette partie sera confiée; le dit Sr de Saporte sera obéi par tous les

---

[1] D'après la pièce originale faisant partie des archives de la famille de Saporta.

gentils hommes qui seront employés dans cette milice en tout
ce qu'il leur prescrira pour le service du Roy.

Fait à Aix ce vingt-deux décembre mil sept cent qua-
rante-six.

Le M^{al} duc DE BELLEISLE.

Par Monseigneur,

PERRIN[1].

66. — *Instruction pour M. de Saporte, commandant les
nouvelles levées de milice dans toutes les parties au delà du
Verdon.*

Il prendra de M. de Gléné un ordre particulier pour se faire
fournir les hommes, les armes qui lui seront nécessaires, ainsi
que la liste des villages qui devront les fournir.

Il se concertera avec le Lieutenant colonel d'infanterie qui
est à Riéz et recevra les ordres particuliers de Mr de Puisignieu
colonel commandant à Rians, pour prendre une position, pour
s'avancer ou se retirer suivant les circonstances.

Fait à Aix le vingt-deux Décembre mil sept cent quarante six.

CHEVERT[2].

67. — *Ordonnance de l'intendant de Provence.*

Charles-Jean-Baptiste des Galois-de-la-Tour-de-Gléné chevalier, Conseiller du Roy en ses Conseils, Maître des Requêtes
ordinaires de son Hôtel, Intendant de Justice, Police et
Finances en Provence.

---

[1] L'intitulé est imprimé, et les armes du maréchal, entourées des insignes
de ses dignités, sont gravées au bas de la pièce; mais le dispositif tout entier
paraît être de l'écriture du chevalier de Perrin, qui a contresigné comme
secrétaire.

[2] La signature seule est autographe. François Chevert, né à Verdun, le
21 février 1695, avait débuté comme simple soldat; il était alors lieutenant
général et possédait la confiance du maréchal de Belle-Isle. — Transcrit
d'après l'original.

Veu[1] la commission expédiée de la part de M. le Maréchal Duc de Belleisle à M. de Saporte, ancien major d'Infanterie, pour aller commander les nouvelles milices du Verdon.

Il est ordonné aux consuls des villes et lieux qui se trouvent sur ladite Rivière du Verdon, ou qui en sont le plus à portée, de se conformer à tous les ordres qui leur seront donnés par ledit S. de Saporte, de commander tous les hommes qu'il jugera à propos de leur demander, de lui fournir les armes et les munitions de guerre qui se trouveront dans le lieu et généralement faire tout ce qui sera par lui prescrit pour le bien du service, à peine contre les consuls et contre les habitans qui refuseroient d'obéir d'être punis par exécution militaire, comme rebelles et réfractaires aux ordres du Roy. Enjoignons à nos subdélégués de s'employer chacun en droit soy à l'exécution de la présente ordonnance, leur remettant à cet effet le pouvoir et l'autorisation dont ils ont besoin pour y parvenir. Les dits S[rs] subdélégués fourniront au dit Sr de Saporte un état des lieux de leur département, qui seront dans le cas de contribuer au service dont il s'agit, et lui donneront en outre toutes les indications, secours, facilités et instructions qui lui seront nécessaires pour l'exécution de la commission dont il est chargé.

Ordonnons au surplus aux consuls de tous les lieux où passera et séjournera le dit Sr de Saporte de lui fournir le fourrage nécessaire pour la nourriture de ses chevaux à raison de deux places par jour sur les reçus qu'il en donnera.

Fait à Aix le 22 décembre 1746.

LA TOUR DE GLENÉ.

---

[1] D'après l'original faisant partie des archives de la famille de Saporta. Les armes de France sont gravées en tête, et les armes de l'intendant de Glené au bas de l'ordonnance.

68. — Du procureur général de Monclar
à Jean-Étienne de Saporta[1].

A Aix, ce 8 novembre 1746.

M. le maréchal de Beslisle, mon cher Monsieur, a besoin de vous et vostre patrie aussi. Je ne vous parle point de grades ni de récompense que vous pouvés vous promettre et qu'on vous destine, je vous dis simplement que le Roy et vostre province ont besoin de vous. Vous serés employé avec tout l'honneur que vous méritès; partés sur le champ, tachés d'arriver samedy matin, s'il est possible; ne vous arrestés point à la lettre que je vous ay écrit par la poste, partés au plustost. Il y a ici un officier général qui vous attend; mon frère arrive, et il pourra bien servir sous vos ordres. Préparés vos messieurs d'Apt : il y a apparence que M. le marquis de Buoux et Laugier serviront dans les bataillons de la noblesse. Si vous en avés quelqu'autre à prévenir, parlés leur; je vous demande de mettre en second mon frère qui arrive, je vous embrasse de tout mon cœur.

MONCLAR.

69. — Du même au même[2].

Le corps de la noblesse, mon cher Monsieur, a d'abord écrit une lettre préparatoire à tous les seigneurs de fief, mais vous luy appartenés par vostre naissance, et j'ose vous dire qu'elle compte sur vous par une confiance que vous méritès,

---

[1] Original autographe conservé dans les archives de la famille de Saporta. — La suscription porte : A Monsieur, — Monsieur de Saporte chevalier de l'ordre militaire de Saint-Louis — par exprés. — A Apt.

[2] Original autographe tiré des archives de la famille de Saporta. Cette lettre est celle dont il est question dans la précédente, comme envoyée par la poste ; la suscription porte : A Monsieur, — Monsieur de Saporte chevalier de l'ordre de Saint-Louis ou en son absence à M. de Laugier pour luy faire tenir la lettre incessamment. — A Apt.

et qui doit cependant vous flatter. Les ordres envoyés à messieurs les consuls d'Apt vous fairont voir la grandeur du
danger qui nous menace. Les Espagnols nous ont trahi, il est
question de disputer le terrain pas à pas, et de prolonger la
retraite pour donner le temps aux secours d'arriver. Le mareschal souhaite des milices nationales, la noblesse va armer de
partout; elle a les yeux sur vous comme sur un homme principal, et le mareschal se rappelle vostre ancienne connois-
sance. Je vous prie donc, au nom de la noblesse et de la province, de vous préparer, et d'avertir tous les gentilshommes et
militaires, et surtout d'animer les paysans de nostre contrée
pour la défense générale. Ce n'est pas à Apt qu'il faut se
deffendre, c'est à L'Esterel et autres passes. Les ordres précis
arriveront bientost; je ne puis vous exprimer combien vous
estes désiré. Il s'agit de détourner l'orage en le suspendant, ou
d'estre tous dévorés par les Varadins, Croates, Pandours et
autres bestes affamées de pillage. Le marquis de Vence répond
au comte de Maillebois et promet tout en vostre nom. Je vous
embrasse de tout mon cœur, et je suis avec tout l'attachement
possible, mon cher Monsieur, vostre très humble et très obéissant serviteur.

MONCLAR.

A Aix, ce 8 novembre 1746.

70. — De Chevert à Jean-Étienne de Saporta[1].

A Aix, le 27 octobre 1746, à 10 heures du matin.

J'ai reçu, Monsieur, la lettre que vous m'avez fait l'honneur
de m'écrire de Riez le 26 à 6 heures du soir. Je ne puis
qu'applaudir aux diligences que vous avez faites et aux précautions que vous avez prises pour la levée et l'armement de
la nouvelle milice.

---

[1] L'original, dont la signature seule est autographe, est conservé dans les
archives de la famille de Saporta. Il en est de même de la lettre suivante et
de celle du maréchal de Belle-Isle. — La suscription porte : A Monsieur, —
Monsieur de Saporte commandant un corps de milice. — A Riez.

Je vais écrire à M. le mareschal de Belleisle pour avoir des Blancs Seings et me mettre en état de les remplir des noms des personnes que vous jugerez propres à être officiers dans cette troupe.

Il faut vous adresser à Mʳ de Glené si vous manquez de fusils ou de quelqu'autre chose importante, parce qu'il y pourvoira.

J'arriveray le 30 à Riez où je seray fort aise de vous voir.

Je ne doute pas que M. de Saint-Hylaire ne soit actuellement au Moustier. Ce poste est essentiel, et je n'épargneray rien pour le reprendre et pour le conserver.

J'ay l'honneur d'être avec un parfait attachement, Monsieur, votre très humble et très obéissant serviteur.

Chevert.

71. — De Jean-Étienne de Saporta au maréchal de Belle-Isle[1].

A Riez, ce 20 janvier 1747.

Monseigneur,

En conséquence des ordres que vous me fîtes l'honneur de me donner pour venir commander et lever les milices entre le Verdon et la Durance, je m'y rendis et fis cette levée le plus promptement qu'il me fut possible, pour être en état d'être postée. Je fis fournir aux communautés les munitions de guerre. Je fis faire des balles de plusieurs calibres pour convenir aux différences des armes des paysans. Les communautés ont fourny le pain, et je les ai invitées toutes à donner quelque argent à leurs soldats, ce qu'elles ont fait; mais aujourd'huy elles sont hors d'état de pouvoir continuer, et les officiers crient misère depuis longtems. Je les ai contenté de paroles le mieux qu'il m'a esté possible; ils m'accablent tous les jours de lettres ou de remontrances, lorsque je vais visiter

---

[1] D'après une minute autographe de la lettre originale, tirée des archives de la famille de Saporta.

les postes. Ce n'est point par mauvaise volonté qu'elles agissent, mais par indigence, étant presque tous gens à ne pouvoir pas manger dix écus hors de chez eux. Je crois, Monseigneur, que si vous voulés continuer à vous en servir et en tirer quelque utilité, il faut régler une solde. J'ay cru que vous me pardonneriés cette remontrance que je crois nécessaire pour le bien du service, n'y prenant d'autre intérest pour ma part que celuy là. En 1707, lorsque les ennemis vinrent en Provence, on fit une semblable ligne, que le Roy paya. Dans le tems de la peste, on en fit plusieurs autres; on en usa de même.

Ces officiers demandent encore des lettres, disant que s'ils étoient pris, on les feroit pendre. J'ay voulu les dissuader de cette erreur; mais ils n'en veulent rien croire; ce pourquoi je prens la liberté de vous envoyer le mémoire cy-joint...

72. — Du maréchal de Belle-Isle à Jean-Étienne de Saporta[1].

Au camp de Grasse, le 12 février 1747.

La dellivrance (sic) de la Provence et l'expulsion des ennemis au delà du Var permettant, Monsieur, de licentier (sic) les nouvelles levées de milices bourgeoises qui avaient été formées pour la deffense de son territoire, il est nécessaire qu'à la réception de ma lettre vous renvoyiez chez eux tous les paysans des vigueries de Riez et du voisinage, ce qui tournera au soulagement de la Provence, parce que cela rendra un bon nombre d'hommes pour employer à la conduite de tous nos convoys de subsistances; cela ne doit pas vous empêcher de m'envoyer les noms des particuliers que vous aurez à proposer pour Cap^es, Lieu^ns, majors et aydes majors, afin qu'à la première occasion je fasse rassembler ces milices et les

---

[1] Original autographe. La signature est cependant d'une encre plus foncée que le reste de la lettre. — La suscription de l'enveloppe est d'une écriture différente; elle porte : A Monsieur, — Monsieur de Saporte. — A Apt. — Maréchal de Belleisle; avec le timbre Ar^e ditalie.

fasse employer utilement pour le service du Roy, sous votre commandement et celuy de ces off^{ers} particuliers, auxquels j'expédieray les commissions nécessaires.

Je suis, Monsieur, plus parfaitement que personne votre très humble et très obéissant serviteur.

Le maréchal duc DE BELLEISLE.

73. — Du chevalier de Perrin à la comtesse Reynardi [1].

Paris, le 24 avril 1749.

Je me flatte que vous voudrés bien ne pas juger, Madame, du degré de ma reconnoissance des bontés que j'ay éprouvées chez vous pendant les huit mois que je vous y ay incommodé, par ma lenteur à vous la marquer, depuis que j'en suis parti. C'eût été seurement ma première attention, si j'avois été plus tost libre de suivre mon inclination, mais à peine ay-je encore touché terre en ce païs-cy, je n'ay presque fait jusqu'à présent qu'aller et venir d'icy à Versailles et de la Cour à Paris, où, indépendamment des affaires de mon estat, j'en ay trouvées de personnelles que ma longue absence avoit multipliées, et je ne m'atend pas à me voir avant l'hyver prochain délivré du tourbillon dans lequel me voicy rentré; car dans huit jours nous devons aller pour un mois ou six semaines en Normandie, et fort peu après nostre retour pour quatre mois dans le Gouvernement de M. le Maréchal où l'on m'a donné mon département : ce qui me met tout naturellement en estat de revoir de tems en tems ma famille. Les nouvelles que j'en ay trouvées en arrivant icy m'ont heureusement tiré d'inquiétudes sur son compte et évité le voyage prématuré que je méditois à Metz, si elles avoient subsisté. Toutes ces courses ne m'empescheront pas d'estre en tout et partout à vos ordres, et je les recevray toujours, en me faisant l'honneur de me

[1] Original autographe conservé, ainsi que la lettre suivante, dans la famille Reynardi.

les adresser simplement à l'hôtel de Belle-Isle à Paris, parce
qu'il est le centre et le chemin des différens endroits dans
lesquels j'ay à circuler.

Les franchises et les privilèges que le Roy de Sardaigne
vient d'accorder aux établissemens des Étrangers dans vos
cantons nous annoncent que ce Prince est dans l'intention,
non seulement de les relever promptement de ce qu'ils ont
souffert pendant le cours de la dernière guerre, mais encore
de les rendre florissans. Que ne puis-je partager vostre satisfaction d'aussy près que j'ay fait vos peines : j'aurois bien
plus de plaisir à vous rendre des hommages tranquilles et
toujours aussi sincères que l'attachement et le respect avec
lesquels je vous supplie de me croire plus véritablement que
personne, Madame, vostre très humble et très obeissant
serviteur.

Le Chevalier DE PERRIN.

Oserois-je espérer, Madame, que vous voudrez bien faire
quelque mention de moy à M. Renaldy (sic), à M. vostre fils,
à madelle Thérésa, au Théatin de Venise, à M. l'abbé Angelo,
à l'espiègle écolier Jean et même aux petites Radegonda et
Francesa, à chacun dans sa proportion?

Au lieu du misérable qu'on vouloit vous donner pour Consul
françois à Nice, il est enfin décidé que vous aurez le Sr Julien
dont j'ay eu l'honneur de vous parler, c'est un homme d'aussy
bonne réputation que Penet est décrié et mérite de l'estre.

74. — Du même au comte Reynardi.

Je suis désespéré, Monsieur, de ne pouvoir répondre, comme
je le voudrois, à la confiance que vous avés raison d'avoir en
mon désir de faire de loin comme de près quelque chose qui
vous soit agréable; mais vous sentés bien qu'il n'est pas convenable de demander à M. Jullien d'acquitter les deptes de
Penon dans l'incertitude, s'ils ont quelque compte ouvert ensemble, et peut estre même qu'en ce cas, il y faudroit d'autres

formes que de militaires, surtout dans nostre éloignement qui ne nous laisse plus d'authorité dans vos cantons.

Je vais encore errer sur cette frontière jusqu'à la fin de septembre que nous retournons à la Cour pour tout l'hyver : M. le Cte de Gisors fera les mêmes courses, et il n'y a pas apparence qu'il en ait si tost d'autres à faire seul.

Je suis extrêmement touché du souvenir obligeant dont vous me flattés que toute votre famille et vos amis veulent bien continuer à m'honorer : je vous prie de me faire l'amitié de leur en marquer à tous en général et à chacun en particulier ma reconnoissance, en leur faisant agréer mes respects, mes remercimens et mes hommages.

J'ay l'honneur d'estre plus véritablement que personne, Monsieur, vostre très humble et très obéissant serviteur.

Le Chevalier DE PERRIN.

SUPPLÉMENT. — LIVRE DE RAISON DE MADAME DE SIMIANE.

C'est au dernier moment et l'impression du livre déjà terminée, qu'il nous a été donné de prendre connaissance du
Livre de Raison de la marquise de Simiane, recueilli fort heureusement par le Vᵗᵉ Ludovic d'Estienne de Sᵗ-Jean, qui le
trouva, il y a quelques années, égaré chez un bouquiniste, et
eut le mérite d'en apprécier la valeur. Ce Livre de Raison
est un registre du format petit in-folio, fermant comme un
portefeuille, relié en maroquin rouge, aux coins ornés sur les
plats de la fleur de lis héraldique des Simiane. — Une table
volante ou relevé des articles, écrite sur un cahier à part,
détachée du corps du registre dont les feuillets portent des
numéros, est intitulée : *Répertoire du Livre de Raison de madame la marquise de Simiane pour les revenus et pour les
charges, estant de l'autre costé de ce cayer*. Effectivement, en
conformité avec la table en question, le registre porte inscrits
sur chaque feuillet, d'un côté les revenus, et de l'autre côté
du registre, en le retournant, les dettes ou charges de toute
origine et de toute nature, incombant à la marquise. Chaque
article a été inscrit en gros caractères sur un feuillet distinct
par un secrétaire; mais les annotations et mentions de payements, effectués d'année en année, sont le plus souvent de la
main de madame de Simiane, dont l'écriture est parfaitement
reconnaissable, et ces annotations autographes ou non auto-

graphes vont jusqu'au 24 janvier 1737, date à laquelle s'arrête le Livre de Raison de la marquise, et qui précède de peu celle de sa mort, arrivée le 3 juillet 1737. Ce livre, passé aux mains des hommes d'affaires, a dû servir, après la mort de madame de Simiane, à liquider sa succession. Nous en aurions nous-même profité, s'il nous avait été communiqué à temps, et nous aurions pu, en le consultant, donner un aperçu plus exact et plus détaillé des difficultés de gestion avec lesquelles madame de Simiane eut à se débattre jusqu'à la fin de sa vie. Nous nous contenterons d'en extraire les passages suivants qui nous ont paru les plus curieux et les plus instructifs à l'égard des points que nous avons abordés au cours de l'ouvrage.

La partie du registre relative aux biens et revenus, c'est-à-dire à l'actif de la fortune, se rapporte au marquisat de la Garde-Adhémar, aux domaines provenant de l'héritage du comte de Grignan et à ceux particulièrement acquis par madame de Simiane, en vertu des reprises exercées par elle comme étant aux droits de sa mère; enfin aux affaires de succession du marquis de Simiane.

On lit sur le feuillet 49 :

Au mois de décembre 1721, le Roy donna à madame la marquise de Simiane une pension de dix mille livres sur le trésor Royal[1]. Cy pension. 10,000ʰ

Sur un des feuillets suivants, sans numéro :

BRETAGNE.

Par contract du 4ᵉ aoust 1715, Receu par Cheure et Louis Durand, nottʳᵉˢ à Paris, dont la minute est demeurée au pouvoir dud. Durand et dont j'ay l'extrait en parchemin, feu Mʳ le marquis de Simiane, mon mary, a vendu la terre des

---

[1] Il n'avait pas été fait mention jusqu'ici de cette pension accordée par le Régent à la veuve de son ancien gentilhomme.

Rochers et ses dépendances à M. des Nétumières[1] et mad° de Cornullier son épouse, pour le prix de 106,000″ dont il reste encor deu par les acquéreurs 65,000″, portant trois mille deux cent cinquante livres d'intérest.

Cette somme de 65,000″ est payable apprès le décès de mad° la marquise de Sévigny, sçavoir 20,000″ un an apprès, autres 20,000″ un an apprès et les 25,000″ restantes un an apprès. Le segon (*sic*) terme, c'est-à-dire le tout dans trois ans avec intérest payables par quartier, sans que les acquéreurs puissent se libérer pendant la vie de lad. dame de Sévigny[2].

Sur le feuillet suivant :

DÉLÉGATION DES BIENS DE BRETAGNE.

Je paye à mad° la marquise de Sévigny pour son douaire 5,700″ par an. Cy. . . . . 5,700″
Partie du régistre relative aux dettes et charges.

Sur le feuillet 38 :

MADAME DE GRIGNAN RELIGIEUSE, A AIX[3].

Madame la marquise de Simiane sa sœur luy fait payer annuellement une pension de 200 livres, la moitié au 1er janvier et l'autre au 1er juillet de chaque année.
Au 1er janvier, cy. . . . . 100″
Au 1er juillet, cy. . . . . 100″
Elle a été payée jusqu'à sa mort.

Sur le feuillet 44 :

A MESDAMES DE SIMIANE SES FILLES.

Madame la marquise de Simiane, leur mère, leur fait

---

[1] La terre et le château des Rochers appartiennent encore aujourd'hui à M. le comte de Nétumières.

[2] La note tout entière est écrite par madame de Simiane.

[3] Marie-Blanche de Grignan, morte aux Visitandines d'Aix en 1735.

annuellement une rente de six cent neuf livres, dix-huit sols, deux deniers, payables par quartiers, pour le capital de douze mille cent nonante huit livres, trois sols, huit deniers, suivant le contrat reçu, Dutartre, not^re à Paris, le 12 sept. 1718.

Intérêts par quartiers. . . . .   609^{ll},18^s,2^d.

J'ay payé ce capital à ma fille par acte du dernier mois 1736 not^re Guiran de la ville d'Aix [1].

---

[1] Annotation de la main de madame de Simiane; la plus récente que nous ayons relevée et tracée d'une écriture tremblante.

FIN DE L'APPENDICE.

TABLE DES MATIÈRES

LIBRAIRIE PLON

10, RUE GARANCIÈRE, PARIS.

BULLETIN BIBLIOGRAPHIQUE

Extrait du Catalogue général

OUVRAGES ET MÉMOIRES

SUR

LA RÉVOLUTION FRANÇAISE

AUGEARD. — **Mémoires secrets de J. M. Augeard,** secrétaire des commandements de la reine Marie-Antoinette (1760-1800). Documents inédits sur les événements accomplis en France pendant les dernières années du règne de Louis XV, le règne de Louis XVI et la Révolution, jusqu'au 18 brumaire, précédés d'une Introduction par M. Évariste Bavoux. Un volume in-8º cavalier. Prix. . . . .   6 fr.

BEAUCHESNE (A. de). — **Louis XVII, sa vie, son agonie, sa mort.** — **Captivité de la Famille royale au Temple.** Ouvrage enrichi de nombreux autographes du Roi, de la Reine, du Dauphin, de la Dauphine et de Madame Élisabeth, de dessins sur bois intercalés dans le texte, orné des portraits en taille-douce de Louis XVI, Marie-Antoinette, Louis XVII, Marie-Thérèse-Charlotte, Madame Élisabeth, la princesse de Lamballe, gravés sous la direction de M. Henriquel-Dupont, et précédé d'une *Lettre de Mgr Dupanloup, évêque d'Orléans.* 3ᵉ édition. Deux magnifiques volumes grand in-8º jésus. Prix. . . .   30 fr.
 - *Le même ouvrage.* 6ᵉ édition, deux volumes in-8º cavalier. Prix.   16 fr.
 - *Le même ouvrage.* 14ᵉ édition, deux volumes in-18. Prix. . . .   10 fr.
                         (Couronné par l'Académie française.)

 - **Galerie de portraits** *pour servir à l'histoire de Louis XVII.* Magnifique album comprenant les portraits de Louis XVI, — Marie-Antoinette, — Louis XVII, — Marie-Thérèse-Charlotte, — Madame Élisabeth, — la princesse de Lamballe, gravés sous la direction de

CADOUDAL (G. de). — **Georges Cadoudal et la Chouannerie**, par son neveu Georges DE CADOUDAL, ancien conseiller général du Morbihan, ancien rédacteur de l'*Union*. Un volume in-8°, orné d'un portrait et d'une carte. Prix. . . . . 8 fr.

CAMPARDON. — **Marie-Antoinette et le Procès du Collier**, d'après la procédure instruite devant le Parlement de Paris. Ouvrage orné de la gravure en taille-douce du Collier, et enrichi de divers autographes inédits du Roi, de la Reine, du comte et de la comtesse de Lamotte. Un volume grand in-8°. Prix. . . . . 8 fr.

— **Le Tribunal révolutionnaire de Paris**, Ouvrage composé d'après les documents originaux conservés aux Archives nationales, suivi de la Liste complète des personnes qui ont comparu devant le tribunal, et enrichi d'une gravure et de *fac-simile*. Deux forts volumes in-8° cavalier. Prix. . . . . 16 fr.

CHEVERNY (J. N. DUFORT, comte de). — **Mémoires sur les règnes de Louis XV et Louis XVI, et sur la Révolution**, par J. N. DUFORT, comte DE CHEVERNY, introducteur des ambassadeurs, lieutenant général du Blaisois (1731-1802), publiés avec une introduction et des notes par Robert DE CRÈVECŒUR. Deux volumes in-8° carré, enrichis de deux portraits. Prix . . . . 16 fr.

CLARETIE. — **Camille Desmoulins, Lucile Desmoulins**, Étude sur les Dantonistes, d'après des Documents nouveaux et inédits. Un volume in-8°, enrichi d'un portrait de Camille Desmoulins, gravé à l'eau-forte par Rajon, d'un dessin du maréchal Brune représentant Lucile Desmoulins et de *fac-simile* d'autographes. Prix. . . . . 8 fr.

Il a été tiré quelques exemplaires sur papier de Hollande. Prix. . 16 fr.

COSTA DE BEAUREGARD (Mis). — **Un homme d'autrefois.** Souvenirs recueillis par son arrière-petit-fils. Un volume in-18. 5e édition. Prix. . . . . 4 fr.

(Couronné par l'Académie française, prix Montyon.)

DAUBAN. — **La Démagogie en 1793, à Paris**, ou histoire jour par jour de l'année 1793, accompagnée de documents contemporains rares ou inédits, recueillis, mis en ordre et commentés par C. A. DAUBAN. Ouvrage enrichi de seize gravures de Valton et autres artistes, d'après des dessins inédits et des gravures du temps. Un fort volume in-8° cavalier. Prix. . . . . 8 fr.

— **Paris en 1794 et en 1795**. Histoire de la rue, du club, de la famine, composée d'après des documents inédits, particulièrement les rapports de police et les registres du Comité de salut public, avec une introduction. Ouvrage enrichi de neuf gravures du temps et d'un *fac-*

breux documents inédits sur Barbaroux, Buzot, Brissot, etc., précédés d'une Introduction, avec le *fac-simile* d'un autographe de Barbaroux et les portraits de Pétion, Buzot, Brissot et Barbaroux, gravés par Adrien Nargeot. Un volume in-8°. Prix. . . . . 8 fr.

— **Lettres en grande partie inédites de Madame Roland (Mlle Phlipon) aux Demoiselles Cannet**, suivies des Lettres de Madame Roland à Bosc, Servan, Lanthenas, Robespierre, etc., et de documents inédits; avec une Introduction et des Notes. Deux volumes in-8°, ornés d'un portrait de Madame Roland photographié d'après le tableau de Heinsius, d'une gravure et d'un plan. Prix. . . . . 16 fr.

DURAS (duchesse de). — Journal des prisons de mon père, de ma mère et des miennes. Un volume in-8°, avec portrait en héliogravure. Prix. . . . . 7 fr. 50

ÉCHEROLLES (Alexandrine des). — Une Famille noble sous la Terreur. Un volume in-8°. Prix. . . . . 7 fr. 50
— *Le même ouvrage.* 2e édition. Un volume in-18 jésus. Prix. . . 4 fr.

FARÉ. — Un Fonctionnaire d'autrefois. *P. F. Lafaurie*, 1786-1876. Un volume in-8° cavalier. Prix. . . . . 6 fr.

FEUILLET DE CONCHES. — Louis XVI, Marie-Antoinette et Madame Élisabeth. Lettres et documents inédits publiés par F. FEUILLET DE CONCHES. Six volumes grand in-8°, ornés de portraits et d'autographes. Prix. . . . . 48 fr.
    Quelques exemplaires sur papier teinté extra. Prix. . . . . 80 fr.

— **Correspondance de Madame Élisabeth de France,** sœur de Louis XVI, publiée par F. FEUILLET DE CONCHES, sur les originaux autographes, et *précédée d'une lettre de Mgr Darboy, archevêque de Paris.* Un volume in-8° cavalier, enrichi d'un portrait de Madame Élisabeth gravé par Morse sous la direction d'Henriquel-Dupont, et de *fac-simile* d'autographes. Prix. . . . . 8 fr.
    Quelques exemplaires sur papier de Hollande. Prix. . . . . . . 16 fr.

FORNERON (H.). Histoire générale des Émigrés, pendant la Révolution française, par H. FORNERON. Deux volumes in-8° carré. Prix. . . . . 15 fr.

— LE MÊME, 3e édition, 2 volumes in-16. Prix. . . . . 8 fr.

GRANIER DE CASSAGNAC. — Histoire des causes de la Révolution française. 2e édition. Quatre volumes in-8°. Prix. 24 fr.

GUILHERMY (de). — Papiers d'un émigré (1789-1829). 1 et.

rester auprès de lui et de la famille royale. Troisième édition, revue sur les papiers laissés à l'auteur, précédée d'une notice sur M. HUE, par M. René DU MESNIL DE MARICOURT, *son petit-gendre*, et d'un Avant-propos par M. Henri DE L'ÉPINOIS. Un volume in-8°. Prix. . . . . 6 fr.

HYDE DE NEUVILLE. — **Mémoires et Souvenirs du baron Hyde de Neuville.** *La Révolution.* — *Le Consulat.* — *L'Empire.* Un volume in-8°. Prix. . . . . 7 fr. 50

LANZAC DE LABORIE (L. de). — *Un royaliste libéral en* 1789. **Jean-Joseph Mounier,** sa vie politique et ses écrits, par L. DE LANZAC DE LABORIE, avocat à la Cour d'appel. Un vol. in-8°. Prix. . . 8 fr.
(Couronné par l'Académie française, prix Thérouanne.)

LEBON (André). — **L'Angleterre et l'émigration française de 1794 à 1801,** par André LEBON, ancien élève de l'École libre des sciences politiques, avec une Préface de M. Albert SOREL. Un volume in-8° carré. Prix. . . . . 7 fr. 50

LESCURE (de). — **La Vraie Marie-Antoinette,** étude historique, politique et morale, suivie d'un recueil de lettres de la Reine, dont plusieurs inédites, et de divers documents. 3e édition, augmentée d'une Préface de l'auteur. Un volume in-8°. Prix . . . . 5 fr.

— **Correspondance secrète inédite sur Louis XVI, Marie-Antoinette, la Cour et la ville** (de 1777 à 1792), publiée par M. DE LESCURE, sur le manuscrit de la Bibliothèque impériale de Saint-Pétersbourg. Deux forts volumes grand in-8°. Prix . . 16 fr.

— **Rivarol et la société française** pendant la Révolution et l'Émigration (1753-1801). Études et portraits historiques et littéraires d'après des documents inédits. Un vol. in-8° cavalier. Prix. . . . . . . 8 fr.
(Couronné par l'Académie française, prix Guizot.)

MALOUET (B^on). — **Mémoires de Malouet,** publiés par son petit-fils le baron MALOUET. 2e édition, augmentée de lettres inédites. Deux volumes in-8° cavalier, avec portrait. Prix . . . . 16 fr.

MARTEL (Cte de). — **Types révolutionnaires. Étude sur Fouché,** par le comte DE MARTEL, ancien préfet. PREMIÈRE PARTIE : *le Communisme dans la pratique en* 1793. Un vol. petit in-8°. . . . 5 fr.
DEUXIÈME PARTIE : *Fouché et Robespierre.* Un vol. petit in-8°. . 5 fr.

MASSON (F.). — **Le Département des affaires étrangères pendant la Révolution** (1789-1804), par Frédéric MASSON, bibliothécaire du ministère des affaires étrangères. Un volume in-8°. . 10 fr.

— **Le Cardinal de Bernis depuis son ministère** (1758-

(1773 à 1815). (Tomes I, II.) 3ᵉ édition. Deux beaux volumes in-8°
cavalier, avec portrait et *fac-simile* d'autographes. Prix. . . . . 18 fr.

Deuxième partie : *L'Ère de paix* (1816 à 1848).

(Tomes III et IV.) 2ᵉ édition. Deux beaux vol. in-8° cavalier . . 18 fr.

(Tome V.) *La Révolution de Juillet et ses conséquences immédiates.* Un
beau volume in-8° cavalier. Prix. . . . . 9 fr.

(Tomes VI et VII.) *Période du règne de l'empereur Ferdinand.* Deux
beaux volumes in-8° cavalier. Prix. . . . . 18 fr.

Troisième partie : *La Période de repos.* (1848-1859).

(Tome VIII.) Un volume in-8ᵘ cavalier. Prix. . . . . . . 9 fr.

Il a été tiré :

60 *exemplaires numérotés sur papier de Hollande.* Prix. . . 160 fr.

20 *exemplaires numérotés sur papier Whatman.* Prix. . . . 320 fr.

**MICHEL (André). — Correspondance inédite de Mallet
du Pan avec l'Empereur d'Autriche** (1794-1798), publiée
d'après les manuscrits conservés aux Archives de Vienne, avec une
préface de M. Taine, de l'Académie française. Deux volumes in-8° cavalier. Prix. 16 fr.

MONITEUR (Réimpression illustrée de l'Ancien). Seule histoire authentique et inaltérée de la Révolution française. Cette édition forme
32 vol. gr. in-8°, ornés de 626 grandes gravures hors texte, imitations des
illustrations du temps et puisées dans les dépôts publics et dans les précieuses collections de MM. Hennin et Laterrade. — Les 32 vol. br. 250 fr.
Reliés. Prix. . . . . 300 fr.

**MONTAGU (marquise de). — Anne-Paule-Dominique de
Noailles, marquise de Montagu.** Nouvelle édition. Un volume
in 8°, avec portrait en héliogravure. Prix. . . . . 7 fr. 50

**PUYMAIGRE (Cᵗᵉ Alexandre de). — Souvenirs sur l'Émi-
gration, l'Empire et la Restauration,** publiés par le fils de
l'auteur. Un volume in-8° carré. Prix. . . . . 7 fr. 50

**ROCQUAIN (Félix). — L'Esprit révolutionnaire avant la
Révolution;** les livres condamnés (1715-1789) d'après les arrêts et les
réquisitoires conservés aux Archives nationales. Un volume in-8°. 8 fr.

(*Couronné par l'Académie française, prix Thérouanne.*)

RICARD. — L'abbé Maury (1746-1791). *L'abbé Maury avant 1789;
l'abbé Maury et Mirabeau.* Un volume in-18. Prix. . . . . 3 fr. 50

SOREL. — Essais d'histoire et de critique. Metternich,
Talleyrand, Mirabeau, Élisabeth et Catherine II, l'Angleterre et l'émigra-

STOFFLET (E.). — Stofflet et la Vendée, Un volume in-18 jésus, enrichi d'une grande carte spéciale. Prix. . . . . 4 fr.

SYLVANECTE. — Profils vendéens, par Sylvanecte (madame Georges Graux), avec une Préface de Jules Simon, de l'Académie française. Un volume in-18. . . . . 3 fr. 50

TOURZEL (duchesse de). — Mémoires de madame la duchesse de Tourzel, gouvernante des Enfants de France pendant les années 1789, 1790, 1791, 1792, 1793, 1795, publiés par le duc Des Cars. Ouvrage enrichi du dernier portrait de la Reine. Deuxième édition. Deux volumes in-8° carré. Prix. . . . . 15 fr.

VATEL (C.). — Charlotte de Corday et les Girondins, pièces classées et annotées, par M. Charles Vatel, avocat à la Cour d'appel de Paris. Trois volumes grand in-8°, accompagnés d'un Album contenant treize portraits gravés d'après les originaux authentiques, des vues et plans explicatifs des lieux et des *fac-simile* d'autographes. Prix (volumes et Album). . . . . 24 fr.

WELSCHINGER (H.). — Le duc d'Enghien, 1772-1804. Un volume in-8°. Prix. . . . . 8 fr.

SOUS PRESSE

Pour paraître prochainement :

Louis de Frotté et les Insurrections normandes (1793-1832), par L. de la Sicotière, sénateur de l'Orne. 3 volumes in-8° avec portraits et carte.

Correspondance intime du comte de Vaudreuil et du comte d'Artois pendant l'Émigration (1789-1804), publiée par M. Léonce Pingaud. 2 volumes in-8° avec portraits.

Marie-Antoinette, sa vie et sa mort (1755-1793), par madame Le Seble. 1 volume in-8°.

Mémoires du duc des Cars. 2 volumes in-8°.

Charles X et Louis XIX en exil. Mémoires inédits du marquis de Villeneuve. 1 volume in-8°.

BULLETIN DE SOUSCRIPTION

Je soussigné ....
....

demande à MM. E. Plon, Nourrit et Cie, de vouloir bien
m'adresser les ouvrages dont les titres suivent et qui me
seront envoyés franco,

	FRANCS.	CENT.
TOTAL.		

au prix de ....

payable après réception, contre une quittance qui me sera
présentée par la poste, le 15 du mois prochain.

SIGNATURE.

Messieurs

E. PLON, NOURRIT et Cie

IMPRIMEURS-ÉDITEURS

En vente chez tous les Libraires

BULLETIN BIBLIOGRAPHIQUE

DE LA

LIBRAIRIE E. PLON, NOURRIT & Cie

10, rue Garancière, PARIS

NOVEMBRE 1888

DERNIÈRES PUBLICATIONS HISTORIQUES

DURAS (Mme la duchesse de). — **Journal des prisons de mon père, de ma mère et des miennes.** Un joli vol. in-8° elzevir, enrichi d'un portrait en héliogravure. Prix. . . . . 7 fr. 50

Nos grandes familles françaises possèdent dans leurs archives nombre de documents du plus haut intérêt qui étaient restés trop longtemps inconnus. Ceux qui ont déjà été publiés ont reçu un accueil de curiosité et de sympathie bien mérité. On nous présente aujourd'hui des souvenirs de la Révolution dus à la plume de Madame la duchesse de Duras, née Noailles, et dans lesquels apparaissent les noms de plus d'une famille du noble faubourg. Cet ouvrage, dramatique et entrainant comme un véritable roman, d'autant plus saisissant qu'il ne retrace que des aventures trop réelles, constitue en même temps un ensemble de notes historiques de la plus grande importance. Le *Journal des prisons de mon père, de ma mère et des miennes,* illustré d'un portrait fort original de Madame la duchesse de Duras, est une nouvelle pièce, et non des moins séduisantes, qui s'ajoute à une série très heureusement commencée et qui continuera, nous l'espérons, car le faubourg Saint-Germain conserve encore plus d'un recueil de mémoires ou de souvenirs dignes de voir le jour.

COSTA DE BEAUREGARD (marquis). — **Prologue d'un règne. La jeunesse du roi Charles-Albert.** Un joli vol. in-8° elzevir, orné de deux portraits en héliogravure et d'un fac-similé d'autographe. Prix. . . . . 7 fr. 50

M. le marquis Costa de Beauregard, l'auteur d'*Un homme d'autrefois* (un très remarquable livre couronné par l'Académie française), publie aujourd'hui un ouvrage des plus attachants sur ce souverain mystérieux qui s'appelait *Charles-Albert.* Voici quarante ans que l'étrange et infortuné héros est mort, et nul n'a encore pu deviner le secret de cette conscience royale pleine de rêves, d'élans et de repentirs, faite pour déconcerter la logique, la foi et l'amour. L'auteur nous montre le jeune roi complexe, indécis, déjà en proie à la défiance, aux angoisses, et comme meurtri d'avance par les futurs désastres, comme vieilli avant l'âge par les chagrins de la vie. La fortune, en effet, ne lui sourit que pour le perdre. L'enthousiasme de ses vingt ans fit de lui presque un révolté. Son héroïsme le conduisit à l'abdication et à l'exil.

M. le marquis Costa de Beauregard a tenté de surprendre le *secret du Roi*, et en même temps a illuminé d'un jour nouveau la grande crise historique de l'évolution moderne de l'Italie.

VOGÜÉ (marquis de). — Villars, d'après sa correspondance et des documents inédits. Deux volumes in-8°, avec portraits, gravures et cartes. Prix. . . . . 16 fr.

Cette magnifique étude, accompagnée de cartes, gravures et portraits, écrite par un de nos historiens les plus distingués et consacrée à une des figures militaires les plus séduisantes du siècle de Louis XIV, n'est pas précisément une biographie du vaillant capitaine. Le héros a lui-même laissé une autobiographie dont M. de Vogüé publie justement le texte authentique pour la Société de l'histoire de France. C'est un ouvrage embrassant les principales périodes d'une vie très accidentée, et qui a surtout pour but de donner une idée exacte du rôle et du caractère de Villars. Il nous montre que si Villars fut ambitieux, amoureux non seulement de la gloire, mais aussi des distinctions, des récompenses, de la fortune, tant soit peu fanfaron, coquet et étourdi, il fut aussi un de nos plus valeureux hommes de guerre, sachant jouer gaiement sa vie pour la patrie ; aussi plein d'esprit que de courage ; réfléchi et auda-cieux sans témérité devant l'ennemi; ayant le don d'égayer et d'en-lever les troupes, enfin le vrai type du soldat français. Sans atténuer les défauts de Villars, l'auteur n'oublie pas qu'il a arrêté l'invasion victo-rieuse et que son épée a libéré le territoire national.

HYDE DE NEUVILLE. — Mémoires et Souvenirs du baron Hyde de Neuville. *La Révolution, le Consulat, l'Empire.* Un vol. in-8°. Prix. . . . . 7 fr. 50

Le baron Hyde de Neuville, l'ardent royaliste mêlé à tant de conspi-rations pendant la Révolution et le Consulat, l'âme chevaleresque que Bonaparte ne put faire plier et qu'il poursuivit dès lors avec acharnement, l'homme de gouvernement qui, entrant aux affaires à la Restauration, exerça comme ministre et comme ambassadeur une action si importante sur la politique de notre pays, a laissé des mémoires de la plus haute valeur et du plus vif attrait. Leur saveur originale, les piquantes révéla-tions qu'ils apportent, le caractère romanesque des aventures qu'on y rencontre, la vie et la conviction qui les animent, mettent ces souvenirs au premier rang parmi les publications les plus curieuses de notre époque.

FREY (colonel H.). — Campagne dans le haut Sénégal et dans le haut Niger (1885-1886). Un vol. in-8°, accompagné de trois cartes. Prix . . . . 7 fr 50

Pendant que notre corps expéditionnaire du Tonkin se couvrait de gloire dans l'extrême Orient, une poignée de braves Français combat-taient avec non moins d'héroïsme, et malgré les plus rudes épreuves, dans le haut Sénégal et le haut Niger (1885-1886). La colonne comman-dée par le lieutenant-colonel Frey effectuait des marches admirables entre les points extrêmes des deux théâtres d'opération : Bamakou et Demlakané, et livrait douze glorieux combats contre un adversaire fanatisé et toujours supérieur en nombre. Grâce à la bravoure de nos troupes, et particulièrement de nos tirailleurs sénégalais, les bandes de l'almam Samory furent rejetées sur la rive droite du Niger, et un traité de paix fut conclu avec ce chef indigène ; puis les provinces du haut Sénégal, soulevées en masse sur les derrières de la colonne par le prophète Mahmadou Lamine, furent pacifiées. C'est le récit de cette courageuse campagne, dû à la plume précise, énergique et toute militaire du lieutenant-colonel Frey, qui vient d'être publié, et qui forme un des plus intéressants, un des plus beaux chapitres de nos annales coloniales et guerrières.

WELSCHINGER (H.). — **Le duc d'Enghien (1772-1804).** Un vol. in-8°. Prix. . . . . 8 fr.

M. H. Welschinger, connu par d'importants travaux sur la Révolution et sur l'Empire que l'Académie française a couronnés, vient de publier un ouvrage considérable sur le *duc d'Enghien*. L'auteur a puisé aux meilleures sources et il est arrivé à présenter aux lecteurs, par ses recherches et ses observations personnelles, les vues les plus neuves sur des points peu connus ou encore obscurs, tels que les premières années du prince, ses voyages et sa correspondance, son mariage secret avec la princesse Charlotte de Rohan-Rochefort, le rôle de Talleyrand dans l'enlèvement et l'exécution du duc d'Enghien, les incidents dramatiques du procès, la prétendue mission de Réal à Vincennes, et les vrais motifs qui déterminèrent le premier Consul à prendre les funestes résolutions des 15 et 21 mars 1804. Les erreurs que de très nombreux historiens ont laissées s'accréditer jusqu'à ce jour sont redressées, et la vérité sur des événements d'une importance capitale est enfin connue.

AURIOL (Ch.). — **La Défense de Dantzig en 1813.** *Documents militaires du lieutenant général de Campredon*, publiés par Ch. Auriol. Un vol. in-18. Prix. . . . . 4 fr.

On trouvera dans cet intéressant volume un journal du siège, un journal personnel du général de division de Campredon, commandant le génie du dixième corps, et des lettres diverses, le tout annoté d'une manière très intéressante par M. Charles Auriol, à qui M. Louis des Hours, petit-fils du général Campredon, a communiqué les papiers de son grand-père. Ces notes, prises au jour le jour, sous les balles, à bâtons rompus, ces appréciations écrites au lendemain même des faits, au sortir de la bataille, forment un document de haute valeur. La longue défense de Dantzig est un des épisodes les plus remarquables de nos annales militaires et nous présente un exemple en quelque sorte idéal de ce que doit être la conduite d'un gouverneur de place forte. Ce beau fait d'armes, quoique souvent cité par les historiens, est cependant peu connu dans ses détails.

JANSSEN (Jean). — **L'Allemagne et la Réforme : l'Allemagne depuis le commencement de la guerre politique et religieuse jusqu'à la fin de la révolution sociale**, traduit, sur la quatorzième édition, par E. Paris. Un vol. in-8°. Prix. . . . . . . 8 fr.

La première partie d'un ouvrage des plus remarquables de Jean Janssen, le grand historien allemand, *L'Allemagne et la Réforme :*

l'Allemagne à la fin du moyen âge, publiée l'année dernière, a obtenu un grand succès dans le monde des lettres. La dernière partie, non moins savante et curieuse que la première, vient de paraître. Elle est consacrée à l'histoire de l'*Allemagne depuis le commencement de la guerre politique et religieuse jusqu'à la fin de la révolution sociale* (1525), et a été traduite sur la quatorzième édition par M. E. Paris. Etude du parti révolutionnaire et de ses actes jusqu'à la diète de Worms (1521); progrès de la révolution politique et religieuse jusqu'à l'explosion de la révolution sociale (1524); enfin, tableau détaillé des causes, des caractères, des épisodes de cette révolution et de ses effets; rôle et influence de Jean Huss et de Luther : telles sont les étapes de ce magnifique ouvrage, écrit avec une érudition et une hauteur de vue admirables, qui a eu en Allemagne un immense retentissement, et sera accueilli en France avec autant de faveur que la première partie.

PASTOR (D **Louis). — Histoire des Papes depuis le moyen âge.** Traduit de l'allemand par Furcy RAYNAUD. Deux vol. in-8º. Prix. . . . . 15 fr.

Un érudit allemand de la plus haute valeur, M. le docteur Louis Pastor, professeur à la faculté d'Innsbrück, écrit, d'après un grand nombre de documents inédits extraits des archives secrètes du Vatican et autres, une *Histoire des Papes* depuis la fin du moyen âge, qui est une œuvre vraiment magistrale. Elle jette un jour nouveau sur cette série de grands hommes que nous connaissons si peu et que nous aurions cependant tant d'intérêt à bien connaître, à une époque où le successeur de saint Pierre semble appelé à devenir le restaurateur de la paix, et où les fêtes du cinquantenaire du vénéré pape Léon XIII ont provoqué dans le monde entier un mouvement d'enthousiasme qui rappelle les beaux jours des grands jubilés. M. Furcy Raynaud vient de publier une excellente traduction du livre du docteur Louis Pastor. C'est rendre un grand service au lecteur français que de le mettre ainsi à même de connaître cette histoire pleine de documents nouveaux et passionnément attachante pour tous ceux qui aiment la science, l'Église et la vérité.

GREEN (J. R.). — Histoire du peuple anglais. Traduit de l'anglais par Auguste MONOD, et précédée d'une Introduction par Gabriel MONOD. Deux vol. in-8º. Prix. . . . . 16 fr.

Ce livre n'est pas seulement une étude approfondie, érudite, éloquemment écrite; c'est de plus un ouvrage d'une physionomie particulièrement originale : on a souvent reproché aux historiens de ne raconter que les guerres, les conquêtes, les aventures des souverains. L'auteur passe rapidement sur les batailles, les négociations, les intrigues de cour, mais il expose, avec une abondance de détails merveilleuse, le développement intellectuel, social et constitutionnel de la nation elle-même. Il relègue au second rang les brillants succès des armées; il exalte en revanche tous les exploits pacifiques du peuple anglais, comme la *Fairy Queen* et le *Novum Organum.* Il place Shakespeare au premier rang parmi les héros du siècle d'Elisabeth, et met les investigations scientifiques de la Société Royale de Londres à côté des victoires de Cromwell. Ce point de vue si juste et si nouveau donne à l'œuvre un caractère des plus curieux.